김
기
형 金基珩 Kim Kee Hyung

고려대학교 졸업(문학박사)

『강도근 5가전집』
『적벽가연구』
『한국의 민속예술 50년사(공저)』 외 다수

민속원 아르케북스 130 minsokwon archebooks

판소리에 반하다

현대 판소리의 초상

| 김기형 |

민 속 원

책을 펴내며

판소리는 300여 년을 상회하는 역사를 가지고 있다. 그런데 20세기에 들어와, 공연 공간·전승 주체·제도·유파·양식·미학 등 제 측면에서 이전 시기와는 질적으로 구분되는 여러 가지 변화가 나타나는 현상을 목도할 수 있다. 그리고 판소리 작품은 연극, 영화, 뮤지컬, 무용, 오페라, 시, 소설 등 다양한 갈래로 변주되며 변용 혹은 재창조되어 왔다. 이는 판소리가 삶에 대한 통찰력과 시대를 넘어 재해석될 수 있는 보편적인 주제의식을 지니고 있는 데서 비롯된 것이다.

21세기가 시작되면서, 20세기와는 구별되는 새로운 움직임들이 나타나기 시작했다. 무엇보다도 판소리의 재창조 작업에 대한 관심이 이전 시기와는 비교할 수 없을 정도로 폭발적으로 생겨나기 시작했다. 이른바 크로스 오버 혹은 퓨전 예술이라는 용어가 일반화되었다든가, 상당히 많은 수의 창작판소리가 등장한 것 등이 그 단적인 예이다. 이는, 시대정신을 호흡하지 않으면 동시대인의 애호를 받는 예술로 살아남을 수 없다는 절박감에서 비롯된 것이라고 생각한다. '우리시대에 판소리는 살아있는 예술인가'에 대한 논란이 분분한 것이 사실이다. 이러한 시대적 상황에서, 저자는 전통 판소리뿐만 아니라 현대적 변용과 재창조 작업에 대해서 많은 관심을 가지고 있었으며, 전통시대와 구분되는 현대 판소리의 변별적 특징을 다각도로 조망한 글을 꾸준히 발표해 왔다.

이 책은 기존에 쓴 글을 대폭 수정·보완하고 새로운 글을 더하여, 단행본으로 묶은 것이다. 「판소리와 고법의 미학」에서 이면의 미학의 문제를 고찰했다. 이어서 「제도와 판소리」, 「판소리와 현대사회」, 「판소리·창극·여성국극」, 「판소리와 그 주변」

이라는 항목을 설정한 다음, 현대판소리사에서 제기될 수 있는 주요 논점들을 다루었다. 학문의 동시대성을 확인하고, 나아가 연구에서 얻어진 성과를 바탕으로 판소리가 지향해야 할 방향을 제시해 보려는 것이 이 책의 가장 큰 목적이다.

지금까지 허명虛名을 경계하고 겸손하게 세상을 마주하며 살아오려고 노력했는데, 전혀 상상하지 못한 방향으로 삶이 전개되기도 하는 것을 보면 운명은 참으로 알 수 없다는 사실을 절감한다. 앞으로 세상에 휘둘리지 않고 나 자신을 삶의 중심에 놓아야겠다는 다짐과 함께, 미력이나마 그동안 묵혀 두었던 여러 연구 주제에 천착하며 남은 생의 의미를 찾아보려고 한다.

2019년 4월
김기형

차례

제2부
제도와 판소리   55

제3부
판소리와 현대사회 　115

제1부

판소리와 고법鼓法의 미학

판소리의 미학

1. 공연예술로서의 판소리

판소리는 인간의 희로애락이 담긴 긴 이야기를 극적인 동작을 곁들이면서 음악적으
로 표현하는 공연예술이다. 또한 판소리에는 다른 어느 예술 장르에서보다도 다채로
운 인간 경험과 사상 감정이 표현되어 있다. 정노식이 『조선창극사』를 집필하게 된
계기도 판소리가 지닌 이와 같은 속성 때문이다.

> 우아청한優雅淸閒한 시조時調보다 연미세뇨軟美細嫋한 가요歌謠보다 비애悲哀한 사죽絲竹보
> 다 그 웅건청원雄健淸遠하고 가지각색의 정취情趣를 구비具備한 창극조唱劇調가 더욱 좋다. 조
> 선적朝鮮的 정취情趣가 농후濃厚하여 우리의 사상감정思想感情에 꼭 맞는다. 희노애원애오喜怒
> 哀怨愛惡의 감정感情을 자유자재自由自在로 표현表現하는 데 더욱 묘미妙味가 있다.[1]

---

1   정노식, 『조선창극사』, 조선일보사, 1940, 2쪽.

그동안 판소리의 미적 특질을 밝힌 연구 성과는 상당히 많이 축적된 편이다. 그 가운데 연구사적으로 중요한 의미를 지니는 성과로, 주로 판소리가 지닌 골계적 성격에 촛점을 맞추어 연구하던 경향에 반성적인 물음을 제기하면서 '비장'에 주목한 논의,[2] 한국적 한을 가장 전형적으로 표상하고 있는 장르가 판소리라고 하면서 한의 특질과 관련하여 판소리의 미적 특질을 밝힌 논의,[3] 그리고 창을 잃은 판소리를 중심으로 판소리의 정서와 미학을 밝힌 논의[4] 등을 들 수 있다.

3 · 1 혁명 기념 시민대회(1946)에서 축사하는 정노식

판소리에서 보이는 가장 중요한 미적 특질이 골계와 비장이라는 데에는 이론異論의 여지가 없다. 그렇지만 골계와 비장이 판소리사의 전개에 있어서 어떠한 변모의 과정을 보이고 있으며 그 의미는 무엇인지 그리고 향유층의 미의식과 관련하여 어떠한 상관관계가 있는가 하는 문제는 여전히 쟁점으로 남아 있다. 또한 비장과 골계 이외에 다른 미의식은 나타나지 않는지에 대해서도 검토가 필요하다.

앞에서 말한 바 있듯이, 판소리는 공연예술이다. 그렇기 때문에 사설만을 통해서는 판소리의 미의식을 온전히 드러내기 어렵다. 판소리의 미의식은 사설 내용, 성음, 장단 그리고 조의 결합을 통하여 구현된다. 그렇기 때문에 판소리에 드러나는 미적 특질을 구명하기 위해서는 이들 제반 요소를 모두 고려하여 논의하는 것이 바람직하다.

2   김흥규, 「판소리에 있어서 비장」, 『구비문학』 3, 한국정신문화연구원 어문학연구실, 1980.
3   천이두, 『한의 구조 연구』, 문학과 지성사, 1993.
4   김종철, 『판소리의 정서와 미학』, 역사비평사, 1996.

2. 미의식의 구현 양상

판소리를 구성하는 핵심적인 요소는 음악과 사설 그리고 너름새이다. 소리꾼은 이세 요소를 적절히 결합하여 판을 짜나가며, 청중도 소리판의 성격을 규정하는 중요한 역할을 한다. 그러므로 판소리의 미적 특질은 고정되어 있는 것이라고 말할 수 없다. 소리꾼의 연출력과 청중의 취향에 따라 판소리에 대한 미적 평가가 달라질 수 있기 때문이다.

소리꾼의 연출력은, 소리꾼 자신의 연창演唱 능력, 공연 현장의 조건 그리고 청중의 수준 등을 고려하여 판을 짜 나가는 능력을 말한다. 고수관이 〈춘향가〉 중 '기생점고' 대목을 부를 때 현장에 있던 기생들의 이름의 의의意義를 시적詩的으로 만들어 불러서 청중들을 경탄驚歎하게 하였다는 일화[5]나 소리금을 정하고 소리를 하여서 오십원이면 오십원어치 만큼 백원이면 백원어치 만큼만 소리 했다고 하는 박기홍의 일화[6]가 그러한 사정을 보여주는 예이다. 그렇지만 소리꾼의 연출력과 관련하여 무엇보다 중요한 것은 판소리의 '이면'에 대한 해석이다. 이면이란 사설의 내용을 음악적으로 어떻게 표현해 내는가 하는 문제라고 할 수 있는데, 이것을 단순히 '사실적으로 표현해 내는 것이 이면이다'라고만 해서는 이면의 의미를 충분하게 드러낼 수 없다. 무엇이 '사실적'인가 하는 문제는 전달하고자 하는 내용을 어떻게 해석하느냐 하는 문제와 긴밀히 연관되어 있다. 과장적 표현이나 역설적 표현과 같은 경우에는 소리꾼에 따라 해석의 편차가 더욱 커질 수 있다. 『조선창극사』 '신학조申學祚' 조條에 보면, "보통 중모리로 하는 데를 진양조로 하고 진양조로 할 데를 늦인 중모리로 하기를 항용 한다. 다시 말하면 언제던지 남과는 달리 하여서 꼭 천편일률적千篇一律的으로 하지 아니하고 자유자재自由自在로 뒤박우어서 창작적創作的 색채色彩를 표현表現하는 것이 특징特徵이었다"라는 기록이 나온다.[7] 이와 같이 어떤 사설을 표현하는데 적합한 단 하나의 음악

---

5   정노식, 앞의 책, 32쪽.
6   정노식, 앞의 책, 163쪽.

어법만 있는 것은 아니다. 소리꾼의 '이면관'에 따라 소리를 짜나가는 스타일이 달라질 수 있는 것이다.

그런데 판소리사에서 처음부터 이면에 대한 개념이 정립되고 소리꾼에게 이것이 강조된 것은 아닌 것 같다. 전기 8명창 시기까지만 하더라도 다양한 음악 어법이 지속적으로 창출되고 있었으며, 소리꾼의 개성에 따라 즉흥적 역량을 발휘하는 일 또한 상당한 정도로 허용되었던 것으로 보인다. 그러다가 후기 8명창 시대에 접어들면서 판소리에 대한 이론을 정립하는 과정에서 이면에 대한 논의가 활발하게 이루어진다. 『조선창극사』에서는 김세종이 특히 이론에 밝았다고 하여 그의 이면관을 자세히 소개하고 있다. 그의 이면관의 요체는 '억양반복抑揚反復', '고저장단高低長短', '형용동작形容動作', '어단성장語短聲長'으로 집약할 수 있다. 이렇게 이면에 대한 개념이 정립되면서, 이면은 명창의 능력을 품평하는 평가의 기준이 되기도 한다.

① 박만순朴萬順은 …(중략)… 각각 명창名唱들의 창극唱劇을 거기가 이러니 저러니 그 대목은 잘하느니 못하느니 선생先生이 학생學生을 훈도訓導하듯이 비평批評만 한다. 대무지전소무불감요령격大巫之前小巫不敢搖鈴格으로 다른 광대는 그 앞에서 <u>임정임의任情任意로 창극唱劇을 하지 못하되</u> 독獨 이날치李捺致는 불관不關하고 자유자재自由自在로 자가自家의 특색特色을 발휘發揮하였다고 한다.(밑줄 필자)[8]

② 배희근裵喜根은 …(중략)… 소리의 이면裡面을 깊이 아지 못하고 제작製作 범절凡節이 다소多少 허루虛漏한 데가 있으되 …(후략)….[9]

③ 어느 때 정창업丁昌業이 모처某處에서 춘향가春香歌 중中 "문을 열고 사면四面을 둘러보

---

7   정노식, 앞의 책, 152쪽.
8   정노식, 앞의 책, 59쪽.
9   정노식, 앞의 책, 130~131쪽.

니"라고 하는 대목에 이르러 우조羽調로 훨신 장완長緩하게 불렀다. 또 흥보가興甫歌 중中 "도승道僧이 나려오는데 장삼長衫 소매는 바람에 펄넝 펄넝"이라고 하였다. 찬업贊業은 곁에서 다 들른 후에 양처兩處의 실격失格된 것을 일일一一히 지적하여 그 비非한 것을 평하여 말하기를 "「문을 열고」를 그리 장완長緩하게 할 필요가 없다. 「문을 열고」는 좀 단短하게 하고 「사면四面을 둘러 보는데」를 훨신 우조羽調로 장완長緩하게 하여야 하고 「장삼長衫 소매는 바람에 펄넝 펄넝」 하는 데는 광풍狂風이 대작大作한 배도 아니오 광승狂僧이 동작動作하는 것도 아닌데 소매가 웨 그리 펄넝 펄넝할 리가 있겠느냐. 화난和暖한 춘풍春風에 도승道僧의 「장삼長衫 소매는 바람에 팔팔팔」 하는 것이 리理에 적합하다"고 하였다.[10]

박만순이 활동하던 후기 8명창 시대에 많은 소리꾼들은 배운 대로 소리를 해야 할 정도로 어느정도 소리의 법제가 확립되어 있었던 바, 임의로 소리를 하지 못했다는 것은 법제마다 변별되는 이면관을 가지고 있어서 이에 맞게 소리해야 한다는 의미로 이해해도 좋을 듯하다. 김찬업이 정창업을 공박한 것도 그의 소리가 이면에 맞지 않는다는 이유에서였다. 이 일화에서는 정창업이 김찬업의 지적에 수긍한 것으로 되어 있으나, 김연수와 임방울의 예에서 보듯이 경우에 따라서는 소리꾼들간에 논쟁이 되기도 했다. 한학漢學에 조예가 있는 것으로 평가되는 김연수는 임방울이 '이면을 모른다'고 공박했으며, 이에 대해 서민적인 소리꾼으로 평가되는 임방울은 '이면 찾다 소리 못한다'고 논박했던 것이다. 김연수는 김세종이 정립한 이면관, 즉 사설의 내용이 음악 어법을 규정한다는 관점을 충실히 수용하고 있다. 그런데 김세종으로부터 김연수에 이르는 이러한 이면관은 판소리의 주요 청중층으로 등장한 양반 좌상객이나 식자층의 요구가 일정하게 반영된 것으로 볼 수 있다. 신재효가 판소리 여섯 바탕 사설을 가능하면 이치에 합당하게 개작한 것이나 정현석이 이치에 맞지 않는 사설을 문맥에 맞게 고치고 우아하게 해야 한다고 요구한 것 등과 판소리 소리꾼이 정립한 이면관이 지향하는 바가 일치하는 데서 그러한 사실을 알 수 있다.

---

10   정노식, 앞의 책, 140~141쪽.

소리꾼이 자신의 이면관에 따라 음악적 어법을 달리하는 것은 오늘날에도 확인되는 판소리의 본질적인 부분이다. 가령, 〈심청가〉 중 '심봉사 아뢰는 대목'을 조상현 명창은 외장목으로 처리하지만 성우향 명창은 급박하게 목을 쳐 올리지 않고 상청의 상태에서 희성에 가까운 성음으로 처리한다. 이 경우에 심봉사의 절규하는 듯한 심리를 전달하는 음악적 효과의 차이는 뚜렷하게 나타난다. 박봉술을 비롯한 대부분의 명창들이 중중모리로 부르는 〈흥보가〉의 '제비노정기'를 강도근 명창은 자진모리로 부름으로써 박진감을 강조했다.

청중의 취향에 따라서도 미적 평가가 달라질 수 있다. 청중의 취향이란 계층에 따라 다를 수 있으며, 시대에 따라 변모될 수 있다. 임방울 명창이 전통적인 판소리에서 금기시하는 노랑목을 즐겨 사용한 이유는 이것이 청중의 취향에 부합했기 때문이며, 오늘날 박동진 명창의 소리판에 청중이 몰렸던 이유는 높은 수준의 음악성보다는 골계적인 재담에 더욱 친숙함을 가졌기 때문이다.

판소리 미의식은 사설 내용, 성음, 장단과 조 그리고 너름새의 결합을 통해 구현된다. 무엇보다도 사설은 미의식의 성격을 규정하는 일차적 중요성을 가진다. 재담이나 육담, 욕설, 패러디 등은 판소리에서 골계미를 자아내는 주요 기제이다. 골계는 해학과 풍자로 나뉘는데, 해학은 지체가 높은 인물이나 낮은 인물이 웃음거리가 되는 데서 두루 나타나지만 풍자는 주로 지체 높은 인물을 웃음거리로 만들어 비속화하고 조롱하는 데서 집중적으로 나타난다. 비장미는 긍정적 인물이 고난을 당하거나 위기 상황에 놓여 있는 장면을 묘사하는 데서 잘 드러나며, 장중미는 긍정적 인물의 위풍당당하고 영웅적인 면모를 그리는 데서 나타난다. 그렇지만 비장미나 장중미는 사설 자체보다는 음악을 동반할 때 더욱 실감나게 표현된다.

"판소리는 성음놀음이다"라는 극단적인 말이 있을 정도로 판소리에 있어서 성음은 대단히 중요한 요소이다. 현존하는 판소리에서 성음은 씩씩하고, 호기 있고, 위엄 있고, 우렁찬 느낌을 준다는 "우조 성음", 평온하고 한가하고 여유있는 느낌을 준다는 "평조 성음", 애처롭고 슬픈 느낌을 준다는 "계면 성음", 쾌활하고 가벼운 느낌을 준다는 "경드름 성음"으로 개념적으로 크게 분류된다. 또는 천구성, 철성, 수리성, 아구성

같은 음질을 설명하는 개념도 있고, 되바라져서 못쓴다는 노랑목과 비성(콧소리)같은 용어도 있다.[11] 판소리에서 최고로 치는 성음은 천구성이다. 선천적으로 철성과 수리성을 겸비한 목을 말하는 것인데, 천구성을 타고 나지 못했을 때에는 공력을 통하여 '수리성'으로 만들어야 하는 것이다. 지나치게 맑은 양성이나 지나치게 탁한 떡목은 판소리하기에 적합하지 않은 목이다. 소리에 그늘이 없거나 너무 갑갑한 느낌을 준다는 이유에서다. 천이두 교수는, "멍든 성음이라 할 수 있는 수리성을 최상의 성음으로 간주한다는 것은, 판소리야말로 전형적인 한의 예술이라는 것을 반증하는 제일차적 조건이 되는 것"이라고 말한 바 있다.[12] 오늘날 곰삭은 소리인 수리성을 최고의 성음으로 치는 것은 분명하기 때문에 이러한 지적은 매우 타당하다. 그런데 『조선창극사』에 나오는 성음과 관련된 기록을 검토해 보면,[13] 과연 본래부터 수리성을 최고의 성음이라고 했는지에 대해 재논의할 여지가 있다. 무엇보다도 전통사회의 명창들의 소리는 공력으로 다져진 소리로서 통성을 중시하였는바, 의외로 미려하고, 양성이고, 내지르는 발성을 가진 명창이 많았다는 사실을 알 수 있다. 여기서 양성은 철성[14]에 가까

---

11 백대웅, 『다시 보는 판소리』, 도서출판 어울림, 1996, 14쪽.
12 천이두, 앞의 책, 119~120쪽.
13 몇몇 대표적인 사례를 제시하면 다음과 같다.
　　권삼득 - 천품(天稟)의 절등(絶等)한 고운 목청(18쪽)
　　모흥갑 - 덜미소리. 이별가(離別歌) 일곡(一曲)을 전치(前齒)가 몰락(沒落)한 순음(脣音)으로 장쾌(壯快)하게 부름.(28~29쪽)
　　고수관 - 성음(聲音)이 극(極)히 미려(美麗)하여 딴 목청을 자유자재(自由自在)로 발휘(發揮).(32쪽)
　　박유전 - 목청이 절등(絶等)하게 고와서 당시 비(比)주가 없었다 한다.(43쪽)
　　박만순 - 성음(聲音)은 양성(陽聲)이고 창조(唱調)는 우조(羽調)를 주장(主張)하여….(58쪽)
　　이날치 - 수리성(聲)인 성량(聲量)이 거대(巨大)하여….(69쪽)
　　윤영석 - 성음은 거대하되 탁성과 중성은 없고 세세상상성으로 질너내여서….(95쪽)
　　서성관 - 성음(聲音)이 양성(陽聲)인 만큼 적벽가(赤壁歌)를 특별(特別)이 잘하였다 한다.(102쪽)
　　황호통 - 목청이 양성이고 우렁차서 호통 기운이 많음으로 호통의 별호를 얻어….(116쪽)
　　송재현 - 성음이 미려(美麗)하여….(129쪽)
　　송만갑 - 동파(東派)의 계통(系統)을 유지(維支)하는지 모르거니와 동글고 맑은 통상성(通上聲)으로 내질러 떨어트리는 성조(聲調).(186쪽)
14 오늘날 철성도 단단한 목을 뜻할 때에는 긍정적인 의미로 받아들여지지만, 철성 그 자체로서는 좋은 성음이 못되고 이를 수리성으로 바꿔야 한다고 말한다.

운 의미로 사용한 것이 아닌가 생각되는데, 명창들의 특질로 제시된 이러한 성음이 다소 쉰 듯하면서 텁텁한 수리성과 구별되는 것임은 물론이다. 송흥록이 수리성 계통의 현대 판소리 발성법의 기틀을 닦았을 가능성이 있다는 언급도[15] 있거니와, 『조선창극사』에는 전기 8명창의 성음을 설명하는 과정에서 한 번도 거론되지 않던 '수리성'이 이날치 조에 와서 처음 보인다. 이런 정황에 비추어 볼 때, 요즘은 맑은 양성을 못 쓰는 목으로 치지만 과거에는 꼭 그런 것은 아니었던 것 같고, 다양한 목 성음이 인정되었던 것이 아닌가 한다. 수리성이 최고의 성음으로 평가되는 경향은 후대로 올수록 강화된 것이며, 특히 임방울 이후 더욱 극단적으로 강화된 것으로 보인다.

판소리의 문학성과 음악성의 연관성에 주목하여, 사설이 장단과 조와 어떻게 결합하는지에 대해서는 기존 연구에서 어느 정도 밝혀진 바 있다.[16] 이 논문에 의하면, 비장은 '자진모리+계면' '휘모리+계면'으로 불리는 경우도 간혹 있으나 주로 '진양+계면조'나 '중모리+계면조'로 불리는 경우가 많다. 그리고 장중미는 '자진모리+우평조'나 '휘모리+우평조'로 불리기도 하나 주로 '진양+우평조', '중모리+우평조' 혹은 '엇모리+계면조'로 많이 불린다. 그런데 판소리에는 비장미나 골계미 혹은 장중미 이외에 우아미라고 해야 좋을 경우가 의외로 많이 있다. 우아미는 '이상적인 것'보다 '현실적인 것'이 우세한 상황에서 '현실적인 것'을 추구할 때 나타나는데, 이 때 '이상적인 것'과 '현실적인 것'은 조화, 통일되어 혼연일체가 된다.[17] 판소리에는 등장인물이 현실과 조화로운 관계에 있으면서 화평하고 흥취있는 대목이 자주 나오는데, 이런 대목이 자아내는 미의식이 바로 우아미에 가깝다는 것이다. 우아미를 자아내는 화평스럽고 유유한 정경이 구현되는 상황에는 '진양+우평조', '중모리+우평조', '엇모리+계면조로 구성되는 경우가 많다.

너름새는 공연에 수반되는 연극적인 제반 동작을 말한다. 너름새는 공연 내용에 실

---

15 배연형, 「판소리 중고제론」, 『판소리연구』 5, 판소리학회, 1994, 157쪽.
16 이보형, 「판소리 사설의 극적(劇的) 상황에 따른 장단(長短) 조(調)의 구성」, 『판소리의 이해』, 창작과 비평사, 1978.
17 김학성, 『한국 고전시가의 연구』, 원광대 출판부, 1980, 49쪽.

감을 더하며 사실성을 부여한다.

그러나 형용동작形容動作을 등한히 하면 아니된다. 말하자면 창극唱劇인 만큼 극극劇에 대한 의의意義를 잃어서는 아니된다. 가령 우름을 울 때에는 실제實際로 수건手巾으로 낯을 갈이고 엎디어서 울던지 방성통곡放聲痛哭으로 울던지 그때 그때 경우境遇를 따라서 여실如實히 우는 동작動作을 표시表示하여야 한다. 태연泰然히 아무 비애悲哀의 감정感情도 표현表現치 아니하 고 아무 동작動作도 없이 그저 우드건히 앉어서 곡성哭聲만 발하면 창唱과 극劇이 각분各分하 여 실격失格이 된다.[18]

그러니까 너름새가 판소리의 핵심 구성 요소라고 하기는 어렵지만, 공연 상황에 맞 는 적절한 극적 동작을 취하지 않으면 안 된다는 것이다. 실제로 전통사회에 있어서 판소리 소리꾼은 상당히 적극적으로 너름새를 구사했던 것으로 보인다. 그러던 것이 오늘날에 와서는 단아하고 절제된 너름새를 구사하는 쪽으로 흐름이 바뀌고 있다.[19]
그러면 구체적인 사례를 통해 판소리에 나타나는 미의식의 실제를 살펴보기로 한 다. 먼저 골계미의 경우이다. 골계는 그 사설의 내용이 일차적인 중요성을 갖는다. 아 주 느린 장단인 진양이 골계미를 자아내는 데 쓰이는 일은 거의 없다.

(자진모리) 대장군방大將軍方 벌목하고, 오귀방五鬼方에 집을 짓고, 삼살방三煞方으다 이사 권코, 불 붙넌 디 부채질을 그저 활활 허고, 호박에 말뚝 박고, 길 가는 과객 양반 재울 듯기 붙들었다 해가 지면 내어쫓고, 초란이 보면 딴낯 짓고, 거사 보면 소고 도적, 의원 보면 침 도적질, 양반 보면 관을 찢고, 애 밴 부인 배통차기, 수절 과부는 무함 잡고, 다 큰 큰애

---

18 정노식, 앞의 책, 64쪽.
19 필자는 1991년 12월 28일 국립극장 소극장에서 한승호 명창의 〈흥보가〉 공연을 본 적이 있었다. 당시 한승호 명창은 지나치다 할 정도로 너름새를 상당히 적극적으로 구사했다. 공연이 끝난 후 청중의 일 부가 "저게 무슨 소리야. 연극이지"라고 말하는 것을 들었다. 한승호 명창은 전통적인 방식대로 판을 이끌어 간 것이고, 청중의 반응은 오늘날의 취향을 보여주는 것으로 이해할 수 있지 않을까 생각한다.

기 겁탈, 꼽사둥이는 되잡아 놓고, 앉은뱅이는 택을 차고, 비단전에 물총 놓고, 고추밭에 말 달리기, 옹구짐 받쳐노면 가만 가만 가만 가만 가만가만히 찾아가서 작대기 걷어차기, 똥 누는 놈 주잖히고, 봉사 눈에다 똥칠하기, 노는 애기 집어 뜯고, 우는 애기는 코 빨리기, 물 이고 오는 부인 귀 잡고 입 맞추기, 시암질에다 허방 놓고, 새 망건 편자 끊고, 새 갓 보면 땀때떼기, 소리허는 데 잔소리, 풍류허는 데 나발 불고, 길가에 허방 놓고. 어따, 이넘이 심술이 이래 노니, 삼강을 아느냐, 오륜을 아느냐. 이러한 불칙한不測한 넘이,

- 강도근 〈흥보가〉 중

순일한 골계미를 자아내고 있는 사례로 '놀보심술' 대목을 제시한 것이다. 실제로 있을 법한 내용에다 과장적인 표현을 곁들여 놀보를 우스꽝스러운 인물로 그리고 있다. 그리고 여러 가지 심술을 자진모리 장단으로 엮어서 열거하는 방식을 취하고 있어서 효과적으로 골계미를 연출하고 있다. 판소리에서 골계는 소리 대목뿐만 아니라 아니리를 통해서 자주 표출된다. 이는 아니리를 통해 비장이 표현되는 경우는 거의 없는 것과는 대조적인 현상이라 하겠다.

(진양) 추월은 만정허고 산호주렴을 비쳐 들고 장천의 외기러기는 월하의 높이 떠서 뚜루루루 기힐룩 울음을 우니, 심황후 기가 맥혀 산호주렴을 걷어 버리고 밖으로 나와 기러기 불러 말을 헌다. "오느냐, 저 기럭아. 소중랑의 북해상의 편지 전튼 기러기냐. 도화동을 가거드면 불쌍허신 우리 부친 전의 편지 일장을 전해 다오." 방으로 들어와 편지를 쓸라 헐 제, 한자 쓰고 눈물 짓고 두자 쓰고 한숨 쉬니, 눈물이 먼저 떨어져서 글자가 모두 수목이 되야 언어가 토착이라. 편지를 써서 들고 밖으로 나와 사면을 둘러보니 기러기는 간곳이 없고 망망헌 구름 속에 별과 달만 밝았구나. 심황후 기가 맥혀 편지를 내던지고 그 자리 버석 주저 앉어서, "아이고 아버지, 불쌍한 울 아버지 나를 생각허느라고 혼자 앉아 울음을 운가."

- 강도근 〈심청가〉 중

‘추월만정’으로 잘 알려진 이 대목은 황후가 된 심청이 앞 못보는 부친을 생각하며 눈물 짓는 내용으로, 그야말로 순일한 비장미를 자아내고 있다. 그러나 사설만으로는 심청이 아버지를 그리워하며 애달파 하는 그 마음이 절절하게 전해져 오지 않는다. 비장미는 음악적 표현과 애절한 육성肉聲을 동반해야 제대로 비로소 진면목이 드러난다.[20]

그런데 판소리에는 골계미 비장미가 순일하게 표출되는 경우만 있는 것이 아니다. 오히려 표면적으로는 골계미를 연출하는 듯 하지만 실제로는 비장의 효과를 자아내거나, 비극적 정황인데도 골계적으로 묘사하는 경우가 많다. 이를 개념적으로 명명한다면 ‘비장적 골계’ 혹은 ‘골계적 비장’으로 부를 수 있을 것이다.

> 가련할손 백만 군병들은 날도 뛰도 못하고, 숨 맥히고 기 맥히고 활도 맞고 창에도 찔려, 불에도 타고 다리도 직끈 팔도 부러지고, 앉어 죽고 서서 죽고 울다 웃다 밟혀 죽고 맞어 죽고 원통히 죽고 불쌍히 죽고 애타 죽고 똥 누다가 죽고 어이없이 죽고 가이없이 죽고 실없이 죽고 자다가 죽고 조구다가 죽고 죽어 보느라고 죽고 떡입에다 꽉물고 죽고 죽는 놈 흉내내고 죽고 무단히 죽고 열없이 죽고 함부로 덤부로 죽고 때때그르르 궁구러가다 아뿔싸 낙상하야 가슴을 쾅쾅 뚜다리다 한놈 죽고 이 제기를 붙을 욕하다 죽고 더럽게 죽고 무섭게 죽고 사람이 모두 적벽강에 국시 풀 듯 더럭더럭 풀 적에, 이통에 한놈은 뱃전모리로 우루루루루루퉁퉁 나오더니, 이마 위에 손을 얹고 고향을 바라보며 앙천통곡仰天慟哭 호천망극昊天罔極, “아이고 어머니 죽습니다.” 하더니 물에 가 풍, 또 한 군사 내달으며, “나는 남은 오대 독자요, 칠십 당년 늙은 양친을 내가 못보고 죽겄구나. 나는 어느 때라도 이 봉변 당하거드면 먹고 죽을라고 비상砒霜 사 넣었더니라.” 와시락 와시락 깨물아 먹고 죽고, 또 한 놈은 이통에 한가한 체 하느라고 시조 반장쯤 빼다가 죽고, 또 한 군사는 돛대 끝으로 뿍뿍뿍 올라가서, “아이고 하나님 나는 아무 죄도 없소.” 하더니 물에 가 풍, 적급 조침 괴약 통남 날게 도리 송곳 독바늘 적벽 풍파에 떠나갈 제, 일등명장一等名將이 쓸 데가 없고, 날랜 장수가 무용無用이라.
>
> — 강도근 〈적벽가〉 중

---

20   김흥규, 앞의 논문, 3쪽 참조.

전쟁 상황에서 군사들이 죽어가는 모습을 사실적으로 묘사하다가 "죽어 보느라고 죽고……"에 이르러 죽음이 야기하는 비극적 정조와 긴장은 더 이상 지속되지 않는다. 이렇듯 비장과 골계가 교직되어 눈물과 웃음이 공존하는 양상이야말로 판소리가 지닌 독특한 미의식이라 하겠다.

한편 판소리에는 비장과 골계만으로 설명하기 어려운 대목이 적지 않다.

(중중모리) 고고 천변롯롯 天邊 일윤홍日輪紅 부상扶桑으 높이 떠, 양곡暘谷 잦인 안개 월봉月峰으로 돌고 돌아 예장촌豫章村 개 짖고, 회안봉廻雁峰 구름이 떠, 노화蘆花 눈 되고, 부평浮萍은 물에 둥실, 어룡魚龍은 잠자고, 자규새 펄펄 날아들 적, 동정어천洞庭如天으 파시추파始秋 금성추파金聲秋波가 여그라. 앞발로 벽파碧波를 찍어 당겨, 뒷발로 창랑滄浪을 탕탕, 요리저리 저리요리 앙금둥실 떠 사면을 바래봐. 지광地廣은 칠백리, 파광波光은 천일색天一色인디, 천외天外 무산巫山 십이봉十二峰은 구름 밖에가 멀고, 해외海外 소상瀟湘은 일천리一千里 눈 앞에 경개로다. …(후략)…

– 강도근 〈수궁가〉

'고고천변'은 별주부가 수궁에서 육지로 나와 세상 구경을 하는 대목인데, 평 우조로 매우 화평한 분위기로 불린다. 이런 대목은 골계나 비장과는 거리가 멀다. 오히려 우아미에 가깝다. '적성가'(진양+우평조), '백백홍홍'(중모리+우평조), '자진 사랑가'(중중모리+계면조), '기산영수'(중중모리+우평조), '범피중류'(진양+우조) 등 판소리에서 우아미를 자아내는 대목은 적지 않은 편이다. 이런 대목들은 대개 한자 고사 성어를 위주로 하여 사설이 짜여졌다는 점이 특징적이다.

판소리가 기본적으로 해학 지향적 구조를 가지고 있다는 것은[21] 일면적인 타당성을 지닌다. 한 바탕을 대상으로 하여 결말까지 고려할 때 이 말은 타당성을 지닌다. 그러나 토막소리로 불릴 경우에도 언제나 해학을 지향한다고 할 수는 없다. 소리꾼이 소

---

21 김대행, 「판짜기 원리에 관한 한 가정(假定)」, 『판소리 연구』 1, 판소리학회, 1989.

리판을 짜나가는 사례를 통해 판을 짜나가는 원리 혹은 규칙성이 무엇인지 좀 더 구체적으로 살펴보기로 하자.

단가와 판소리를 진진津津한 좌담坐談 비슷하게 하되 꼭 장단에 맞어서 음률적音律的으로 하다가 어느 지경에 이르러서 특조를 발하여 사람을 경탄驚歎케 한다.[22]

처음에는 담담히 아무 흥미가 없는 태도로 하여 소리가 싱거웁기 짝이 없다. 청중聽衆은 염증厭症이 나서 하품과 조름이 나올 지경이다. 그리하여 중간쯤 이르더니 소리는 점점漸漸 흥미興味있게 되어간다. 난데없는 딴청이 튀어나오기 시작한다. 그 특색特色인 성조聲調를 한 마디 뽑아 질러내니 완연宛然히 벽공碧空에서 떨어지듯 한다. 장내 공기는 변환變換하여 하품하고 졸든 간관看官들은 귀를 번쩍 들고 지수는 소리 좌우左右에서 쏟아저 나온다. 완급장단 억양반복을 법도에 맞도록 창거창래唱去唱來할 제 듣는 사람의 정신精神을 혼도昏倒한다.[23]

처음 부분은 소리꾼이 목을 가다듬어 나가면서 공연 현장의 분위기를 잡아가는 과정이다. 그렇지만 그러한 과정에 뒤이어서 청중과 심리적 교감을 더해가며 울리고 웃기는 과정이 되풀이되는데, '완급장단緩急長短과 억양반복抑揚反復'이라는 말이 그것을 잘 말해준다. '완급장단緩急長短과 억양반복抑揚反復'을 통해 소리꾼은 그동안 갈고 닦은 기량을 다 발휘하여 청중에게 일정한 미적 체험을 가능하게 하는데, '완緩'과 '양揚'은 풀어주는 것이고, '급急'과 '억抑'은 맺어주는 것이라 할 수 있다. 기본적으로 판소리는 '맺고' '푸는' 소리인데, 이것을 개념적으로 설명한다면 '긴장'과 '이완'이 되는 것이다. 판소리의 서사적 짜임은 '창 - 아니리'의 반복을 통한 '긴장 - 이완'의 반복적 구조이며, 이러한 구조는 '비장 - 골계'의 구조와 매우 긴밀한 연관을 지니고 있다.[24] 그

---

22 정노식, 앞의 책, '신학조(申學祚)' 조(條), 152쪽.
23 정노식, 『조선창극사』, '박기홍(朴基洪)' 조(條), 163쪽.
24 김흥규, 「판소리의 서사적 구조」, 『판소리의 이해』, 창작과 비평사, 1978, 116~126쪽 참조.

러나 앞에서 살펴 본 것처럼 판소리에서 비장과 골계가 상당한 비중을 차지하고 있는 것은 사실이지만, 그것이 전부는 아니다. 판소리는 기쁨과 슬픔뿐만 아니라 장중함, 화평함, 유유함도 맛보게 해 준다. 다시 말하면 다채로운 감정의 촉발을 경험하게 하여 이로써 예술적 감흥을 맛보게 하는 것이 판소리의 본질이라고 생각한다.

판소리는 어떠한 비극적 상황이라도 결국에 가서는 행복한 결말로 귀결된다. 작품의 전반부와 후반부를 크게 나누어 본다면 대체적으로 '비장 - 골계'의 구조로 짜여져 있는데, 이것 역시 판소리가 비극을 끝까지 비극으로 몰고 가지 않기 때문인 것으로 생각된다. 선善과 악惡의 대립, 선인善人과 악인惡人의 대결에서 악인惡人은 현실 세계에서 패배하지만 소외되지는 않는다. 판소리에서는 선인에 대한 것 못지 않게 악인惡人에 대해서도 많은 발언권을 제공한다. 그러면서 악인惡人을 철저하게 악인惡人으로 그려내기는 하지만, 악인惡人에 대해 적대감을 가지게 할 정도로 악하게 그리지는 않는다. 오히려 과장, 해학, 너스레 등을 통하여 악인惡人의 모습에서 웃음을 유발하거나 인간적 연민을 느끼게 한다. 그렇기 때문에 악인惡人이 징치를 당하지만 그것이 철저한 비극으로 연결되지 않고 결국 선인善人과 함께 병존하는 결말에 도달할 수 있게 되는 것이다. 이런 점에서 판소리가 지향하는 세계는 '병존竝存' 혹은 '공존共存'의 세계라고 할 수 있다.[25] 이러한 의식이 판소리의 기저에 깔려 있기 때문에 순일한 비장이나 골계보다도 비장과 골계가 교직된 골계적 비장 혹은 비장적 골계가 판소리의 중요한 미적 특질로 나타나게 된 것이 아닌가 생각한다.

3. 미의식의 변모 과정과 그 의미

판소리사의 전개 과정은 향유층 구성의 변화와 더불어 더늠의 축적을 통한 사설의

---

25 이는 천이두 교수가 지적한 판소리의 '화해 지향성'과 통하는 내용이다.
    천이두, 『한의 구조 연구』, 문학과 지성사, 1993, 121~130쪽.

풍부화와 다양한 음악 어법의 개발이 지속적으로 이루어지는 모습을 보여준다. 그와 더불어 판소리의 미의식 또한 일정한 변모를 드러내고 있다. 송만갑이 명창을 포목상에 비유하여 비단을 달라는 이에게는 비단을 주고 무명을 달라는 이에게는 무명을 주어야 한다고 한 말은, 비단과 같은 소리와 무명과 같은 소리가 구별되어 있고 찾는 이의 취향 또한 다르다는 사실을 깊이 인식한 결과이다.

그렇다면 미의식의 변모 양상이 향유층 구성의 변화와 관련하여 어떻게 나타나며 그 의미는 무엇인지 고찰할 필요가 있다. 17세기 후반~18세기 무렵 판소리는 서민을 기반으로 하여 형성되었다. 열두 마당이 판소리의 주요 작품으로 정립된 시점에서 판소리는 골계미의 우위를 보이고 있다. 실전 7가의 내용에 비추어 볼 때 이것은 명백한 사실이다. 그런데 19세기에 들어와 양반, 중인, 부호층 등이 판소리의 새로운 청중층으로 등장하게 된다. 문제는 새로운 청중층으로 등장한 이들이 판소리사에 끼친 영향을 어느 정도 평가해야 하는가이다. 즉, 판소리 청중층의 영향력 중심이 서민층에서 양반 좌상객으로 옮겨갔다고 보아야 하는가 아니면, 여전히 판소리는 서민층의 기반 위에서 전승된 것이고 양반 좌상객 등이 판소리에 견인되어 청중층으로 참여하게 된 것인가 하는 것이다. 이 문제는 그동안 판소리 연구의 중요한 논쟁점으로 부각되어 여러차례 논란을 거듭한 바 있다. 여기서는 청중층의 신분에 따라 추구하는 미의식이 어떻게 다르고 그 특질은 무엇인지 밝히는데 논의의 초점을 맞추고자 한다. 『조선창극사』에는 양반 좌상객을 대상으로 하여 소리판을 벌인 명창들의 일화가 나온다.

① 권權(권삼득 - 필자)은 태연자약泰然自若하여 그 자리에서 가조일곡歌調一曲 일창一唱으로 최후最後를 마치기를 애원哀願하므로 일좌一座는 그 가련可憐한 인생人生의 최후最後 소원所願을 허락許諾하였다. 그리하여 그 거적 밑에서 들쳐 나오는 비절창절悲絶悵絶한 가조歌調 일곡一曲은 듣는 사람으로 하여금 참아 못할 감동을 주었다.[26]

---

26 정노식, 앞의 책, 19쪽.

② 이때에 맹렬이는 송씨宋氏(송흥록 - 필자)가 왔단 말을 듣고 병사兵使에게 말하여『송씨宋氏를 불러 소리를 시키되 분부吩咐하시기를 너는 본래本來 명창名唱이니 네가 소리를 하는데 능能히 나를 한번 웃게 하고 또 한번 울게 하면 상급賞給을 후厚히 하려니와 만일 그렇지 못하면 네의 목숨을 바치리라 하시고 소리는 밧삭 마른 토별가兔鱉歌를 시키라고 하였다』…(중략)… 아모리 웃기랴고 온갖 어리광이짓을 다하여도 웃기는 고사하고 병사兵使의 얼굴에서는 점점 독살만 안개 피여 오르듯 한다. 송씨宋氏는 느닷없이 병사兵使의 앞으로 달여들면서『아저씨 웨 아니 웃으시요. 날를 죽이고 싶어서』하였더니 병사兵使가 픽하고 웃섯다. 송씨宋氏는 그것을 보고 물러서서『우리 아저씨가 웃기는 하였다마는 또 어떻게 우는 꼴을 보나』하고 토끼 배가르는 대목에 가서 애원성으로 어떻게 슬프게 하였던지 만좌가 눈물바다를 일루웠는데 병사兵使도 돌아 앉어서 한번 슬적 수건을 눈에 대었다.[27]

③ 염계달은 …(중략)… 헌종대왕憲宗大王의 부르심을 받고 어전御殿에서 누차屢次 소리를 하였고 소리가 가경佳境에 돌어가면 경우境遇를 딸러 듣는 사람으로 하여금 능能히 울니고 능能히 웃기게 하였다.[28]

④ 한사람이『명창名唱은 능能히 사람을 울니고 능能히 웃긴다고 하더니 이창李唱이야말로 과연果然 그러하다』하니까 주인主人 재상宰相이 말하기를『그것은 그러할 리理가 없을 것이로되 만일 있다고 하면 심약心弱한 졸장부拙丈夫에 한限하여 있을 일이고 강의剛毅하고 기백氣魄이 있는 대장부大丈夫로써 한 미천微賤한 광대에게 감정感情의 지배支配를 받어서 소여곡笑與哭을 피동적被動的으로 할 것이냐』하여 …(중략)… 주인主人은 즉시卽時 이창李唱을 초래招來하여 금천냥金千兩과 생명生命과의 도약賭約을 정정定定하였다. …(중략)… 이李(이날치 - 필자)는 흔연欣然히 만좌滿座 앞에서 심청가沈淸歌 중中 심청이가 그 부친父親의 눈 뜨이기를 위爲하여 공양미供養米 삼백석三百石에 몸이 팔여서 인당수 제물祭物로 악마惡魔같은 남경선인南京

---

27   정노식, 앞의 책, 22~23쪽.
28   정노식, 앞의 책, 26쪽.

船人들에게 끌어갈 제 그 부녀간父女間 서로 영결永訣하는 장면場面! 그 앞 못보는 고독孤獨한 부친父親을 촌인村人들에게 애호愛護하여 달나는 유탁遺托의 애사哀辭! 피눈물을 흘니면서 허둥지둥 인당수에 몸을 던지는 광경光景! 그 비절참절悲絶慘絶한 인생人生의 최후最後를 여실如實히 애사비조哀辭悲調로 표현表現하였다. 듣는 사람은 물론勿論이고 귀신鬼神도 따라서 우름을 발發하리만큼 되었다. 주인主人 노재상老宰相은 심청沈淸의 출천적出天的 효성孝誠에 감격感激을 받으면서 인생人生의 비애悲哀를 느끼면서 부지불각중不知不覺中 뒤로 돌아앉어서 암연暗然히 눈물을 씻고 전약前約대로 과연果然 천냥금千兩金을 주어 즉시卽時 치송治送하였다는 것이 유명有名한 이야기다.[29]

판소리의 본질이 사람을 '울리고 웃기는 것'이라는 사실은 위의 일화에서도 그대로 나타난다. 그것은 어전에서 불릴 때에도 변함없이 발현되고 있다. 그런데 위의 일화는 판소리가 '웃기는 일'보다는 '울리는 일'에서 명창의 예술적 역량이 총동원되고 있음을 보여주고 있다. 맹렬이가 송흥록으로 하여금 진주병사를 웃기고 울리도록 하는 이야기나 광대에 의해 울고 웃는 태도를 비웃던 노재상의 일화는 명창의 대단한 기량과 판소리가 지닌 예술적 감응력을 보여주는 것이기도 하지만, 관점을 달리하여 본다면 감정의 노출을 자제하려는 양반 좌상객의 태도를 여실히 보여주는 사례로도 이해할 수 있다. 양반 좌상객이 판소리 청중층으로 등장하면서 양반 좌상객 자신도 판소리의 예술적 자장 속에 끌려 들어오게 되는 측면과 함께 판소리 또한 이들 청중층의 지향이나 취향에 의하여 일정 정도 변모를 경험하지 않을 수 없게 된 것이 판소리사의 실상이 아닌가 한다. 판소리에 대한 양반 좌상객의 요구가 어떤 것인지는 1873년 정현석이 신재효에게 보낸 「증동리신군서贈桐里申君序」라는 글을 통해 유추해 볼 수 있다.

속창俗唱을 두루 들어보니 이야기에 근리近理하지 않은 것이 많고, 말 또한 간혹 무륜無倫

---

29   정노식, 앞의 책, 71~72쪽.

하다. 하물며 광대가 글을 아는 것이 매우 적어 높낮이가 뒤바뀌고 미친듯이 소리를 질러대
어, 열을 들으면 한 둘을 알아듣기가 어렵다. 또한 모리를 흔들고 눈을 이리저리 굴리며 온몸
을 어지럽게 흔들어, 차마 똑바로 보기 어려운 바가 있다. 이런 폐단을 고치려면 가사의 속되
고 패리悖理한 것을 없애 문자文字로써 윤색하여 그 사정事情을 형용하여, 일편의 문리文理가
잘 이어지고 말을 우아하고 단정하게 하라 …(후략)…[30]

　　미친 듯이 소리를 질러내고 몸동작이 심하게 움직인다는 것은 통성을 위주로 하여
크게 내지르기는 하는데 그것이 이면에 맞지 않고 또한 너름새를 많이 사용한다는 의
미일 것이다. 그런데 이러한 문제가 생기는 이유는 사설이 이치에 맞지 않고 속되기
때문이라는 것이다. 이런 지적은 사설을 우아하고 단정한 말로 바꾸고 그러면 거기에
맞게 이면을 그려야 할 터이니 자연스럽게 너름새도 단아하게 구사하게 되고 소리도
들을만하게 될 것이라는 의미를 내포하고 있다.

　　　박만순의 소리는 식자識者에 한限하여 칭예稱譽를 받지만 이날치의 소리는 남녀노소男女老
　少 시인묵객초동목수詩人墨客樵童牧竪 할 것 없이 찬미讚美 아니하는 이가 없었다 한다.[31]

　　이 기록은, 식자층에 한하여 호소력을 갖는다고 한 박만순은 양반 좌상객의 취향에
부합하는 소리를 하였고, 이날치는 일반 서민들에게 인기가 있었다고 말한 것으로 이
해할 수 있다. 이렇게 신분에 따라 좋아하는 명창이 다른 것은 취향과 미의식이 다르
기 때문에 생겨나는 현상이다. 『조선창극사』에는 두 명창이 어떻게 소리판을 이끌어
가는지에 대한 묘사가 비교적 자세하게 되어 있어 이를 통해 두 명창의 변별적 특징
을 잘 알 수 있다. 그리고 두 명창이 보여주고 있는 특징은 각각 양반 좌상객의 미의

30　歷聽俗唱 敍事多不近理 遣語亦或無倫 況倡之識字者甚少 高低倒錯 狂呼叫嚷 聽其十九語 莫曉其一二
　　且搖頭轉目 全身亂荒 有不忍正視 欲革是弊 先將歌詞 祛其鄙俚悖理者 潤色以文字 形容其事情 使一
　　篇文理接續 語言雅正 …(後略)….
31　정노식, 앞의 책, 70쪽.

식과 서민의 미의식에 조응하는 것으로 이해할 수 있다.

> ● 박만순 : 성음은 양성陽聲이고 창조唱調는 우조羽調를 주장하여 판을 짜는데 창거창래唱去
> 唱來 유시호有時乎 전력을 다하여서 한번 내지르면 그 세세통상성이 완연히 반공에서 떨어
> 저 나려오는 듯 하고 그 각양각색의 묘기는 사람을 혼취케 하며 그 힘있고 맑고 아름다운
> 성음! 그 점잔하고도 구수하게 꾸미는 형용동작! 그 광경을 실제에 듣고 보는 사람이 듣고
> 보고 느껴서 스스로 유쾌함을 얻을 뿐이지 말로는 형용하여 표시할 수가 없다고 한다.[32]

> ● 이날치 : 유시호有時乎 애원한탄哀怨恨歎으로써 청중聽衆의 허희체루噓唏涕淚를 자아내히
> 다가도 다시 회해골계詼諧滑稽로써 포복절도抱腹絶倒케 하는 그 광경光景과 그 창극唱劇의
> 제스추워形容動作를 알울러 보면 실로 천하天下 장관壯觀이었다고 한다.[33]

　박만순은 소리에 장중함과 진중함을 지니고 있으며 높은 음악성을 보이면서도 절도
있는 너름새로 기품을 유지하고 있다. 이에 비해 이날치는 활달한 너름새에다 비장미
와 골계미의 적극적 발현을 통해 청중을 능히 울리고 웃기고 있다. 말하자면, 박만순
의 소리는 절제된 미의식으로 '비단소리'에 비유되고, 이날치의 소리는 직정적直情的
미의식으로 '무명소리에 비유될 수 있을 것이다. 요컨대 양반적 미의식은 단아하고
진중한 절제節制된 미의식으로, 우아미, 비장미, 장중미가 주요 미적 특질이라 할 수
있다. 이에 비해 서민적 미의식은 진솔한 직정적直情的 미의식으로, 골계미와 비장미
가 주류를 이룬다. 그런데 19세기에 와서는 양반적 미의식이 강화되는 방향으로의 변
모를 보이게 되는 것이다. 진양조의 완성, 가곡성 우조의 도입 등 새로운 음악 어법의
개발이 그것을 말해준다. 게다가 19세기에 축적된 더늠의 성격을 살펴보면 그러한 사
실을 보다 구체적으로 확인할 수 있다. 전후기 8명창으로 거론되는 명창의 더늠을 정

32　정노식, 앞의 책, 58~59쪽.
33　정노식, 앞의 책, 70쪽.

리하여 제시하면 다음과 같다.

전기 8명창

- 권삼득 : 〈흥보가〉 중 제비 후리러 나가는 대목

- 송흥록 : 〈춘향가〉 중 옥중가

- 염계달 : 〈춘향가〉 중 십장가

- 모흥갑 : 〈춘향가〉 중 이별가

- 고수관 : 〈춘향가〉 중 자진사랑가

- 송광록 : 〈춘향가〉 중 긴사랑가

- 신만엽 : 〈수궁가〉 중 토끼 욕사설

- 김제철 : 〈심청가〉 중 심청 탄생 대목

- 주덕기 : 〈적벽가〉 중 조자룡 활쏘는 대목

후기 8명창

- 박유전 : 〈춘향가〉 중 이별가, 〈적벽가〉 새타령

- 박만순 : 〈춘향가〉 중 사랑가, 옥중가, 황릉묘 가는 데.

- 김세종 : 〈춘향가〉 중 천자뒤풀이

- 이날치 : 〈춘향가〉 중 동풍가

- 송우룡 : 〈수궁가〉 중 토끼 배가르는 대목

- 정춘풍 : 소상팔경가

- 정창업 : 〈심청가〉 중 중 내려오는 대목

- 김창록 : 〈적벽가〉 중 오작가, 〈심청가〉 중 심청 인당수에 끌려가는 대목

- 장자백 : 〈춘향가〉 중 적성가

- 김찬업 : 〈수궁가〉 중 토끼화상

위에서 제시한 더늠의 성향을 보면, 유장하거나 장중한 대목, 화평한 대목, 비장한

대목 등이 압도적으로 많음을 알 수 있다. 이러한 성격의 더늠들이 집중적으로 명창들에 의해 갈고 다듬어진 것은 청중층의 변화와 일정한 연관이 있을 것이라고 볼 수 있다. 그리고 그 방향은 앞에서 제시한 미의식 가운데 양반 좌상객의 그것에 부합하는 쪽이었던 것으로 보인다. 이와 더불어 골계미를 자아내는 아니리, 재담 그리고 육담 등은 점차 약화되거나 축약되는 현상을 보이는데, 이러한 현상은 19세기 이후 판소리사에서 지속적으로 나타난다. 그런데 비장미는 두 가지 성격으로 나누어 볼 수 있다. '영웅적 비장'과 '범인적 비장'이 그것이다.[34] 양반 좌상객의 취향에 부합하는 것이 영웅적 비장이라면, 서민들의 미의식에 부합하는 것은 범인적 비장이라 할 수 있다.

20세기에 들어오면 범인적 비장이라 할만한 특질이 훨씬 강화되어 나타난다. 이 시기에 오면 판소리의 전승 환경에 상당한 변화가 생겨나는 바, 이미 전통사회에서와 같은 안정적인 청중층이 해체되고 판소리는 스스로 청중층을 끌어 모아 생존을 도모해야 하는 상황에 이른 것이다. 이와 더불어 일제라는 시대 상황에서 서민들은 애원처절한 정조에 더 환호하는 모습을 보인다. 따라서 이러한 청중층의 취향에 따라 판소리 역시 계면 위주의 애조 띤 소리가 우세해지게 되었던 것이다. 다음의 일화는 그러한 사정을 잘 보여 준다.

이동백(1867~1950)이 죽기 전의 일이라니까, 40년대 후반쯤 되었을 것이다. 전북 이리에서 협률사가 열려, 그 자리에 이동백이 출연했었다 한다. …(중략)… 이윽고 〈적벽가〉가 시작되었다. "당당한 유현주는 신장은 칠척 오촌이요," 〈적벽가〉 초두 부분인데, 통성으로 다잡아 치솟는 느린 진양조, 전형적인 우조였다. 80의 노옹이라 하지만 아직도 여전히 웅장·호방한 통성을 질러대도 관중들은 코라도 고는지 도무지 반응을 보이지 않았다. 그래, 이동백은 팍팍한 나머지 이 대문을 중종에 잘라 버리고 대뜸 "황개 화선 이십 척 …… 번개같이 달려들어," 조조의 선단에 불 지르는 대문의 다급하게 몰아 붙이는 자진몰이로 넘어가자 청중들은 겨우 술렁이기 시작하였고, "산천은 험준허고 수목은 총잡헌디"하는 새타령을 거쳐, 조조

---

34   김흥규, 「판소리에 있어서 비장」, 『구비문학』 3, 한국정신문화연구원 어문학연구실, 1980 참조.

가 호로곡으로 패주하는 "바람은 우루루루 지둥치듯 불고 궂은 비는 퍼붓는디" 하는 전형적인 진양조 계면조 가락에 이르자 청중들은 아연, 용트림 하기 시작하였다. 그 계면조가 "묻노라 저 백구야 너는 어이 한가허여 홍요월색 어인 일고. 어적수성 적막헌디 뉘 기약을 기다리나" 하는 애련·처절하게 치닫는 진계면 대문에 이르자 마침내 얼씨구 조오타, 하는 추임새가 터져 나왔다. 그러자 열광하는 청중들을 이윽히 바라 보던 백발이 성성한 이동백은 "니기미 혈 놈들, 용개목 쓰닝개야 환장들 허네그려." 혼잣말을 하였다. …… 말하자면 판소리의 참맛은 웅장호방한 우조에 있는데도 그 가락은 몰라주고, 간드러지게 늘어 빼는 계면조 노랑목을 쓰니까 좋아한다는 탄식인 셈이었다.[35]

  이 일화에서 알 수 있는 사실은 청중층의 욕구가 이미 잔가락을 쓰고 계면조의 애원성이 낀 성음을 좋아하게 되었다는 점이다. 이화중선의 '추월만정', 임방울의 '쑥대머리'가 공전의 히트를 기록한 것도 이 시기이다. 그러니까 20세기에 들어와 판소리에서 비장이 차지하는 비중이 더욱 강화되는 바, 이 때 비장이 지니고 있는 특질은 서민들의 애환과 눈물을 직정적直情的으로 토로한다는 점에서 양반적 취향의 비장과는 그 성격이 구별된다. 20세기에 들어와 변모된 판소리의 이러한 성격은 여성명창이 다수 등장하게 되면서 더욱 심화된 측면이 있다. 물론 여성명창이 모두 그런 것은 아니며, 남자 명창으로부터 남자 소리로 교육을 받은 여성 명창들은 남자 못지않은 공력을 쌓아 통성을 위주로 하여 판을 이끌어 갔다. 박록주, 김여란, 성우향 명창 등이 이러한 평가에 걸맞는 역량을 보여 주었다고 할 수 있다. 그러나 대부분의 여성 명창들은 통성을 쓰기보다는 고운 목으로 기교를 구사하며 소리를 한다든가 여성이 지닌 소극성으로 인해 무대를 얌전하게 이끌어 가는 경향이 있다. 많은 여성 명창들이 〈춘향가〉, 〈심청가〉 등에 특장을 보이고, 상대적으로 〈적벽가〉나 〈소적벽가〉라고 부르는 〈수궁가〉 그리고 재담을 제대로 구사해야 제 맛이 나는 〈흥보가〉 등의 전승이 위축되고 있는 것도 이와 무관하지 않다. 걸쭉한 재담은 가능하면 제외하면서 판을 이끌

---

35 천이두, 『판소리 명창 임방울』, 현대문학사, 1986, 152~153쪽 인용.

어 가기 때문에 판의 '역동성' 내지는 '즉흥성'이 많이 소멸된 것도 여성 명창이 다수를 차지하게 되면서 생겨난 현상이라 하겠다. 결국 통성을 위주로 한 소리, 판의 역동성과 즉흥성, 걸쭉한 재담 등 소리판이 가지고 있는 이러한 요소들이 약화되면서 판소리에서 골계미는 더욱 약화되는 현상을 보인다.

그렇지만 판소리의 본질은 앞에서 말한 것처럼 '웃기고 울리는 것'에 있다. 어느 한 면만 부각되면 판소리는 더 이상 판소리답지 못하게 된다. 해방을 전후하여 많이 불려진 〈열사가〉류의 창작판소리가 왜 오늘날에 이르러서는 전승이 위축되었는지 생각하면 그 해답은 금방 나온다. 이준, 윤봉길, 안중근 등 독립운동을 주도하던 민족적 영웅을 주인공으로 하여 그들의 행적을 비장하게 그리고 있는 〈열사가〉류는 식민지로부터의 해방이라는 절박한 민족적 과제를 담고 있기 때문에 골계미를 창출할 여지는 애초부터 없었다고 할 수 있다. 일제 식민지라고 하는 시대적 상황 과 암울한 현실을 타개하려는 민족적 영웅의 부각이라는 주제적 측면으로 인해 이 작품은 비장미 일변도로 갈 수밖에 없었던 것이다. 오늘날 〈열사가〉가 그다지 활발하게 전승되지 못하고 있는 이유가 한·일간의 국제 관계가 예전처럼 적대적 관계로만 규정할 만큼 단순하지 않고 〈열사가〉에서 강조되고 있는 충의 이념이 자칫하면 지배이데올로기로 전락할 가능성마저 있는 등 작품의 주제가 변화된 전승환경에서 여전히 호소력을 가지기 어렵기 때문이기도 하다. 그렇지만 이를 공연예술이라는 관점에서 본다면, 골계와 비장이 교직된 전통 판소리의 공연 원리와 다르게 비장으로만 일관하고 있는 것도 전승을 위축시키는 큰 이유이다. 다시 말하면 소리꾼은 소리판을 이끌고 나가기가 너무 힘들고 청중층 또한 긴 시간 동안 지나치게 무거운 분위기를 견뎌야 하는 것이 고통스러울 수 있는 것이다. 판소리의 진정성을 회복하는 일은 건강한 웃음과 건강한 울음을 되찾는 길밖에 다른 대안이 없다. 쥐어짜는 소리나 듣기 좋게만 부르려는 경향은 판소리의 건강성을 해칠 뿐이다.

판소리 고법과 이면의 미학

1. 판소리 고법과 이면

　판소리에서 이면은 사설의 내용을 음악적으로 어떻게 표현해 내는가 하는 문제와 관련하여 주로 사용하는 말이다. 판소리사에서 처음부터 이면에 대한 개념이 정립되고 소리꾼에게 이것이 강조된 것은 아닌 것 같다. 전기 8명창 시기까지만 하더라도 다양한 음악 어법이 지속적으로 창출되고 있었으며, 소리꾼의 개성에 따라 즉흥적 역량을 발휘하는 일 또한 상당한 정도로 허용되었던 것으로 보인다. 그러다가 후기 8명창 시대에 접어들면서 판소리에 대한 이론을 정립하는 과정에서 이면에 대한 논의가 활발하게 이루어지는 양상이 보인다.

　신재효가 개작·정리한 판소리 사설에서 이면이라는 표현을 확인할 수 있다. "저 소경 하는 말이, 옥중 고생하는 터에 복채를 달란 말이 이면은 틀렸으나, 점이라 하는 것은 신으로만 하는 터니 무물無物이면 불성不成이라 정성을 안 들이면 귀신 감동 못 할 터니 복채를 내어놓소."(남창 춘향가), "춘향 어미 향단 불러, '귀한 손님 오셨으니 잡수실 상 차려오라' 향단이 나가더니 다담 같이 차린단 말 이면이 당찮것다."(동창 춘향가)에서 "이면이 틀리다", "이면이 당치 않다"라는 등의 사설이 그것이다. 사설의 내용을 음악적으로 어떻게 해석할 것인가 하는 문제와 연결되지는 않지만, 사설에 제시된 상황이나 문맥의 문제를 이면으로 표현하고 있음을 알 수 있다. 『조선창극사』에서는 김세종이 특히 이론에 밝았다고 하여 그의 이면관을 자세히 소개하고 있다.[1] 그의 이면관의 요체는 '억양반복抑揚反復', '고저장단高低長短', '형용동작形容動作', '어단성장語短聲長'으로 집약할 수 있다. 이렇게 이면에 대한 개념이 정립되면서, 이면은 명창의 능력을 품평하는 평가의 기준이 되기도 한다.

이면을 두고 대립했던 김연수와 임방울의 논쟁은 유명한 일화이다. 한학漢學에 조예가 있는 것으로 평가되는 김연수는 임방울이 '이면을 모른다'고 공박하였으며, 이에 대해 서민적인 소리꾼으로 평가되는 임방울은 '이면 찾다 소리 망친다'고 논박했던 것이다. 김연수는 김세종이 정립한 이면관, 즉 사설의 내용이 음악 어법을 규정한다는 관점을 충실히 수용하고 있다.

그런데 김세종으로부터 김연수에 이르는 이러한 이면관은 판소리의 주요 청중층으로 등장한 양반 좌상객이나 식자층의 요구가 일정하게 반영된 것으로 볼 수 있다. 신재효가 판소리 여섯 바탕 사설을 가능하면 이치에 합당하게 개작한 것이나 정현석이 이치에 맞지 않는 사설을 문맥에 맞게 고치고 우아하게 해야 한다고 요구한 것 등과 판소리 소리꾼이 정립한 이면관이 지향하는 바가 일치하는 데서 그러한 사실을 알 수 있다.

박헌봉은 발림에 대해 "창인唱人이 입창立唱할 때 가사의 이면과 성음의 고저청탁을 조격에 곡 맞게 하여 일거수 일투족이 어떤 환영을 그린 듯이 한 손으로 반월형 또는 두 손으로 원월형과 같이 곱게 들어 그 창의 내용 이면을 잘 표현하는 동작을 말한다."라고 설명하면서 이면에 대해 언급한 바 있다. 그는 이면을 판소리 창과 사설, 그리고 연극적 발림의 유기적인 결합으로 본 것이다.

소리꾼이 자신의 이면관에 따라 음악적 어법을 달리하는 것은 오늘날에도 확인되는

---

1   정노식, 『조선창극사』, 조선일보사, 1940, 63~65쪽.

판소리의 본질적인 속성이다. 가령, 대부분의 바디에서는 자진모리로 부르는 〈춘향가〉의 '신연맞이'를 김연수 명창은 진양으로 부른다. 춘향을 보기 위해 조금이라도 빨리 남원으로 가고자 하는 변학도의 심정을 잘 표현하는 데 있어서는 자진모리로 부르는 것이 이면에 맞지만, 사또의 행차를 위엄 있게 그려내고자 한다면 느린 장단인 진양으로 부르는 것이 이면에 부합한다고 하겠다. 그러니까 판소리에서 이면은 고정 불변의 것은 아니며, 해석의 관점에 따라서 이면의 구현 양상은 시대 혹은 개인에 따라 달라질 수 있는 것이다.

판소리에서 이면은 고법에도 적용될 수 있다. '고법'이라는 용어에는 북가락을 운용하는 일정한 체계 혹은 원리가 존재한다는 의미가 함축되어 있다고 할 수 있다. 그렇지 않다면 '법法'이라는 말을 쓸 수 없을 것이다. 그럼에도 불구하고 현실적으로 고수가 반주하는 북가락에서 보편적으로 통용될 수 있는 일정한 체계 혹은 원리를 구명할 수 있는가에 대한 회의적인 시각이 없는 것은 아니다. 이러한 회의적인 시각은 고수마다 저마다의 북가락이 있고 소리꾼과의 관계에 따라 고수의 북가락 운용이 다른 현실에서 비롯된 측면이 강하다. 나아가 북가락은 소리를 뒷받침해주는 기능적 측면이 강하기 때문에 미학의 문제를 논하는 데까지 나아가기는 어렵다는 인식을 보이는 경우도 있다.

고수의 북가락 운용이 매우 다양하며 고수에 따라 반주법의 편폭이 몹시 클 수 있다는 사실은 부인할 수 없다. 보편적으로 통용되는 고법의 체계 혹은 원리를 정립하는 작업 또한 매우 어려울 수밖에 없는 이유가 여기에 있다. 그렇지만 고법의 체계화 나아가 고법의 이면의 미학을 논하는 작업이 불가능한 것은 아니라고 본다. 현상적으로 다양하고 복잡해 보여도 기저에 놓여 있는 원리의 문제를 밝히는 작업이 연구자의 몫이라 하겠다. 근래에 들어와 실기인이 직접 고법을 정리하여 출간하거나[2] 대학원에서 고법에 관한 주제로 학위논문을 제출하는 경우가 많아지고 있다. 이러한 일련의 연구는 고법을 정립하는 작업과 직간접으로 연관되어 있다고 볼 수 있다. 그렇지만

---

2   김청만 외, 『한국의 장단 2』, (사)세울전통타악진흥회, 2009.

과문한 탓인지 모르나 이면의 측면에서 고법 문제를 본격적이고 심도 있게 논한 연구는 그동안 없는 것으로 알고 있다. 굳이 이면이라는 용어로 포괄하지 않았다 해도 내용상 결국 고법의 이면 문제를 논한 성과가 없는 것은 아니다.[3] 그 가운데 일산회가 김명환 판소리 고법에 관해 해설한 비교적 간략한 글이 있는데, 고법에 있어서 이면의 미학을 논하는 문제와 관련하여 많은 착안점을 제시하고 있다.[4] 이 글에서 논한 (1) 장단 내드름, (2) 등배가려치기와 진양 24박, (3) 각 내기, (4) 거두기와 늘이기, (5) 따라치기가 바로 그것

김명환 명고

이다. 논의가 소략한 바 없지 않으나, 고법에서의 이면의 미학과 관련하여 정곡을 찌른 지적이라고 할 수 있다. 이 외에는 고법과 이면의 문제를 연결하여 논한 연구는 보이지 않는다.

여기서는 선행 연구 성과를 기반으로 하면서, 고법에 있어서 이면의 문제를 (1) '한배'에서 장단 운용의 미학, (2) 밀고 달고 맺고 풀음의 미학, (3) 여백과 채움의 미학, (4) 추임새의 미학의 측면에서 고찰해 보고자 한다.

---

3 이에 해당하는 사례로, 다음의 성과를 들 수 있다.
   이보형, 「호남지방 토속예능조사 판소리고법(鼓法)(Ⅰ)~(Ⅲ)」, 문화재 관리국, 1976~1979.
4 국립문화재연구소에서 발간한 『김명환 판소리 고법』 음반(2001)에 관한 해설의 성격을 담고 있는 글이 이에 해당한다.

2. 고법 이면의 미학

소리판에서 고수가 차지하는 위상이나 성격은 시대에 따라 변모해 온 것으로 보인다. 송만재(1788~1851)의 〈관우희〉(1843)에 "소리꾼은 고수의 동편에 마주 서 있다優人對立鼓人東"라고 하여 소리판에서 고수가 앉는 위치에 대해 언급했다. 그러니까 고수는 청중석이 아니라 소리꾼을 향해 있었던 것이다. 이는 이른바 모흥갑 판소리도로 잘 알려진 평양감사 연회도에도 잘 나타난다. 윤달선은 〈광한루악부〉의 서문에서, "우리나라 소리꾼들의 놀이는 한 사람은 서고 한 사람은 앉아서 하는데, 선 사람이 소리를 하면 앉은 사람이 북으로 그 소리를 조절한다我國倡優之戱, 一人立一人坐, 而立者唱, 坐者以鼓節之"라고 했다. 고수는 앉아서 북을 치는바, 소리를 '조절節'하는 역할을 담당한다는 점에 주목한 것이다.

명창론의 성격을 지니고 있는 『조선창극사』에서 정노식은 고수鼓手로 유일하게 한성준을 소개하고 있다. 여기서 정노식은 "속담에 부처님 살찌고 안찌기는 석수장石手匠이 손에 달렸다는 것과 같이 아무리 명창광대일지라도 고수의 한마치 장단에 그 성가聲價를 올리고 내리고 할 수가 있는 것"이라고 하면서, '일고수 이명창'과 '수雄고수 암雌명창' 등의 표현으로 고수의 중요성을 강조하고 있다.[5]

무대에서 소리꾼이 스포트라이트를 받지만, 소리판의 성패가 고수의 손에 달려 있는 것은 사실이다. 고수가 다채롭고 기교 있는 북솜씨를 지니고 있다고 하여 명고名鼓가 되는 것은 아니다. 소리꾼이 가져가는 호흡을 디테일하게 파악하고, 상황에 맞게 적재적소에 알맞은 가락과 추임새를 구사할 수 있어야 명고가 될 수 있는 것이다.

---

5   정노식, 앞의 책, 254쪽.

이동백 명창과 한성준 명고(『매일신보』, 1928. 9. 14)

1) '한배'에서 장단 운용의 미학

소리꾼이나 고수가 소리판을 짜나가는 데 있어서 지켜야 할 가장 기본적이면서도 중요한 사항은 장단의 '한배'를 맞추는 것이다. 한배에서 중요한 것은 '호흡'이다. 가령, 절대박의 관점으로 보면 중모리는 12박이다. 그렇지만 중모리 한배는 '절대박'으로서의 12박과 정확하게 맞아떨어진다고 하기는 어렵다. 내드름과 가장 느린 장단인 진양으로 불리는 대목에서 특히 이와 관련된 문제가 있다.

주지하듯이, 내드름은 소리꾼이 첫모리 시작하는 부분을 가리키는 용어이다. '내'는 '낸다' 즉 '제시한다'는 의미이고, '드름'은 가락·곡조 양식을 뜻한다.[6] 그러니까 '내드름'은 '내는 가락·곡조'라는 의미로, 시작 선율을 일컫는 말이라 할 수 있다. 같은

---

6 이보형, 「판소리 내드름이 지시하는 장단 리듬 통사 의미론」, 『한국음악연구』 29, 한국국악학회, 2001.

작품이라 하더라도 유파나 바디에 따라 장단 구성이 다르게 짜여 있는 경우가 많기 때문에, 고수가 이를 모두 기억하기는 어렵다. 게다가 소리꾼이 중간에 특정 대목을 건너뛰거나 임의의 대목을 부르는 경우도 있을 수 있다. 이처럼 소리꾼이 어떤 대목에서 어떤 장단으로 소리를 시작할지 알 수 없는 상황에서, 고수가 해당 소리 대목의 장단을 파악할 수 있는 가장 결정적인 기회는 바로 내드름을 통해서이다. 소리꾼이 처음 소리를 시작할 때 고수가 첫 박에 북을 치지 않는 이유는 장단 빠르기를 파악해야 할 뿐만 아니라 장단의 '한배'를 가늠해야 하기 때문이다.

내드름은 소리꾼이나 고수에게 각별한 의미가 있다. 소리꾼의 입장에서는 고수가 장단을 정확히 파악할 수 있도록 분명하게 표현하는 게 필요하다. 이에 대해 김명환 명고는, "명창일수록 첫모리빡얼 확실히 구별할 수 있게 척 내주고… 성음은 반갑게 내고 끝낼 때는 섭섭하게 지우라고 했습니다."라고 말한 바 있다.[7] 내드름은 이른바 '반가운 성음'으로 분명하게 표현해 주어야 함을 강조하고 있으며, 그 이유가 고수와 관련이 있음을 밝히고 있다. 고수의 입장에서는, 내드름에서 일명 '소리모리 장단'을 치면서 순발력 있게 해당 소리 대목의 장단과 빠르기를 파악해야 한다.

그런데 내드름 장단을 치는 데 있어서, 고수는 절대박의 관점에서가 아니라 관습적으로 통용되는 장단 구조 속에서 북가락을 운용해야 하는 점에 대해 주목할 필요가 있다. 가령, 진양 장단으로 불리는 〈심청가〉 중 '범피중류' 대목을 예로 들면, 내드름에 해당하는 첫모리 부분인 '범피~'가 그 다음에 이어지는 '중류~'에 비해 짧게 불린다.[8] 박을 나눈다면 '범피~' 또한 6박으로 되어 있으며, 약간 빠른 진양으로 불리는 것이라고 볼 수도 있다. 그렇기 때문에 고수는 빠르기에 구애받지 않고 소리꾼의 호흡을 따라 5박과 6박에 북을 치는 것이 이면에 맞는다.[9]

---

7   국립문화재연구소 소장자료 시리즈15, 『김명환 판소리 고법』, 해설지, 국립문화재연구소, 2001.
8   2015년 7월 18일 KBS 국악한마당에서 성창순 명창이 부른 〈심청가〉 중 '범피중류'(고수 : 이태백)를 예로 들면, '범피'는 약 4초, '중류'는 약 6초 소요되었다.
9   장단 기호는 다음과 같다. ① : 합, ‡ : 따드락, ○ : 궁, | : 딱, ⊗ : 척, ◑ : 구궁.

범		~		피		~							

중		~		류		~							
○									ǂ	ǂ		

내드름에서 고수가 기다리지 않고 바로 장단을 치는 이유는, 그렇게 반주하는 것이 소리꾼의 호흡에 맞을 뿐만 아니라 부담을 덜어 주고 소리가 늘어지는 것을 막기 위해서라고 할 수 있다.

중모리 장단으로 불리는 소리 대목 가운데 12박의 틀 안에서 내드름을 부르지 않는 경우도 있다. 〈흥보가〉 중 '저 아전'이 이에 해당한다. 2015년 4월 26일 국립극장에서 열렸던 완창 판소리 강경아 명창의 〈흥보가〉(고수 : 조용복) 공연을 사례로 들어 보면 다음과 같다.

저	아	전			거	동	을	보아	라	–	
															ǂ		

고수가 '저 아전' 직후 4박째 장단을 친 것이다. 물론 모든 〈흥보가〉 바디에서 이 대목을 이와 같이 부르는 것은 아니다. '저 아전' 다음 고수는 한 박을 쉰 후에 5박과 6박에 장단을 치는 경우도 많이 있다. 이럴 경우 일반적으로 이해하고 있는 중모리 12박 장단의 틀 안에서 북반주가 이루어진 것이라 할 수 있다. 강경아 명창은 스승 김수연 명창에게서 〈흥보가〉를 학습할 때, 이 대목에서 '저 아전' 직후 바로 장단을 치는 것으로 익혔다고 한다. 이렇게 학습한 오랜 기억이 관습처럼 남아 있었기 때문에, 강경아 명창은 공연에 앞서 고수 조용복 선생에게 내드름에서 "저 아전~" 다음에 바로 장단을 쳐달라고 부탁을 했다는 것이다. 고수가 "저 아전~" 다음에 한 박을 쉰 후에 5박과 6박에 장단을 칠 수도 있는데,[10] 이럴 경우 소리꾼은 고수의 박을 보아 가

며 소리를 하게 될 것이다.

그렇다면 이러한 상황에서 어떻게 북반주를 하는 것이 장단의 이면에 맞는 것인가? "저 아전" 대목의 경우, 김수연 명창이 제자에게 가르쳤던 것처럼, 고수가 굳이 박을 맞추기 위해 기다리지 않고 바로 장단을 치는 방식이 선행 형태인 것으로 생각된다. 그러던 것이 후대로 오면서 정형화 된 '한배' 장단의 틀 안에서 소리하는 방향으로 변모하다 보니, 고수가 5박과 6박에서 장단을 치기도 하는 것으로 보인다.

"저 아전" 대목 내드름에서 사설 뒤에 바로 박을 치는 이유는 이 대목이 우조로 불리기 때문인 듯하다. 왜냐하면 우조에서는 이렇게 가락을 운용해야 소리꾼이 거뜬거뜬 소리할 수 있기 때문이다. 계면으로 불리는 대목에서는 이러한 현상을 찾아 볼 수 없다. 가령, 〈적벽가〉 중 '새타령'의 경우, 내드름에서 "산천은~" 다음에 한박을 쉬고 5박과 6박을 친다.

만일 소리꾼이 사설을 촘촘히 엮어 내드름을 낸다면, 고수는 5박과 6박에서 장단을 치지 않고 9박에서 치게 된다. 〈춘향가〉 중 '백구타령'의 내드름인 "백구야 백구야 백구야 백구야"나 〈심청가〉 중 '남경장사 선인대목'의 내드름인 "하루는 문전에 외는 소리" 등이 이에 해당한다.[11]

백	구	야	백	구	야	백	구	야	백	구	야
							○	⊗			

하	루	는	문	전	에	외	는	소	리		
							○	⊗			

장단이 사설로 채워지고 있는 상황이어서 5박과 6박에 북가락이 개입할 여지가 없

---

10 고수대회에서는 고수가 이렇게 반주하지 않으면 박을 뺀 것으로 평가받기 십상이다.
11 〈춘향가〉 중 '백구타령'은 김소희 명창, 〈심청가〉 중 '남경장사 선인대목'은 성우향 명창, 단가 〈이산 저산〉은 안숙선 명창의 소리를 예로 든 것이다.

는 것이다.

　단가에서는 내드름에서의 장단이 일반적으로 이야기하는 '한배'의 틀 안에서 반주되지 않는 경우가 자주 발견된다. 단가 〈사철가〉의 경우를 보면 이러하다.

이산	저산			꽃	이	피	니			
		│	│			⊗			◔	

　"이산 저산~"을 2박 구조로 볼 것인가 아니면 4박으로 볼 것인가에 대해 잠시 따져볼 필요가 있다. 빠르기의 측면에서만 보면 "이산 저산~"은 2박에 해당한다. 그렇지만 "이/산/저/산"으로 쪼개어 보면 4박으로 볼 수도 있다. 이는 결국 판소리 장단 구조를 어떻게 파악해야 할 것인가 하는 본질적인 문제와 맞닿아 있다고 할 수 있다. 즉 장단 개념을 규정하는 데 있어 '빠르기' 외에 어떤 요소를 고려해야 하는가 하는 문제가 제기될 수 있는 것이다.[12] 내드름 이외에는 이러한 현상이 나타나지 않는 점에 주목한다면, 이를 예외적 현상 혹은 서양음악에서 말하는 일종의 '못갖춘 마디'와 유사한 현상으로 파악해 볼 수 있다.

　아무튼 단가 〈사철가〉 내드름 장단을 모든 고수가 예외 없이 위와 같은 방식으로 반주하는 것은 아니다. "이산 저산" 다음에 고수가 바로 장단을 치지 않고 9박(실제로는 7박)에서 '척'을 치거나, "이산 저산" 다음에 두 박을 기다렸다가 5박과 6박에 장단을 치는 경우도 있다. 그렇지만 대부분의 소리꾼은 앞에서 제시한 것처럼 "이산 저산~"을 2박의 빠르기로 소리하며, 고수 또한 소리 직후 북 반주를 동반한다. 이러한

12　가령, '자진모리'와 '휘모리'를 4박으로 이해하는데, 빠르기로만 본다면 '휘모리'는 자진모리의 절반에 해당한다. 그럼에도 불구하고 휘모리 또한 4박으로 이해하는 이유는 무엇인지 따져 볼 필요가 있을 것이다. 이는 '빠르기'뿐만 아니라 '완결성'을 고려했기 때문이라고 설명할 수도 있다. 그렇다면 '자진모리'는 왜 8박으로 파악하지 않는가 하는 문제가 제기될 수 있다. 왜냐하면 '자진모리'의 경우, 4박 두 장단, 즉 8박 단위로 완결되는 구조를 보이는 경우가 일반적이기 때문이다. 이글에서 중심적으로 논의할 주제는 아니지만, 앞으로 국악계에서 장단의 개념과 구조 원리를 규명하는 작업이 체계적이고 심도 있게 이루어질 필요가 있다고 생각한다.

사례는 진양이나 중모리와 같이 느린 계통의 장단에서 나타나며, 자진모리나 휘모리와 같은 빠른 장단의 소리에서는 보이지 않는다. 내드름에서 보이는 이와 같은 현상에 대해 김소희 명창은 '반각 내드름'이라 하여 관습적으로 용인되는 것이라 했다고 한다.[13]

진양 장단과 같이 느린 장단에서, 소리꾼이 기량을 발휘할 수 있도록 장단을 늘이거나 땡기는 경우가 있다. 그렇기 때문에 고수는 소리꾼의 호흡을 파악하고 있어야 이면에 맞게 북반주를 할 수 있다.

김명환 명고가 강조한 '거두기와 늘이기'도 이와 관련하여 주목할 필요가 있다. 가령, 진양 장단에서 제 5박과 6박에 사설이 붙지 않을 경우 고수는 정상적인 한배대로 박을 짚으면 지루하고 소리의 맥이 풀리기 때문에 제 5박과 6박을 약간 빠르게 말아치는 수가 있는데 이를 '거두기'라고 했다. 그리고 자진모리와 같이 빠른 장단에서 소리꾼이 자기 흥에 겨워 소리가 빨라지는 수가 있기 때문에 고수가 장단의 끝부분을 약간 느리게 치는데, 이를 '늘이기'라고 한다는 것이다.[14]

같은 장단이라도 분박이 다른 경우가 있다. 가령, 자진모리는 일반적으로 한박이 3분박으로 되어 있다. 그런데 때에 따라서는 한박이 2분박으로 되어 있는 경우가 있다. 예를 들면, 〈춘향가〉 중 '산세풀이 대목'이 이에 해당한다. "경상도 산세는 산이 웅장하기로 사람이 나면 정직하고~"에서, "사람이 나면 정직하고"는 2분박 구조로 되어 있다. 이 경우에는 북가락도 2분박 4박 장단으로 쳐주어야 한다.

2) 밀고 달고 맺고 풀음의 미학

북가락의 기본 구조는 밀고 달고 맺고 푸는 데서 찾을 수 있다. 언제 장단을 달아

---

13 김숙자(미숙) 선생이 김소희 명창에게서 소리를 배울 때, 내드름에서 한배대로 가지 않고 장단을 땡겨 치는 것이 허용되는 것에 대해, 김소희 명창이 '반각 내드름'으로 설명했다고 한다.
14 국립문화재연구소 소장자료 시리즈15, 『김명환 판소리 고법』 해설지, 국립문화재연구소, 2001.

가며 언제 맺고 풀 것인가를 정확히 파악하여 북가락을 운용하는 것이 고수에게는 매우 중요한 것이다. 진양에서는 이를 '기경결해起景結解'로 설명한다. 진양에서의 '기경결해'는 24박 안에서 실현되는 것으로 보는 관점이다. 진양 24박론은 오성삼 명고가 주장하고 이에 입각해 기경결해 이론을 정립한 것으로 알려져 있다. 그동안 진양이 24박이냐 6박이냐에 대해서는 논란이 있어 왔는바, 이에 대해서는 별도로 따져 볼 필요가 있다.

'기경결해'는 '밀고' '달고' '맺고' '풀고'로 해석된다. 그런데 민다는 의미의 '기'의 함의가 무엇인지 명확하지 않은 점이 있다. 달고 가는 '경'과의 차별성도 잘 드러나지 않는 면이 있다. 진양 장단에서 '기'는 5박과 6박에서 '딱 딱'하고 반각을 치는데, '경' 또한 5박과 6박에서 '딱드락 딱딱'하고 반각을 치기 때문이다. '기'를 '밀고'로 해석하지만, 실제로는 시작을 뜻하는 '열고'로 보면 그 의미가 보다 분명하게 드러나는 것으로 보인다. 시각에 따라서는, '기'에서 맺어 주고 다음 장단부터 다시 시작하는 것으로 반주하는 것이 이면에 맞다고 보는 주장도 있다.[15]

진양을 24박으로 보는 관점에서는 '기경결해'로 설명하는 것이 어느 정도 가능하지만, 그 밖의 장단에서는 장단의 한배 안에서 밀고 달고 맺고 푸는 것이 일관성 있게 설명되지 않는 것으로 보인다. 중모리나 중중모리는 12박의 틀 안에 열고 달고 맺고 푸는 장단이 모두 들어 있다고 할 수 있지만, 실제 북가락의 운용을 보면 그렇지만은 않다. 경우에 따라서는 12박 안에서 장단을 풀지 않고 몇 장단을 계속 달아가기도 하기 때문이다. 이는 자진모리나 휘모리와 같이 빠른 장단에서도 마찬가지다. 4박 안에서 기경결해가 구현되는 경우는 매우 제한적이며, 연속되는 장단 속에서 달고 맺음이 이루어지는 것이다. '푸는' 가락은 맺은 가락 뒤에 필연적으로 따라오기 마련이다.

결국 고수의 입장에서는 이면에 맞게 '달고' '맺는' 것이 북가락 운용의 핵심이라 해도 과언이 아니다. 달아 가는 장단은 말 그대로 '연결 가락'으로, 사설의 내용이 연속

---

15 조용복 명고에 의하면, 조상현 명창이 어느 고수대회에서 이렇게 주장한 바 있다고 했다. 조용복 명고와 전화 인터뷰(2015. 7. 25).

성을 가지고 이어질 때 사용되며, 맺어 주는 장단은 보통 소리가 본청으로 돌아오거나 사설의 내용이 매듭지어지고 다음 소리로 넘어 갈 때 사용된다. 지역에 따라 고수에 따라 선호하는 가락이 다를 수는 있지만, 대체적으로 어느 장단이든지 달고 가는 가락과 맺어 주는 가락이 있다. 그 대표적인 사례를 들면 다음과 같다.

중모리의 경우

합	합			합		엇	궁	척	궁		궁
①	①			①			○	⊗	○		○

중중모리의 경우

합			합		척		척	궁
①			①		⊗		⊗	○

자진모리의 경우

합 궁 -		궁 따 -		궁 - 척		궁	
①	○	○	∣	○	⊗	○	

진양이 24박인가 6박인가에 대해서는 이설異說이 존재하나, 동초제에서 주로 24박을 존중하고 그 밖의 바디에서는 대체로 6박으로 보는 견해가 우세한 듯하다. 진양을 몇 박으로 보는가에 따라 북가락 운용도 달라진다. 만일 진양을 24박으로 본다면, 북가락은 기경결해의 원리에 따라 반복적으로 구사하면 될 것이다. 그런데 실제 진양장단으로 불리는 소리 가운데 24박이 아니라 18박 혹은 30박으로 되어 있는 소리 대목도 적지 않다. 이런 경우에는 진양을 6박 구조로 이해하고, 북가락의 운용은 사설 내용에 따라 달고 맺어주는 것이 이면에 맞는다고 할 수 있다.

3) 여백과 채움의 미학

판소리에 사용되는 장단에는 기본 장단 외에 다양한 변형 장단이 있다. 초보자는 '한배'를 잘 지키며 따복 따복 장단을 치기만 해도 무방하나, 무대 소리판에서 고수가 기본 장단으로만 북반주하는 경우는 없다. 고수는 소리꾼과 호흡을 맞추며 상황에 따라 적재적소에 맞는 다양한 가락을 활용한다.

그런데 어느 상황에서 어떤 가락을 사용하는가, 가락을 어느 정도 활용하는가, 강약 조절을 어떻게 해야 하는가 등의 문제는 고법의 미학과 관련하여 중요한 의미를 지닌다. 이 모두는 기본적으로 고수에 따라 해석을 달리 할 수 있는 것이어서, 어떤 상황에 어떤 가락을 사용해야 하는지 규범화 되어 있는 것은 아니다.

그렇다 하더라도 소리꾼이 표현하고자 하는 소리를 돋보이게 북가락을 운용하는 것이 중요하며, 고수가 북솜씨를 과시하거나 청중에게 자신의 존재감을 드러내기 위한 일체의 행위는 바람직하지 않은 것으로 바라보는 것이 일반적인 시각이다. 고수가 때에 따라서는 소리꾼을 리드하는 경우도 있지만 이는 매우 제한적이며, '보비위북'이라 하여 소리꾼 중심으로 북반주를 하는 것이 필요하다는 것이다.

북가락에 있어서의 강약의 문제를 김명환 명고는 '등배 가려치기'라고 했다. 소리가 강하게 나올 때는 북도 강하게, 소리가 약하게 나올 때는 북도 약하게, 소리가 슬플 때는 북도 슬프게, 소리가 신명낼 때는 북도 신명을 내야 한다는 것이다. 그러나 소리가 강하게 나올 때 북소리를 오히려 죽임으로써 소리의 강함을 돋보이게 하는 경우도 있고, 소리가 약하게 잦아들 때 오히려 북을 세게 때림으로서 소리의 음적인 정서를 극대화 시킬 수도 있다고 하여, 소리의 생사맥을 헤아리는 일이 중요함을 지적했다.[16] 소리꾼이 서정적인 느낌을 살려 소리하는 상황에서 강박과 다채로운 북가락을 구사한다면 소리 분위기가 제대로 살지 않을 것임은 자명하다. 〈춘향가〉 중 '어사출도 대목'이나 〈적벽가〉 중 '적벽화전대목'과 같이 급박한 장면에서는 고수가 박진감 있게 북

---

16 국립문화재연구소 소장자료 시리즈15, 『김명환 판소리 고법』 해설지, 국립문화재연구소, 2001.

가락을 운용해야 이면에 맞는다고 할 수 있다. 〈흥보가〉 중 '중타령'에서, 도승이 염불하고 내려온다고 하면서 "아아~ 에이히흐어~" 하는 사설을 소리꾼은 강하게 소리하지 않는다. 그렇지만 고수는 사설 뒤에 강한 북가락으로 뒷받침하는 것이 이면에 부합한다.

북가락의 강약은 극적 표현과도 관련되는 면이 있다. 의성어 등을 표현할 경우 북가락도 이에 부합하는 방식으로 반주하는 것이 일반적이다. 의성어 표현이 나오는 몇몇 주요 대목을 예로 들어 본다.

> 〈진양〉 "'일' 자로 아뢰리다. 일편단심 먹은 마음 일부종사 나뿐이요? 일개형장이 웬일이
> 요? 어서 급히 죽여 주오." "매우 쳐라." "예이……." "딱!"(〈춘향가〉 중 '십장가')

> 〈휘모리〉 심청이 거동 봐라. 샛별 같은 눈을 감고, 치마 자락 무릅쓰고, 이리 비틀 저리
> 비틀, 뱃전으로 우루루,,, 만경창파(萬頃蒼波) 갈매기 격(格)으로 떴다 물에가 풍, 빠져
> 노니,(〈심청가〉 중 '심청, 인당수 빠지는 대목')

의성어가 등장하는 상황에서 북가락 또한 해당 의성의 느낌을 잘 살릴 수 있도록 반주하는 것이 이면에 부합하는 것이다.

북가락 활용의 문제는 '여백'과 '채움'이라는 관점에서도 살펴 볼 수 있다. '따드락'이라든가 궁편 등을 적극적으로 사용하는 경우 장단은 채워지는 모습을 보일 것이다. 이에 반해 '합'(보통 첫박이며, 때에 따라서는 '궁'으로 친다)과 '척'(중모리의 경우 9박)을 정확하게 짚어주면서 아주 제한적으로 잔가락을 사용하게 되면 상대적으로 여백이 많아질 것이다. 이른바 정박 중심으로 북가락을 운용하는 경우가 여기에 해당한다. 북가락은 여백으로만 일관할 수도 없으며, 그렇다고 지나치게 잔가락을 많이 활용하여 장단을 채우면 소리가 장단에 묻힐 수 있다.

김연수 명창에게 많은 영향을 끼친 오성삼은 '소리의 등배에 따라 가락을 가려 쳐야 하고, 북통을 잔뜩 때려 잔가락을 넣는 이른바 또드락을 피해야 한다'고 했다.[17] 이

정업이나 한일섭 명고는 '따드락' 가락을 비교적 적극 활용한 편에 속한다. 김명환 명고는 가능한 한 간결하게 장단을 쳤으며 김동준 명고도 정박 중심으로 반주하는 경향이 강했다. 김청만 명고는 '궁편'을 적극 활용하는 편이라 할 수 있다. 고수에 따라 여백과 채움의 미학을 실현하는 양상이 조금씩 다르게 나타날 수 있는 것이다.

그런데 시대적으로 보면, 현대로 올수록 여백의 미를 중시하기보다는 채움을 추구하는 경향이 강해진다고 할 수 있다.

4) 추임새의 미학

추임새는 '추어 준다'라는 말에서 비롯된 것으로, 청중과 소리꾼의 정서적 교감을 가능하게 하는 주요 통로이다. 추임새는 판의 분위기를 고양시키면서 소리꾼에게 힘을 실어 주는 역할을 한다. 추임새는 청중만의 몫은 아니며, 고수의 추임새 또한 매우 중요하다. 고수의 추임새는 청중의 그것보다 훨씬 빈번하며, 그 기능 또한 다양하다. 청중이 추임새를 넣는 지점은 대체적으로 한정되어 있다. 가령 진양이나 세마치와 같은 6박 구조의 장단에서는 5박과 6박에, 중모리나 중중모리와 같은 12박 구조의 장단에서는 5박과 6박 그리고 11박과 12박에 추임새를 넣는 것이 일반적이다. 그나마 갈수록 귀명창이 점점 사라져 가는 추세에 있기 때문에 추임새를 제대로 구사할 줄 아는 청중이 줄어들고 있는 것이 현실이다.

고수는 대부분의 청중에 비해 빈번하게 추임새를 구사하는 경향이 있다. 청중들이 일반적으로 구사하는 추임새 넣는 자리 이외에, 필요하다고 판단되면 어느 박에서든 추임새를 하는 것이다. 소리꾼의 흥을 돋우어 더 나은 소리를 할 수 있도록 한다는 점에서 고수의 추임새는 청중의 그것과 같은 기능을 수행한다. 사설 내용이나 상황에 따라 추임새 성음의 강약을 조절하여 소리의 강약을 보좌하거나, 소리꾼이 숨을 쉬는 휴지 부분이 나오면 북가락이나 추임새로 가락과 가락 사이의 빈 공간을 채워서 소리

---

17 김혜정, 「판소리 장단의 형성과 오성삼의 고법 이론」, 『판소리연구』 17, 판소리학회, 2004, 116쪽.

가 밋밋하게 되지 않도록 하는 것도 고수 추임새의 몫이다. 때에 따라서는 고수는 추임새로 북가락을 대신하기도 한다.

추임새에도 이면이 있다. 청중 가운데 어디에서 추임새를 해야 하는지 잘 모르는 경우가 있을 수 있지만, 무대에서 고수가 그런 법은 없다. 다만 고수에 따라 추임새를 간결하게 하기도 하고 좀 더 적극적으로 구사하기도 한다. 어느 경우든 고수는 소리꾼의 소리에 부합하는 방향으로 추임새를 해야 이면에 맞는다. 가령, 높은 청으로 소리할 때에는 추임새도 높은 청으로 하는 것이 자연스러우며, 슬픈 장면에서는 슬픈 성음으로 추임새를 하는 것이 어울린다.

청중들의 추임새를 이끌어 내어 소리꾼에게 힘을 실어 주고 판을 역동적으로 만드는 것도 고수 추임새의 중요한 역할 가운데 하나이다. 고수는 소리꾼을 향해 앉아 북반주를 하지만, 때에 따라서는 청중석을 바라보며 추임새를 함으로써 결과적으로 청중들의 추임새를 이끌어 내기도 하는 것이다. 김명환 명고는 고수가 소리꾼에게 집중해야 한다고 생각하여, 청중을 지나치게 의식하는 것을 비판적으로 바라보았다. 그렇지만 근래에는 소리꾼의 상태와 판의 분위기에 따라 고수가 적절하게 청중의 추임새를 이끌어 내는 경우도 있다. 시대에 따라 고수의 역할이나 자세 등에도 일정한 변화가 수반되기 마련이기 때문에, 고수가 어느 정도까지 청중을 의식하는 것이 용인될 수 있는 수준인가를 절대적인 기준으로 제시하기는 어려운 문제이다.

3. 과제와 전망

판소리는 산조 등의 민속예술에서 보이는 본질적 특질을 지니고 있다. 절대박으로는 설명되지 않는, '호흡'을 중시하는 역동적인 예술이라는 점이 그것이다. 현대로 올수록 판소리가 정형화·양식화 되어 가는 양상을 보이고 있는 것은 사실이나, 같은 작품이라 하더라도 바디에 따라 혹은 소리꾼에 따라 개성적인 면모를 보이는 면은 예나 지금이나 같다.

한편 소리북은 단순해 보이지만, 채편, 궁편, 온각, 반각 등을 어떻게 치느냐에 따라 다양한 음색과 느낌을 표현할 수 있는 매력적인 타악기이다.(구음 장단으로 합, 궁, 구궁, 구구궁, 엇궁, 딱 등등으로 표현할 수 있다) 판소리가 희로애락을 표현하는 예술인 것처럼, 북가락도 희로애락을 표현할 수 있는 것이다. 소리의 이면뿐만 아니라 북가락의 이면을 논할 수 있는 근거도 여기에 있다고 하겠다. 그러나 아무나 소리꾼의 소리에 맞추어 소리북이 지니고 있는 천변만화의 표현을 끌어낼 수 있는 것은 아니며, 그 경지에 이르렀을 때 명고名鼓라 할 수 있는 것이다.

　판소리의 역사를 볼 때, 초기 판소리 때부터 '이면의 미학'에 주목했던 것은 아니듯, 고법에 있어서도 이 점은 마찬가지다. 소리꾼을 편하게 해주고 소리를 돋보이게 반주하는 고수가 최고의 명고라고 한다면, 결국 고수는 소리꾼에 따라 그에 맞게 북을 칠 수 있어야 하는 것이다. 어떻게 보면 고법에 있어서의 이면의 문제는 매우 깊고 넓다. 그리고 고수에 따라 이면의 미학을 해석하는 시각도 다양하다고 할 수 있다. 이런 점에서 극단적으로 말한다면 보편적으로 적용될 수 있는 '고법鼓法'에 대해 논하는 것은 불가능한 것인지도 모른다.

　그러나 그동안 고법을 체계적으로 정립하려는 노력이 꾸준히 있어 왔거니와, 고수의 위상이나 역할 등이 시대에 따라 어떻게 변모해 왔는지 탐색하고 판소리에 있어서와 마찬가지로 고법에서도 '이면의 미학'을 논하는 작업이 필요하다고 생각한다. 이글에서는 장단 운용, 달고 맺음, 여백과 채움, 추임새 등의 측면에서 고법의 이면의 미학과 관련하여 제기되는 주요 쟁점에 대해 살펴보았다. 고법을 정립하는 데 있어, 현상을 어떤 이론의 틀에 억지로 꿰어 맞추려고 한다든가 견강부회식의 논법은 지양하는 것이 마땅하다. 일례로, 진양 24박론에 입각한 '기경결해'론도 고법의 체계화라는 측면에서 일정한 의의가 있는 것은 사실이나, 실제 북가락의 운용에 비추어 보면 부합하지 않는 면도 많아서 매우 제한적인 설명력을 갖는다고 할 수 있다. 쉽지 않은 일이지만, 고법의 일반적인 원리를 구명하는 작업이 다각적으로 지속적으로 이루어질 필요가 있다.

제2부

제도와 판소리

무형문화재 제도와 판소리

1. 무형문화재 제도의 성립

전통사회에서 판소리는 민중을 기반으로 하여 형성되었지만, 이후 높은 수준의 예술성을 추구하면서 20세기에 들어와 흥행예술로 거듭났다. 그렇지만 다른 전통예술과 마찬가지로 판소리 또한 영상매체를 비롯하여 서구에서 유입된 다양한 대중문화의 성장 앞에서 점차 대중들로부터 유리되는 과정을 겪게 된다.

1960년대에 들어와 민족문화의 정체성에 대한 고민이 심각하게 제기되면서, 전통에 대한 관심도 이전에 비해 현저하게 제고되기 시작했다. 이러한 상황에서 1962년에 문화재보호법을 제정 공포하여 문화재를 보존 관리하는 방안의 하나로 무형문화재제도가 시행된 것은 전통문화예술의 안정적 전승기반을 구축하기 위한 제도적 장치를 마련한 것이라는 점에서 매우 중요한 의미를 지닌다.[1]

---

1   문화재를 유형문화재, 무형문화재, 기념물, 민속자료 등 4종류로 분류하여 문화재 보존관리체계를 갖추었다.

오늘날 판소리가 어느 정도의 자생적 전승력을 갖추게 될 수 있게 된 데에 무형문화재제도가 상당한 기여를 했음은 부정할 수 없는 사실이다. 그렇지만 무형문화재제도가 판소리 전승에 끼친 문제점 또한 없지 않다. 무형문화재로 지정된 판소리 명창의 현황을 살펴보고 이 제도가 판소리 전승에 끼친 영향이 무엇인지 구체적으로 살펴보는 작업이 필요한 시점이다.

2. 무형문화재로 지정된 판소리 명창 현황과 특징

판소리가 무형문화재로 지정되기 시작한 것은 1964년부터이다. 판소리가 무형문화재로 지정된 이유는 문화재관리국에서 발간한 무형문화재조사보고서에 나타난 판소리 다섯마당의 '무형문화재 지정 이유서'에 잘 드러나 있는데, 그 요점을 정리하여 제시하면 다음과 같다.

① 1964년 〈춘향가〉 (박헌봉, 유기룡 조사)

문화재 보호육성책이 결여되어 있으며, 판소리가 소멸의 위기에 직면해 있다. 기성의 대가들이 자꾸 세상을 떠나고 있다. 판소리를 녹음하여 보존과 아울러 장차 육성의 자료로 활용하고자 한다. 가능한 한 옛 명창제가名唱諸家의 더늠을 되살려 각자 소장所長을 녹음케 하였다.

② 1968년 강산제 〈심청가〉 (박헌봉, 홍윤식 조사)

강산제는 보성이라는 특정 지역에서 정권진 가문을 중심으로 이어져 온 법통있는 소리로, 특히 〈심청가〉에 한하여 그 더늠의 전통이 유지되고 있다. 강산제 〈심청가〉의 특수성과 전통성 그리고 예술적 가치를 보존할 필요가 있다.

③ 1970년 〈수궁가〉 (강한영, 유기룡 조사)

전통적인 명창의 더늠과 체계적인 전편을 보유하고 있는 사람은 세 사람뿐으로, 보존에 대한 전망이 극히 위태롭다. 항간에서 교습하고 있는 소리는 전통성이 없는 소리, 단편적인 소리가 대부분이다. 일반적으로 다른 판소리에서는 들어볼 수 없는 희귀한 '중고제'와 '경제'가 〈수궁가〉에서 많은 비율을 차지하고 있다. 따라서 '중고제'와 '경제'를 보존하기 위해서 뿐만 아니라, 이것을 연구하는 자료로서 중요한 가치가 있기 때문에 무형문화재로 지정할 필요가 있다. 〈수궁가〉에는 다른 판소리에서는 볼 수 없는 많은 동물과 어패류가 등장하는데, 이는 판소리의 작곡, 작사, 발전에 중요한 자료가 되는 것이다. 또한 〈수궁가〉는 다른 판소리에서 일반적으로 보이는 계면조와 진양장단 대신 경쾌한 장단이 주를 이루고 있는데, 이런 점에서 판소리의 작곡 면에서 중요한 자료라 할 수 있다.

④ 1971년 〈적벽가〉 (유기룡, 강한영 조사)

〈적벽가〉는 동편제의 대표적인 작품으로, 동편제를 지켜나가기 위해서뿐만 아니라 이를 연구 자료로 삼기 위해 보존할 필요가 있다. 작곡가풍作曲歌風이나 성량면聲量面에서 남성에게 적합한 난곡難曲으로, 4~5인에 불과한 남창男唱이 소멸되지 않도록 보존할 필요가 있다. 판소리의 원형과 남아있는 5마당을 보존하기 위해서도 〈적벽가〉를 무형문화재로 지정해야 한다.

⑤ 1971년 〈흥보가〉 (홍현식, 정화영 조사)

고악古樂을 소외疎外하는 시류로 인해 〈흥보가〉의 전승이 위태로운 상태에 있다. 〈흥보가〉는 무대, 인물, 풍속에 있어 다른 판소리에서 보기 어려운 한국적 토착성과 서민의 체취가 넘쳐나는 작품이다. 3대 판소리의 하나로, 풍자와 해학이 돋보이고 전통적 창제와 탁월한 짜임새와 세련미가 있다.

판소리 전승 5가가 모두 무형문화재로 지정된 셈인데, 이러한 이유를 근거로 하여

1964년 김연수, 박록주, 김소희, 김여란, 정광수, 박초월이 〈춘향가〉 무형문화재 예능
보유자로 인정되었다. 판소리가 무형문화재로 지정되어야 하는 이유가 개별 작품마다
조금씩 다르게 제시되어 있지만, 공통된 인식은 판소리는 보존할만한 작품적 가치를
지닌 민족의 문화유산임에도 불구하고 여타의 전통문화예술과 마찬가지로 전승이 단
절될 위기에 처해있다는 점이다. 특히 대가 명창의 소리를 잇고 있는 당대의 소리꾼
들 대부분이 50대 이상의 연배에 속해 있기 때문에 보존을 서두르지 않을 경우 인멸
될 가능성이 크다는 우려를 하지 않을 수 없는 상황도 무형문화재 지정의 필요성을
높이는 주요인으로 작용했다. 무형문화재제도가 시행된 이후 판소리 예능보유자로 인
정된 명창의 현황을 제시하면 다음과 같다.[2]

성명	생년	성별	예능	스승	지정연도	기타
정용훈 (정광수)	1909	남	수궁가	유성준	1964	2003년 해제
김순옥 (김소희)	1917	여	춘향가	정정렬 송만갑 정응민	1964	1995년 해제
박명이 (박록주)	1905	여	흥보가	김정문	1964	1979년 해제
김분칠 (김여란)	1906	여	춘향가	정정렬	1964	1983년 해제
김연수	1907	남	춘향가	정정렬	1964	1974년 해제
박삼순 (박초월)	1917	여	수궁가	유성준 임방울	1964	1983년 해제
정권진	1927	남	심청가	정응민	1970	1986년 해제
박동진	1916	남	적벽가	조학진	1973	2003년 해제

2　고법은 1978년 중요무형문화재 제59호로 지정되었다가, 1991년에 판소리에 통합되었다. 그동안 김명
　환(1978), 김영수(1985), 김성래(1991), 정철호(1996)가 무형문화재로 지정되었으며, 현재 정철호가 보
　유자로 활동하고 있다.

성명	생년	성별	예능	스승	지정연도	기타
박봉술	1922	남	적벽가	박봉래 김동준	1973	1989년 해제
한갑주 (한승호)	1924	남	적벽가	김채만	1976	2010년 해제
강맹근 (강도근)	1918	남	흥보가	김정문	1988	1996년 해제
성창순	1934	여	심청가	정응민 성우향	1991	2017년 해제
오정숙	1935	여	춘향가	김연수	1991	2008년 해제
조상현	1939	남	심청가	정응민	1991	2008년 해제
박정자 (박송희)	1927	여	흥보가	박록주	2002	2017년 해제
성판례 (성우향)	1935	여	춘향가	정응민	2002	2014년 해제
송순섭	1939	남	적벽가	박봉술	2002	
한귀례 (한농선)	1934	여	흥보가	박록주	2002	2002년 해제
신영희	1942	여	춘향가	김소희	2013	
남해성	1935	여	수궁가	박초월	2013	

참고로, 지방 무형문화재 판소리 예능 보유자로 인정된 명창 현황을 제시하면 다음과 같다.

구분	예능	생년	보유자	지정연도	스승	기타
서울특별시	흥보가	1946	이옥천	2004	박록주	
	수궁가	1947	정의진	2013	정광수	
대전광역시	춘향가	1957	고향임	2013	오정숙	
대구광역시	흥보가	1946	이명희	1992	김소희	
경상북도	흥보가	1942	정순임	2007	박록주	

구분	예능	생년	보유자	지정연도	스승	기타
경상남도	수궁가	1936	선동옥	1985	박봉술	1998년 해제
전라북도	수궁가	1921	홍웅표 (홍정택)	1984	이기권	2012년 해제
	심청가	1936	이옥희 (이일주)	1984	오정숙	
	흥보가	1927	성점옥 (성운선)	1984	장판개	1998년 해제
	춘향가	1931	김유앵	1987	김연수	2009년 해제
	춘향가	1931	최난수	1987	박초월	2013년 해제
	춘향가	1937	최채선 (최승희)	1992	김여란	
	적벽가	1928	정병옥 (정미옥)	1992	박봉술	
	춘향가	1941	조소녀	1996	오정숙	
	적벽가	1944	성준숙 (민소완)	1996	오정숙	
	흥보가	1933	강광례 (강행선)	1996	최난수	1012년 해제
	수궁가	1927	박복남	1998	박삼룡	2004년 해제
	흥보가	1948	이순단	2001	박록주	
	심청가	1948	유영애 (유영해)	2001	성우향	
	수궁가	1947	박양덕	2003	박초월	
	흥보가	1946	김명신	2005	오정숙	
광주광역시	흥보가	1924	한애순	1974	박동실	2014년 해제
	심청가	1921	박옥심 (박춘성)	1976	정응민	1995년 해제
	춘향가	1924	안채봉	1989	정응민	1999년 해제
	수궁가	1930	박화순	1993	임방울	
	심청가	1941	이임례	1998	성창순	
		1942	한해자	2002	성창순	
	춘향가	1943	정춘실	1998	성우향	

구분	예능	생년	보유자	지정연도	스승	기타
	춘향가	1948	방야순 (방성춘)	2000	이일주	
	수궁가	1941	박정자	2005	조통달	
전라남도	흥보가	1911	공대일	1974	공창식	1990년 해제
	흥보가	1925	박정례 (박향산)	1996	박록주	2004년 해제
	흥보가	1955	김향순	2006	박록주	
	춘향가	1943	안부덕 (안애란)	2002	성우향	
	수궁가	1949	박방금 (박금희)	2008	박양덕	
	흥보가	1945	김순자	2009	박록주	

　　무형문화재 예능보유자로 인정된 이들은 모두 전통적인 도제식 학습과정을 거쳐 명창의 반열에 올랐다는 공통점을 지니고 있다. 그러나 그렇다고 해서 이들이 스승과 똑같은 소리를 했던 것은 아니다. 각 명창은 스승의 소리를 그대로 잇는 것이 아니라 자기화, 개성화 과정을 거쳐 자기만의 독자적인 소리세계를 지닌 개체적 존재였다. 이는 현장성, 즉흥성을 본질로 하는 판소리의 속성에 비추어 볼 때, 매우 자연스러운 현상이라 하겠다.

　　판소리가 무형문화재로 지정된 과정을 보면 매우 흥미로운 사실을 발견할 수 있다. 처음에 '더늠' 중심으로 무형문화재로 지정하던 방식이 '바디' 중심으로 바뀌었다는 점이 그것이다. 〈춘향가〉가 가장 먼저 무형문화재로 지정된 것은, 전승 5가 가운데 전통사회에서 현대에 이르기까지 가장 인기 있는 작품이었다는 사실이 고려된 결과인 듯하다. 그런데 이 경우, 김연수, 박록주, 김소희(본명 : 김순옥), 김여란, 정광수, 박초월 명창의 더늠을 모아 교합본을 만들고 각 명창의 더늠을 무형문화재로 지정한 것이다. 전통사회에 있어서 판소리의 일반적인 演唱 방식은 '토막소리'(부분창)였다. 다시 말하면 명창마다 특장이 있어서 이를 그 명창의 더늠이라고 했는바, 더늠 중심의 공연이

주를 이루었던 것이다. 처음부터 끝까지 부르는 '완창'의 방식은 뒤에 다시 후술하겠지만 1968년 박동진의 〈홍보가〉 완창 공연 이후 일반화되기 시작한 것이라 할 수 있다. 그러니까 무형문화재로 지정하기 시작한 1964년 무렵만 해도 여전히 '토막소리'(부분창)로 부르는 것이 일반적인 판소리 공연방식이었으며, 이러한 문화적 관습을 반영하여 더늠 중심으로 무형문화재를 지정한 것이라고 본다. 그러던 것이 1967년 이후 특정 명창의 특정 바디 전체를 무형문화재로 지정하는 방식으로 바뀌게 된 것이다.

이와 함께 유파 혹은 법제에 대한 강조가 두드러지게 나타나기 시작한다. 1968년에 〈심청가〉를 무형문화재로 지정할 때에는 강산제에 한정했으며, 〈적벽가〉는 동편소리를 대표하는 소리이기 때문이라는 것이 지정의 주된 이유의 하나였다. 법통 있는 소리일수록 보존할만한 가치가 크다는 인식이 반영된 결과 지정된 바디에 법제가 명시되었다. 판소리 〈적벽가〉를 지정할 때, "박봉술·송만갑 〈적벽가〉 후계자, 박동진·조학진 〈적벽가〉 후계자, 한승호·김채만 〈적벽가〉 후계자"라고 밝힌 것이 그 대표적인 사례이다. 그런데 본래 판소리에서의 유파는 소리 스타일의 차이를 유형화하는 과정에서 설정된 것으로, 실질적 의미를 갖는다기보다 이념적인 성격을 갖는다고 보는 편이 온당하다. 가령, 박봉술은 송만갑과 같은 동편제에 속하는 명창이긴 하지만, 그렇다고 해서 박봉술이 송만갑의 소리를 직접적으로 전승했다고 보기는 어렵다. 박봉술은 그의 아버지 박만조와 둘째 형 박봉채로부터 소리의 대부분을 배웠으며, 송만갑에게서 소리를 직접 배운 기간은 매우 짧다. 그러니까 박봉술은 '송흥록으로부터 송만갑에까지 이어져 내려오는 송문 일가의 소리와 구별되는 이른바 '박씨 가문'의 소리를 이은 것으로 보는 편이 정확하다. 물론 송만갑에게서 전혀 배우지 않은 것은 아니기 때문에 '송만갑·박봉술'로 계보를 설정했을 때 그것이 아주 근거 없는 것은 아니지만, 이런 정황을 고려할 때, 박봉술은 송만갑과 구별되는 독자적인 소리세계를 구축한 소리꾼이었다고 할 수 있는 것이다.

3. 무형문화재 제도가 판소리 전승에 끼친 영향

무형문화재제도가 전통문화예술의 보존과 전승에 지대한 역할을 수행한 것은 누구나 인정할 수 있는 사실이다. 판소리도 여기서 예외가 아니다. 무형문화재 제도의 지원에 힘입어 판소리가 안정적인 전승기반을 확보하게 된 것이 분명하기 때문이다. 특히 제자를 길러 소리의 법통을 잇게 한 전수자제도가 그러한 것을 가능하게 한 매우 중요한 제도적 장치이다.[3]

제자를 가르쳐야 할 의무가 부과되고 전승활동보고서를 제출하며 이수 평가를 해야 하는 등, 무형문화재로 지정된 명창은 국가로부터 경제적 지원과 명예를 부여받은 대신 소리의 법통이 끊기지 않도록 전승해야 하는 의무를 부과 받게 된 셈이다.

무형문화재제도는 몇 번에 걸쳐 개정이 이루어졌거니와, 2001년 개정된 보유자 인정기준은 "중요무형문화재의 예능 또는 기능을 원형대로 체득·보존하고 이를 그대로 실현할 수 있는 자"로 명시하고 있다. 그런데 전통예술에 있어서 '원형'의 의미를 어떻게 이해할 것인가 하는 점은 간단치 않은 문제이다. 구전심수로 전승되고 시간예술로 존재하기 때문에 전승과정에서의 변화가 불가피하기 때문이다. 그렇기 때문에 보유자 인정기준으로 제시된 내용은 즉흥성과 현장성, 역동성을 생명으로 하는 판소리의 본질과 배치되는 면이 있다. 1971년에 작성된 무형문화재조사보고서에는 박록주외에도 여러 명창이 보유자 후보로 추천되었는데 그 가운데에는 강도근도 포함되어 있다. 그런데 강도근은 우여곡절을 겪은 끝에 1988년에 와서야 〈흥보가〉 예능보유자로 인정되었다. 일설에 의하면 그의 〈흥보가〉 사설에 와음이 많아 무형문화재 예능보유자 인정이 유보되었다는 것이다. 아마도 명창의 예술적 역량뿐만 아니라 여러 가지

3　'보유 신분'의 명칭은 1994년 10월 7일 〈문화재보호법 시행령〉 개정에 의해 '기능 및 예능 보유자', '전수교육보조자', '이수자'로 통일되었다. 따라서 법령 개정 전에 사용된 '보유자후보'('준보유자'라고도 했음), '전수교육조교'(줄여서 '조교'라고도 했음), '악사' 등의 명칭은 모두 '전수교육보조자'로 통합·개정되었다. 그러나 당사자들은 법령개정 전에 인증서를 통해 얻은 명칭을 선호하고 있고, 실제로 그렇게 사용하는 경우가 많다고 한다. 한편 '전수생'의 경우는 과거 문화 관계 당국에서 예산지원 명목으로 만든 행정적인 명칭이며, 법령상의 명칭은 아니다.

정책적 판단이 더해져 무형문화재 예능보유자가 인정되기 때문이었을 가능성이 훨씬 크지만, 이러한 일화는 제도적 장치가 예술의 역동성 혹은 생명력을 존중하지 않을 경우 생겨날 수 있는 문제의 한 단면을 보여주는 것이라고 생각한다.

법통과 유파를 중시하는 관점이 강화되어 가면서, 판소리의 역동성과 현장성은 약화되고 대신 양식화, 정형화가 심화되어가는 경향이 나타나게 된다. 이른바, '사진소리', '박음소리', '오뉴월 듣던 소리 구시월에 또 듣는다' 등의 말이 생겨난 것도 소리꾼의 창의적 변용 역량을 발휘할 여지가 줄어들고 배운 대로만 소리하려는 경향이 강화되면서 생겨난 것이다. 여러 스승으로부터 배운 소리 가운데 좋은 대목만을 따서 한 바탕 소리를 할 때 흔히 '색동저고리'라는 표현을 쓴다. 예를 들어 김소희 명창의 〈춘향가〉에는 송만갑제와 정정렬제가 섞여 있으며, 〈심청가〉에는 박동실제와 정응민제가 섞여 있다. 사실 이러한 현상은 20세기에 들어와 대부분의 명창에게서 확인할 수 있는 아주 일반적인 모습인데, 이렇게 여러 명창의 소리를 따와서 한바탕 소리를 할 때 '색동저고리'라고 하는 것이다. 여기에는 법통 있는 소리가 아니라는 것을 뜻하기 때문에 상대를 비하하는 의미가 담겨있다. 그런데 조금만 각도를 달리 해 보면, 이는 여러 스승의 소리를 배워 자기화 된 개성적인 소리세계를 구축한 것으로 볼 수도 있다. 김소희는 그 누구의 소리와도 구별되는 '만정제'를 확립한 것이라고 볼 수도 있다는 말이다. 그럼에도 불구하고 '색동저고리'가 부정적인 의미로 사용된 것은 법통 있는 소리를 중시하는 무형문화재제도가 시행되면서 보편화된 것이라고 생각한다.

완창이 명창의 기량을 가늠하는 유력한 공연 방식으로 정립된 것도 유파가 중시되는 이러한 풍조와 무관하지 않아 보인다. 완창의 전범을 마련한 이는 박동진 명창이다. 박동진은 1968년 〈흥보가〉를 시작으로 하여, 1969년 〈춘향가〉, 1970년 〈심청가〉, 1971년 〈적벽가〉, 1972년 〈수궁가〉를 완창하였다. 그런데 공교롭게도 이 시기는 무형문화재제도가 본격적으로 시행되던 때로, 그가 어떤 동기에서 완창을 하기로 결심했는지 정확히 알기는 어렵지만 법통을 중시하는 무형문화재제도의 운용에 직간접적인 영향을 받았을 가능성이 농후하다고 하겠다. 당시 무명에 가까웠던 박동진 명창은 일련의 완창 공연을 함으로써 사회의 주목을 받게 되었으며 마침내 1973년 〈적벽가〉

기능보유자로 지정되었다는 사실이 그러한 가능성을 뒷받침해 주는 것이다.

무형문화재제도가 시행되면서 판소리의 안정적인 전승기반이 마련된 것은 사실이나, 그것은 어디까지나 지정 종목 바디에만 해당하는 말이다. 명창에 따라 다소 차이는 있지만 5마당을 모두 가지고 있는 경우도 많이 있는데, 무형문화재로 지정된 바디를 중심으로 학습이 이루어질 수밖에 없기 때문에 그 외의 바디는 전승이 위태롭게 된 것이다. 예를 들어 정광수의 경우 무형문화재 예능보유자로 인정된 〈수궁가〉를 제외하면, 그의 〈춘향가〉, 〈심청가〉, 〈흥보가〉, 〈적벽가〉는 전승이 제대로 되지 않고 있다.

오늘날 판소리가 전승력이 가장 활발한 전통예술 가운데 하나임에는 틀림없지만, 이는 어디까지나 전통예술 내에서의 상대적 우위를 의미하는 것으로 보아야 할 것이다. 무형문화재라는 제도적 장치의 도움을 받지 않아도 좋을 만큼 자생력을 확보한 것인가에 대해서는 깊게 고민할 필요가 있다.

무형문화재제도가 판소리의 양식화, 정형화를 강화하는 데 일조한 것은 사실이며, 이는 판소리의 역동적 생명력을 감퇴시켰다는 점에서 비판할 소지가 다분하다. 그렇다고 해서 제도의 뒷받침이 없었다면 판소리가 본래적인 면모를 간직하면서 활발하게 전승되었을 것이라고 손쉽게 단정할 수는 없는 일이다.

판소리의 전승, 발전에 긍정적으로 기여하기 위해 현재의 무형문화재가 지니고 있는 문제점이 무엇인지 정확하게 파악하고 이를 개선해 나가는 방법을 모색하는 것이 실질적인 의미를 갖는다.

판소리경연대회와 축제

1. 판소리와 축제의 상관성

판소리는 공연 주체, 공연 공간, 공연 성격 등을 기준으로 하여 유형 구분이 가능하다. 공연 주체를 기준으로 할 경우, 명창의 공연과 학습꾼의 공연으로 나누어 볼 수 있다. 일반적으로 대통령상이 수여되는 전국대회 규모에서 장원을 차지했을 때 명창의 반열에 오르게 되는데, 명창이 되기 이전의 소리꾼은 학습꾼에 해당한다. 공연 공간을 기준으로 할 경우, 무대공연과 거리(야외)공연으로 나누어 볼 수 있다. 그러나 판소리는 전문예술이자 흥행예술로, 오늘날에는 무대공연이 압도적으로 많은 비중을 차지하고 있는 것이 사실이다. 물론 거리(야외)공연이 없는 것은 아니다. 몇 년 전부터 시도되고 있는 인사동 거리소리판이 그 대표적인 예이다. 그러나 이는 어디까지나 청중에게 좀 더 가까이 다가가려는 실험적인 시도의 성격이 강하며, 거리 공연이 보편적인 형태의 공연은 아니다. 공연의 성격을 기준으로 할 경우, 기획공연, 개인발표공연, 경연대회 등으로 나누어 볼 수 있다.

기획공연은 특정 기관에서 일정한 예산을 편성하여 어떤 주제를 가지고 벌인 공연을 말한다. 그 대표적인 사례로, 국립창극단 주최로 열리는 완창판소리 감상회, 꿈나무 명창 공연, 차세대 명창 공연, 국립국악원의 '소릿길 소리 사랑'등을 들 수 있다.

개인 발표 공연에는 단체에 소속된 소리꾼이 의무적으로 갖는 발표회, 국악과 판소리 전공자가 학위 과정에서 갖는 발표회, 명창급 소리꾼이 자신의 기량을 발휘하기 위해 갖는 발표회 등이 해당된다.

경연대회는 수준에 따라 등급을 나누어 기량을 겨루는, 말 그대로 콘테스트이다. 이 가운데 전국규모의 경연대회 가운데 상격賞格이 높은 대회는 명창을 배출하는 통로로서 중요한 의미를 지닌다.

그렇다면 판소리와 축제의 상관성을 논하고자 할 때, 판소리의 모든 공연이 축제의 성격을 지니고 있다고 할 수 있을까? 이는 축제의 개념과 범주를 어떻게 설정할 것인가 하는 문제와 긴밀히 연관되어 있다. 축제의 개념을 단적으로 정의하기는 어려우나, 대체적으로 제의성, 주기성, 반복성, 놀이성, 일탈성, 전복성 등을 본질적 속성으로 한다고 볼 수 있다. 이러한 축제의 속성에 비추어 볼 때, 판소리는 그 자체로서 본래적인 의미에서의 축제의 범주에 속한다고 말하기는 어렵다. 판소리는 청중과의 교감을 중시하는 '판'의 예술로서, 놀이의 속성을 지니고 있다. 또한 판소리에서 구현되는 풍자와 골계는 일탈성과 전복성에 가까운 성격을 지니고 있다고 해도 과언이 아니다. 그렇지만 판소리가 제의성을 지니고 있다고 보기는 어렵다. 판소리는 현실의 논리에 충실한 흥행예술이자 무대예술이기 때문이다. 판소리가 주기성과 반복성을 지니고 있는가에 대해서도 일률적으로 말하기 어려운 점이 있다. 특정한 기간에 축제의 한 종목으로 행해지거나 기획 공연으로 일정한 기간에 열리는 경우에는 주기성과 반복성을 지닌다고 할 수 있지만, 그 외의 공연은 일회적인 성격을 갖는 경우가 많기 때문이다.

그런데 판소리뿐만 아니라 오늘날 축제의 이름으로 행해지는 행사 가운데 본래적인 의미에서의 축제의 속성을 지니고 있는 경우는 많지 않다. 놀이성이나 일탈성, 주기성 등은 지니고 있을지언정, 제의성까지 갖추고 있는 경우는 드문 것이다. 그렇기 때문에 제의성을 지니고 있지 않다 하더라도 놀이성이 강하다든가 일정하게 축제의 성격을 지니고 있으면 축제라는 이름을 사용하게 되는 것이다. 이런 현실을 감안해 본다면, 축제와의 관련 속에서 판소리를 논하는 일도 충분히 가능하다고 하겠다.

지금까지 판소리와 축제를 결합하여 사용한 사례를 보더라도 이러한 맥락에서 크게 벗어나지 않는다. 2005년 5월 6일~13일 국립창극단 주최로 국립극장 달오름극장에서 열렸던 '판소리 축제'를 들 수 있다. 국립창극단에서는 오랫동안 매달 완창판소리 감상회를 개최해 오고 있으며, 그밖에 꿈나무 명창, 차세대 명창 등 다양한 판소리 공연을 기획해 온 바 있다. 그런데 그동안 기획해 온 프로그램을 망라하여 '판소리 축제'를 벌인 것이다. 대명창이 부르는 '명인의 소리'무대와 성장해 가는 젊은 소리꾼들의 '꿈나무 명창' 무대 및 '차세대 명창' 무대가 공존했으며, 전통판소리와 창작판소리 무대가 함께 마련되었다. 전야제 기간에는 시나위 합주와 민요 연창, 입체창, 토막 창극 등의 공연도 있었다. 그런데 여기서 축제는 놀이 혹은 잔치분위기를 연출하는 '판'이라는 의미로 사용한 것으로 보인다.

2001년부터 시작된 세계전주소리축제나 1998년부터 매년 보성에서 열리는 서편제 보성소리축제전국판소리·고수경연대회의 경우에 사용된 축제의 의미도 이와 마찬가지이다. 세계전주소리축제는 판소리뿐만 아니라 세계의 다양한 소리예술을 축제 종목에 포함시켰다는 점이 특징이며, 서편제 보성소리축제는 판소리를 특화시켜 지역 주민의 참여 속에서 놀이성을 부각시켰다는 특징이다. 그런데 두 경우 모두 축제라는 용어를 사용했지만, 제의성을 지니고 있지 않다는 점에서 본래적인 의미에서의 축제와는 일정한 거리가 있는 것이다.

앞에서 기준에 따라 판소리가 여러 유형으로 나누어진다는 사실을 확인했는데, 그 가운데 특히 경연대회를 논의의 대상으로 삼아 판소리와 축제의 문제를 논하는 것이 의의 있는 작업이라고 생각한다. 참가자간의 기량을 겨루는 '경쟁'을 본질적인 속성으로 하고 있다는 점, 잔치 분위기를 연출한다는 점, 청중층의 직간접적인 참여가 가능하다는 점 등에서, 경연대회는 그 자체에 축제적 성격의 일단을 내재하고 있다. 물론 그렇다고 해서 현재 이루어지고 있는 경연대회가 모두 진정한 의미에서의 축제적 성격을 지니고 있다는 것은 아니다. 본래 경연대회는 청중층과의 소통이 중시되는 '판'으로서의 축제적 성격을 강하게 지니고 있었지만, 점차 청중층은 단순한 구경꾼으로 밀려나고 참가자들 간의 기량 겨루기를 통한 전문예술인 배출 통로로서의 의미가 커져 가는 추세에 있기 때문이다.

전통사회에서는 심사위원 제도를 통해 판소리 명창을 선발하는 경연대회가 존재하지 않았다. 가장 연원이 오래된 전주대사습의 경우를 보면, 청중의 평가가 명창의 기량을 가늠하는 중요한 기준이었다. 그러던 것이 비공식 공연공간에서 통용되는 품평 기준이 공식화되고 기량을 겨루는 대회의 형식을 취하게 되면서 전주대사습놀이 전국대회로 거듭난 것이라 할 수 있다. 그런데 실질적으로 가장 먼저 시행된 경연대회는 1974년 남원 춘향제 기간 중에 축제 종목의 하나로 열린 전국명창대회이며, 이듬해인 1975년 전주대사습놀이 전국대회가 개최되었다. 이후 지금까지 상당히 많은 수의 경연대회가 생겨났는데, 국악경연대회 가운데 상대적으로 판소리경연대회가 많은 편이다. 이는 판소리가 다른 어느 예술 장르보다도 소리꾼의 높은 예술적 역량을 필요로 하는 전문성을 지니고 있으며, 비교적 폭넓은 전승기반을 유지하고 있기 때문인 것으로 보인다.

그러면 먼저 현재 행해지고 있는 판소리경연대회의 현황과 문제점이 무엇인지 점검해 보고 앞으로 지향해 나가야 할 바람직한 방향을 모색해 보도록 한다.

2. 경연대회의 축제적 성격과 변모 :
'전주대사습놀이 전국대회'와 '남원춘향국악대전'을 중심으로

1) 전주대사습놀이 전국대회의 경우

전주대사습놀이 전국대회(이하 '전주대사습'으로 약칭)는 대회의 역사성, 전통예술에 대한 지역민의 각별한 애정, 대회 출신 명창들의 높은 기량과 빼어난 활동상 등에 힘입어 현재 가장 권위 있는 명인 명창의 등용문으로 인식되고 있다. 이런 점에서 경연대회의 역사적 변모 문제를 검토하는 데 있어 전주대사습을 논의의 대상으로 삼는 것이

적격이라고 생각한다.

전주대사습은 2018년 44회째를 맞이하고
있지만, 그 시초는 조선조 후기까지 거슬러
올라가기 때문에 유구한 역사성과 전통성을
지니고 있는 대회라고 할 수 있다. 전주대
사습이 언제 처음 시작되었는지에 대해 정
확하게 알기는 어렵다. 조선조 숙종 때라고
보는 설과 철종·고종 때라고 보는 설이 있
는데, 정노식의 『조선창극사』 정창업, 유공
렬 편에 소개된 기록 등을 통해 볼 때 19세
기 초 무렵에 본격적으로 시작되지 않았을
까 추론해 볼 수 있다.

〈전주대사습놀이 전국대회〉 1~6회 장원한 명창

정노식 『조선창극사』의 정창업 조에 나오
는 '전주부全州府 통인청通引廳 대사습시大私
習時~~'라는 기록과 유공렬 조에 나오는 '전주全州 대사습장大私習場에서 기량을 발휘
하여 비로소 세간에 명성을 얻게 되었다'는 기록은 전주대사습의 역사적 실재성을 드
러내는 매우 중요한 문헌적 근거로 매번 거론되어 왔던바, 이는 전주대사습이 '판소리
명창들이 기량을 겨루는 장'이었다는 사실을 함축하고 있기도 하다. 그런데 1940년에
간행된 정노식 『조선창극사』의 기록에 담겨 있는 전주대사습과 관련된 정보는 매우
제한적이다. 이 기록은 정창업과 유공렬이 활동했던 19세기 후반 무렵의 상황을 반영
하고 있을지언정, 그 이전 시기에 대사습이 어떤 성격이었으며 전주에만 존재했는지
등의 문제에 대해서는 여전히 알 수가 없는 것이다.

전주대사습의 성격에 관해 비교적 구체적으로 논급한 가장 오래된 기록 가운데 하
나는 유기룡 교수가 동아일보 '명창名唱과 수련修鍊'란에 기고한 기사이다. 이 글에서
유 교수는 전주대사습에 관해 다음과 같이 언급했다.

이조李朝시대의 명창대회名唱大會는 전주 감영監營 주최로 열렸다. 소위 전주全州대사습놀이라는 것이 그것이다. 해마다, 때로는 3년 5년을 격隔하여 가을 아니면 봄철에 열렸다. 대사습놀이라는 뜻은 짐작은 가나 정확히 알 수 없다. 오늘의 명창대회名唱大會와 같이 무대나 순서 같은 것이 정해져 있는 대회도 아니고 일종의 콩쿠르 이었지만 심사위원은 따로 없었다.

놀이 개최의 소문이 경향에 퍼지면 유무명有無名의 쟁쟁한 후보들이 팔도에서 전주로 몰려들었고 개최開催 일자의 방榜이 붙으면 후보들은 제각기 적당한 곳에(장터, 정자亭子앞, 느티나무 아래) 자리 잡고 관중 앞에서 독특한 쩨와 더늠과 교력巧力을 갖추어 단가短歌, 판소리를 필사적인 힘으로 불렀다.

이리하여 후보들은 연일 들끓는 청중의 심판을 받았고 그 결과 높은 인기를 차지한 순위에 따라 2,3인의 명단이 감영에서 발표되고 명창 칭호를 수여했다. 그들의 소문이 서울에 미쳐 어전이나 왕가에서 다시 자격을 받는 날이면 국창으로서 통정대부通政大夫, 의관議官. 감제監祭 등의 직함職銜을 제수 받고 옥관자玉貫子를 붙이는 등 하여 최고의 영예를 차지했다. 반면 이 대사습놀이에서 실격한 인사 가운데는 자해의 비극을 서슴지 않는 사람도 있었고 실의에서 예도의 중단 또는 아주 포기해 버리는 실례도 많았다. …(후략)…[1]

전주대사습놀이의 정확한 의미가 무엇인지 알 수 없다고 하면서 그 시초에 대해서도 언급하고 있지 않지만, 이 글에서 주체, 개최 시기, 성격 등에 관해 비교적 구체적으로 논급하고 있음을 알 수 있다. 이에 대해 홍현식 교수는 동아일보 '남도南道의 민속民俗 대사습大私習'란에서 유 교수의 주장을 비판하며, 새로운 견해를 제시했다.

…(전략)… 대사습大私習은 통인通引(지인知印)들이 주최한 광대廣大놀음이다. 통인이란 당시 관아官衙의 급사給仕와 같은 말리末吏로서 본관本官에 속屬한 통인通引과 영문營門에 속屬한 통인通引이 있었다. 그러므로 대사습大私習을 양편兩便에서 하게 되었으니 본관本官(군郡)대사습과 영문營門(도道)대사습의 이종二種이 있게 되었다는 말이다. 두 통인들은 서로 경쟁하여

---

1   『동아일보』, 1965년 6월 8일.

매년 한번씩 있는 이 행사를 빛내려 힘을 썼다. 이것은 해마다 동짓달에 여는 것이 통습通習이 되어 전주인全州人들은 동지冬至달이면 반드시 팥죽을 먹는 거와 같이 대사습놀이를 보는 것이 상례로 되었다. 그러므로 방榜(광고廣告)을 붙이지 않더라도 모이며 특히 국악國樂을 즐기는 한량閑良들은 이날이면 광대들이 부르는 판소리를 듣는데 가슴을 설레게 하였다. 통인들은 대사습 준비에 餘念이 없었던 것이니 양편에서 대사습놀이를 하게 되므로 영문營門측과 본관本官측이 서로 다투어 자기측의 인기를 위하여 명창광대名唱廣大를 끌어오는 데 전력全力을 다하였다.

이것이 매년 거행됨에 따라 서 각기 지정광대指定廣大가 있게 되었으나 이달이면 일부러 수백 리 밖에까지 주로 남도지방에 출장을 하여 우수한 광대를 탐색하여 개최 10여일 전부터 음식솜씨 좋은 집에 합숙을 시키고 지정 술집까지 마련해 주었다는 것을 보면 그 厚待를 짐작할 수 있다. 감기에 걸리지 않게 하기 위하여 바늘구멍 하나 없이 방안 문구멍을 막는 데까지 세심하고 독삼탕까지 달여 먹이면서 목풀이를 하였다는 것이다.

이날 양편의 장소는 주로 북문北門 밖 진북정鎭北亭과 남문南門 밖 읍양정揖讓亭에서 하였는데, 혹시는 통인청通引廳에서도 하였다. 대청이 병풍을 삼면으로 둘러놓고 밤이 새도록 한 마당을 끝마쳤다는 것인데 한량을 중심으로 한 청중들은 추운지도 모르고 잠을 잊고 환호의 춤새 속에 진행되었다는 것이다. 그러나 양편이 하는 가운데 인기가 많은 데로 청중이 집중하게 되어 인기전이 벌어져 통인들끼리 편싸움이 일어나기도 하여 청자인 한량까지도 합세하여 투석전까지도 있는 일이 있었다고 한다. 이런 일이 있은 후로는 한날에 하지 않고 다른 날을 택하여 하기도 하였다는 것이다.

이날 등장인물은 2,3인으로서 당시 참가한 명창으론 이날치, 장자박, 정창업, 김세종, 김창환, 송만갑, 박만순, 유공렬(창극사)이었는데, 이들이 어느 편의 소속광대인지 알 수 없으며 또 그 외에 다른 광대도 있었을 것이나 이 놀이에 발탁된 광대는 전국적으로 가장 뛰어난 명창이었음은 추측할 수 있다. 그것은 보통 소리로써는 이 놀이에 끼일 수 없기 때문이며 또한 이 때 전주는 전남북을 통합한 감영수도 도청으로서 소리의 소산이 삼남인데 그 중에도 중심지이기 때문이다. 대사습은 어느 때부터 전하여 왔는지는 모르나 통인들의 화려한 송년 파티였으며 명창 발표대회였던 것이다. …(후략)…**2**

홍현식 교수는 전주대사습 전승에 참여한 경험이 있는 고로古老들의 증언을 주요 논거로 삼아, 전주대사습의 개최 시기, 종목 구성, 운영 주체 등에 관해 비교적 상세하게 논하고 있다. 전주대사습은 통인들이 주체가 되어 동짓날 광대들이 진북정이나 읍양정과 같은 정자에서 판소리 경연을 펼치는 송년 파티이자 명창대회라는 것이 주장의 핵심이다.

그런데 1976년 5월 27일 『동아일보』 '전주全州의 수릿날 민예民藝 대사습大私習'란에, 홍현식 교수와 견해를 달리 하는 주장이 소개된 바 있다. "대사습大私習놀이란 조선조朝鮮朝 정조正祖 8년年(1784) 전주가무사습청全州歌舞私習廳이 설치됨과 동시에 숙종肅宗때부터 전주全州지방에서 거행된 궁술弓術대회(달리는 마상馬上에서 짚으로 만든 사람을 쏨)와 영조英祖때부터 행해지던 전주全州 특유의 물놀이(복伏날 통인通引의 천변가무川邊歌舞유희) 그리고 철종哲宗 후기後期부터 국내 최초로 거행된 판소리 백일장白日場 등 단오날에 베풀어지는 민속무예民俗武藝놀이를 종합하여 일컬어 온 말이다."라는 기사가 게재된 것이다. 이러한 시각은 전주대사습놀이보존회가 발간한 〈전주대사습사〉에도 그대로 수용되고 있다.[3] 전주대사습은 단오날 개최되었으며, 궁술, 물놀이, 판소리 백일장 등 여러 종목이 공존했다는 관점을 보여주고 있는 것이다. 그런데 이러한 주장을 뒷받침하는 구체적인 문헌적 근거 등은 제시되어 있지 않으며, 전주가무사습청의 존재에 대해서도 확인이 어렵다.

이처럼 상이한 관점은 오늘날까지 해소되지 않고 공존하고 있는데, 이는 관련 자료가 거의 없기 때문에 생기는 필연적인 결과이다. 지금까지 전주대사습의 역사를 논한 글들은 대개 18세기 중반 이후 상황과 관련된 것이며, 구술 자료의 경우 전주대사습의 전승에 참여했던 아전 출신 고로古老들의 증언을 바탕으로 개진된 것이다. '사습私習'의 개념이나 의미가 정확하게 구명되지 않은 채 이설異說이 존재하고 있는 상황에

---

2 『동아일보』, 1965년 7월 17일.
3 "조선 숙종 대의 마상궁술대회馬上弓術大會, 영조 대의 통인 물놀이, 철종 후기의 판소리 백일장 등 민속무예놀이를 종합하여 대사습놀이라 했다". 전주대사습사, 전주대사습놀이보존회(1992), '전주대사습놀이 개요'(22면).

서, 전주대사습의 연원 문제를 살피기 위해서는 '사습'의 의미가 무엇인지 그리고 전주에서만 존재했는지 등에 대해 재론할 필요가 있다.

① 李榘 以司饔院言啓曰 今日南別宮宴享私習儀時 假提調蓮城都正夢虎 泳城都正亨忠 蓮恩都正應虎 行司果許嶠·李克一 竝無緣不進 請從重推考傳曰 依啓[4]

② 李植 以司饔院言啓曰 今日慕華館本院 私習儀 已爲啓下 而雨勢如此 勢不得已退行之意 敢啓傳曰 知道[5]

③ 迎接都監啓曰 儺禮廳 依前設行於仁慶宮月廊 而倉卒造作 不可不試習 二十日將爲私習 二十二日當爲三度習儀 軒架雜像 皆由正門而出 敢啓傳曰 知道 私習有弊勿爲 可也[6]

④ 私習 馬 步軍各部司哨 一朔三次設行 至十月左 右馬兵 左右部步軍各計晝 抄優等施賞 初一日左部左司五哨 十一日 二十一日爲該部司哨之中 終次 初二日左部右司五哨 初三日右部左司五哨 初四日右部右司五哨 初六日左 右部中司六哨 初七日攔後哨 七色軍 部 司吹手 其中 終次各隨其初日之二三四六七次第 其中次名日官私習 別遣執事與該將領眼同監試[7]

17세기~19세기 초에 간행된 몇몇 기록에 나오는 '사습'의 용례를 보면, 군사들의 무예와 관련된 의미로 사용되는가 하면, 남별궁이나 모화관 등에서 '사습의私習儀'가 행해졌다는 점을 알 수 있다. '사습의私習儀'의 의미를 정확히 알기는 어렵지만 중국 사

---

4   『승정원일기』(인조 3년 5월 7일 (갑인), 1625년 天啓(明/熹宗) 5년).
5   『승정원일기』(인조 3년 5월 14일 (신유), 1625년 天啓(明/熹宗) 5년).
6   『승정원일기』(인조 21년 3월 18일 (신해), 1643년 崇禎(明/毅宗) 16년).
7   『만기요람(萬機要覽)』「군정편」(1808년).

신을 맞이하는 연향에서 행해진 것으로 판소리 공연을 뜻하는 것은 아닌 듯하다.

그렇지만 앞에서 살펴 본 바 있듯이, 『조선창극사』나 홍현식 교수 등의 연구 등에 비추어 볼 때 19세기 후반 이후 전주 '대사습'놀이에서 판소리가 주요 종목이었던 점은 부인할 수 없는 사실이다. 그렇다면 이는 사습이 군사들의 훈련과 중국 사신 영접시 행했던 행사를 포괄하는 의미로 사용되다가, 특정 시기에 이르러 연희 종목으로 광대들이 기량을 겨루는 장場을 가리키는 의미로 변모되어 간 것으로 이해할 수 있는데, 그렇게 된 역사적 계기가 무엇인지에 대해서는 좀 더 천착해서 따져 볼 필요가 있다.

대사습이 전주에서만 열렸던 것인가에 대해서도 재론이 필요하다. 다음 기록은 순천 지역에서도 대사습이 존재했음을 보여주고 있다. 분량이 많지만, 관련 내용을 제시해 보면 다음과 같다.[8]

초립에 도포를 걸치고 순천감영의 사정, 청류정에 올나서서 정월 대보름날 밤 대사십노리를 할 째에는 영문 통인과 본문 통인 오백여명이 환성을 치며 나를 마즈려 달려오는 수만 군중을 제지하기에 피쌈이 흐르도록 그 한 째에는 일홈도 잇섯거니와 소년호기가 전신에 쌔치어섯나이다. …(중략)… 녯날 순천감영順天監營에는 '대사십노름'이란 정말 호화豪華로운 노름이 잇섯습니다. 이 노름은 매년每年 정월正月 열나흔날과 열 닷새날 즉 대보름마다 열니는 것으로 터전은 항상恒常 사정射亭 청류정淸流亭이란 크다란 다락이 잇습니다. 이 날은 감사 이하 전라도 각읍에서 수령守令 방백方伯들이 모다 모힐쑨더러 오십삼주五十三州로부터 수만數萬의 백성百姓들이 새 옷을 가라입고 술병을 차고 놀라들 순천읍順天邑으로 모혀들지요. 이것은 민속학상民俗學上으로 보아도 흥미興味잇는 일일 것이외다. 백성百姓과 관료官僚가 한마당에 모혀 안저 시詩도 짓고 노래도 하고 춤도 추고 사기士氣를 고무鼓舞하여 민중民衆을 단체적으로 훈련訓練하고 쏜한 인민人民의 기상氣象을 쾌활快活, 웅대雄大하게 하는 도움이 되엇슬 것이외다.

자- 십오야十五夜의 만월滿月이 교교皎皎하게 중천中天에 걸니엇는데 이 날 저녁에 노름터

8   이 자료에 대해서는 이정노도 주목하여 관련 연구에서 언급한 바 있다. 이정노, 앞의 논문, 238~240쪽.

76   제2부 제도와 판소리

인 저 사정射亭에는 낫빗을 속일만하게 네 단 초롱에 황黃초불이 수천數千개 상하좌우上下左右
로 유성流星가티 달니어 잇고 서울 육전六廛에서 사내려간 五色 비단 帳幕이 무지게가티 쭈욱
치이어 잇는 속에 정자亭子 압의 무변광야無邊曠野에는 감사監司, 수령守令을 위시爲始하야 만
백성萬百姓이 구름가티 열列을 지어 혹은 안고 혹은 선 것이 실로 장관壯觀이외다. 나는 이날
싸지 그러케 만흔 사람이 한 곳에 모여 안즌 것을 본 적이 업소이다. 이러케 꿈가티 장식한
속에서 술에 약간 취한 고수鼓手들이 곡曲을 마처 둥둥 울니는 삼현육각三絃六角의 풍악風樂
소리가 반공중半空中에 아름답게 흘너내립니다.

이째에 전라도全羅道 오십삼주五十三州로부터 한다 하는 판막이 광대狂大들이 쌔긋하게 차
리고 태극선太極扇 쪽지를 들고 한사람씩 亭子 우에 쑥 나타나

'고고 천변 일륜홍'

도 부르고

'얼화만수 얼화대시니라'

도 부르는 것이외다. 그리하면 그 만흔 군중은 물을 쌕린드시 기츰 한 마듸 업시 고요하여짐
니다. 호장豪壯하게 애연哀然하게 퍼지는 광대狂大의 노래가락만 구천九天의 청靑제비 우지지
는 듯 쑥쑥 써러지는 풍정風情 이것은 중세기中世紀의 그 정조情調를 아는 이가 아니면 실實
로 이해할 수 업슬 것이외다.

여기에는 곡성谷城에서 온 김모金某도 잇고, 남원南原에서 온 명기名技 박모朴某도 잇슴니
다. 그러나 자랑이 아니라 그 한 밤을 여러 번이나

'자, 이보소 송만갑宋萬甲의 소리 다시 한번 들읍시다.'

하는 환성歡聲이 여러 번 터지는 것을 나는 기억記憶하고 잇슴니다.

닭이 두 해 채 울 째싸지 풍류風流를 잡히고 명창名唱의 소리는 씃칠 줄 모릅니다. 여기 저기
서 '얼시구 조타' 하는 환성歡聲 이 속에도 늙는 법이 잇사오리짜. 실로 행복幸福하엿소이다.

이 날 노름이 씃나면 전라감사全羅監司에게서 주효酒肴의 대접을 밧고 비단으로 옷 한 벌
씩 하여 주는 걸 바더 가지고 그리고는 대전통보大全通寶 오십량五十兩식 걸머지고 제각기各其
고향故鄕으로 도라갓섯소이다. 이 날 모엿든 사람들은 모다 내 일홈을 긔억하여 주더이다.

세월歲月은 흘너흘너 그 쌔의 감사監司도 지금엔 업고 그러케 호화찬란豪華燦爛하든 순천順

天 청류정淸流亭도 이제는 익끼 끼고 오작烏鵲이 슬피 울고 지나갈 뿐이더이다. ···(후략)···[9]

　이 글은 대사습의 성격과 규모 그리고 의의 등에 관한 구체적인 정보를 담고 있다. 대사습은 관아에서 광대들을 초청하여 기량을 펼치게 한 연희의 장이자 풍류를 즐기는 자리이며, 매년 정월 대보름날 열렸다는 것이다. 순천에서 열린 대사습은 그 규모도 대단해서 전라도 각읍 수령과 방백들이 모두 모였으며, 관아에 소속된 사람들 뿐 아니라 지역민까지 어우러져 함께 즐겼음을 알 수 있다.

　그렇다 하더라도 전주는 전라 감영이 위치한 곳으로, 명실상부하게 정치·문화적으로 전라도의 중심이었다. 19세기 중반 이후 전주를 비롯하여 전주 인근 지역 출신 향리들이 영방을 독점·안배하는 현상이 나타나며, 감영에서 개최하는 연회에서 이들 영방 소속 영리들이 판소리 명창을 초대하는 데 주도적인 역할을 했다는 사실에 주목할 필요가 있다.[10] 일례로 1885년 9월 전주 감영 축하연에서, 이날치, 장자백, 김세종 명창을 비롯하여, 한양에서 온 경창동京唱童 2명이 축하 공연을 했다고 한다. 그러니까 전주대사습은 전주의 이러한 정치적·문화적 기반을 바탕으로 하여 정립되고 전승되어 왔다고 볼 수 있다.

　전주대사습이 광대들의 경연의 장으로 열리게 된 시점이 언제인지에 대해 정확하게 알기는 어려우나, 정노식의 『조선창극사』 정창업, 유공렬 편에 소개된 기록 등을 통해 볼 때 19세기 중엽 무렵에 본격적으로 시작되지 않았을까 추론해 볼 수 있다.

　전주대사습의 개최 시기와 관련하여, 동지설과 단오설이 맞서 있다. 이는 전주대사습이 세시 풍속의 맥락에서 성립·전승되어 왔다는 시각이 전제되어 있다. 하지만 '사습私習'이 포괄적 개념으로 사용된 시기에는 세시 풍속과 관련되었다고 보기 어렵

9　송만갑, 「자서전」, 『삼천리』 3권 4호, 삼천리사(1931); 한국근대음악기사자료집 잡지편 권3, 민속원, 2008, 440~444쪽에 수록.

10　이에 대해서는 다음 논문을 참고할 것.
　　이훈상, 「조선 후기 사회 규범들간의 갈등과 향리사회의 문화적 대응」, 『판소리 연구』 16, 판소리학회, 2003, 139~177쪽.

다. 홍현식 교수가 고로들의 증언에 바탕하여 동짓날 개최되었다고 주장하고 있는데, 그렇다 하더라도 이는 19세기 후반 이후의 상황에 적용될 수 있는 것이다. 전주대사습사 등에서 주장하고 있는 단오설은 어떤 근거에 입각하여 제시된 것인지 명확하지 않다.

전주대사습이 전주부全州府 통인청通引廳이 관장한 행사로서, 지금과 마찬가지로 명창의 반열에 오르는 등용문의 성격이 강하게 될 수 있었던 이유는 당대의 판소리 전승 환경과 밀접한 연관이 있다고 생각한다. 19세기에 들어와 판소리의 예술적 수준과 사회적 위상이 높아지면서 소리꾼의 기량이나 신분에 따라 명창, 어전명창, 또랑광대, 비가비광대 등 다양하게 분화되는 양상을 보이게 된다. 전주대사습과 같은 행사에서 자신의 기량을 인정받으면 명창의 반열에 오르게 되고, 이를 계기로 소리꾼은 명예를 얻을 뿐만 아니라 활동공간의 폭이 넓어지게 되면서 경제적 부도 얻을 수 있고 어전명창으로까지 나아가게 되면 어느 정도의 신분상승까지도 획득할 수 있게 되는 것이다. 정노식의 『조선창극사』 유공열조에 "30세 경에 전주대사습장에서 기량을 발휘하여 비로소 명성을 얻게 되었다"는 기록은 이 대회가 명창으로서의 기량을 인정받는 등용문이었다는 사실을 잘 보여주고 있다.

여기서 중요한 사실은 전주대사습에 참여한 청중들의 품평이 명창의 기량을 판가름하는 중요한 잣대였다는 점이다. 『조선창극사』 정창업 조에는 다음과 같은 일화가 전한다. 당시 전주부 통인청 대사습장에 참여한 정창업이 〈춘향가〉를 불렀다. "이도령이 광한루 구경차로 나갈 때 방자 분부 듣고 나구 안장 짓는다. 나구 안장 지을 적에 나구 등에 솔질 솰솰" 하는 대목에 이르러서 "나구 등에 솔질 솰솰" 하는 대목을 도수度數가 넘도록 몇 번이나 중복하고 아랫말이 막혔다. 좌중은 "저 혹독한 솔질에 그 나구는 필경 죽고 말테이니 차마 볼 수가 없다"하고 그를 이내 퇴장시켰다. 그리 되어서는 그 후로 정창업은 일시 낙명이 되어서 수년간 소리를 중지하고 근신하였다는 것이다. 소리판에 모인 청중들은 판소리에 대한 안목이 상당히 높은 귀명창이었을 터, 이들 귀명창의 반응은 소리꾼을 판에서 끌어내릴 정도로 그 영향력이 대단했던 것이다.

1974년 전주에서 전통예술에 많은 관심과 애정을 가지고 있는 인사들이 모여 '전주대사습놀이 부활추진위원회'를 결성하고 문공부로부터 '전주대사습보존회' 승인을 얻음으로써 대사습놀이가 다시 부활되게 되었다. 1975년 추진위원 주관으로 제1회 전주대사습놀이대회가 열리게 되는데, 이때 기량을 겨룬 종목은 판소리, 농악, 무용, 시조, 궁도 등 5개 부문이다. 1977년 전주대사습놀이 보존회의 사단법인화가 이루어지고, 1983년에는 기존의 5개 부문에다 기악, 민요, 판소리 일반부, 가야금병창 등 4개 종목이 더해지고 2010년도 명고수부가 더해져 10개 종목이 되면서 행사의 규모가 확대되어 오늘에 이르고 있다.

이처럼, 전주대사습놀이의 역사를 보면, '사습'은 무예를 비롯하여 '스스로 익히고 보여주는 그 무엇'을 가리키는, 비교적 폭넓은 개념으로 사용되었던 듯하다. 그러던 것이 어느 시점에선가 판소리 명창이 참여하여 기량을 펼치는 장場이 되었는바, 이러한 의미의 사습은 관아에서 주최한 것으로 순천에서도 열린 것으로 보아, 특정 지역에서만 개최된 것은 아니었다. 그렇다 하더라도 전주는 명실상부한 전라 지역의 중심으로, 19세기 중반 이후 전주에서 열리는 대사습은 참여 명창의 수준이나 규모면에서 단연 우뚝한 행사였다고 할 수 있다. 그리고 공연 종목 또한 점차 확대되어 왔음을 알 수 있다. 본래 전주대사습놀이는 관에서 아전층이 중심이 되어 관아에서 개최된 연희였다. 조선조 후기 전주대사습이 처음 시작되었을 때 판소리만 있었는지 아니면 궁술 등도 함께 있었는지 분명하지는 않지만, '사습'에 함축된 의미를 고려해 볼 때 궁술 등이 함께 존재했을 가능성은 충분하다. 사실 궁술은 오늘날과 달리 전통사회에서는 그 비중이 큰 풍류문화를 대표하는 종목이다. 판소리가 이 대회의 중심에 계속 위치해 있는 데 비해, 궁도로 이름이 바뀐 궁술은 스포트라이트를 받지 못하고 주변으로 밀려나 있는 것이 현실이다. 오늘날 전주대사습을 대표하는 종목은 판소리와 농악이다. 이는 시상 훈격과 시상금 내역에서 명확하게 드러난다. 판소리 명창 장원자에게는 대통령상과 함께 5000만원(상금 4000만원+1000만원 상당의 순금)의 상금이 수여된다.[11] 상금 액수는 판소리 부문 경연대회 가운데 최고의 액수이다. 농악부문 장원팀에

---

11   2017년에는 전주대사습놀이 전국대회 판소리 명창부 장원에게 대통령상이 수여되지 않았다. 2015년

게는 국무총리상과 상금 1400만원, 명고수부 장원에 국회의장상과 상금 800만원이 수여된다. 그리고 기악부 장원에 문화체육관광부장관상, 무용부 장원에 문화체육관광부장관상, 궁도부 장원에 국방부장관상, 가야금 병창부 장원에 전북도지사상, 판소리 일반부 장원에 전주시장상, 민요부와 시조부 장원에 공동조직위원장상이 수여되는데, 장관상 수상자에게는 상금 400만원이 수여된다. 판소리 명창부와 농악부를 제외한 다른 종목의 위상이 판소리 일반부와 동일한 것으로 설정되어 있는데, 이와 같이 구체적인 내역을 알고 보면 전주대사습놀이 각 종목 장원자(팀) 사이에 있어서도 그 격은 매우 다른 것이다.

전주대사습놀이가 관아의 아전층이 주도한 연희로써 관과 민이 어우러질 수 있는 공간이었다면, 그러한 정신을 살려 공동체 의식의 강화에 기여할 수 있는 방향을 모색하면서 전주가 가지고 있는 지역적 특징을 반영할 수 있도록 노력하는 것이 필요하다고 본다. 전주는 판소리문화가 매우 발달하였으며, 임실 필봉으로 대표되는 농악이 발달한 곳이기도 하다. 1975년 대회가 부활 될 당시 채택된 종목은 판소리·농악·무용·시조·궁도 등 5종목인데, 판소리·농악·무용이 민속문화에 기반한 것이라면 궁도와 시조는 풍류문화에 기반한 전통문화이다. 시문詩文이나 가악歌樂과 같은 예술 행위 뿐만 아니라 궁도, 낚시, 사냥, 뱃놀이와 같이 놀이적 성격이 강한 취미활동을 포괄하여 풍류라고 하는바, 지금은 전주대사습에서 판소리나 시조 그리고 농악 등에 비해 거의 주목받지 못하고 있는 궁도가 실은 전통사회에서는 대표적인 풍류 가운데 하나였던 것이다. 궁술 혹은 활쏘기라고도 하는 궁도는 본래 '터편사', '골편사' 등으로 편을 짜서 각기 화살을 쏜 후에 맞추고 못 맞춘 화살 수를 계산하여 이기고 진 것을 정하는데, 이것을 '편사놀이'라고 하는 것이다. 편사놀이를 할 때에는 반드시 풍악과 기생이 동반되었다. 그래서 궁도와 민속음악은 불가분의 관계에 있다. 가령, 첫 번

심사와 관련하여 어떤 심사위원의 금품수수 문제가 불거져, 대통령상을 박탈당했기 때문이다. 명예를 회복하기 위한 전주대사습놀이 전국대회 관계자들의 다각적인 노력이 뒷받침 되어 2018년도에 판소리 명창부 장원에게 수여되는 대통령상이 복원되었다.

째 활을 쏘아 과녁을 맞추면 "일시관중一矢貫中이요"하면서 기생들이 뒤에서 소리를 하고 북을 쳐 주는데, 이것을 '호종'이라 한다. 쏜 화살이 모두 명중되었을 때에는 이를 축하하여 "지화자 지화자…"를 부르기도 하였다. 이렇듯 궁도는 풍류로 즐기는 운동이었는데, 언제부터인가 풍류의 요소는 소거되고 이제는 활을 쏘아 누가 정확하게 과녁에 맞추는가를 가리는 운동으로서의 의미만 지니게 된 것이다. 전주대사습에서의 궁도도 예외는 아니어서 상품과 상금을 내걸고 기량을 겨루는 스포츠 경연대회로 치루어지고 있다. 누가 더 많은 화살을 맞추었는가에만 관심을 집중하는 스포츠 방식을 지양하고 풍류가 동반된 축제로 만들어 나가는 방법은 없는 것인지 궁금하다.

전주대사습놀이는 경연대회의 성격을 지니고 있으며, 일반적으로 경연대회의 목적은 "훌륭한 연주자를 발굴하는 데 있다"고 할 수 있다. 그런데 '훌륭한 연주자를 발굴하는 방식'에 대해서는 숙고해 볼 필요가 있다. 전문성을 담보하는 예술 종목 경연 참가자를 평가하는 데 있어, 경연자의 예술적 역량과 수준을 예리하고 정확하게 꿰뚫어 볼 수 있는 고도의 전문성을 지닌 심사자의 평가는 거의 절대적이다. 그렇다고 해서 심사위원과 경연 참가자들의 참여만으로 전주대사습이 존립할 수 있다고 생각하지는 않는다. 전주대사습의 역사를 보면, 소리판에 모인 청중들은 객체화된 수동적인 존재가 아니라 행사의 진행에 적극적으로 참여하고 개입함으로써 함께 판을 만들어 나가는 능동적인 존재였다. 이는 전주대사습놀이가 단순히 기량을 견주어 명창을 선발하는 경연대회가 아니라 거기에 참여한 구성원들이 함께 어우러질 수 있는 축제의 공간, 놀이의 공간이었다는 것을 의미한다. 이는 전통사회 판소리 청중층 가운데 귀명창이 다수 존재했기에 가능했을 것이다. 흔히 지금은 귀명창이 사라진 시대라고도 한다. 어찌 보면 전통사회에서는 생활예술의 성격을 지니고 있던 판소리가 오늘날에는 철저한 공연예술이자 무대예술로 전환되었고 나아가 소수의 매니아들만이 향유하는 고급예술이 되었다고 해도 과언이 아니다. 이러한 상황에서, 전주대사습놀이와 같은 경연대회는 판소리의 저변을 넓히는 절호의 기회라고 본다. 경연과 축제(사실 축제라기보다는 '놀이' 혹은 '잔치'에 가깝지만)를 대립적 혹은 선택적으로 파악하기 보다는 병립 가능한 방향으로 설정하고 이러한 방향을 지향할 필요가 있다. 축제성 혹은 놀이성을 강화하는 데 있어, 전주세계소리축제와의 변별성을 어떻게 설정할 것인지에 대해 고민해 보는 것이 필요하다고 생각한다.

지역의 역사적·문화적 배경을 고려하고 풍류문화와 민속문화의 특징을 잘 살려 전주대사습의 정체성을 구현하는 방향으로 나아가는 것이 필요한데, 그러기 위해서는 종목을 조정하고 대회의 진행방식을 재점검할 필요가 있다. 1975년 대회가 부활되면서 채택한 종목 중심으로 대회를 치르는 것도 전주대사습놀이의 정체성을 명확하게 확립해 나가는 방법 가운데 하나일 것이다. 그렇다고 해서 기악이나 가야금병창, 민요 등이 중요하지 않다는 말이 아니다. 이들 종목을 주제로 한 경연대회가 있기 때문에 그쪽으로 미루어 두는 것이 각 대회의 정체성을 찾아나가는 지름길이 되리라는 것을 강조하는 것이다. 가야금병창대회 부문에서는 대통령상을 수상하는 전국우륵가야금경창대회가 있으며, 민요 부문에서는 대통령상을 수상하는 전국민요경창대회와 경기국악제 그리고 국무총리상을 수상하는 남도민요전국경창대회와 상주전국민요경창대회가 있다. 기악 부문에서는 대통령상을 수상하는 김해전국가야금대회와 전국탄금대가야금경연대회 그리고 전국전통경연예술대회 등이 있다. 그러니까 민요, 가야금병창, 기악 부문에서는 오히려 전주대사습보다도 훨씬 상의 격이 높은 다른 경연대회가 있는데, 전주대사습에서 이들 종목은 말하자면 주 종목이 아닌 보조 종목에 불과한 셈이다. 특히 민요 부문의 경우 경서도 민요 실기인이 대거 참가하는데, 이는 전주라는 지역적 특성을 고려할 때 전혀 어울리지 않는 일이기도 하다. 지역 단위 혹은 행사 단위로 보면 나름대로 명분이 있어서 덩치를 키우겠지만, 결국 그렇게 되다보면 각 대회가 갖는 고유한 특성은 사라지고 그 대회가 그 대회가 되는 형국이 되고 말 가능성도 충분히 있는 것이다. 2010년도에는 '명고수부'를 신설했는바, 판소리와 고법의 관계를 고려할 때 일변 타당성이 있다. 그러나 고법만을 대상으로 한 전국고수경대회가 전주에서 열리고 있는 상황에서, 명고수부를 새로 제정한 것이 바람직한가에 대해서는 숙고할 필요가 있다.

전주대사습놀이가 명실상부한 최고의 권위를 지닌 경연대회로 자리 잡을 수 있었던 것은 물론 오랜 역사성과 전통성을 자랑하기 때문이기도 하지만, 그동안 엄격한 심사

제도를 도입하는 등 다른 대회를 선도해 나가는 노력을 게을리 하지 않았기 때문이다. 일단 종목을 확대하고 대회의 규모를 늘리면 이를 다시 줄이는 것은 지난한 일이다. 그렇지만 전주대사습이 행사의 정체성을 정립해 나가는 데 있어서도 다른 대회의 모범을 보일 수 있다면 궁극적으로 우리나라 전통예술과 민속 문화 발전에 크게 기여하게 될 것이다.

철저하게 경연대회의 형식으로 진행되고 있어 청중들과 함께 어우러질 수 있는 축제적 요소가 거의 없다는 점도 전주대사습이 개선해 나가야 할 중요한 과제 가운데 하나이다. 현재 전주대사습놀이대회는 예선과 본선으로 나누어져 있는데, 예선에서 각 종목마다 3명(팀)이 선발되고 이들이 본선에서 기량을 겨루어 순위를 가리는 것이다. 그런데 예선과 본선이 진행되는 과정에서 청중이 할 수 있는 몫은 거의 없다고 해도 과언이 아니다.

그동안 전주대사습 본선은 MBC 방송국을 통해 전국으로 중계되어 왔다. 방송의 위력 혹은 파급력이 막강한 현대사회에서 전주 MBC가 전주대사습놀이의 진행 과정에 참여하는 것은 참으로 중요한 의미를 지니고 있다. 대회의 진행이 방송국과 연계되어 있음으로 해서 전주대사습의 존재가 널리 알려지고 대회의 위상이 높아지는 데 크게 기여했기 때문이다.

물론 경연대회의 공간 배치 등이 방송에 초점을 맞추어 이루어지는 등 문제적 상황이 있었던 것 또한 사실이다. 이러한 문제를 해결하기 위해, 2011년부터 대회 공간을 한옥마을과 경기전으로 옮긴 것은 청중들과 함께 하는 축제 분위기를 살리기 위한 노력의 산물로서, 긍정적으로 평가할 수 있다고 본다. 한편에서는 경연 장소가 실외여야 하는가에 대한 문제 제기도 있을 수 있다. 농악이나 궁도 등 실외에서 할 수 밖에 없는 종목을 제외하고 나머지 종목은 실내에서 행하는 것이 좀 더 효율적이라고 주장하는 시각도 있다. 2017년 판소리 명창부 경연이 국립무형문화유산원 실내 공간에서 치러진 것은 이러한 시각을 반영한 결과로 보인다. 경연 공간을 실내로 할 것인가 실외로 할 것인가 하는 문제는 각기 일장일단이 있기 때문에, 심사숙고해야 할 여지가 많다. 다만 전주대사습의 대표적인 경연 종목인 판소리를 예로 들면, 공연 공간이

'마당 - 방안 - 실내극장' 등으로 시대에 따라 달라져 왔다. 이는 판소리가 특정 공간에 적합한 양식으로 고정화 되어 있는 것은 아니라는 것을 뜻한다.

지역의 문화적 역사적 배경을 중시하면서, 풍류 문화와 민속 문화의 성격을 잘 살림으로써 전주대사습만이 보여줄 수 있는 정체성을 확실히 정립하는 방안을 마련하고, 방송국의 지원이 가져다 부는 장점을 취하면서도 대회의 축제성을 잃지 않는 지혜로움을 갖추게 된다면, 전주대사습전국대회는 더욱 튼실하게 그 위상과 명성을 지켜갈 수 있을 것이다.

2) 남원 춘향국악대전의 경우

춘향국악대전은 1998년 전국명창대회를 확대·개편한 것이다. 전국명창대회는 1974년에 처음 생겼는데, 판소리 명창을 배출하는 최초의 경연대회라는 점에서 의의가 크다. 전주대사습대회보다도 1년 앞서 열린 셈이다.

이 대회는 매년 남원의 대표적인 지역축제인 춘향제 기간에 열린다. 경연대회는 축제와 밀접한 연관을 가지면서 성립되고 변모되어 왔다. 춘향제는 1931년 광한루 내에 춘향사를 건립하여 춘향의 영정에 제사를 지내는 데서 출발했다. 춘향사는 춘향의 넋을 달래고 그 정신을 기리기 위해 남원 지역의 유지와 권번 소속 기생들의 뜻이 모아져 건립된 것이다.

춘향제는 제의성과 주기성 그리고 반복성 등을 지니며 전승되어 왔는바, 시대적 조건에 따라, 축제의 종목, 의례 담당 주체, 개최 시기 등에 주목할 만한 변화를 보여주고 있다.[12] 풍류문화의 기반 아래 민속축제로서 시작된 춘향제는 이후 전통문화적 요소를 강화하여 향토축제로서의 위상을 공고히 하였는바, 근래에 들어와서는 지역축제를 넘어 전국적인 축제 나아가 세계적인 축제를 지향하고 있다.

---

12 이에 관한 구체적인 내용은 다음 논문 참조.
   김기형, 「춘향제의 성립과 축제적 성격의 변모과정」, 『민속학연구』 13, 국립민속박물관, 2003, 12~24쪽.

초기 춘향제 때는 판소리, 줄타기, 씨름 등과 같은 민속놀이와 풍류적 성격이 농후한 궁도가 주요 종목으로 자리 잡고 있었다. 이후 축제의 규모가 커지면서 종목도 확대되어 갔는바, 전통문화축제로서의 정체성에 부합하는 종목은 시차를 두고 지속적으로 추가되었다. 이는 〈춘향가〉와 〈흥보가〉의 고향이자 판소리 동편제의 탯자리로서 많은 명창을 배출하면서 판소리 전승에 있어서 중요한 역할을 수행해온 남원의 문화적 기반에 비추어 볼 때 매우 자연스러운 현상으로 이해된다.

1974년 제44회 춘향제 때 제1회 전국명창대회가 개최된 것도 이러한 맥락에서 비롯된 것이다. 전국명창대회는 문공부장관상(1983), 국무총리상(1984)으로 격을 높여 오다가 1985년 55회 때부터 대통령상으로 격상되어 그 권위와 무게를 더하게 되었다. 전국명창대회를 통해 배출된 명창으로 제1회 장원을 차지한 조상현 명창을 비롯하여 성창순, 최승희, 김영자, 남해성, 안숙선 명창 등을 꼽을 수 있는 바, 오늘날 한국 판소리를 이끌어가고 있는 대들보로서 손색이 없는 대단한 기량의 소유자들이다. 현재는 대통령상을 내건 명창대회가 이전에 비해 많이 생겨났지만, 남원전국명창대회만큼 유서가 깊고 권위와 명성을 자랑하는 대회는 전주대사습 정도 이외에는 없다고 할 수 있다. 이 대회를 통해 배출된 역대 명창이 우리 시대 최고의 소리꾼으로 평가받는 데 전혀 손색이 없다는 사실이 이를 입증해 준다.

전국명창대회는 축제의 양적 팽창과 더불어 1998년 춘향국악대전으로 확대 개편되었다. 이와 더불어 경연 종목도 판소리(명창부, 일반부, 학생고등부, 중등부, 초등부), 기악 관악(일반부, 학생고등부), 기악현악(일반부, 학생고등부), 가야금병창(일반부, 학생고등부), 무용(일반부, 학생고등부), 민요(일반부, 학생고등부)로 확장되었다.

그러면 전국명창대회가 춘향국악대전으로 개편된 요인은 무엇이며, 그러한 개편이 의미하는 바는 무엇인가? 남원은 소규모의 도시이면서도 전통문화에 대한 애착이 남달리 강한 지역이다. 그런데 현실적으로 전주에 비해 시의 규모나 경제력 면에서 열세에 놓여 있는 상황에서 국악 분야에서만큼은 전주에 뒤지지 않으려고 하는 일종의 경쟁의식을 강하게 지니고 있다. 국립국악원 지방분원 지역을 확정하는 과정에서 남원이 총력전을 전개한 끝에 전주를 제치고 대상지역으로 선정된 것이 그 대표적인 사례이다. 전국명창대회를 춘향국악대전으로 확대 개편한 이유도 이러한 맥락에서 이해해 볼 수 있다. 인근 도시 전주에서 열리는 전주대사습을 의식하지 않을 수가 없었던 것이다. 대회 초기에는 전주대사습과 견주어 그 위상 면에서 조금도 뒤지는 바가 없었는데, 시간이 지나면서 점차 전주대사습의 명성에 미치지 못하게 되자, 대회의 규모를 키우고 종목을 전주대사습 수준으로 확대하여 대회의 격을 높여 보고자 했던 것이다.

그렇지만 판소리 종목에 한하여 기량을 겨루던 전국명창대회를 춘향국악대전으로 확대·개편하였다고 해서 대회의 위상에 변화가 온 것으로 보이지는 않는다. 오히려 판소리 동편제의 탯자리로서의 지역 문화의 특성을 살려 판소리 종목에 모든 역량을 집중하는 것이 실속도 있으면서 대회의 격을 높일 수 있는 유력한 방법이라고 생각한다.

춘향제 기간에 경연대회가 열리는 광한루원 완월정에는 축제를 즐기기 위해 수많은 인파가 모여드는 곳이기도 하다. 게다가 야외무대이기 때문에, 청중과의 열린 소통이 가능한 좋은 조건을 가지고 있다. 그럼에도 불구하고 경연대회는 출연자와 심사위원 중심으로 운용될 뿐 청중의 적극적인 참여가 어려운 구조로 진행되기 때문에, 축제성을 충분히 구현하지 못하고 있다.

주최측에서 심사의 공정성을 확보하기 위해 다각적인 노력을 기울이고 있지만, 이와 관련하여 여전히 해결해야 할 과제가 많은 것도 대회가 지니고 있는 문제이다.

이상에서 전주대사습이나 남원 춘향국악대전을 예로 삼아, 경연대회의 축제적 성격과 변모양상을 살펴보았는바, 경연대회 참가자, 심사위원, 청중이 유기적인 연관성을 지니지 못하고 모두 제각각의 자리에 있어 각자의 역할에만 충실할 수밖에 없는 진행구조는 진정한 축제의 그것과는 거리가 먼 것이라 할 수 있다. 종목의 특성에 맞게 자연스럽게 판을 벌여 청중들이 함께 어우러질 수 있을 때 경연대회는 진정한 축제로 거듭날 수 있을 것이다.

3. 판소리경연대회의 현황과 문제점

1) 현황

2017년 현재 상격賞格이 국무총리상 이상인 판소리 관련 경연대회는 다음과 같다.

번호	대회명	주최 주관	개최지	경연 종목	시상 내역
1	대한민국 춘향국악대전 (제44회)	민속국악 진흥회	전북 남원	판소리, 기악(현악,관악), 무용, 가야금병창, 민요	대1, 총1, 장3
2	전주대사습놀이전국대회 (제43회)	전주대사습 놀이 보존회	전북 전주	판소리, 농악, 기악, 무용, 민요, 궁도 가야금병창, 시조	대 1, 총 1, 장2
3	전국난계국악경연대회 (제43회)	난계기념 사업회	충북 영동	판소리, 기악(관악, 현악), 민요, 타악	대1, 장3
4	전국국악대제전(경주) (제35회)	국악협회 경북지회	경북 경주	기악, 판소리, 무용, 시조, 타악	대1, 장1
5	목포전국국악경연대회 (제29회)	국악협회 목포지부	전남 목포	판소리, 기악, 무용	대1, 총1, 장3
6	대구국악제 전국국악경연대회 (제28회)	국악협회 대구지회	대구	기악, 판소리, 무용, 민요, 정가, 풍물	대1, 장1
7	임방울국악제 전국대회 (제25회)	임방울기념 문화재단	광주	판소리, 기악, 무용, 시조, 가야금병창, 농악	대1, 총1, 장3
8	한밭국악전국대회 (제22회)	한밭국악회	대전	판소리, 무용, 기악, 풍물	대1, 장2
9	서편제보성소리축제 전국판소리 · 고수경연대회 (제22회)	보성군/보성소리 축제추진위원회	전남 보성	판소리, 고법	대1, 장2
10	인동초국악대전 (19회)	장흥군/판소리고법 보존회	전남 장흥	판소리, 고법, 기악, 무용	대 1, 총 1, 장 2
11	공주박동진판소리명창 ·	박동진판소리선양회	충남 공주	판소리, 고법	대1, 총1,

번호	대회명	주최 주관	개최지	경연 종목	시상 내역
	명고대회 (제18회)				장1
12	명창박록주전국국악대전 (제17회)	박록주기념사업회	경북 구미	판소리, 기악(관악, 현악), 무용, 사물놀이	대1, 총1, 장1
13	전국국악대전(서울) (제15회)	국악협회	서울	판소리, 기악, 무용	대1, 장4
14	전국고수대회 (전북)(제37회)	국악협회 전북지회	전북 전주	고법	대1, 총1, 장1
15	땅끝해남전국국악경연대회 (제26회)	국악협회 해남지부	전남 해남	고법	대1, 장2

☐대 : 대통령상, 총 : 국무총리상, 장 : 장관상

판소리 부문 명창부 장원에게 대통령상을 수여하는 대회와 각 종목별 장원자들이 경합하여 최고 점수를 획득한 장원자에게 대통령상을 수여하는 종합대회가 혼재되어 있는데, 전체적으로 볼 때 일년에 판소리 명창에게 수여되는 대통령상의 숫자가 많은 것은 사실이다. 대회 최고 무총리상 이상의 상격을 보유하고 있다가 장관상 이하로 상격이 낮아진 사례도 있다. 전국전통공연예술경연대회(26회), 국창권삼득선생추모전 국국악대제전(19회), 영광법성포단오제 전국숲쟁이국악경연대회(17회), 전국판소리 경연 대회(23회) 등이 이에 해당한다. 이는 현실적인 어려움이 있음에도 불구하고 문광부에서 전문가들의 평가 결과에 기반하여 경연대회의 상격을 조정해 온 결과라 할 수 있다. 기본적으로 경연대회가 지나치게 많으며 한해에 배출되는 대통령상 수상자 또한 많다는 지적은 진작부터 제기되어 왔던바, 이러한 문제는 여전히 유효하다고 할 수 있다.

앞에서 정리한 경연대회에 나타난 중요한 특징 가운데 하나는 역사성 내지는 전통성을 지닌 대회는 그리 많지 않은 대신, 근래에 생겨난 대회가 상당히 많다는 점이다. 40년 이상의 역사를 가진 대회는 춘향국악대전, 전주대사습놀이전국대회, 전국난계국악경연대회 등 3개에 불과하다. 지방자치제의 시행과 더불어 각 지역마다 지역의 고유한 문화를 부각시키고 이를 상품화하려는 노력이 강하게 나타나고 있는데, 경연대회가 많아진 현상 또한 이러한 맥락에서 이해할 수 있겠다. 지역명이나 권삼득·임방울·박록주·박동진 등 해당 지역 출신 명창으로 대회 명칭을 삼은 사실 또한 그 점을 잘 보여주고 있다. 국악협회, 문화원과 사단법인 및 협회·보존회 등이 경연대회를 주최했다 하더라도 실제 운영과정에 있어서는 각 지역의 자치단체와의 연계가 매우 긴밀한 것이 일반적이다. 특히 이 가운데 임방울 국악제는 판소리문화유산이 비교적 풍부하게 전승되고 있는 광주의 문화적 배경을 기반으로 하면서 적극적인 정치적·행정적 지원에 힘입어 광주지역의 대표적인 판소리 축제로 자리잡아나가고 있다.

여러 종목에 걸쳐 기량을 겨루는 종합대회의 성격을 지닌 대회가 많다는 점도 주목할만한 특징으로 들 수 있다. 명고를 선발하는 전국고수대회와 해남전국고수대회, 그리고 판소리 명창과 명고를 선발하는 서편제보성소리축제전국판소리·고수경연대회와 공주박동진판소리명창·명고대회를 제외하면, 나머지 경연대회는 모두 여러 종목에 걸쳐 기량을 겨루는 종합대회의 성격을 지니고 있다. '국악제' 혹은 '국악대전' 등이 대회 명칭에 들어 있어 이름만 보아도 그 대체적인 성격을 알 수 있다. 그런데 이러한 종합대회는 처음부터 종합대회로 시작한 경우와 종목의 확대를 통해 규모를 키운 경우로 대별된다. 또한 종목별로 수상하는 경우와 종목별로 최고의 평가를 받은 참가자들 가운데 한 사람을 선발하여 대상을 수여하는 경우로도 나누어진다.

경연대회는 기본적으로 지역축제의 일환으로 치루어지는 것이 대부분이다. 특히 춘향국악대전, 전국난계국악경연대회, 서편제보성소리축제전국판소리·고수경연대회 등은 해당 지역의 축제 기간 중 축제종목의 하나로 진행되고 있다. 설령 축제와 연계되지 않은 채, 독자적으로 경연대회가 진행되는 경우라 하더라도 그 자체가 해당 지역의 축제로 자리매김 되고 있다는 점에 주목할 필요가 있는 것이다. 그러나 지역에 따라 편차가 있지만, 지역민의 자발적 참여 내지는 적극적인 관심 속에서 행사가 진행되기보다는 주최측이나 대회참가자들 중심으로 행사가 진행되어 가는 현상이 노정된다.

2) 문제점

경연대회가 본래 축제적 성격을 강하게 지니고 있었지만, 점차 그러한 요소가 탈색되고 명창의 등용문으로서의 의미만이 강조되는 방향으로 진행되어왔음을 살펴 보았다. 대회에 따라 경중의 차이는 있지만, '경연' 자체만이 강조될 뿐 청중과 소통하는 '판'의 정신이 중시되지 않는 점은 앞으로 경연대회에서 극복해야 할 중요한 과제라고 생각한다. 경연대회가 참가자들간의 단순한 기량겨루기로서의 장이 아닌 지역민들과 함께 하는 진정한 축제의 장으로 거듭 나기 위해서는, 무엇보다도 현재 행해지고 있는 경연대회의 문제점이 무엇인지 먼저 진단해 보는 것이 필요하다.

첫째, 경연대회 정체성의 모호성 문제. 종목이 확대되고 덩치를 키우면서 대회의 정체성이 모호해져 가는 문제가 심각해졌다. 앞에서 살펴 본 전주대사습놀이 전국대회와 춘향국악대전의 경우에서 이러한 현상을 확인해 볼 수 있다. 모두 경연의 종목을 확대하다 보니, 오늘날 어느 대회가 더 권위가 있는가 하는 문제만 남게 되고 전주대사습놀이 전국대회와 춘향국악대전의 변별성은 무엇인지 잘 알 수 없게 되어 버린 것이다. 단일 종목 중심의 경연대회를 제외하고 이른바 종합대회의 성격을 지닌 경우, 기본적으로 이러한 문제에서 자유롭지 못한 점이 있다. 요컨대, 지역축제로서의 성격을 강화하고, 해당 지역의 역사적, 문화적 요소를 반영하여 경연대회의 정체성을 정립하는 것이 매우 중요한 과제인 것이다.

둘째, 대통령상의 과다 수여 문제. 만일 여러 종목이 겨루는 종합대회에서 모두 판소리 부문 참가자가 장원을 한다고 가정하면, 한 해에 최고 9명의 대통령상 수상자가 배출될 수 있는 것이 현실이다. 아무리 판소리 실기인의 저변이 넓다 해도 이는 지나치게 많은 수치임에 틀림없다. 대통령상 수상자가 많아지면 참가자의 질적 수준이 낮아지고 궁극적으로는 상의 권위도 약화될 것이다. 사정이 이러함에도 불구하고, 대통령상의 숫자는 갈수록 늘어나고 있는 실정이다. 박동진 판소리명창 명고대회, 명창 박록주기념 전국국악대전, 서편제 보성소리축제 전국판소리경연대회의 경우, 2006년도에 국무총리상에서 대통령상으로 상격이 승격되었다. 경연대회의 수준을 높이고 나아가 참가자의 기량을 향상시키기 위해서는 대통령상의 숫자를 줄이는 방향으로 나아가는 것이 바람직함에도 불구하고, 이와 같이 상의 숫자가 늘어나는 이유는 지역 이기주의와 해당 부서의 안이한 상황 인식에서 비롯된 것이다. 대회가 열리는 지역의 입장에서는 상격을 높이는 일이 곧 지역의 위상을 높이는 일이라고 판단할 수 있다. 그렇지만 대회의 상격을 결정하는 데 큰 역할을 하는 행정안전부나 문화체육관광부는 지역의 입장만 고려해서 요구 조건을 부차별적으로 승인해서는 안 된다. 대회 운영과 관련된 평가 자료를 근거로 하여 좋은 점수를 받은 대회는 상격을 높여 주고 그렇지 못한 대회는 상격을 낮추는 식의 경쟁시스템을 도입하는 것이 필요하다.

셋째, 심사의 공정성 확보 문제. 명창을 가리는 경연대회의 속성상 심사의 공정성, 객관성을 확보하는 일은 대회의 성패를 가늠할 정도로 중요하다. 그리고 이는 결국 심사위원 구성을 어떻게 할 것인가 하는 문제와 직결되어 있다. 최고의 권위를 자랑하는 전주대사습놀이 전국대회의 경우, 2017년 장원자에게 주어지는 최고 상격인 대통령상을 박탈 당했던 직접적인 이유는 심사자 피심사자 사이에 오간 금품 수수 문제가 불거졌던 데서 기인한 것이다. 그러니까 경연대회의 성패를 좌우할 만큼 중요한 문제가 바로 심사의 공정성을 어떻게 담보할 것인가에 관한 것이라 할 수 있다. 예술을 평가하는 행위에 어느 정도의 주관성은 피할 수 없는 것이다. 미적 판단을 동반하는 것이기 때문이다. 솔직히 말한다면 주관성이 오히려 심사의 본질이며, 문제는 주관성을 얼마나 보편적 공감을 얻을 수 있는 잣대로 드러냈는가 하는 데 있을 것이다. 이는 심사위원 수를 늘린다고 해서 해결될 수 있는 성질의 것은 아니라는 말이다. 심사위원이 많을수록 공정성이 담보된다면, 9명이 아니라 예산이 허용하는 범위 안에서 더 확대해야 하는 것인가? 명창이 심사위원의 중심에 서야 하는 것은 이치상 맞다. 실제로 대부분의 경연대회 심사위원구성을 보아도 그러하다. 연구자 혹은 이론가가 한 명 정도 참여하고 있으며(구색 갖추기처럼 보이기도 한다) 나머지는 명창들이다. 그런데 실기인과 이론가는 심사위원으로서 일장일단을 가지고 있다. 실기인은 직접 판소리를 할 줄 알기 때문에 소리꾼의 실기 능력을 평가할 수 있는 안목을 지니고 있다는 점에서 장점이 있다. 그렇지만 도제식으로 전승되는 판소리의 속성상 심사위원과 참가자 사이에 사승관계가 형성되어 있거나 혹은 긴밀한 인간관계가 구축되어 있는 경우가 많다. 심사위원이라면 어느 경우든 그야말로 공평무사하게 참가자의 기량만을 고려하여 순위를 매기는 것이 마땅한데, 심사자와 참가자 사이에 직간접적인 인간관계가 형성되어 있을 경우 심사의 공정성을 담보하기가 쉽지 않게 되는 것이다. '소리를 잘 아는 것'과 '공정하게 심사하는 것'이 언제나 일치하는 것은 아니라는 말이다. 판소리 이론가는 실기인 만큼 소리 속을 알지 못한다는 점이 약점이라고 할 수 있다.[13] 그렇지만 이해관계의 측면에서는 실기인보다 상대적으로 자유롭기 때문에 자신이 느낀 대로 솔직하게 평가할 가능성이 높다는 점이 장점이다.

기량의 평가 기준을 어떻게 설정할 것인가 하는 문제도 생각보다 간단하지 않다. 대회를 주관하는 부서에서 심사 기준을 제시하는 것이 일반적이기는 하다. 가령, 100점 만점으로 채점할 경우, 공력(20점), 성음(20점), 발림(20점), 사설(20점), 장단(20점)으로 세분하여 심사 지침을 제시한다. 그런데 실제 심사과정에서 이를 적용하는 사례는 거의 없으며, 각자의 주관적 판단에 따라 총체적으로 평가하는 것이 대부분이다. 물론 평가 항목을 세분하는 것이 반드시 바람직한 것은 아니다. 문제는 보다 근본적인 데 있다고 생각한다. 예를 들어, 성음을 평가할 때 어떤 성음을 높게 평가할 것인가 하는 문제에 대해 심사위원들이 논의하고 어떤 합의점을 도출해 낼 필요가 있는데, 그러한 객관적인 심사 기준이 마련되어 있지 않은 상태에서 심사가 이루어진다는 점이 문제인 것이다. 흔히 판소리는 통성으로 해야 한다고 말한다. 그런데 과연 통성이란 무엇인가 하는 데 대해서는 합의된 의견이 제출된 바 없다. 그렇기 때문에 심사위원 개개인의 미적 취향이나 안목에 전적으로 의지하여 심사가 이루어질 수밖에 없으며, 대회가 끝나고 나면 심사 결과를 두고 시비를 벌이는 일이 생기기도 하는 것이다.[14]

---

13 이론가가 심사에 참여할 경우, "판소리에 대해 얼마나 안다고" 하는 식의 반응을 보이는 실기인들이 많이 있다. 이러한 반응이 일면적 진실을 담고 있는 것은 사실이나, 정당한 비판이라고 생각하지는 않는다. 이론가는 아마추어적 입장에서 일반 청중의 취향을 대변하는 측면이 있으며, 자신이 느끼는 대로 정직하게 평가하려는 열망이 상대적으로 강하기 때문이다.

14 예술에 대한 심사는 기본적으로 미적 취향과 관련되어 있고 그렇기 때문에 모든 사람이 동의할 수 있는 객관적인 심사는 원천적으로 불가능한 측면이 있는 것도 사실이다. 그렇다 하더라도 공정성과 객관

전술한 바 있듯이, 이론가 혹은 연구자가 심사위원으로 참여한다 해도 그 비중이 매우 낮으며, 기본적으로는 명창 중심으로 심사위원이 구성되는 경우가 일반적이다. 소리의 달인들이 심사의 중심에 있는데도, 심사 결과와 관련하여 시끄러운 논란이 생기는 경우가 허다하다. 누가 봐도 압도적인 실력을 갖추고 있어서 99점을 받을 수밖에 없는 경연 참가자를 제외하면, 심사위원들 사이에 점수 편차가 생길 여지가 많다. 그 이유는 여러 가지다. 명창은 고도의 전문성과 자기만의 확실한 예술적 지향을 지니고 있다. 그렇기 때문에 심사위원의 예술적 지향 혹은 취향에 따라 점수의 편차가 생길 가능성이 있는데, 이는 사실 경연 심사가 안고 있는 숙명과도 같은 것이다. 문제는 이해관계나 권력관계 혹은 인정주의 등에 의해 심사의 공정성을 해치는 담합행위 등이 행해지는 경우이다. 이는 예술적 지향의 문제가 아니라 윤리의 문제에 속한다. 아무리 심사의 공정성을 담보하기 위한 제도적 장치(심사회피제도, 최저 최고점 제외, 점수 현장 공개 등)를 마련한다 해도 심사위원의 철저한 윤리의식이 뒷받침되지 않으면 잡음은 사라지지 않을 것이다. 그렇다고 해서 그동안 담보되지 않은 윤리의식이 하루아침에 높아지기를 기대하기도 난망한 일이다. 윤리의식을 강조하는 것이 다소 관념적인 측면이 있다는 사실을 모르는 바 아니나, 심사의 공정성을 해치는 행위가 결국은 제 살 깎아 먹는 것이고 공멸하는 길이라는 사실을 국악인 모두가 공유할 필요가 있다고 본다. 나아가 심사위원들은 심사의 근거(특히 감점 요인이 되는 근거)를 반드시 기재한 후 점수를 부과하도록 하는 것도 심사의 공정성을 담보하는 데 도움이 될 수 있을 것이다.

심사의 공정성을 높이고 나아가 경연대회의 축제성을 살리기 위해, 청중이 심사과정에 참여할 수 있는 방안 또한 적극적으로 모색할 필요가 있다. 물론 귀명창이 사라진 시대에 청중의 안목을 신뢰하기 어렵다는 근본적인 문제가 있을 수 있다. 그렇지만 아마추어적 감식안이 전혀 무의미한 것이라고 생각하지는 않는다. 청중의 취향은 시대, 지역, 연령층 등에 따라 다양하게 존재할 수 있다. 판소리가 살아있는 예술이

성을 담보할 수 있도록 심사 방식을 보완해 나가는 작업은 지속적으로 이루어질 필요가 있다.

되기 위해서는 당대성, 대중성을 확보해야 하는데, 그러기 위해서라도 아마추어 감각을 지니고 있는 일반 청중의 반응에 귀 기울일 필요가 있다고 본다. 따라서 상징적으로라도 청중의 평가가 심사에 반영될 수 있는 장치가 마련된다면, 경연대회가 '그들만의 대회'가 아닌 함께 즐기는 대회로 나아가는 데 일조할 것이라고 생각한다. 이러한 점에서 2017년 전주대사습놀이 전국대회 명창부 심사에 청중평가단 제도가 도입된 것은 여러 가지 의미를 함축하고 있다. 청중평가단 제도는 기본적으로 기존의 심사제도에서 지속적으로 노정되어 온 공정성 시비를 조금이라도 줄이고자 한 의도를 담고 있다. 청중을 단순히 수동적 존재로 인식하지 않고 행사 진행의 한 축으로 수용한 것은 전주대사습놀이의 전통성을 회복하는 의미도 담고 있다는 점에서 긍정적으로 평가할 수 있다. 다만 청중평가단의 비중을 30%로 설정했는바, 그 비중이 적절한가의 여부에 대해서는 다각도로 점검해 볼 필요가 있다. 중목소시衆目所視라는 말이 있듯이, 청중평가단 제도를 도입한 것은 그 자체로 심사위원들에게 심사의 공정성을 촉구하는 의미를 담고 있다. 청중평가단을 도입하는 데 있어, 상징적 의미를 부여하는 데 머물 것인가 아니면 실질적으로 심사 결과에 영향을 줄 수 있을 정도로 비중을 둘 것인가 하는 문제에 대해 심도 있는 논의가 있어야 할 것이다.

넷째, 경연공간의 문제. 광한루원에 야외 무대를 가설하여 치루는 남원 춘향국악대전을 제외한 대부분의 경연대회는 실내 극장에서 이루어진다. 게다가 방송국에서 중계를 하는 대회의 경우, 조명이나 무대 장치 등의 문제 때문에 객석과 무대의 거리는 더욱 멀어지게 된다.

4. 소통하는 '판'으로서의 새판소리 축제의 실천적 모색과 과제

'경연'과 '축제'가 병존하는 것이 바람직함에도 불구하고 실제로는 분리되는 방향으로 진행되어 온 것이 현실이다. 소리꾼에게는 경연대회가 명창의 반열에 오르기 위해서 반드시 거쳐야 하는 통과의례로서의 의미를 지니게 된 반면, 청중층은 경연의 진행 과정에 참여할 수 있는 통로가 축소되면서 수동적인 존재로 전락해 온 것이다. 판소리가 워낙 전문화된 예술이다 보니, 소리꾼의 입장에서는 잘 짜여진 소리를 부르는 데 관심을 집중하고, 청중의 입장에서는 소리꾼의 개성적인 특장이 발휘되는 대목에서 판소리의 묘미를 음미하는 데 보다 많은 관심을 갖는 경향이 일반화되고 있는 것 같다. 물론 추임새를 통해 청중이 판에 참여하는 것이 가능하지만, 대부분의 판소리 공연의 핵심 포인트는 '감상'에 있다고 해도 과언이 아닌 것이 현실이다.

이러한 상황에서, 청중과 소통하는 '판'을 중시하고 판소리에 우리 시대의 문제를 담아내어 표현하고자 하는 시도가 있었던바, "또랑광대 콘테스트"가 그 대표적인 예이다. 2001년 전주 전통한옥마을에서 있었던 전주산조예술축제의 일환으로 "또랑깡대 콘테스트"가 열렸던 것이다. 정형화되어 가는 오늘날의 소리판에 대해 문제의식을 지니고 있던 비교적 젊은 소리꾼들이 다양한 갈래와 방식으로 동시대의 모습을 소리에 담아 표현하고자 판을 벌린 것인데, 흥미로운 점은 그 '판'이 '콘테스트' 즉, 경연대회의 형식을 취하였다는 사실이다. 잔치 분위기 속에서 소리꾼과 청중의 넘나듦이 가능한 놀이 공간으로서의 축제판을 벌리지 않고 경연의 방식을 취한 까닭은, 참가자들 간의 경쟁이 청중들의 흥미를 유발하는 데 효과적이며 참가자들 또한 경쟁의 방식 속에서 자신의 최선의 기량을 발휘할 수 있다는 점을 중시했기 때문으로 생각된다. 물론 판이 벌어진 공간이 폐쇄적인 극장이 아니라 마당과 마루가 있는 가옥이었기 때문에 청중이 판에 참여하는 것이 용이하였다는 점, 관객이 심사과정에 참여할 수 있었던 점, 경연과정에서 청중들은 음식 등을 먹으며 잔치분위기를 즐길 수 있었다는 점 등에서, 기존의 경연대회와는 본질을 달리하는 측면이 있다. 무엇보다도 예술적 기량도 중요하지만 참가자들이 새로이 개발한 작품이 청중들에게 얼마나 호응을 얻었는지 하는 점이 중요한 평가 항목이었다는 사실이 기존의 경연대회와 차별되는 큰 특징이라 할 수 있다. 그런데 아쉽게도 "전주산조예술제"는 2004년부터 열리지 못하고 있으며, "또랑광대 콘테스트" 또한 더 이상 이어지지 않고 있다. 아마도 경제력의 문제를 비롯하여 전주라는 지역적 조건과 외지 출신의 기획연출자간의 미묘한 갈등과 같은 내부적인 요인으로 인해 이러한 결과가 생겨난 것이 아닌가 한다.

또랑광대 콘테스트 이외에 창작판소리를 주제로 한 경연대회로 전주소리축제에서 시도했던 '창작판소리사습대회'가 있다. 그러나 이 대회는 현재 더 이상 지속되지 못하고 중단된 상태이다. 근본적인 이유는 아마도 새판소리를 창출할 수 있는 문화적 역량이 뒷받침되지 못하기 때문인 것으로 생각된다.

경연대회는 그 자체가 축제의 장이 될 수 있어야 한다. 참가자들에게는 기량을 향상시킬 수 있는 기회이며, 청중들에게는 판소리에 대한 안목을 키울 수 있는 기회이기 때문이다. 이는 결국 경연대회가 판소리문화의 저변을 넓히는 데 크게 기여할 수 있다는 것을 의미한다.

한편 전통판소리 뿐만 아니라 창작판소리를 주제로 한 경연대회의 활성화 방안에 대해서도 고민할 필요가 있다. 가장 손쉽게 생각해 볼 수 있는 것은 상금의 액수를 크게 늘려 참여자의 폭을 넓힐 수 있도록 하는 것이겠는데, 이는 필요조건은 되겠지만 충분조건은 되지 못할 것이다. 새판소리의 필요성에 대한 문제의식을 공유하고 이를 실천하려는 소리꾼들이 많아지고, 이를 뒷받침하는 향유층의 기반이 폭넓게 자리잡았을 때, 판소리는 시대를 호흡하는 생명력 있는 예술로 거듭날 것이다.

판소리의 교육현황과 발전방안

1. 판소리 교육에 주목하는 이유

판소리가 전통 공연예술에서 차지하는 위상은 매우 특별하다. 하층에서 출발해 전계층의 애호를 받은 유일한 민족예술 갈래라는 점, 가장 높은 수준의 예술성을 보여주는 갈래라는 점, 현재까지도 강한 전승력을 보이고 있으며 우리 문화를 대표하는 예술 갈래라는 점에서 그러하다.

오늘날 판소리는 제2의 부흥기를 맞이하고 있는 것처럼 보인다. 2001년에 지정된 종묘제례악에 이어 판소리가 두 번째 2003년 유네스코에서 지정하는 인류구전 및 무형유산 걸작으로 지정된 것은 판소리의 우수성을 세계적으로 입증 받은 명백한 증거이다. 판소리에 대한 사회적 관심이 증폭되고 있는 이러한 시점에서, 전통의 보존에 대한 강조가 지나친 나머지 정작 판소리 활성화 방안에 대한 모색이 소홀해지거나 실천적 노력이 방해를 받지 않을까 하는 우려가 제기될 수 있다. 지금이야말로 판소리의 활성화 방안을 마련하고 자생적 전승력을 확보하기 위한 실천적 작업을 모색해야 할 때라고 생각한다. 그러기 위해서는 무엇보다도 판소리 교육에 대한 관심의 제고가 절실히 요망된다. 판소리 교육은 '전승'과 직결되는 문제이기 때문이다.

　판소리 교육은 크게 이론 교육과 실기 교육으로 나누어 볼 수 있다. 판소리에 관한 제문제를 학문적으로 구명하는 작업이 이론 교육에 해당한다면, 판소리 연창 능력을 길러주는 제반 교육을 실기 교육이라 할 수 있다. 그동안 판소리 이론 교육과 연구는 주로 국문학 연구자들을 중심으로 이루어져왔는바, 그나마 판소리는 구비문학의 일부로서 인식되었을 뿐 독자적인 학문 영역을 확보하지는 못하였다. 판소리는 문학과 음악 그리고 연극의 요소를 모두 지니고 있는 공연예술인데, 문학적 관점에서의 교육과 연구가 중심을 이루었던 점도 그간의 판소리 교육과 연구가 안고 있는 특징이라 하겠다. 근래에 들어와 국악전공 학과가 생겨나고 국악연구자들이 배출되면서 음악적 관점에서의 판소리 교육과 연구도 과거에 비해 비교적 활발하게 이루어지고 있는데, 이는 판소리의 갈래적 속성에 비추어 볼 때 바람직한 현상이라 생각한다. 이글에서는 주로 실기 교육에 초점을 맞추어 현대 사회에서 이루어지고 있는 판소리 교육현황을 살펴보고 앞으로의 발전 방안을 모색해 보려고 한다.

2. 현대사회에서의 판소리 교육

　주지하듯이, 전통사회에서의 판소리 교육은 구전심수口傳心授의 방법으로 이루어졌다. 스승이 제자에게 소리를 가르칠 때 오늘날과 같이 "따복 따복 가르치는 법"이 없었으며, 경우에 따라서는 자신이 가진 기량을 온전히 제자에게 전수해 주지 않는 일까지 있었다. 이른바 스승의 표목을 따오는 '소리 도둑질'이 생겨난 것은 이 때문이었다. 소리에 대한 공력이 어느 정도 쌓인 후에는 '독공'으로 자가 학습을 하는 것이 일반적이었다. 정노식의 『조선창극사』에 보면, 명산대찰을 찾아다니며 폭포 밑에서 수년간 수련을 한 후 명창이 되었다는 등의 일화가 많이 전하는데, 이것이 바로 '독공'을 통한 수련과정에 관한 이야기인 것이다. 스승에게서 제자로 전수되는 일대일 학습과 자가 독공을 통한 수련과정 이외에 전통사회에서 판소리 교육을 위한 제도적 장치 같은 건 마련되어 있지 않았다. '피나는 수련'과 '반복적 학습'이야말로 전통사회에 있어서 판소리 교육의 핵심적 요체였다고 할 수 있다. 이는 문리文理를 터득할 때까지 반복적 암송을 강조했던 서당식 한문 교육의 원리와도 상통하는 것이라 할 수 있다. 그러나 오늘날 학교 한문 교육에서 반복적 암송만을 강조하는 대신 문법 원리에 입각하여 한문 독해력을 기르는 것과 마찬가지로, 학교 교육의 비중이 커지기 시작하면서 '피나는 수련'과 '반복적 학습'을 위주로 한 전통적인 방식으로만 판소리 교육이 이루어지기는 어려운 상황이 되었다. 그렇다 하더라도 구전심수를 통한 판소리 전승은 오늘날에도 매우 유효한 교육방식으로 자리잡고 있다.

　　현재 판소리 교육은 크게 세 가지 형태로 이루어지고 있다. (1) 학교에서의 판소리 교육, (2) 개인 교습 (3) 국악 관련 기관 주도의 판소리 강습교육이 그것이다. 그러면 각각의 항목에 따라 판소리 교육의 현황에 대해 살펴보기로 한다.

1) 학교에서의 판소리 교육

　　커리큘럼이 빈약하고 판소리 담당 전임교수가 턱없이 부족한 현 상황에 있어서 학교에서의 판소리 교육에 한계가 있음은 누구도 부인할 수 없는 명백한 사실이다. 그렇기 때문에 학교에서의 판소리 교육에 대한 극단적 회의의 시선을 보내는 것도 충분히 이해할만하다. 그렇지만 사회 전반에 걸쳐 제도교육의 비중이 갈수록 커지고 있고 일정한 교육과정을 거쳤을 때 부여되는 자격증의 필요성이 갈수록 높아지고 있는 현실에 비추어 볼 때, 판소리의 제도교육 역시도 그 의존도는 갈수록 높아지고 있다.

　　학교에서의 판소리 교육은 크게 초 · 중등교육과 대학교육으로 나누어 볼 수 있다. 초 · 중등과정에서의 판소리 교육은 판소리의 미래를 담당할 인재를 발굴 · 육성하고 판소리 향유층의 저변 확대를 가능하게 하는 하부 토대라는 점에서 중요한 의미를 지닌다. 현재 4개의 중학교[1]와 14개의 고등학교[2]에서 판소리를 전문적으로 교육하는 커

1　부산예술중학교, 서울국악예술중학교, 전주예술중학교, 국립국악중학교.

리큘럼을 갖추고 있는 바, 여기서 배출되는 학생은 미래의 전문소리꾼이라 할 수 있다. 그렇지만 판소리 향유층의 저변확대라는 측면에서 본다면, 특정 학교에서뿐만 아니라 일반 초·중등학교 교육과정에서도 판소리를 포함한 국악 전반에 대한 교육이 튼실하게 이루어졌을 때 그 효과는 엄청나게 극대화될 수 있다고 본다. 다만 그러한 교육을 담당할 수 있는 역량을 갖춘 교사가 뒷받침되지 못했다는 점이 현실적인 난점이었다. 그런데 2000년부터 문화관광부 지원사업의 일환으로 '국악강사 풀제'가 시행됨으로써, 판소리를 포함한 국악 교육의 내실을 기하고 나아가 국악인의 활동 공간을 넓혀주는 기폭제 역할을 수행하고 있다. 현직교사가 감당하기 어려운 국악교육을 국악전공자가 담당하게 함으로써 일석이조의 효과를 가져 오는 매우 획기적인 방안이라 할 수 있다. '국악강사 풀제'를 실시하는 목적이나 추진 계획, 기대효과 등은 이 제도의 지원부서인 문화관광부 보관문서에 상세히 제시되어 있는바, 다소 길지만 전문을 인용하여 그 구체적인 내용을 살펴보기로 한다.

1. 사업 개요

● 추진 배경

- 정규 음악교과 과정에서의 서양음악 편중교육 시정

- 제7차 교육과정 개편시 음악교과서의 국악비율이 상향(15∼20%→30∼40%)되었으나
  국악을 전공한 음악 교사가 거의 없는 교육 현실 보완

● 사업 목적

- 학교 국악교육의 내실화 및 국악 저변의 확대

- 국악 전문인력에 일자리 제공

● 사업 내용

---

2 국립국악고등학교, 국립전통예술고등학교, 전주예술고등학교, 부산예술고등학교, 계원예술고등학교, 울산예술고등학교, 대전예술고등학교, 충남예술고등학교, 김천예술고등학교, 경남예술고등학교, 남원국악예술고등학교, 광주예술고등학교, 전남예술고등학교, 한국전통문화고등학교.

- 국악 전공자 등 국악전문 인력을 학교에 파견, 국악이론 및 실기 지도
- 사업추진 절차
- 희망 학교의 신청(지방 교육청 경유) ⇒ 대상학교 선정 ⇒ 16개 시·도에 국고보조금
  교부(대상학교 통보) ⇒ 강사 선발 및 사전 교육 ⇒ 강사 파견

2. 추진계획 및 기대효과

□ 연도별 운영현황[3]

연도	05	06	07	08	09	10	11	12	13	14	15	16
강사수	1628	1431	1764	2243	3183	4156	4164	4263	4485	4735	4916	5106
학교수	3214	2445	3157	3689	4799	5436	5772	6531	7254	7809	8216	8776
수업시수	156048	169889	300000	395277	1032561	1130451	134390	1161081	1323506	1454483	1455206	1539092
수혜학생수	706656	782400	1010240	1180480	1535680	1739520	1847040	1900000	2200000	2550000	2660000	2870000

□ 2016년 지역별 지원현황[4]

지역	프로그램 수	학교 수	수업시수	강사 수
서울	1,299	1,108	223,939	865
부산	623	522	95,217	367
대구	524	317	51,673	210
광주	545	268	58,320	232
인천	431	373	57,193	188
대전	390	242	49,127	197
울산	384	183	51,576	149
세종	103	55	14,445	27
경기	1,433	1,395	169,922	561
강원	735	497	79,635	227

---

3   김광중, 위의 글, 34쪽.
4   김광중, 앞의 글, 37쪽.

지역	프로그램 수	학교 수	수업시수	강사 수
충북	548	370	73,760	232
충남	847	555	113,471	245
전북	963	607	120,030	392
전남	960	670	113,166	360
경북	1,124	674	127,148	365
경남	959	784	105,142	317
제주	300	157	35,328	113
계	12,168	8,777	1,539,092	5,047

□ 채용개요[5]

1) 채용기간

• 사업기간 : 2018년 3월~12월

• 채용기간 : 상기 사업기간 중 최초 출강일부터 최종 출강일까지

※ 배치된 학교의 교육계획 및 교육과정에 따라 강사별 채용기간은 상이함

2) 근로조건

• 신 분 : 기간제 단시간 근로자 (연 10개월 이하)

• 보 수 : 연간 배정시수에 따라 지급하며 연간 최대 476시수 이내 (1시수당 43,000원)[6]

※ 단,「도서벽지교육진흥법」대상학교에 출강하는 경우 도서벽지수당 10,000원 추가
   지급

※ 원거리 교통비는 별도 기준에 의거하여 지원

• 3대보험 적용 : 고용보험, 산재보험, 국민연금

---

5 (사)한국국악협회 경기도지회,「2018 학교 예술강사 지원사업 경기 〈국악분야 강사모집 공고〉」, 2017,
   6쪽.
6 2000년 35,000원으로 시작한 예술강사의 강사료는 2004년~2016년에 40,000원, 2017년부터 43,000원으
   로 인상됐다. 김광중, 앞의 글, 24쪽.

3) 근무장소

- 전국 초·중·고등학교, 특수학교, 대안학교 등

 ※ 신청 지역 내 학교 배치 원칙이나, 지역별 수요 등에 따라 타지역으로 배치될 수
  있음

 ※ 학교에 종일 근무하는 것은 아니며 정해진 수업시간에 수업 진행

4) 담당업무

- 배치된 학교의 교육과정에 준한 교육계획 수립 및 분야별 예술교육 실시

 ※ 분야 : 국악

 ※ 수업 : 기본(선택)교과, 창의적 체험활동, 토요 동아리, 초등학교 돌봄교실

□ 기대효과
- 정규 교육과정에서의 국악교육 내실화 및 문화정체성 함양
- 국악인(국악관련학과 졸업생, 무형문화재 기능보유자 등) 취업기회 제공

3. 문제점 및 대책
- 학교 국악 교육의 정상화를 위해서는 정규 교과과정에서 국악교육이 실시되어야 하므로
 교육대, 사범대의 국악 이수학점 증설, 국악 교수 확보, 교사 임용시 국악시험의 강화
 등으로 국악 전문 교사를 양성하여 각급 학교에 배치하는 것이 바람직함.

 이미 정책 수립과정에서 지적되고 있는 사항이지만, 초·중등학교에서의 국악교육
이 제대로 이루어지기 위해서는 정규교과과정이 마련되고 이를 담당할 수 있는 정규
교사가 확보되어야 한다. 이런 점에서 볼 때, 국악강사풀제는 어디까지나 그러한 여
건이 마련될 때까지 운용되는 한시적인 제도인 셈이다.

 국악강사 파견분야는 사물놀이, 민요, 가야금병창, 가야금, 판소리, 대금(단소), 전통
무용(춤) 등 국악 전반에 걸쳐 있다. 현재 국악강사 풀제는 각 학교의 재량에 따라 선

택적으로 운용하도록 되어 있지만, 앞으로 이 제도를 수용하는 학교가 늘어나고 이에 따라 국악강사로 활동하는 소리꾼도 증가할 것으로 전망된다. 사업 목적에 제시되어 있는 것처럼, 애초 제시한 제도의 취지를 잘 살려 국악 강사 풀제를 운영해 나간다면 국악전공자의 활동공간을 넓혀줄 뿐만 아니라 판소리를 포함한 국악의 보급·전승· 활성화에 기여하는 바가 매우 클 것으로 기대된다.

'국악강사 풀제'는 2006년 명칭이 '예술강사 지원사업'으로 변경되었는바, 국악, 연극, 영화, 무용, 만화애니메이션, 공예, 사진, 디자인 총 8개 분야 영역으로 확대되어 시행되고 있다.[7] 그런데 여러 영역 가운데서도 국악강사 분야의 비중이 가장 크다.

대학에서의 판소리 교육은 커리큘럼을 구비한 제도교육으로서의 장점을 지니고 있기 때문에, 판소리 전승에 있어서 매우 중요한 몫을 담당하고 있다. 현재 국악 관련학과가 설치되어 있는 대학은 모두 18개교이다.[8] 여기서는 이 가운데 한국종합예술학교와 전남대를 논의의 중심으로 삼아, 대학에 있어서의 판소리 교육의 실제를 검토해 보고자 한다. 한국종합예술학교와 전남대는 다른 대학에 비해 판소리 교육에 관한 한 상대적으로 비교 우위에 있다. 그런 점에서 두 학교에서 운용되고 있는 판소리 교육 커리큘럼은 대학에서의 판소리 교육이 어떻게 이루어지고 있는지를 잘 보여주는 사례라고 할 수 있다.

한국종합예술학교는 "창조적 전업예술가를 육성하기 위한 실기 및 프로덕션 능력을 배양하는 전문교육을 실시하고 예술생산 능력을 전문적으로 교육"하는 것을 목표로 삼고 있다. 그렇기 때문에 모든 교과과정이 학생들의 전공생산능력의 향상을 위해 편성되어 있으며, 주입식 강의는 가능한 지양하고 1대1레슨, 그룹별 토론, 전공별 워크샵, 공동제작, 현장실습 등 실기·프로덕션 중심으로 운영하고 있다. 현재 학년별로

---

7 '예술강사지원사업'에 대해서는 다음 논문에서 다룬 바 있다.
   김광중, 「예술강사의 고용 개선방안에 관한 연구 - 학교예술강사지원사업 중심으로」, 중앙대 예술대학원 석사학위논문, 2017.
8 경북대, 단국대, 목원대, 부산대, 서울대, 서울예대, 수원대, 영남대, 원광대, 용인대, 이화여대, 전남대, 전북대, 중앙대, 청주대, 추계예대, 한국종합예술학교, 한양대 등. 우석대 국악과는 폐과되었다.

설정되어 있는 예술사과정 커리큘럼은 다음과 같다.

2017년 한국예술종합학교 교과목
◇ 1학년
전공필수 : 판소리전공실기, 종합성악실기, 서양음악기초이론1·2, 무대현장실습1·2, 전
　　　　통음악개론1·2, 시창청음1·2, 전통극연기실습1, 장단실기1·2
전공선택 : 연기실습2, 관악합주1·2, 실내악합주1·2, 기초악기실기1·2·3

◇ 2학년
전공필수 : 판소리전공실기, 종합성악실기, 전통예술영어1·2, 대학한문1·2, 무대현장실
　　　　습3·4, 성악이론연구1·2, 시창청음3·4, 전통극연기실습3·4
전공선택 : 합창1·2, 기악실습1·2, 기초악기실기3·4, 무가실습1·2, 관악합주3·4, 장
　　　　단실기3·4, 전통무용실습1, 연기실습4

◇ 3학년
전공필수 : 판소리전공실기, 종합성악실기, 무대현장실습5·6, 기악실습3·4, 기보 및 채보
　　　　1·2, 한국음악사1·2, 창작음악합주5
전공선택 : 전통문화매체와콘텐츠1·2, 고법실기1·2, 무가실습3·4, 작·편곡실습1·2

◇ 4학년
전공필수 : 무대현장실습7·8, 전통음악분석1·2, 창작음악합주7
전공선택 : 작·편곡실습3·4, 지휘법기초실습1·2, 단소실기1·2

▶ 노랫말연구 : 판소리 및 경기, 서도, 정가의 노랫말을 풀이하는 수업.
▶ 극음악실습 : 처음 취지는 연극적인 요소와 더불어 소리를 표현하는 법 등을 배우고 있
　　　　　　었으나 안숙선 선생님에서 정회석 선생님으로 바뀐 뒤 수업 방식이 달라

짐. 판소리안의 우조, 평조, 계면조의 구분 등을 세밀하게 분석.

▶ 전공실기(성창순, 송순섭, 정회석) : 2년 안에 두바탕씩을 배우고 졸업할 때 3바탕 정도
를 완창할 수 있어야 한다.

한국종합예술학교에서의 판소리 교육은 학교 설립 취지에 잘 나타나 있는 바와 같이, 그야말로 전문 실기인을 양성하는 데 초점을 맞추어 커리큘럼을 운용하고 있다. 2015년에 판소리 전공 채수정이 안숙선 명창의 후임으로 교수로 임용되어 판소리를 비롯한 성악 교육 분야를 담당하고 있다.

전남대는 우리나라에서 처음으로 판소리 전임교수를 충원하여[9] 본격적인 판소리 교육이 이루어질 수 있는 단초를 마련했다. 국악과 커리큘럼은 크게 국악성악전공, 국악기악전공, 국악작곡이론전공으로 구성되어 있는데, 이 가운데 판소리 관련 과목을 제시하면 다음과 같다.

2017년 전남대학교 교과목
◇1학년 : 국악성악전공실기1 · 2, 국악합창1 · 2, 창극연구1 · 2, 제2실기1 · 2, 시창청음
1 · 2, 장구반주법1 · 2, 양악이론, 국악감상및비평1 · 2, 서양음악사
◇2학년 : 음악교육론, 국악개론1, 국악성악전공실기3 · 4, 국악합창3 · 4, 창극연구3 · 4,
제2실기3 · 4, 장구반주법3 · 4, 국악감 및비평3 · 4, 민속음악론1 · 2, 화성법및
대위법1 · 2, 아시아의 음악1 · 2, 국악사1 · 2, 채보1 · 2, 국악분석1 · 2, 국악교
육론, 국악개론2, 국악교수학습프로그램개발
◇3학년 : 피아노반주법1 · 2, 아악연구1 · 2, 판소리연구1 · 2, 국악교육교재 · 교구개발및
활용, 국악성악전공실기5 · 6, 국악합창및세미나5 · 6, 창극연구5 · 6, 기악및성

---

9 강도근, 조상현, 성창순 명창 등으로부터 사사 받고 용인대에서 석사학위를 취득한 전인삼 명창이
2001년 1학기에 전임 교수로 부임했다. 실기인 출신 교수로는, 현재 전인삼 교수 외에, 중앙대 한승석
교수, 한양대 조주선 교수, 한예종 채수정 교수가 있다.

악실습1·2(민요), 국악과컴퓨터1·2, 기획·제작및시피아노반주법3·4, 산조
연구1·2, 지휘법, 국악성악전공실기7·8, 국악합창및세미나7·8, 창극연구
7·8, 독보실습1, 기악및성악실습3·4(단소), 민속예능론1, 문화현장실습, 음악
학연구

◇4학년(2010년 수업) : 창극연구7·8, 국악연주7·8, 국악합창7·8, *기악 및 성악실습
7·8(단소), 독보실습1·2, 국악분석1·2, 산조연구1·2, 지휘법, 국악기론및실
습1·2, 국악문헌, 창작음악연구1·2, 국악교육론, 공연기획론, 제2실기7·8, 클
래스피아노7·8, 무속음악연구, 민속예능론, 민족음악학, 음악학연구, 음악미학

▶국악성악전공실기 : 1학년~3학년은 전승 5가를 중심으로 학습하며, 4학년은 실전 7가
를 중심으로 하여 창작판소리를 학습.

▶창극 연구 : 1학년~4학년. 연기, 무용 등 학습.

▶국악합창 : 가곡, 가사, 시조, 잡가, 신곡 등 학습.

▶국악연주 : 실연, 무대매너 등 무대공연에 필요한 기예 학습.

▶판소리 연구 : 이론 중심으로 학습.

▶인접과목 : 한국음악사, 국악교육론

현재 전남대 국악과에 재학하고 있는 판소리 전공자와 가야금 병창 전공자를 합쳐
40여명이 된다. 전공 학생이 60여명이나 되었던 10년 전에 비하면 그 수가 다소 줄었
다고 할 수 있다. 전임교수로 재직하고 있는 전인삼 명창 이외에, 판소리 교육을 담당
하고 있는 강사는 이전에 비해 연배가 많이 젊어졌는데, 주소연·소민영·방윤수·
염경애·김주희 명창 등이 판소리 전공 수업을 강의하고 있다. 가야금 병창 교육은
황승옥·하선영 선생, 장단론은 윤호세·권은경 선생, 민요는 송은주 명창이 담당하
고 있다. 그리고 연기는 이진숙 선생, 무용은 최지선 선생이 담당하고 있다. 소리 학
습뿐만 아니라 무대에서 써먹을 수 있는 실제적인 연기지도까지 학습 목표로 설정하
고 있다는 점 등이 특징적이라 할 수 있다.

전인삼 교수는 창작판소리의 중요성을 인식하고 교과 과정에 이를 포함시켰으나, 몇 년 전에 폐지했다. 창작판소리 대신 '판소리 합창'을 시도하고 있는데, 이는 전통 판소리뿐만 아니라 서양식 화음을 중시한 공연 방식이다. 한 사람의 소리꾼이 부르는 전통적인 판소리 공연 방식에 비해, '판소리 합창'은 동시대 청중들과의 교감을 확장할 수 있는 장점이 있다는 점에서 양식화의 가능성도 있다고 할 수 있다. 요컨대, 전남대 국악과 판소리 관련 커리큘럼은 실기에 중점을 두면서도 이론 교육에도 소홀함이 없이 잘 짜여져 있다는 점에서 모범적이라 할만하다.

2) 개인 교습

학교 교육 이외에 판소리 교육의 중요한 몫을 담당하고 있는 것이 바로 '개인 교습'에 의한 판소리 전수이다. 현재 전국에 분포되어 있는 국악교습소는 약 500여 곳에 이르며, 판소리 전수소(연구소)라는 이름을 지닌 교습소는 약 100여 개에 이른다. 판소리는 짧은 시일 안에 습득될 수 있는 갈래가 아니다. 상당한 공력을 들여서야 겨우 소리꾼의 반열에 올라 설 수 있다. 판소리의 이러한 속성에 비추어 볼 때, 커리큘럼이 제대로 갖추어져 있지 않고 판소리 전임교수가 충분히 확보되어 있지 않은 상황에서 학교 교육에서의 판소리 교육은 한계를 가질 수밖에 없다. 현재 젊은 소리꾼들은 국악전공학과에 재학하면서도 별도의 개인교습을 통해 판소리를 학습하기 때문에, 판소리의 실질적인 전수는 개인교습을 통해 이루어진다. 대학에서의 판소리교육과 개인교습의 연계성 문제를 충분히 검토해 보아야 하는 이유가 바로 여기에 있다.

사승관계를 절대시 하는 풍조가 약화되기는 했어도 여전히 법통을 중시하는 경향이 온존한 상황에서 개인교습을 통해 맺어진 사승관계는 스승이나 제자 모두에게 매우 중요한 의미를 지닌다. 개인교습을 통한 판소리 교육은 정도의 차이는 있겠으나 대략 다음과 같은 방식으로 이루어진다.

- 채보에 의한 학습이 아닌 구전심수의 방법으로 교육이 이루어진다.

- 스승은 "따복 따복 가르치며", 제자는 녹음기 등 기기를 이용하여 반복 학습한다.
- 1년에 1~2차례 '산공부'를 들어가는데 이 때 집중적으로 기량을 연마한다.

　판소리에 대한 채보가 가능하고 유의미한 작업인가에 대한 논란이 지속적으로 있어
왔지만, 개인 교습에 있어서는 구전심수라는 수공업적인 방법에 의한 교육이 여전히
가장 유력한 방식으로 자리 잡고 있다. 물론 같은 구전심수라 하더라도 그 구체적인
내용에 있어서는 전통사회에서의 구전심수와 오늘날의 그것과는 근본적인 차이가 있
다. 강도근 명창이 유성준 명창으로부터 소리를 배울 때 스승이 목침을 던졌다든가
담뱃불로 지졌다든가 하는 일화가 전해지는데, 이러한 이야기를 통해 볼 때 전통사회
에서는 스승이 제자에게 친절하게 따복따복 소리를 가르쳤던 것 같지는 않다. 그러나
오늘날에는 사정이 다르다. 정도의 차이는 있을지언정 대부분의 스승은 제자에게 따
복따복 소리를 가르치며, 제자는 녹음기를 이용하여 학습한 소리를 반복하여 익힌다.
녹음기를 속칭 '녹선생'이라 칭하는데, '녹선생'에 대한 의존도가 높다보니 개성이 강
한 소리제가 나오기 어렵다는 우려를 할 수도 있겠다. 그렇지만 반복적으로 익힐 수
있다는 점에서 녹음기를 이용한 학습은 매우 효과적인 수련방식이라 할 수 있다.

　개인교습을 하는 경우, 대개 일 년에 한두 차례 스승과 제자가 함께 명산이나 대찰
을 찾아가 집중적으로 소리를 연마하는 경우가 있다. 이를 '산공부'라 하는데, 보통
여름방학이나 겨울방학 때 보름에서 한달 정도의 기간으로 이루어진다. '산공부'가 하
나의 관습으로 자리잡은 것이 그리 오래된 일은 아닌 것 같다. 전통사회에서 명창이
되기 위해 명산대찰을 찾아다니며 일정 기간 동안 오로지 소리 수련에만 전념하는 과
정을 거치는 것이 일반적이었다. 그러나 지금과 같은 속도의 시대에 모든 것을 접어
두고 상당 기간(예컨대 10년 기한으로) 소리에만 전념한다는 것은 쉬운 일이 아니다. '산
공부'는 이러한 시대적 조건에서 나온 것으로, 비교적 짧은 기간이기는 하지만 집중적
으로 소리공부를 할 수 있다는 점에서 매우 바람직한 학습법이라 할 수 있다.

　수업료가 다소 비싸다거나 사승관계에서 자유롭지 못한 데서 오는 구속감 같은 문
제가 부분적으로 있을 수 있지만, 개인교습에 의한 판소리 학습은 지금 상황에서는

다른 어떤 교육보다도 가장 실질적인 중요성을 지닌 학습방식이라 할 수 있다. 그렇지만 학교교육에 비해 개인교습에 대한 의존도가 높은 현실은 결코 바람직하다고 할 수 없다. 개인 교습, 특히 명창에 의한 개인교습을 학교교육과 연계하여 궁극적으로 학교교육의 내실화를 다질 수 있는 방법을 모색하는 것이 필요하다고 생각한다.

3) 국악 관련 기관 주도의 판소리 강습교육

국립(민속)국악원이나 각 지역에 있는 국악 관련 기관이 주도하는 판소리 강습도 유력한 판소리 교육의 한 방식이다. 특히 일반인들을 대상으로 한 판소리 교육은 판소리의 전승기반을 공고히 한다는 점에서 매우 중요한 의미를 갖는다. 서울 소재 국립국악원, 남원 소재 국립민속국악원, 진도 소재 남도국악원, 부산국립국악원, 전주도립국악원 등에서 국악강습을 시행하고 있는바, 각 지역의 시도립국악원[10]에서 주관하는 강습까지 더하면 국악 관련 기관에서 주관하는 판소리 강습 교육자의 수는 그리 적지 않을 것으로 판단한다.

현재 국립국악원에서는 교원 연수, 청소년강좌, 가족강좌, 문화탐방으로 나누어 강습하고 있으며, 남원국립민속국악원에서는 교사 연수, 문화학교, 문화탐방의 형태로 강습교육을 시행하고 있다. 국립국악원이나 국립민속국악원에서 시행하고 있는 국악강습 교육을 검토해 보면, 몇 가지 특징적인 현상을 발견할 수 있다. 강좌 방식의 다양화를 통해 가능한 한 다양한 연령층, 다양한 부류의 사람들이 국악을 접할 수 있도록 유도한다는 점과 더 나아가 적극적으로 교육대상자를 찾아나서 국악 보급에 힘쓴다는 점 등이 그것이다. 특히 교사에 대한 국악교육은 곧바로 초중등학생의 국악교육과 직결된다는 점에서 매우 중요한 의미를 지닌다.

국악 관련 수업을 중심으로 행해지는 강습교육은 개인교습에 비해 비용이 저렴하고

---

10 경기도립국악단, 경북도립국악원, 난계국악단, 남원시립국악단, 대구시립국악단, 대전시립연정국악원, 청주시립국악단, 충남국악단, 등에서 국악강습을 시행하고 있다.

수강자들이 취미의 수준에서 접근하기 때문에 큰 부담 없이 배울 수 있다는 점에서 판소리의 대중화와 저변확대에 기여하는 바 크다.

3. 발전 방안에 대한 제언

　스승과의 일대일 학습과 자가독공이 중심을 이루었던 전통사회에서의 판소리 교육 방식과는 달리, 오늘날 판소리 교육방식은 크게 (1) 학교에서의 판소리 교육, (2) 개인 교습, (3) 국악 관련 기관 주도의 판소리 강습교육으로 이루어지고 있는바, 각 항목에 따라 판소리 교육현황에 대해 점검해 보았다. 그리고 대학 커리큘럼의 운용사례를 세부적으로 살펴봄으로써 현재 이루어지고 있는 대학에서의 판소리 교육현황을 보다 구체적으로 분석해 보았다. 과거에 비한다면 대학에서의 판소리 교육은 괄목할만한 진전을 이루었다고 생각한다. 국악학과도 많이 생겼고 커리큘럼도 체계적인 틀을 갖추고 있기 때문이다.

　그런데 현재 대학에서의 판소리 교육은 '진정한 소리광대의 배출'에 초점을 맞추고 '왜 판소리를 하는지', '판소리는 우리에게 무엇인지' 등과 같은 근본적인 물음에 대한 고민과 성찰을 깊이 있게 하기보다는, 창극배우로서의 역량을 기르는 데 주안점을 둔 일종의 '배우수업'이라 할 수 있다. 졸업 후의 진로를 고려할 때, 현실에서 실용적으로 활용할 수 있는 능력을 키워주는 것은 필요한 일이다. 그렇지만 창극 배우만 길러서는 판소리의 미래가 밝다고 보기 어렵다. 사실 이 문제는 판소리와 창극의 관계를 어떻게 파악하는가 하는 문제와도 맞물려 있다.

　오늘날 대중성 확보라는 측면에 있어서 창극이 판소리에 비해 상대적 우위를 점하고 있는 것이 사실일 것이다. '국악의 대중화'라는 기치 아래 국악관현악단도 생겨난 마당에, 예술성만을 고집하여 대중성에 대한 고려를 소홀히 하는 것이 바람직하다고 할 수는 없는 것이다. 물론 예술성과 대중성을 상반된 가치개념으로 설정하는 것이 과연 타당한가에 대해 근본적으로 따져보아야 하며, 판소리가 창극에 비해 전승 5가에 안주하는 경향이 강했기 때문에 청중과의 거리를 좁히지 못한 것은 아닌지도 반성할 필요가 있다.

창극이 판소리에서 파생된 장르임은 틀림없지만 판소리와 창극은 발성이나 공연방식 등에 있어서 근본적인 차이를 보이고 있다. 따라서 판소리와 창극의 내적 연관성이 매우 긴밀하다고는 해도, 판소리 교육과 창극 교육은 서로 다른 차원에서 이루어질 필요가 있다고 생각한다. 창극은 창극대로의 고유한 극작술과 공연양식을 정립해 나가야하기 때문에, 창극만을 위한 교육제도가 마련될 수 있다면 더없이 바람직할 것으로 생각한다.

판소리 창작·작창 능력을 키우는 것도 매우 긴요한 과제이다. 그러기 위해서는 판소리 창작에 관한 커리큘럼을 강화할 필요가 있다. 현실적으로는 현재 국악과에 판소리 전임교수를 충원하는 일이 급선무일 것이며, 궁극적으로 판소리를 전공으로 하는 단일학과나 대학이 설치될 수 있다면 판소리의 활성화에 기여하는 바 클 것이다.

판소리 교육을 담당하고 있는 소리꾼의 교육관 또한 재정립될 필요가 있다. 명창은 판소리의 전승 주체이면서 동시에 교육 주체이기도 하다. 무대에 섰을 때는 배우이지만, 제자를 대할 때는 교육자인 것이다. 교육자로서 제자를 가르칠 때, '열린 소리관'을 가지고 진정으로 제자를 위한 길이 무엇인지 어떻게 교육하는 것이 바람직한 것인지에 대한 성찰이 필요한 시점이다. 아울러 제자들이 공력을 기를 수 있도록 기회와 여건을 마련해 주는 것이 필요한데, 그런 점에서 개인교습에서 일반적으로 행해지고 있는 '산공부'는 매우 유용한 학습법이라 생각한다. '산공부'는 일반적으로 15일에서 30일 정도에 걸쳐 이루어지는데, 기간이 다소 짧은 것으로 생각된다. 백일공부와 같이 학습기간을 좀 더 늘려 수련하는 방안을 생각해 볼 수 있겠다.

판소리의 향유 기반을 확충하는 일 또한 판소리 교육이 담당해야 할 중요한 몫이다. 그런 점에서 무엇보다도 초중등학교 음악에서 국악이 차지하는 비중이 커진 것은 매우 다행스러운 일이다. 국악 관련 기관이나 개인교습소에서 이루어지는 일반인 대상의 강습도 판소리의 대중화, 보편화에 기여하는 바가 크므로, 적극적인 홍보와 활동을 통해 일반인 강습이 활성화될 수 있도록 노력해야 한다.

고법 교육도 판소리 교육의 일부이다. '일고수 이명창'이라는 말이 있듯이, 좋은 소리가 있기 위해서는 좋은 북이 있어야 한다. 대학에서도 고법 교육에 대한 배려가 좀 더 강화되어야 하며, 사회교육 차원에서 이루어지는 판소리 교육 프로그램에도 고법이 반드시 포함되어야 한다.

이상에서 판소리 교육의 발전방안에 대한 구제척인 안을 제시해 보았지만, 이에 못지않게 중요한 것이 '판소리 교육론'을 정립해 나가는 것이다. 지금까지는 소리를 지도하는 분의 개인적인 취향이나 방법론에 입각하여 판소리 교육이 이루어져 왔다고 해도 과언이 아니다. 그렇지만 연령, 성별, 목성음 등 여러 가지 조건에 따라 어떻게 판소리를 교육하는 것이 바람직한가 하는 문제를 깊이 있게 연구하고 바람직한 교수법을 찾아내어 '판소리 교육론'을 정립했을 때, 보다 효과적이고 생산적인 판소리 교육이 가능해질 것이다.

제3부

판소리와 현대사회

창작판소리의 사적 전개와 전망

1. 창작판소리사에 주목하는 이유

우리는 시대를 기준으로 하여 고전소설/현대소설 혹은 고전시가/현대시와 같은 구분은 할지언정, 시나 소설 앞에 창작이라는 수식어를 덧붙여 '창작시'니 '창작소설'이니 하는 말을 사용하지 않는다. 새로운 작품이 지속적으로 산출되기 때문에 특별히 창작이라는 말을 쓸 필요가 없기 때문이다. 말하자면 살아있는 갈래인 시나 소설에 있어서 창작은 본질 그 자체이며, 새로운 창작이 이루어지지 않는 순간 시나 소설은 전승력을 상실한 과거의 역사적 갈래로 자리 매김 되고 말 것이다.

판소리의 경우, 고전판소리/현대판소리라는 말 대신 전통판소리/창작판소리와 같은 대비적 명칭이 일반적으로 통용되고 있다. 문체나 인물형상화의 방식 등을 달리하더라도 판소리를 판소리답게 만드는 공연문법을 견지하면서 새로운 작품이 지속적으로 산출되었다면 아마도 고전판소리/현대판소리라는 식의 구분은 가능했을지 모르지만, 창작판소리라는 말은 생겨나지 않았을 것이다.

판소리가 여타의 전통연행예술 갈래에 비해 전문적인 수련을 필요로 하는 전승력이 완강한 갈래임은 틀림없는 사실이다. 그렇지만 이러한 면이 판소리의 본래적 특질이라고 할 수는 없다. 판소리는 민속음악에서 출발하였는바, 즉흥성과 현장성이라는 민속음악의 본질적 속성이 판소리에서도 그대로 확인된다. 판소리사를 돌이켜 보면, 창법이나 사설이 유형적으로 고착되지 않고 변화를 추구하며 새로운 예술로 거듭나는 모습을 쉽게 확인할 수 있다. 전후기 8명창이 새로운 음악어법을 개발하고 더늠을 창출하였다는 사실, 고수관이 좌중에 있던 기생의 이름을 활용하여 〈춘향가〉의 '기생점고' 대목을 불렀다는 일화 등이 판소리의 즉흥성과 현장성을 확인시켜 주는 예이다. 이렇듯 19세기 말까지만 해도 새로운 더늠의 창출을 통해 판소리는 그 예술적 폭과 깊이를 더해왔으며, 광대는 현장성과 즉흥성을 살림으로써 예술가로서의 창의력을 발휘할 수 있었다. 이와 같은 상황에서 판소리에 '창작'이라는 수식어를 덧붙이는 것은 불필요한 일이었다.

그러던 것이 작품의 수가 열두 마당에서 다섯 마당으로 점차 축소되는 것과 궤를 같이 하면서 판소리의 박제화가 가속화되어 갔다고 할 수 있다. 판소리 작품이 다섯 마당으로 굳어진 이후 새로운 창작판소리가 나온 사례는 그다지 많다고 할 수 없다. 이러한 양상은 오늘날까지 이어지고 있으며, 판소리가 현실의 변화에 탄력적으로 대응하면서 새로운 작품세계를 구축해 나가는 모습을 찾아보기 어려운 것이 현실이다.

창작판소리와 유사한 개념으로 신작판소리라는 용어가 사용되기도 한다. 사전적인 의미의 차이가 거의 없기 때문에 어느 용어를 선택해서 사용하든 큰 문제는 되지 않는다고 본다. 다만 역사적으로 볼 때, 이른바 '신新'자가 유행하던 1930년대를 전후한 시기에는 창작판소리 대신 신작 판소리라는 용어가 보다 널리 사용되었으며,[1] 1980년대 이후에는 창작판소리라는 용어가 일반적으로 많이 사용되고 있는 것 같다.

박동진 명창이 실전된 판소리 사설에 새롭게 곡을 짜서 부른 경우는, 비록 전통적

---

1   당시 신작 판소리라는 이름으로 소개된 작품을 보면 대개 고전소설을 판소리화한 경우가 일반적이었다. 그렇기 때문에 엄밀히 말한다면 이 시기 신작 판소리는 뚜렷한 창작의식을 가지고 새롭게 지어진 작품이 아니라는 점에서 창작판소리와 구분되는 측면이 있다고 할 수 있다.

인 창법을 재현한 것은 아니지만 기존 사설을 그대로 살렸다는 점에서 '복원 판소리'라고 할 수 있다. '창작판소리'란 전통 판소리의 목록에 들어있지 않은 작품으로서, 시대의식을 담은 새로운 사설에 새로운 곡조를 붙여 부른 경우를 말한다.

작품의 완성도나 음악적 수준을 어느 정도 갖추었느냐 하는 등의 문제는 일단 접어두더라도, 지금까지 공연된 일련의 창작판소리는 양적인 면에서 매우 빈약한 편이다. 그렇지만 기존 창작판소리 작품은 앞으로 판소리의 재창조가 어떤 방향으로 이루어져야 할 것인가 하는 문제를 점검해 보고 대안을 마련할 수 있는 토대가 된다는 점에서 소중한 자산이 아닐 수 없다.

2000년을 전후한 시기에 창작판소리에 관한 관심이 가히 폭발적이라 해도 좋을 만큼 증폭되었으며 실천적인 작업 또한 활발하게 이루어지고 있다. 이와 같이 창작판소리의 활성화를 통해 판소리의 자생적 전승력을 회복하려는 노력이 폭넓게 이루어지고 있는 상황에서, 그동안 축적된 창작판소리의 사적 추이를 점검해 보고 앞으로의 과제를 모색해 보는 일은 의의있는 작업이라고 판단한다.

2. 창작판소리사의 시기 구분 및 각 시기의 특징적 양상

창작판소리사는 크게 다섯 시기로 나누어 볼 수 있을듯하다. 새로운 판소리 문화를 정립해 가려는 실천적 모색이 이루어지고 최초의 본격적인 창작판소리라 할 수 있는 〈열사가〉가 출현한 1930~1950년대, 박동진의 활동이 두드러진 1960~1970년대, 임진택으로 대표되는 1980~1990년대, 젊은 소리꾼들에 의해 다양한 실험이 이루어지고 있는 2000~2006년, 전문적인 소리꾼들에 의한 본격적인 창작판소리가 등장하는 2007~현재가 그것이다. 그러면 각 시기별 창작판소리의 공연상황과 특징적 양상에 대해 간략하게 살펴보기로 한다.

1) 1930~1950년대

20세기에 들어와 판소리의 전승환경은 전통사회의 그것과는 사뭇 다르게 변모되어 갔다. 두드러진 변모의 특징으로, 실내극장의 설립, 판소리의 창극화, 재담극·신파극 등 새로운 극양식의 등장, 여성소리꾼의 대거 등장 등을 꼽을 수 있다. 이러한 전승환경의 변화 속에서 판소리는 양식의 변화, 음악성의 변화 등을 체험하게 되고, 또한 여타 공연갈래와의 경쟁 관계 속에서 생존을 도모하지 않으면 안되게 되는 절박한 상황에 놓이게 된다. 판소리 소리꾼들은 개별적 활동만으로는 위기 상황을 돌파해 나가기 어렵다고 판단하고 소리꾼들의 조직화를 꾀하였는바, 1934년 결성된 조선성악연구회가 바로 그것이다.

조선성악연구회에는 송만갑, 이동백, 정정렬 등 당대의 기라성같은 명창들이 대거 포진하고 있었는바, 이들은 판소리의 부흥을 위해서는 신작 판소리가 필요하다는 사실을 깊이 인식하고 있었다.[2] 그리하여 1935년에는 새로 창작된 판소리를 중심으로 명창대회를 개최하기도 하였던 것이다.[3] 전통 판소리만으로는 대중들의 욕구를 충족시키기 어렵다는 인식 아래 시대의 요구에 부응하는 새로운 판소리의 필요성을 주장하는 견해는 정노식의 다음과 같은 언급에도 잘 나타나 있다.

> 광대 제씨諸氏여, 고전古典의 창극조唱劇調란 힘쓰지 말고 현대적現代的 요구要求에 응응應應하
>
> 여 신방향新方向을 취취取取함이 어떠한가. 춘향전春香傳이나 흥보전興甫傳이나 기타其他 고전古典

---

2   이동백의 다음과 같은 대담에 그러한 인식이 잘 드러나 있다.
　　"이제부터는 우리의 모임 성악연구회를 더 개조하여서 집도 한 만원 주고 샀으니 이제는 방침을 고치겠습니다. 암만 생활 문제가 급하여도 우리의 권위도 세워서 요리집에는 가지 않고 회관에 와서 듣도록 하려고 합니다. 그리고 좀 더 서로 연구하고 개량하야 새로 작(作)도 하고 발표도 하려고 합니다. 선생님도 좋은 노래를 지어 오시오. 그러면 우리들이 작곡하겠습니다." 靑葉生, 명창 이동백전, 『조광』 통권 17호, 1937. 3.
3   성기련, 『1930년대 판소리 음악문화 연구』, 서울대학교 박사학위논문, 2003, 104쪽. 성기련은 이 논문에서 1930년대 신작 판소리 창작을 중심으로 한 판소리의 현대적 재창조 운동을 간명하게 정리해 놓은 바 있다.(101~108쪽)

이 옛날 그 시대時代에 있어서 시대상時代相을 배경背景으로 한 작품作品이라 하면 오늘 시대
상時代相을 배경背景으로 한 작품作品을 넉넉히 내일 수 있는 것이 아닌가. 이 의미意味에 있
어서도 광대들 자신自身의 교양敎養이 있어야 하겠지만 사회社會에서 유지有志 인사人士들이
지도指導할 필요必要가 있지 아니할까. 광대 제씨諸氏여, 한번 깊이 각성覺省할 바 있기를 바
라노라.[4]

시대정신을 담은 현대적인 작품이 나올 필요가 있으며, 그러기 위해서는 소리 광대
의 의식의 각성과 더불어 식자층의 참여가 필요하다는 정노식의 주장은 오늘날에도
여전히 유효한 문제제기적 성격을 지니고 있다. 이 시기에 공연된 신작 판소리로 다
음과 같은 작품을 꼽을 수 있다.

- 박월정 : 〈단종애곡〉[5]
- 정정렬 : 〈옥루몽〉, 〈숙영낭자전〉, 〈배비장전〉
- 박록주 : 〈장한몽〉

〈단종애곡〉은 단종에 관한 역사적 사실을 바탕으로 짠 것이며, 정정렬이 부른 일련
의 신작 판소리는 고전 소설을 바탕으로 하여 새로 곡을 짠 것이다. 그리고 박록주의
〈장한몽〉 또한 당시의 소설을 바탕으로 하여 짠 것이다. 그러니까 이 시기에 불린 신
작 판소리는 대부분 고전소설이나 역사적 사실에 근간을 둔 작품으로, 시대의식을 담
았다고 하기는 어렵다. 이런 점은 전통 판소리를 부분적으로 윤색, 개작하여 부르면
서 작품 앞에 '신新'자를 붙임으로써 전통소리와는 다르다는 점을 부각시킨 사례에서도
그대로 확인된다. '신新'자를 붙이는 관습은 신소설, 신민요, 신여성 등등의 용례에서도

4　정노식, 『조선창극사』, 조선일보사, 1940, 5쪽.
5　빅타 레코드사 문예부장이었던 이기세의 창안으로 창작되었다. 이기세의 부인 박월정이 불렀으며,
　　1933년 6월 10일과 8월 23일 경성방송국에서 방송되었다. (성기련, 앞의 논문, 103쪽 참조.)

알 수 있는 것처럼 전통과 구별되는 새로운 유행이나 조류를 가리킬 때 쓰던 명명법이었는데, 신작 판소리라는 용어 또한 그러한 맥락에서 사용된 것이라 할 수 있다.

창작판소리 〈열사가〉 음반 표지

이 시기에 불린 창작판소리 가운데 시대의식을 호흡한 대표적인 작품으로는 해방을 전후한 시기에 작창되어 불린 것으로 전해지는 〈열사가〉를 꼽을 수 있다. 〈열사가〉가 형성·유통된 해방 전후 시기는 좌우의 이념대립 극복과 더불어 일제의 식민통치에서 벗어나 자주국가의 기틀을 다져나가는 것이 민족적 과제로 제기되었던 때이다. 이러한 시대 상황에서 일본에 대한 적개심에서 비롯된 비분강개와 민족의 자존의식을 지켜줄 영웅에 대한 강한 열망의 분출이 〈열사가〉의 직접적인 형성동인으로 작용했던 것으로 보인다. 〈열사가〉는 단일한 작품으로 되어있지 않다. 애초에는 당대의 민족 영웅을 소재로 하여 형성되었으나, 시간이 지나면서 역사 속의 민족 영웅을 소재로 한 작품도 등장하게 되었다. 그러니까 이들 각각의 〈열사가〉는 개별적 완결성을 지닌 독립된 작품으로 시간적 편차를 두고 창작된 것이다. 〈이준선생 열사가〉, 〈안중근 열사가〉, 〈유관순 열사가〉로 구성되어 있으며, 경우에 따라 〈이순신전〉, 〈권율장군전〉, 〈녹두장군 전봉준전〉 등이 덧붙기도 하는 것은 그러한 이유에서이다.

〈열사가〉는 민족주의적 색채가 짙은 작품이다. 그러니까 특정 계층의 기반 위에 작품이 전승되어 왔다고 보기는 어렵다. 해방 전후의 시대 분위기를 고려해 볼 때 더욱 그러하다. 작품도 여러 사람의 참여 속에 형성되었다는 점에서 전통판소리의 형성과정과 닮아 있다.

2) 1960~1970년대

이 시기는 지속적이고도 안정적으로 전통을 발굴·보존·계승할 수 있도록 무형문화재와 같은 제도적 장치가 마련된 때이다. 한편으로는 미국으로 대표되는 서구문명의 일방적 유입에 따른 주체성의 위기가 고조되어 가는 상황에서 민족의 정체성에 대한 자각과 함께 우리 것을 찾으려는 노력이 60년대 후반부터 일기 시작한 시점이기도 하다. 그런 까닭에 이 시기에는 민중적 성격이 강한 탈춤이나 판소리와 같은 전통문화에 대한 관심이 고조되면서, 이를 복원하거나 재창조 작업을 통해 시대정신을 담아내려는 노력이 병행되었다. 전통탈춤 뿐만 아니라 이른바 '창작탈춤', '마당굿, '마당극' 등에 관한 논의가 활발하게 이루어지고 많은 작품들이 공연된 것은 주체성의 위기를 경험할 수밖에 없는 상황에서 비롯된 매우 자연스러운 현상이다.

그런데 탈춤과 같은 전통예술의 범주에 속해 있으면서도 이 시기 판소리의 경우, 전통판소리의 보존과 법통을 중시하는 경향은 강화된 반면 재창조 작업에 관한 실천적인 노력은 상대적으로 매우 빈약한 형편이었다. 비유적으로 말한다면, 현실 변화의 반영이 소설에 비해 시에서 훨씬 빠르게 감지되는 것과 마찬가지로, 극적 갈래에 속하는 탈춤에 비해 서사갈래에 속하면서 완강한 전승력을 지닌 판소리가 사회 현실의 변화를 반영하는 속도가 늦은 데서 기인한 결과라 할 수 있겠다.

이런 가운데 창작판소리 분야에 있어서 두각을 나타낸 이는 박동진 명창이다. 박동진은 1969년 〈판소리 예수전〉을, 1973년에는 〈충무공 이순신전〉을 불렀다. 이 외에도 그는 〈변강쇠가〉, 〈배비장전〉, 〈숙영낭자전〉 등과 같은 작품에 곡을 붙여 부르기도 했는데, 비록 역사성을 담보한 작창이라 할 수는 없지만 창이 전하지 않는 일련의 작품을 판소리로 부름으로써 이른바 '복원판소리'의 활성화에 기여했다.[6] 박동진은 전

---

6   물론 선율이나 장단 등 음악적인 면이 전승되어 온 것은 아니라는 점에서 '복원'이라는 용어가 적절하지 않은 면이 있다. 여기서는 실전 판소리 사설이 판소리로 불려 졌다는 사실에 방점을 두어 제한적으로 '복원 판소리'라는 용어를 사용한 것이다.

문적인 소리꾼으로서는 드물게 주로 실전판소리의 복원을 통해 레퍼터리를 확장하고 창작판소리 공연에 관심을 기울여 왔다는 점에서 매우 소중한 존재이지만, 〈판소리 예수전〉의 경우 그 주요 향유층은 신앙을 공유한 사람들이 중심을 이루었을 것으로 보인다.

기본적으로 박동진의 작업이 뚜렷한 이념적 지향점을 가지고 이루어진 것이라고 보기는 어려우며, 앞 시기에 정정렬이나 박록주 등이 보여주었던 신작 판소리의 그것과 궤를 같이 하고 있다고 하겠다.

3) 1980~1990년대

이 시기는 한국 사회 전반에 걸쳐서 사회 변혁에 대한 욕구가 매우 강렬하게 분출되고 이념적 갈등이 극명하게 노정된 정치적 격변기라 할 수 있다. 이러한 상황에서 여기서 주목해야 할 것은 변혁 운동이 사회 전 부문으로 확산되면서 70년대까지는 사회변혁의 부문운동으로 자리잡지 못하고 주변적인 보조 운동으로만 인식되었던 '민중문화운동'이 변혁운동의 한 영역으로 자리잡게 되었다는 점이다. 이 시기 창작판소리는 바로 이러한 민중문화운동의 맥락 속에서 비롯된 것이며, 그 중심에 임진택이 자리하고 있다.

임진택은 뚜렷한 목적의식을 가지고 창작판소리의 전승 확대에 힘을 기울이고 있는 이 시대 독보적인 '비가비 광대'이다. 서울대 문리대 정치외교학과를 다녔던 그가 문화운동에 종사하면서 소리꾼이 된 것은 1974년 '긴급조치 4호 민청학련 사건'과 연루되면서부터이다. 대학 졸업 후 TBC PD로 재직하며 정권진 명창으로부터 판소리를 배웠다. 1981년 언론 통폐합으로 KBS로 이직한 그는 '국풍81' 추진을 거부했다는 이유로 강제 사직 당했다. 그는 80년대 중반 민중문화운동협의회 실행위원을 맡아 마당극 전문극단 '연희 광대패'를 창단하고 본격적인 소리꾼으로 활동하게 되었는바, 소리꾼으로서의 그의 활동은 김지하의 담시를 판소리로 부르는 일로 시작했다. 1985년에 〈똥바다〉를 발표했으며, 〈오적〉과 〈소리내력〉도 판소리로 불렀다. 그리고 1990년에는 기존의 사설에 곡을 붙이는 작업에 머무르지 않고 자신이 직접 작사·작곡한 〈오월 광주〉를 발표했다. 그의 공연에 청중들이 공감을 하는 이유는 음악적 요인보다는 사설이 담고 있는 현실적 문제의식 때문이다. 임진택이 부른 일련의 창작판소리는 민중적 시각에 입각한 작품들이다. 앞에서 언급한 바 있듯이, 민중문화운동의 연장선상에서 이루어져 온 그의 창작판소리는 주로 사회의 변혁운동에 관심을 가진 대학생이나 지식인층 그리고 의식있는 시민층에 의해 향유되어 왔다. 전통사회와 달리 판소리의 후원을 감당할 만한 집단적인 향수층이 와해되어 버린 상황을 고려한다면, 이러한 현상은 뚜렷한 성향을 지닌 집단이 판소리의 향수층으로 자리잡을 수 있는 가능성을 보여 준 사례라 하겠다. 그러나 이념적 긴장이 상당 정도 해소된 90년대 이후 그의 창작판소리가 지속적인 호응을 얻으면서 전승되고 있는 것으로 보기는 어렵다. 무엇보다도 그 자신이 창작판소리 공연자로 나서지 않고 있는 상황에서 누군가가 전승자로 나서야 하는데, 아직은 적극적으로 그가 부른 일련의 창작판소리 전승에 관심을 기울이고 참여하는 이가 별로 없다.[7]

임진택만큼 적극적으로 창작판소리에 관심을 기울이지 않았지만, 극단 아리랑 배우로 활동하던 김명곤이 1988년 작창하여 소리한 〈금수궁가〉도 이 시기 창작판소리사에서 기억할만한 공연으로 언급할 필요가 있다. 〈금수궁가〉는 전통 판소리 〈수궁가〉를 현재적 관점에서 재해석하여 패로디한 작품으로, 다음과 같은 특징적인 면을 지니고 있다. 첫째, 어려운 한문투의 표현을 모두 빼고 사설을 모두 국문으로 짰다는 점, 둘째, '오늘날의 수궁가'라는 제목에 걸맞게 우의적인 표현을 오늘날의 정치상에 빗대어 직적접인 표현으로 드러냈다는 점, 셋째, 토끼의 간을 빼앗으려던 용왕과 육지로 살아나온 토끼를 잡아먹으려던 호랑이가 모두 죽음에 이르게 되고 수궁과 육지에서 민주화 바람이 분다는 것으로 결말을 맺었다는 점. 김명곤의 〈금수궁가〉는 비록 전적인 창작소리는 아니지만, 전통판소리에서 보이는 어려운 한문투의 표현을 쉬운 국문

---

7 임진택 바디 창작판소리를 부른 대표적인 사례로 윤진철의 〈오월 광주〉와 이규호의 〈똥바다〉를 꼽을 수 있다.

표현으로 바꾸고 작품의 주제의식을 재해석하는 방식으로 새로운 판소리의 현대화에 기여하였다는 점에서 의의가 있다.

지금까지 박동진과 같은 소수의 명창을 제외한다면 명창의 반열에 오른 대부분의 소리꾼이 전통적인 판소리관에만 매어 있어 창작판소리에 별다른 호응을 보이지 않은 것이 사실이다. 그런 점에서 전문적인 소리꾼들이 80년 광주민주항쟁을 다룬 〈그날이여 영원하라〉(1993)를 부른 것은 전문 소리꾼들이 나서서 이 시대의 가장 첨예한 문제에 대해 노래하기 시작했다는 점에서 중요한 의미가 있다. 이 작품은 정철호가 작사한 것을 명창 은희진·안숙선·박금희·김수연·김성애 등이 분창형태로 부른 것이다.

명창의 반열에 오른 소리꾼으로서 판소리의 재창조 작업에 많은 관심을 보이고 있는 소리꾼으로 윤진철을 주목할 필요가 있다. 대부분의 명창들이 뛰어난 기량을 소유하고 있으면서도 정작 판소리의 전승력을 확보하는 방향성 모색에는 소홀했던 현실에 비추어 보면, 윤진철 명창의 창작판소리에 대한 관심과 문제의식은 매우 소중하다. 그는 창극 작창 경험을 바탕으로 하여 80년대 후반에 이미 창작판소리를 짜서 부른 적이 있다. 가톨릭 신자로서 창작판소리 〈김대건전〉을 20분 소리로 불렀으며, 89년도 남도예술회관에서 가진 5.18 9주기 기념 행사에서는 김준태 시인의 작품을 각색한 〈무등진혼가〉를 관현악 반주에 맞추어 불렀다. 2000년 5월 18일 남도예술회관에서 임진택의 〈오월 광주〉를 다시 가다듬어 자신의 소리로 부른 것은 이러한 그의 문제의식의 연장 선상에서 매우 자연스럽게 이해되는 일이다. 윤진철이 부른 〈오월광주〉는 여러모로 시사하는 바가 많다. 무엇보다도 비가비 광대가 짜놓은 창작판소리 전승에 명창이 참여한 사실에 주목할 필요가 있다. 창작판소리임에도 불구하고 청중들의 추임새가 끊이지 않았는데, 이는 명창이 참여했을 때 창작판소리가 더욱 활성화되리라는 것을 보여주는 좋은 사례이다.

요컨대 이 시기 창작판소리의 중심에는 비가비 광대 임진택이 있으며, 제한적이나마 윤진철과 같은 명창이 관심을 가지고 활동함으로써 창작판소리의 성공 가능성을 보여주었다는 데서 이 시기 창작판소리사의 의의를 찾을 수 있겠다.

4) 2000~2006년

2000년대에 들어와 창작판소리에 대한 관심은 전대와 비교할 수 없을 정도로 부쩍 늘어났다. 그야말로 봇물 터지듯 다양한 창작판소리 작품이 등장하고 있다고 해도 과언이 아니다. 이러한 현상이 생겨난 배경에는 아마도 판소리의 존립에 대한 강한 위기의식이 자리하고 있는 것이 아닌가 생각한다. 외형적으로는 전통예술 가운데 판소리가 가장 강한 전승력을 확보하고 있는 것처럼 보이지만, 실상은 판소리조차도 대중성의 측면에서는 일정한 한계를 노정하고 있는 것이 사실인 것이다. 이러한 현실에서 판소리의 전승 기반을 확충하고 대중성을 확보할 수 있는 대안을 모색하는 과정에서 창작판소리가 부각된 것이라 할 수 있다. 그렇지만 이러한 고민과 문제의식은 대부분 젊은 소리꾼들을 중심으로 공유되고 있을 뿐, 명창에 해당하는 소리꾼이 창작판소리의 전승과 보급에 참여하는 경우는 별로 없는 실정이다.

판소리의 전승력을 회복하기 위해 고민하며 창작판소리에 관심을 기울이고 있는 대표적인 소리꾼으로, 채수정, 조영재, 정유숙, 김수미, 이자람, 박태오, 김명자, 김용화 등을 꼽을 수 있다. 이들 소리꾼은, 기존의 판소리를 부르는 것에 안주하지 않고 모두 '자기 이야기'를 하고자 하는 강한 열망의 소유자들로서, 비슷한 관심을 보이고 있는 사람들끼리, '판세'('판소리가 판치는 세상'의 준말), '소리여세', '타루', '바닥소리' 등과 같은 모임을 만들어 활동하고 있으며, 청중과의 교감이 가능한 역동적인 '판'을 만들기 위해 실천적인 활동을 전개하고 있다는 점 등에서 공통점을 지니고 있다.

채수정은 소리꾼으로서의 기량을 연마하는 데 관심을 집중하면서 직접 창작판소리를 부르는 데까지 활동영역을 넓히지 않았지만, 또랑깡대 콘테스트나 인사동 거리소리판과 같이 살아있는 '판'을 만들기 위해 노력하는 조직에서 중요한 역할을 수행했다.

정유숙, 김수미는 모두 대학에서 국악을 전공하고 현재 '소리여세' 회원으로 활동하고 있는데, 2002년 2월 23일 작가 이외수 팬들이 마련한 춘천 격외선당格外仙堂에 마련된 소리판에서 창작판소리를 선보였다. 정유숙은 임진택이 부른 바 있는 단가 〈자업자득가〉와 창작판소리 〈똥바다〉를 불렀으며, 김수미는 이외수의 자전적 작품인

〈나는 또라이인지도 모른다〉에 곡을 붙여 소리를 하였다.

김명자는 외대 러시아어과 출신으로, 1990년부터 현재까지 극단 '아리랑' 배우로 활동하고 있다. 광주 방성춘으로부터 6개월간 〈춘향가〉를 배운 것이 그가 판소리를 배운 경력의 전부이다. 그는 또랑깡대 콘테스트에 참가하여 〈슈퍼맥 씨름대회 출정기〉로 큰 인기를 모았다. 〈슈퍼맥 씨름대회 출정기〉가 청중들의 공감을 얻는 이유는 일차적으로 현실성을 획득하고 있는 작품의 주제의식 때문이다. 여기에 적절한 재담이나 즉흥적인 애드립 구사로 판을 휘어잡는 김명자의 배우로서의 자질이 빛을 발하여 청중들의 호응을 이끌어 내고 있다. 하지만 판소리 학습 경력이 일천한 터여서 소리꾼으로서의 역량은 매우 부족하다고 할 수 있다. 그렇기 때문에 재담구사나 판을 휘어잡는 능력 등은 탁월하나 소리꾼으로서의 역량이 부족한 김명자의 이러한 양면성을 어떻게 평가해야 하는가 하는 문제가 제기될 수 있다.

박태오는 전북대 국악과 출신으로, 또랑깡대 콘테스트에서 〈스타대전 중 '저그 초반러쉬 대목'〉을 불러 대상을 차지한 바 있다. 이 작품은 스타크래프트라는 컴퓨터 게임을 소재로 하여 한국 PC방 주인과 일본인 간의 게임을 다루었는데, 소재의 새로움에다 눈에 띄는 의상을 입은 소리꾼의 외모에서 풍기는 분위기가 청중층에게 어필하면서 인터넷을 통해 급속도로 퍼져나가고 있기도 하다.

창작판소리의 활성화를 위해 많은 단체가 만들어지고 공연 기회가 마련되고 있는 것은 근래에 와서 빈번하게 목도되는 현상이다. 2001년 전주 산조페스티벌에서 시작된 '또랑깡대 콘테스트'는 "쉬운 판소리, 친근한 판소리, 무대에 국한되지 않는 '판'의 회복"을 모토로 내세우며, 시대를 호흡하는 판소리의 부활을 위해 애쓰고 있다는 점에서 주목을 끈다. 또랑깡대 콘테스트에서는, ① 여타 음악 판소리식으로 바꿔 부르기 ② 판소리 멋대로 바꿔 부르기 ③ 창작판소리 등으로 종목을 세분하여 판을 벌이고 있다.

또랑깡대 콘테스트에 참가한 소리꾼들에게는 몇 가지 공통점이 있다. 기본적으로 정도의 차이는 있지만 일정 기간 판소리를 학습한 경력이 있으며, 연배가 비교적 젊은 축에 속한다는 점이 그것이다. 대학에서 국악을 전공한 이가 있는가 하면, 연극단에서 배우로 활동하는 이도 있는데, 기본적으로는 공연예술분야에 종사한다는 점에서 공통점을 갖는다.

그동안 또랑깡대 콘테스트에 참가한 작품 가운데 청중의 호응을 얻은 몇몇 소리를 모아 2003년에 CD 음반으로 발매하기도 하였는바,[8] 이 가운데 특히 박태오의 〈스타 대전 중 '저그 초반 러쉬대목'〉과 김명자의 〈슈퍼댁 씨름대회 출전기〉는 일반 대중들의 관심 뿐만 아니라 언론의 주목을 받기도 했다.

'또랑깡대 콘테스트'가 지속되는 한, 판의 예술로서의 판소리의 민중성과 현실성을 회복하고 이에 걸맞는 새로운 작품을 발굴하는 데 상당한 기여를 할 것이라는 점은 부인할 수 없는 사실이다. 그렇지만 대회 명칭으로 '또랑깡대'를 고수하는 것이 과연 바람직한가, 앞으로의 방향설정은 어떻게 해야 할 것인가 하는 등의 문제는 심각하게 고민해 보아야 할 과제이다. 전통사회에서 '또랑광대'는 민중적 친화력을 가진 소리꾼으로서 의미 지워지기 보다는 오히려 변변치 않은 능력을 지닌 소리꾼을 가리키는 말로 통용되는 것이 일반적이었다. '또랑광대'에 내포된 이와 같은 부정적인 이미지가 오늘날에도 여전히 온존하고 있는 상황에서, 이 명칭을 고수할 경우 그 의도의 진정성에도 불구하고 불필요한 오해를 야기하여 대회에 참여하는 소리꾼이 매우 제한될수 있음을 우려하게 되는 것이다. '콘테스트' 방식으로 진행되는 데서 비롯되는 문제도 생각해 볼 수 있다. 상금을 내걸고 기량을 겨루는 방식은 기본적으로 게임의 속성을 지니고 있기 때문에, 참여자에게는 일종의 승부욕을 불러일으키고 청중들에게는 호기심을 불러일으키는 효과를 가져 올 수 있다는 점에서 일단 긍정적으로 볼 수 있다. 그렇지만 이러한 방식을 고수했을 때, "즉흥창작성·풍자와 해학·독창성·현장성의 발현·일상의 노래·아마추어리즘의 고수·소리의 파수꾼으로서의 또랑광대의 덕목을 실천"하고자 하는 본래의 의도성이 훼손되지 않고 유지될 수 있겠는가 하는

---

8 e.또랑깡대, 쉽고 재있는 오늘의 새판소리 모음집, Ggum(2003). 여기에는 박태오의 〈스타대전 중 '저 그 초반러쉬 대목〉, 김명자의 〈슈퍼댁 씨름대회 출전기〉, 박애리의 〈햇님 달님〉, 유수곤의 〈토끼와 거북이〉가 수록되어 있다.

부분에 대한 반성적 점검이 동반될 필요가 있다.

　'인사동 거리소리판'은 새로운 판소리에 대한 사회적 욕구가 적지 않다고 판단한 '또랑깡대 콘테스트' 기획 주체들이 서울에서도 판을 벌리는 게 좋겠다는 데 의견을 같이 하고 그 구체적인 실행방안을 모색하는 과정에서 생겨난 산물이다. 기획과정에서 특히 이규호와 박홍주가 중요한 역할을 수행하였는데, 이들을 비롯한 기획주체들은 '판세'·'소리여세'·'타루'·'바닥소리' 등에 소속되어 활동하고 있는 젊은 소리꾼들의 의견을 수렴하고, 이를 바탕으로 하여 어떻게 판을 짜나갈 것인가에 대한 구체적인 안을 마련했다. 이런 과정을 거쳐 선보인 것이 바로 2002년 5월 19일(음력 4월 8일) 종로·인사동·지하철 안·조계사 등지에서 벌인 이른바 '번개소리판(벼락소리판)'이다. 여러 지역에서 각 팀별로 소리판을 벌이고 행사가 끝난 뒤 모두 인사동에 모여 소리판을 벌인 뒤 그곳에 모여 있던 청중들과 함께 막걸리와 김밥을 나누어 먹음으로써 대동놀이적 성격의 뒷풀이로 마무리를 했던 것이다. '번개소리판'은 그 외형적인 포맷이 당시 텔레비전에 고정적인 프로로 방영되었던 '게릴라콘서트'와 매우 유사하지만, 그보다도 그러한 형식의 판을 구상할 수 있도록 만든 직접적인 아이디어의 원천은 '가두 시위의 방식'이다. '가두시위'가 일종의 문화 현상의 하나로 자리매김 되면서 일상화된 것은 80년대로서, 자신의 주장을 널리 알리기 위해 기동력 있게 이동하며 직접 시민을 찾아 나섰다는 데 그 핵심적인 특징이 있다. '번개소리판'은 '가두시위'가 지닌 이러한 속성을 그대로 활용한 것이다. 달라진 점은 화염병 대신 판소리를 불렀고 민주화 투쟁의 정당성을 담은 전단지 대신 각 소리팀의 성격과 활동상황을 담은 소개문을 시민들에게 나누어 주었다는 것이다.

　젊은 소리꾼의 발랄한 상상력과 도발적인 실천력 그리고 재기 넘친 순발력이 결합되어 만들어진 '번개소리판'에서 소리꾼들은 전통판소리와 창작판소리를 불렀는바, 소리판에 참여한 불특정다수 청중의 반응은 매우 놀라운 것이었다. '번개소리판'에서 청중들이 보인 뜨거운 반응은 젊은 소리꾼들에게 오늘날에도 판소리가 정서적 감응력이 매우 강한 예술로 거듭날 수 있다는 가능성을 확인시켜주기에 충분한 것이었다. 그래서 이러한 성격의 '판'을 앞으로 정례화하여 지속적으로 운영해 나가는 것이 좋겠다는

의견을 모으고 출발한 것이 바로 '인사동 거리소리판'이었던 것이다.[9]

소리여세는 1998년 젊은 판소리 전공자들이 모여 활동하는 조직으로, 2000년 2월 26일 우리소리극장에서 소리여세 창립공연 "동편제 판소리 복원 공연"을 가졌다. 이 단체는 고제 소리 등에 많은 관심을 기울이며 판소리의 본질을 탐색해 나가는 동시에 한편으로는 판소리의 재창조 작업에 관해 깊이 있게 고민하면서 활동했다.[10]

이자람, 박지영 등이 주축이 되어 2001년도에 모임체를 결성한 '타루'는 판소리의 현대화에 관심을 가지고 꾸준히 실험적인 공연을 시도해 오고 있는 단체이다.[11] 타루에서 시도하고 있는 실험적인 공연형태의 특징은 주로 연극적 요소를 강하게 표출하고 있다는 데서 찾을 수 있다.

2003년 10월에는 전주세계소리축제 행사의 일환으로 제1회 창작판소리 사습대회가 열렸는바, 이는 창작판소리에 대한 제도권의 공식적 수용이라는 점에서 큰 의미가 있다고 하겠다. 그러나 일정한 상금을 내걸고 제도권에서 주관한 대회임에도 불구하고, 참여자의 수나 작품 수준면에서[12] 그렇게 만족할 만한 성과를 얻었다고 보기는 어렵다. 무엇보다도 전문적 기량을 지닌 명창의 참여가 전무했다는 사실이 가장 아쉬운 점인데, 앞으로 명창들을 창작판소리 공연에 참여할 수 있도록 하는 방안이 마련될

---

9 인사동 거리소리판이 생겨나기까지의 과정에 대해서는 채수정 선생의 상세한 설명에 힘입어 약술한 것이다.
10 모임의 성격이나 취지는 다음의 창립선언문에 잘 나타나 있다.
   ● 『소리여세』는 소리로 여는 세상이다. 소리로 열어갑시다! 하는 외침이다. 소리의 여세(餘勢)를 몰아 우리문화를 꽃피우려는 힘이다.
   ● 『소리여세』는 판소리의 전통적 계승과 현대화를 추구하는 젊은 소리꾼, 고수, 학자들의 모임이다.
   ● 『소리여세』는 새로운 시대에 판소리를 좀더 능동적으로 전승하고 창조적으로 발전시켜야 한다는 점에 공감한 판소리의 주체들이 자기 역할에 충실코자 하는 모임이라 할 수 있다.
   ● 『소리여세』는 열린 마음으로 판소리를 바라보고, 애정어린 손길로 판소리를 어루만지고 싶어 한다. 『소리여세』가 추구하는 것은 말잔치도 말싸움도 아니다.
   ● 〈소리여세〉가 추구하는 것은 비록 작더라도 구체적인 일, 한 걸음이라도 먼길을 떠나는 마음이다.
11 판소리에서 타루를 지나치게 사용하면 오히려 감동을 반감시키지만 그렇다고 해서 없어서는 안되는 것처럼, 판소리계에 없어서는 안되는 존재가 되고 싶다는 의미로 단체의 이름을 '타루'라고 하였다.
12 예선에 참가한 인원이 8명 내외였으며, 본선에 올라온 이들은 대부분 또랑깡대 콘테스트에 참가한 적이 있는 사람들이었다. 이 대회에서 이덕인의 〈아빠의 벌금〉이 대상을 수상했다.

필요가 있다는 과제를 남긴 셈이다. 2000년대에 들어와 선보인 주요 창작판소리 작품을 목록화 하여 제시하면 다음과 같다.

제목	작창/작곡	소리꾼	작사	연도	비고
오! 뉴욕2001	이용수	이용수	이용수	2001	
슈퍼댁 씨름대회 출정기	김명자	김명자	김명자	2001	
스타크래프트대전	박태오	박태오	박태오	2001	
나는 또라이인지도 모른다	김수미	김수미	이외수	2002	
혹부리영감	김정은 바닥소리	김정은 최용석 고관우	김정은 바닥소리	2002	
바닥소리가	바닥소리	바닥소리	바닥소리	2002	
토끼와 거북이	최용석/박애리 바닥소리	최용석 박애리 바닥소리	최용석/박애리 바닥소리	2002	
해님 달님	류수곤	류수곤	류수곤	2002	
환경파괴자 변학도를 잡아들이다	바닥소리	바닥소리	바닥소리	2002	
가슴 아픈 사랑이야기	바닥소리	바닥소리	바닥소리	2002	
바퀴벌레 약국의사	김선미	이자람 외	타루회원	2002	연출:민경준
구지가	이자람	이자람	이자람	2002	
과자가	박지영	박지영	박지영 타루공동	2002	
미선이와 효순이를 위한 추모가	박성환	박성환	박성환	2002	
우리집 강아지 뭉치이야기	정대호	정대호	정대호	2003	
똥바다 미국버전	이규호	이규호	이규호	2003	
눈먼 부엉이	정유숙	정유숙	정유숙	2003	
재미네골 이야기	김수미	김수미	연변전래설화	2003	
아빠의 벌금	이덕인	이덕인	박성환	2003	
백두산 다람쥐	박성환	박성환	박성환	2003	

제목	작창/작곡	소리꾼	작사	연도	비고
장끼전	김연주	조영제	실전판소리 <장끼전> 각색	2003	
슈퍼마징가 며느리	김명자	김명자	김명자	2003	
스마트 폭탄가	바닥소리	바닥소리	최용석	2003	
나무야 나무야	타루	타루	각색	2003	
북 견우 남 직녀	백금렬	김명자	백금렬 김명자	2003	
북 치는 걸	박해경	박해경	박해경	2003	
고스톱가	박태오	박태오	박태오	2003	
판소리 풀이	허종렬	허종렬	허종렬	2003	
구라구라 메트리스	이상현	이상현	이상현	2003	
우리집 강아지 뭉치이야기	정대호	정대호	정대호	2003	
난세영웅 조조	우지용	우지용		2003	
경계인	이명국	서혜성		2004	
다산 정약용전	이규호	이규호	이규호	2004	
허난설헌전	정유숙	정유숙	정유숙	2004	
빙허각 이씨전	바닥소리	바닥소리	바닥소리	2004	
밥만큼만 사랑해	타루	타루	타루	2004	
황선비 치매 퇴치가	윤충일	윤충일	김상규	2004	
오공씨 불황 탈출기	이영태	이영태	김병준	2004	
번호표	박성환	박성환	박성환	2004	
호질	이덕인	이덕인	각색	2004	
컴백홈	노영수, 김명자	김명자	노영수, 김명자	2004	
선녀와 나뭇꾼	이일규	이일규	각색	2004	
아빠와 곰보빵	이은우 김명자	이은우 김명자	이은우 김명자	2004	
문고리 잡고 옹헤야	이상현	이상현	이상현	2004	
酒까부다	정대호	정대호	정대호	2004	
월드컵전	류수곤	류수곤	류수곤	2004	
단가 타잔	김명자	김명자	각색	2004	
짝퉁 수궁가	김명자	김명자	김명자	2004	

제목	작창/작곡	소리꾼	작사	연도	비고
얼짱이 사랑가	이연주	이연주	김병준	2004	
새해야 남자	이영태	이영태	김병준	2004	
엉터리 천자문	서정금	서정금	김은경	2004	
원피스	서정금	서정금	김은경	2004	
풍여사 신청춘가	최용석	최용석	김상규	2004	
호랑이와 구름과자	박태오	박태오	박태오	2004	
제비꽃	김수미	김수미	각색	2004	
아기공룡 둘리가	박애리	김해람	김은경	2004	
동희의 판소리 여행기	김수미	김수미 민동희	김수미	2004	
큰딸	김나령	김나령	김나령	2004	
우주탐정 자브리	서미화	서미화	서미화	2004	
10대 애로가	남상일	남상일	김상규	2004	
노총각 거시기가	남상일	남상일	김은경	2004	
금도끼 은도끼	김문희	현미, 김문희	김문희	2005	
이순신가	김영옥	김영옥	김세종, 김준옥	2005	
대고구려	박성환	박성환	박성환	2005	
백두산 다람쥐	김지영	김지영	김지영	2005	
독도 충렬가	안숙선	안숙선	안숙선	2005	
횡성댁 쌀타령	김지희	김지희	김지희	2005	
통일은 우리 손으로	이일규	이일규	이일규	2005	
독도야, 독도야	황미란	황미란	황미란	2005	
쑥태머리(불량인간 회한가)	길둑시인	길둑시인	길둑시인	2005	기존판소리 바꿔부르기
안 알려 줘	박태오	박태오	박태오	2005	
새만금 이야기	바닥소리	바닥소리	바닥소리	2005	
화산논검	장인완	장인완	장인완	2005	
큰일좀 봅시다	김명자	김명자	김명자	2005	
나는 광대	고금자	고금자	고금자	2005	
가운의 위기에서 영광으로	오점순	오점순	오점순	2005	

제목	작창/작곡	소리꾼	작사	연도	비고
내다리 내 놔	바닥소리	류수곤	전래동화 각색	2005	
또랑 설장고	이상현	이상현	이상현	2005	
강아지 똥		이은우	원작: 권정생	2005	
비가비 명창 권삼득	최용석	최용석	김상규	2005	
조롱박에 잎 띄우고	서정민	서정민	박미영	2005	
다섯 개의 무덤	이덕인	이덕인	김용배	2005	
첫날밤에 있었던 일	박애리	박애리	유영대	2005	
나옹과 요괴의 대결	박애리	박애리	김은경	2005	
일곱살 검객, 황창랑	남상일	남상일	김은경	2005	
꼭두쇠 여인, 바우덕이	남상일	남상일	김은경	2005	
붓통에 숨긴 목화씨	최용석	최용석	김상규	2005	
너무도 못생긴 춘향	남상일	남상일	김은경	2005	
무지개가 생긴 이유	이덕인	이덕인	김상규	2005	
여걸 소서노	서정민	서정민	박미영	2005	
포도대장을 이긴 대도	김수미	김수미	김용배	2005	
한봉사 한겨레신문 읽다가 눈뜬 대목	유재관 지정남	유재관 지정남	유재관 지정남	2005	
청개구리 이야기	타루	타루	타루	2005	애니메이션
연해주 길마중	고려인 '아리랑가무단' 러시아민속예술단 '라두'	고려인 '아리랑가무단' 러시아민속 예술단 '라두'		2005	
518 싸움타령	윤세린	윤세린	윤세린	2006	
홍보네 가족의 518 체험기	최선미 강나루	최선미 강나루	최선미 강나루	2006	
심봉사와 뺑파의 5월	봉선화 지나희	봉선화 지나희	봉선화 지나희	2006	
단가 용비어천가	정회석	정회석	용비어천가	2006	
샛별이 변태되다	김명자	김명자	김명자	2006	
아줌마 월드컵	김명자	김명자	김명자	2006	
나라 구한 방귀 며느리	바닥소리	바닥소리	바닥소리	2006	

제목	작창/작곡	소리꾼	작사	연도	비고
이상한 우리 딸	박애리	박애리	김은경	2006	
서동가	이일주 김연	김연	이병천	2006	
치악산 꿩 이야기	정대호	정대호 또랑광대	정대호	2006	
오세암	김은경	박애리		2006	애니판소리
유랑가족	최용석	최용석	원작: 공선옥 각색: 최용석	2006	
공과장의 꿈	안계린		김정군	2006	연변판소리 연구소 공연
초보 운전	유민희	남상일	유민희	2006	
독도	박미정	박미정	박미정	2006	
판소리 리플가	류수곤	류수곤	류수곤	2006	
용비어천가	정회석	정회석		2006	
호질	정회석	정회석		2006	
개 콧구멍	김경호 장문희	김경호 장문희		2006	
오대산 한암가	조영재	조영재		2006	

그동안 선보인 창작판소리를 소재나 주제적인 측면에서 분류해 보면 다음의 세 부류로 나누어 볼 수 있다.

(1) 전래설화·소설에 기반한 이야기

김정은 〈혹부리 영감〉, 류수곤 〈햇님 달님〉, 정유숙 〈눈먼 부엉이〉, 최용석·박애리 〈토끼와 거북이〉 등이 여기에 해당한다. 정유숙의 눈먼 부엉이〉는 고전소설 〈황새결송〉을 바탕으로 짠 것이며, 그 외 작품은 전래 설화에 기반한 것이다. 이들 작품들은 대부분에게 친숙한 이야기 구조로 되어 있다는 점에서 보편적 공감을 얻기에 유리한 조건을 지니고 있다. 사설의 짜임 방식도 전통판소리의 그것에 매우 근접해 있다. 〈토끼와 거북이〉를 예로 들어보면, 〈산토끼〉의 노랫말인 "산토끼 토끼야 어디를 가느냐 깡충깡충 뛰면서 어디를 가느냐"가 자진모리로 불리는데, 이는 일종의 삽입가요에 해당한다고 할 수 있다. 꿈속에서 이긴 토끼가 아이스크림을 고르는 장면에 나오는 "망고탱고, 체리 쥬빌레, 슈팅스타, 베리베리 스트로베리, 피스타치오, 아몬드 봉봉 이야 신난다!"와 같은 표현은 여러 가지 사물을 나열하며 주워섬기는 판소리적 표현방식이다.

전래설화를 판소리화하는 작업은 아동을 위한 판소리라 할 수 있는 이른바 '동가童歌' 혹은 '아해가', '아이소리'의 정립을 목표로 진행되고 있기도 하다. 앞으로도 어린이를 위한 판소리 창작이 지속적으로 이루어질 것으로 기대되는바, 이는 교육적 측면에서도 매우 유용한 의미를 지닐 수 있을 것이다.

(2) 소시민적 꿈과 아픔을 다룬 작품
김명자의 〈슈퍼댁 씨름대회 출정기〉와 이덕인의 〈아빠의 벌금〉 등이 여기에 해당한다.

〈슈퍼댁 씨름대회 출정기〉에서 작품의 중심인물인 슈퍼댁은 말 그대로 슈퍼를 운영하면서 남편과 자식을 뒷바라지하며 살아가는 평범한 주부이다. 김치냉장고가 있으면 사시사철 가족들이 맛난 김치를 먹을 수 있겠지만 집안이 넉넉하지 못해 마련하지 못하고 있던 터였는데, 마침 일등 상품으로 김치냉장고를 내 건 씨름대회가 있다는 사실을 알게 된다. 그때부터 체력보강훈련을 하고 마침내 대회에 출전해서 선전했지만, 결승전에서 전주댁에게 져 김치냉장고 대신 컴퓨터를 상품으로 받는다는 내용으로 되어 있다. 〈슈퍼댁 씨름대회 출정기〉는 소시민적인 소박한 꿈을 골계적으로 표현한 작품으로, 약 15분 소리 분량으로 짜여져 있다.

〈아빠의 벌금〉은 소시민적 삶을 살아가고 있는 이우연이라는 주인공이 안전벨트 미착용으로 벌금을 물게 되자 이 문제를 해결하려다가 도리어 더 많은 벌금을 물게 되어 결국에는 감옥까지 가게 된다는 이야기로, 이우연의 딱한 사정이 방송을 통해 알려지자 많은 사람들이 후원금을 내어 결국 주인공이 석방되는 것으로 결말을 맺고 있다. 전통판소리 사설짜임의 방식을 활용하여, 박봉으로 근근이 살아가는 주인공이 현실세계의 완강한 질서와 맞서다 상처만 받게 되는 상황을 잘 그려내고 있다. 다만 상황 설정이 다소 비현실적이고 교훈적 결말로 끝맺음으로써 작품의 주제의식이 뚜렷하게 형상화되지 못하고 있다는 점이 아쉽다.

전형적 인물의 구체적 형상화와 보편적으로 공감할 수 있는 서사적 갈등의 설정을 통해 우리 시대 소시민의 꿈과 아픔이라는 주제를 잘 구현해 낼 수 있다면 창작판소리로 성공할 가능성이 매우 높다고 생각한다.

⑶ 시대적·정치적 풍자의 성격이 강한 작품

이규호의 〈똥바다 미국버전〉, 이자람의 〈구지 대한민국〉, 박성환의 〈미선이와 효순이를 위한 추모가〉와 〈백두산 다람쥐〉 등이 이에 해당한다. 이규호의 〈똥바다 미국버전〉은 임진택이 이미 부른 바 있는 김지하 원작 〈똥바다〉를 개작한 것이다. 미국버전이라는 제목에서 알 수 있듯이, 일본인 '좃도마떼' 대신 현재 미국 대통령인 '조지 부시'를 주인공으로 내세워 미국의 제국주의적 행태를 신랄하게 풍자한 것이다. 이자람의 〈구지 대한민국〉은 여성과 남성의 성차별문제를 다룬 작품으로, 작중 상황이 다소 안이하게 설정되어 있다는 문제점이 있으나 연극적 기법을 적극 활용하여 모놀로그 방식으로 공연한 그 실험정신이 돋보인다. 박성환의 〈미선이와 효순이를 위한 추모가〉는 미군 장갑차에 치여 죽음을 당한 미선이와 효순이의 원혼을 달래는 내용으로 되어 있는 작품이다. 그리고 〈백두산 다람쥐〉는 일종의 우화적인 작품으로, 우리 민족을 백두산 다람쥐, 미국을 늑대로 상정하여 결국 늑대가 궤멸된다는 내용으로 되어 있다.

이밖에, 현대문명의 상징이라 할 수 있는 컴퓨터 게임을 소재로 한 박태오의 〈스타대전 중 '저그 초반 러쉬 대목'〉, 이외수의 자전적 작품을 판소리화한 김수미의 〈나는 또라이인지도 모른다〉 등이 주목할 만하다.

21세기에 들어와 '갑자기'라고 해도 좋을 만큼 전대와는 비교할 수 없을 정도로 많은 새로운 판소리의 정립과 확산을 위한 노력들이 쏟아져 나오고 있는 것은 판소리의 위기를 역설적으로 반영하고 있는 현상으로, 새로운 길을 찾지 않고 전통 작품만 고수해서는 판소리가 이 시대의 살아있는 예술로 살아남을 수 없다는 절박한 문제의식의 산물인 셈이다.

그런데 새롭게 소개되고 있는 창작판소리의 수가 많아지고 있는 것과 비례하여 작품의 수준이 높아지고 있다고 보기는 어렵다는 데 고민이 있다. 말하자면 현재 다각적으로 이루어지고 있는 실험적인 작업들은 가능성과 한계를 동시에 지니고 있는 것이다. 시대정신을 담아내고 청중과의 교감을 중시해야 한다는 문제의식은 매우 소중하다. 판에서 마주하게 되는 청중의 적극적인 반응은 신기성에 대한 호기심 혹은 사설을 알아들음으로써 형성되는 공감대에서 비롯되는 측면이 크다. 그러나 소리꾼이 여기에 만족해서는 안 된다. 소리 공력을 쌓는 일을 게을리 해서는 안 되기 때문이다.

5) 2007~현재

2000년대 초반에 이전 시기와 비교할 수 없을 정도로 많은 창작판소리가 등장했지만, 어떤 면에서 보면 실험적인 성격이 강한 작품이 많은 비중을 차지하고 있었다고 해도 과언이 아니다. 그런데 2007년 이후 전문적인 소리꾼들에 의한 창작판소리가 본격적으로 등장하기 시작하면서 창작판소리는 질적으로 한 단계 도약하는 양상을 보인다. 그리고 이는 곧 예술성을 지닌 수준 높은 작품이 출현했음을 의미한다. 먼저 이 시기에 공연된 창작판소리를 목록화 하여 제시하면 다음과 같다.[13]

---

13 한 사람의 소리꾼과 한사람의 고수가 판을 짜 나가는 전통 판소리의 양식과 달리, 극적 성격이 강해서 '창작판소리'의 범주에 포함하는 것이 적절한지 따져 보아야 할 작품도 일단 망라해서 정리했다. 이른바 '국악 뮤지컬' 혹은 '판소리 뮤지컬' 등의 이름으로 공연한 작품이 이에 해당한다. 그렇지만 판소리의 음악 어법에 기반하여 창작했다는 점에 주목하여 목록에 포함했다. 양식의 문제에 대해서는 별도로 심도 있는 논의가 필요하다고 생각한다.

제목	작창/작곡	소리꾼	작사	연도	비고
사천가	이자람	이자람	원작: 브레히트 <사천의 착한 선인들> 각색: 이자람	2007	연출: 남인우
하회가	신명희	신명희		2007	
경민의 일기	유민희	이봉근	유민희	2007	
쌀타령	예술공장 두레	예술공장 두레		2007	
뉴욕 스토리		최용석 현미 김송		2007	연출:박은희
왕과 장금	이용수	이용수	이용수	2007	
유정의 사랑	조상현	조동언	최기우	2008	
되고송	남상일	남상일		2008	KBS2 '시사투나잇'의 '시사난타' 코너에서 부름
판소리로 만나는 겸재	권아신	권아신		2008	
심봉사 놀다歌	작창: 김수희 편곡: 김만석	김수희 조경자	김은정	2008	
시간을 파는 남자	타루	김용화 권아신 박은정 권송희 이소연 안이호 이성희	원작: 페르난도 트라이스 데 베스 극본: 이가현	2008	연출: 민경준
요산 김정한	김영서	김영서	김영서	2008	요산 김정한 탄생 100주년 기념공연
통일의 노래, 독도는 우리 땅	김연	김연		2009	
뎅뎅뎅 솔뫼곡 이야기	권아신	권아신 박선혜 오충섭 황선영	원작: 권정생 각색: 고순덕	2009	연출: 민경준
백범 김구	임진택	임진택	임진택	2009	
나니의 고백	유민희	김나니	유민희	2009	
닭들의 꿈, 날다	류수곤	바닥소리	김수형 최용석	2009	
신흥부가: 흥부네 대박났네	작창: 남상일 편곡: 김만석	남상일	대본: 김은경	2009	

제목	작창/작곡	소리꾼	작사	연도	비고
월매 사모가	박애리	박애리		2009	
판소리 모노드라마 바리데기 바리공주	신현정	조정희	김수형	2009	
유정의 사랑	조상현	박양순	최기우	2009	
대추씨 영감 난리 났네	김명자	김명자	김명자	2009	
삭개오전		이지호		2009	
김주열 열사가	이난초	이난초 외 남원시립국악단원 7명	김주열열사기념사업회	2010	
부산의 돈타령		국립부산국악원	김세종	2010	
아기돼지 삼형제	타루	타루	타루	2010	
치우천황의 탁록대첩	이용수	이용수	이용수	2010	
뉴욕스토리	최진숙 김규형	최진숙 김규형 최희원	박은희	2010	
계백장군가	김남수	김남수		2010	
억척가	이자람	이자람	이자람	2011	연출: 남인우
광주는 빛입니다		윤진철 외 광주시립국극단원	원작:고은	2011	
쥐왕의 몰락기	최용석	최용석	최용석	2011	
조선의 패션디자이너 앙드레 삼월이	김소진	김소진 이향하 김홍식 안복진	정민선	2011	연출: 오루피나
남한산성	임진택 한승석	임진택 한승석	임진택	2011	
간밤 이야기	황호준	고관우 민은경 현미	원작:최용석 극작:임영욱	2011	연출: 임영욱
허세가	이승희	판소리 만들기 자	원작: 안데르센 동화 <벌거벗은 임금님> 극본: 김유진	2011	
소리It수다	바닥소리	바닥소리	바닥소리	2011	
서정금의 모노판소리 정금씨&호박씨	안은아	서정금 남상일 김미진		2011	연출: 정길만
전주 맛타령	정민영	정민영	최기우	2012	

제목	작창/작곡	소리꾼	작사	연도	비고
노란 바람개비의 노래	왕기석	왕기석		2012	
진채선	박경훈 손다혜 김용화	타루	이정규 이가현	2012	
날아라 에코맨	김봉영	김봉영	오미영	2012	
한 맺힌 다이어트	최재구	최재구	최재구	2012	
전주막걸리가	이용선	이용선		2012	
오목대가	방수미	방수미		2012	
전주사투리가	왕기석	왕기석		2012	
전주천가	방수미	방수미		2012	
유정의 사랑	조상현	김민정	최기우	2012	
칠두령가	서화석	서화석		2012	
꿈	조경곤 정창교	조경곤	조경곤 정창교	2012	
판소리, 레인부츠를 신다	타루	송보라 조엘라 서어진 이원경	타루	2012	연출: 정종임
운현궁 로맨스	타루	타루	경민선	2012	
바투	김승진	이상화 김봉영	구혜미	2012	
아닉쉬짜이의 솔숲	박인혜	박인혜		2013	
비단치마	박인혜 유찬미	박인혜	임영욱	2013	
판소리 쑈우		오영지		2013	
광대열전		박건 임인환 정민영 차영석 황애리	경민선	2013	퓨전코믹 판소리극
기차역이야기	권송희	권송희	권송희	2013	
새내기 첫사랑	이효녕	이효녕	이효녕	2013	
내사랑 내곁에	정지혜	정지혜	정지혜	2013	
탄생가	방아영	방아영	방아영	2013	

제목	작창/작곡	소리꾼	작사	연도	비고
B사감과 러브레터	박은비	박은비	원작: 현진건 대본: 박은비	2013	
마재풍경가	양은희	양은희	김세종	2013	
출세가	전태원	전태원	박정봉	2013	
운우풍뢰전		꿈꾸는 씨어터		2013	
달려라, 아비	이성희	이성희	김애란	2014	
별소릴 다 하네	김대일	김대일	지기학	2014	
판소리 단편선 주요섭의 <추물>/<살인>	이자람	이승희 김소진	원작: 주요섭 극본: 이자람	2014	연출: 박지혜
나 아줌씨 이야기	정지혜	조준희	장현옥 왕규식 정지혜	2014	'아리수' 3집 음반에 수록.
눈 먼 이야기꾼의 심학규 이야기	김봉영	김봉영	김봉영	2014	
판소리 햄릿 프로젝트	타루	송보라 조엘라 이원경 최지숙	원작: 세익스피어 <햄릿> 각색: 박선희	2014	연출: 박선희
바리 abandoned	정재일	한승석	배삼식	2014	
임꺽정이 백두산 가는 대목		서동율	홍명희	2014	
심철종의 한평극장	김명자	김명자	김명자	2014	
봄봄		남상일		2014	
방탄철가방: 배달의 신이 된 사나이	황호준 최용석	최용석	최용석	2014	
맹골도 앞바다의 깊은 슬픔	정철호	안숙선 김수연	도종환	2014	
초혼가	왕기석	왕기석		2014	
울산이야기	김미경	김미경	김미경	2014	
유정의 사랑	조상현	박양순	최기우	2014	
판소리 독, 톡하다	손다혜	김성범 선영욱 김용화 송보라 이원경 서어진 최요한 유용현	이양구	2014	국악뮤지컬
안이호가 부르는 별주부전 이야기 아니오	안이호	안이호	경민선	2014	음악감독 및 연출:노선락

제목	작창/작곡	소리꾼	작사	연도	비고
이방인의 노래	이자람	이자람	원작: 마르케스 <대통령 각하, 즐거운 여행을!> 대본: 이자람	2014	
판소리 단편선 주요섭의 <추물/살인>	이자람	김소진 이승희	원작: 주요섭 대본: 이자람	2014	
상남자 처용	김미경	김미경		2014	
바투	김봉영 이상화	김봉영 이상화		2015	
소녀의 꿈	유민희	김수미	조은미	2015	
판소리 사투리가	왕기석	왕기석		2015	
마술피리	작창: 김용화 작·편곡: 손다혜	김용화 송보라 조엘라 이성희 김성환 서어진	원작: 시카네더 대본: 조정일	2015	국악뮤지컬 연출: 전인철
유월소리	안숙선	안숙선	오세혁	2015	
장태봉	박민정	박민정	이가현	2015	
소리Book사려	바닥소리	최용석 정지혜 김은경 이승민	바닥소리	2015	
대한제국 명탐정 홍설록	김승진	고영열 김은경 서어진 신유진 이승민 지향희	최용석	2015	
안네의 일기	이소연	이소연		2015	연출: 유기영
제비 몰러 나간다 : 명창 박동진전	김봉영	김봉영		2015	
홍랑가-75일간의 마침표	이원경	이원경	이원경	2015	
산 자의 영웅담 죽은 자의 넋두리	안이호 김선	안이호	판소리 <적벽가> 각색	2015	
열여덟 짧은 생애-심자란	김미경	김미경	임영욱	2015	
나 아줌씨 이야기	정지혜	유슬기	장현옥 왕규식 정지혜	2015	
용담가	황애리	황애리		2015	
전주가	유태평양	유태평양	최기우	2015	

제목	작창/작곡	소리꾼	작사	연도	비고
모던 심청	권송희	권송희		2015	
같거나 다르거나 춘향가	박인혜	박인혜	박인혜	2015	
여보세요	이승희	이승희 이향하	김애란 이자람	2016	
아워 타운	이자람	이자람	원작: 손톤 와일더 각색: 이자람	2016	
운수좋은 날	김유리	오영지	원작: 현진건 대본: 김유리	2016	
코 없는 벅수	김동준	김동준	엄수경	2016	
강마을	이주은	이주은	정약용	2016	
그날이 오면	박인혜	박인혜	심훈	2016	
필경사 바틀비	희비쌍곡선	박인혜	허먼 멜빌	2016	
가지가 나무를 그리워하듯		유태평양		2016	
제비씨의 크리스마스	정지혜	바닥소리	최용석	2016	
검정개미 탄생설화	최용석	최용석		2016	
순실가	최용석	최용석	최용석	2016	
계백가	박인혜	박인혜		2016	
해군 판소리	해군 국악대	해군 국악대	해군 국악대	2016	
그네가-최순실편	고양곤	고양곤		2016	
新상수동 토끼전	희재	희재		2016	
이성계와 정몽주의 이야기	이정원	이정원		2016	
수궁가가 조아라	조아라	조아라		2016	
오색 움직씨	창극 프로젝트 소리치다	창극 프로젝트 소리치다		2016	옴니버스 소리극
다산 정약용	임진택 송재영 이재영	임진택 송재영 이재영	임진택	2017	
복면가객 권삼득	유민희	정승준 김은경 조정규	문숙현	2017	

제목	작창/작곡	소리꾼	작사	연도	비고
이제사 꽃이 보인다	황혜정	오영지	원작: 김서령 <여자전> 대본: 황혜정	2017	
봄봄	김명자	김명자	각색	2017	
완주가	김나연	김나연		2017	
소리꾼과 피노키오	원세은	김송, 정승희	각색	2017	판소리 동화
광주교도소의 슈바이처, 닥터 2478	박승원	김은경 이서희	최용석	2017	
이상한 나라의 이야기, 앨리스뎐	정지혜	정지혜	정지혜	2017	
경성스케이터	바닥소리	정지혜 김부영 김은경 이승민	경민선	2017	
판소리 갈릴리 예수	류형선	이선희 이봉근	류형선	2017	
심봉사 성남출장歌	김나니 남상일	김나니 남상일		2017	
윤상원歌	임진택	임진택 송은영 안지영 이제학 정소정 함승우	임진택	2017	
궁예가		이승민		2017	
광부-두 사람 이야기	이승민	이승민	이승민	2017	
황금사과	오영지	오영지	원작: 요한 스테른홀름 구성: 권은실	2017	판소리 발레극
제주가	권미숙	권미숙	권미숙	2017	단가
익산가	이다은	이다은	이다은	2017	
정조가	서어진	전태원 신유진 서어진 윤영진	극작: 김세한 각색: 박정봉	2017	
지포선생가	방수미	방수미	김병기	2017	

이 시기 창작판소리와 관련하여 주목할 만한 현상은 진작부터 활동해 왔던 소리꾼들의 지속적인 활동상이다. 〈똥바다〉, 〈오월 광주〉 등 의미 있는 창작판소리를 선보인 바 있는 임진택은 한동안 활동이 뜸하다가, '창작판소리 12바탕 추진위원회' 위원장을 맡으면서 2009년 〈백범 김구〉 공연을 비롯하여 2011년 〈남한산성〉, 2017년 〈다산 정약용〉과 〈윤상원가〉 등 역사 인물 이야기를 소재로 한 일련의 작품을 공연했다. 그리고 앞으로 〈안중근〉, 〈전봉준〉, 〈전태일과 어머니〉, 〈판소리 한글〉(훈민정음), 〈현대판 흥보가〉 등을 더하여 '12바탕' 창작판소리 공연 계획을 지니고 있다.

바닥소리 대표 최용석은 지속적으로 의미 있는 작품 활동을 보여 주고 있다. 〈방탄철가방, 배달의 신이 된 사나이〉는 5·18 이야기를 작품화 한 것이다. 철가방을 들고 광주를 종횡무진하던 짜장면 배달의 신 최배달은 그가 목격하고 경험한 5·18 이야기를 통해서 당시 광주 사람들의 삶의 이야기를 펼쳐 보이고 있다. 최배달의 삶을 통해 현대사의 중요한 국면을 포착해 낸 이 작품은 수준 높은 예술성과 완성도를 보여 주고 있다.

중앙대학교 교수로 재직하면서 피아니스트 정재일과 함께 시대를 호흡하는 소리를 지속적으로 만들고 있는 한승석과 국립창극단 단원으로 활동하다가 단원생활을 그만두고 대중적인 활동을 활발하게 수행하고 있는 남상일 또한 2000년대 이후 지금까지 지속적으로 소중한 성과를 보여주고 있는 대표적인 소리꾼이다.

20대 후반~30대 후반에 속하는 대표적인 소리꾼으로서 이 시기에 의미 있는 성과를 선보인 대표적인 사례로, 〈사천가〉 등 주목할 만한 성과를 보인 이자람을 비롯하여, 이봉근, 김봉영, 권송희, 김대일, 오영지, 박인혜, 이효녕, 김나니, 방아영, 정지혜, 권아신, 이승민 등을 꼽을 수 있다. 이들은 전통판소리를 충실히 학습한 전공자이면서, 전통에만 얽매이지 않고 동시대 청중과 소통하는 판소리 문화를 만들어 가고자 하는 강한 열망을 지니고 있다. 그리고 개인적으로 활동하는 경우도 있지만 팀을 조직하여 활동하는 사례도 많이 있다.

이 가운데 가장 주목해야 하는 소리꾼이 바로 이자람이다. '타루' 회원으로 활동할 때부터 창작판소리를 부르면서 역량을 입증했던 이자람이 이 시기에 선보인 가장 주목할 만한 작품은 〈사천가〉와 〈억척가〉라고 할 수 있다. 두 작품은 무엇보다도 대중성 확보에 성공했다. LG아트센터와 같은 대형 무대에서 공연했으며, 거의 모든 공연마다 관객들이 몰렸다는 사실이 그 점을 잘 말해 준다. 두 작품의 주요 공연 연보를 제시하면 다음과 같다.

	작품명	일시	장소	기획·제작
1	사천가	2007. 11. 30. 12.2.	정동극장	정동극장
2	사천가	2008. 5. 24. 25	의정부 예술의 전당 소극장	의정부 국제음악 축제
3	사천가	2008. 7. 4 - 6	두산아트센터	두산아트센터
4	사천가	2009. 9. 4. 20	두산아트센터	두산아트센터
5	사천가	2009. 10. 14	국립극장 별오름극장	판소리 만들기 '자'
6	사천가	2010. 5. 26	Poland Toru	International teatre festival kontakt / 판소리 만들기 '자'
7	사천가	2010. 7. 3.11	예술의 전당 자유소극장	판소리 만들기 '자'
8	사천가	2010. 9. 25	시카고 다운타운 현대미술박물관	판소리 만들기 '자'
9	사천가	2010. 9.	워싱턴 한미 페스티발	
10	사천가	2010. 9. 28	LA한국문화원 3층	판소리 만들기 '자'
11	사천가	2010. 10. 3	한국소리문화의전당 명인홀	전주세계소리축제/판소리 만들기 '자'
12	사천가	2010. 11. 12	동구문화체육회관	판소리 만들기 '자'
13	사천가	2011. 1. 10	뉴욕시립대학교 대학원센터 마틴 E. 시걸 시어터	판소리 만들기 '자'
14	사천가	2011. 1. 11	뉴욕한국문화원	판소리 만들기 '자'
15	사천가	2011. 3. 13. 18	Paris, Theater of Abbesses	판소리 만들기 '자'
16	사천가	2011. 3. 13. 18	Lyon, TNP Theatre National Populaire	판소리 만들기 '자'
17	사천가	2011. 7. 8. 29	Avignon, Theater of HALLES	판소리 만들기 '자'
18	사천가	2011. 10. 16	Poland, Górnym Śląsku!	판소리 만들기 '자'
19	사천가	2011. 10. 20. 30	백암 아트홀	판소리 만들기 '자'
20	사천가	2012. 4. 6. 7	부평아트센터 해누리 극장	판소리 만들기 '자'

21	사천가	2012. 7. 7. 8	KB청소년 하늘 극장	판소리 만들기 '자'
22	사천가	2012. 8. 11	꿈의숲 아트센터 퍼포먼스홀	판소리 만들기 '자'
23	사천가	2012. 9. 1	유앤아이센터 화성아트홀	판소리 만들기 '자'
24	사천가	2012. 9. 15. 16	영화의 전당 내 하늘연극장	판소리 만들기 '자'
25	사천가	2012. 2. 23. 24	성남아트센터 앙상블시어터	판소리 만들기 '자'
26	사천가	2013. 4. 19. 20	과천 시민회관 대극장	판소리 만들기 '자'
27	사천가	2013. 7. 9. 8. 4	충무아트홀 중극장 블랙	판소리 만들기 '자'
28	사천가	2013. 9. 28. 29	경기도문화의전당 아늑한 소극장	판소리 만들기 '자'
29	사천가	2013. 12. 6	현대예술관 대공연장	판소리 만들기 '자'

	작품명	일시	장소	기획 · 제작
1	억척가	2011. 5. 20 · 22	의정부 예술의 전당 대극장	판소리 만들기 '자'
2	억척가	2011. 6. 14. 19	LG 아트센터	판소리 만들기 '자' · LG 아트센터 · 의정부 예술의 전당
3	억척가	2011. 10. 25. 27	LG 아트센터	판소리 만들기 '자'
4	억척가	2012. 5. 11. 17	LG 아트센터	판소리 만들기 '자'
5	억척가	2012. 11. 8. 9	Lyon, TNP Theatre National Populaire	판소리 만들기 '자'
6	억척가	2012. 12. 6	루마니아 클루즈나포카 헝가리언 극장	판소리 만들기 '자'
7	억척가	2012. 12. 14. 15	포은아트홀	판소리 만들기 '자'
8	억척가	2012. 12. 29	고양어울림누리 어울림극장	판소리 만들기 '자'
9	억척가	2013. 3. 15. 16	부산 영화의전당 하늘연극장	판소리 만들기 '자'
10	억척가	2013. 3. 24. 25	브라질 SESC	판소리 만들기 '자'
11	억척가	2013. 3. 28. 29	브라질 꾸리찌바 연극제	판소리 만들기 '자'
12	억척가	2013. 5. 10. 11	의정부예술의전당 대극장	판소리 만들기 '자'
13	억척가	2013. 10. 25. 27	LG아트센터	판소리 만들기 '자'

〈사천가〉와 〈억척가〉는 초연 이후 지금까지 지속적으로 공연되고 있으며, 공연할 때마다 전석이 거의 매진될 정도로 인기를 누리고 있다. 그리고 소리꾼 이자람은 판소리 공연뿐만 아니라 뮤지컬, 연극 작품에까지 활동 반경을 넓히고 있고, 여러 상을 수상한 바 있다. 그러면 이자람이 일련의 창작판소리 공연을 통해 이른바 스타로 부상하게 된 이유는 무엇일까?

이자람은 전통판소리를 비교적 충실히 공부한 학습꾼으로, 기초를 탄탄히 닦았다. 그리고 '타루'라는 단체를 이끌며 연기력을 키우고 실험적인 작업을 지속해 온 바 있다. 이자람은 타루 활동 외에도 개인적으로 진작부터 창작판소리 작업을 시도했다. 〈구지가〉가 그 대표적인 예이다.

작품 수준이 높다는 점도 중요하다. 주제의식, 사설의 짜임, 표현 방식 등의 측면에서, 〈사천가〉와 〈억척가〉는 일정 수준 이상의 성과를 보여주고 있다. 두 작품은 모두 브레히트의 희곡을 한국적으로 변용하여 원작과 구별되는 독자적인 작품 세계를 지니고 있다. 〈사천가〉는 브레히트의 희곡 〈사천의 선인들〉을 각색하여, 외모와 학력 그리고 물질에만 집착하는 세태를 풍자한 작품이다. 줄거리는 이러하다. 사천시에 나타난 신들은 그 곳에서 가장 착한 여자를 찾아다닌다. 우여곡절 끝에 찾아낸 여인은 '사천의 천사'라 불리우는 뚱녀 '순덕'이었다. 신들은 자신들에게 기꺼이 좁은 방을 내어준 순덕에게 감동해 돈을 주고 떠난다. 순덕은 그 돈으로 분식집을 차리고, 온갖 거지와 사기꾼들을 다 보듬어준다. 그러다 순덕은 우연히 사랑에 빠지게 된다. 하지만 그 남자마저 순덕을 이용하려 들 뿐이다. 순덕은 더 이상 착하게 살 수 없음을 깨닫고, 사촌오빠인 '남재수'로 변장해 무자비한 사업가로 성공한다. 그리고 마침내 순덕은 신들 앞에서 재판을 받게 된다.

〈억척가〉는 브레히트의 〈억척어멈과 그 자식들〉을 각색한 작품이다. 전쟁 속에서 살길을 구하는 억척스러운 사람들의 이야기로 한 명의 소리꾼과 악사들의 소리와 표정과 몸짓을 통해 전쟁의 표정을 역동적으로 전달하는 동시에 오늘을 사는 억척스러운 사람들의 애환을 담아낸 것이다. 〈억척가〉의 줄거리는 이러하다. 전남 시골 마을의 여인 '김순종'은 사소한 오해로 소박을 맞는다. 이후 예뱅을 거쳐 중국 한나라에

도착하고 아비가 다른 세명의 자식을 둔 김순종은 그들을 먹여 살리기 위해 전쟁 상인이 된다. 착하고 순박했던 이 여인은 전쟁의 소용돌이를 겪으며 거짓 상술로 가득 찬 억척스러운 여인이 되어 자식의 죽음도 모른체하는 비정한 어미로 변모해간다. 전쟁이란 극한 상황에서 인간이 느끼는 공포, 연민, 죽음, 분노, 슬픔 등 여러 감정들을 판소리 특유의 풍자와 해학으로 담아낸다. 이를 통해 '사람을 사람답게 만들지 못하고 억척스러워야만 살아남을 수 있게 만드는 것은 무엇인가?'를 질문한다. 이 작품은 이자람이 1인 15역을 소화하는 일인모노드라마이다.

원작이 지니고 있는 작품성을 훼손하지 않으면서, 등장인물이나 공간 배경 등을 한국적 상황에 맞게 재설정하여 지금 이곳의 청중들에게 전혀 낯설지 않게 다가갈 수 있게 한 것은, 두 작품의 커다란 장점이다.

이자람 개인의 역량이 차지하는 비중도 크지만, 그를 떠받치고 있는 기획, 제작의 힘도 매우 중요한 요소로 작용하고 있다. 판소리 만들기 '자'는 판소리를 토대로 새로운 작품을 창작, 공연하는 단체다. 청중과의 소통을 중시하는 판소리의 공연 문법을 잘 살리면서, 판소리 의 양식적, 미학적, 서사적 요소를 바탕으로 하여 새로운 공연예술작품을 창작하는 데 관심을 집중하고 있는 것이다. 판소리 만들기 '자'는 2007년 서울 정동극장에서 공연되었던 "숨쉬는 판소리 이자람: 판소리 브레히트 〈사천가〉"를 계기로 결성됐다. 판소리 만들기 '자'는 음악, 연극, 무용 등 다양한 분야에서 활발하게 활동하고 있는 젊은 예술가들로 구성되어 있다. 이 단체에서 이자람은 대본, 작창, 소리를 담당하며 리더로서 활동하고 있다. 또한 연출가 남인우는 한국전통설화를 토대로 한 아동청소년 연극 〈가믄장 아기〉로 세계적 호평을 받은 바 있다.

〈사천가〉와 〈억척가〉는 일인다역의 공연예술인 판소리의 본질적 특질을 이으면서도 극적 표현력을 보태어 일인모노드라마 양식이 보여줄 수 있는 재미를 최대한 발휘함으로써 동시대 청중들의 호응을 이끌어 냈다. 결국 전통판소리에 담겨 있는 예술적 표현 요소(성음, 미학, 표현 특질, 주제의식 등)를 제대로 익히는 데서 출발했을 때, 재창조 작업의 성공 가능성이 높아진다고 할 수 있다. 여기에 더해 기획과 연출 그리고 행정력 등의 조직적 뒷받침이 결합될 필요가 있는 것이다. 이자람은 우리 시대에도 판소리가 살아있는 예술로 충분히 거듭날 수 있음을 보여준 대표적인 사례라고 생각한다. 이자람 외에 전문적인 기량을 지니고 있으면서 의미 있는 활동상을 보이고 있는 소리꾼들이 많이 있다.

김봉영은 소리 실력뿐만 아니라 재담에도 능한 유능한 소리꾼이다. 그가 선보이는 창작판소리 〈눈 먼 사람〉은 판소리 〈심청가〉를 각색한 작품이다. 다양한 악기들로 반주함으로써 음악적 다양성을 추구했으며, 영상을 활용하여 심봉사의 감정을 섬세하게 표현함으로써 입체적인 표현을 시도했다. 이야기꾼의 시선으로 〈심청가〉를 재해석한 〈눈 먼 사람〉은 이 시대의 아버지상을 새롭게 모색하고 자본주의 사회와 욕망의 문제를 해학적으로 그리고 있다는 점이 특징이다. 그리고 〈날아라 에코맨〉은 2010년 전주 세계소리축제에서 창작 인큐베이팅 프로젝트 '소리오작교'에서 쇼케이스 형식으로 소개된 작품인데, 에코맨이 된 백수의 모습과 지구 온난화로 힘들어진 북극곰 가족의 이야기를 옴니버스 식으로 풀어가면서 지구는 모든 생명체의 것이라는 주제의식을 담고 있다. 다양한 악기 구성과 영상의 활용 등이 작품의 묘미를 더하고 있다.

오영지는 전통 판소리뿐만 아니라 전통에 기반한 판소리의 현대적 재창조 작업에도 많은 관심을 기울이며 실천적인 작업을 해오고 있는 소리꾼이다. 그의 〈운수좋은 날〉은 현진건 원작 소설을 판소리적 화법으로 작품화 한 것이다. 가야금을 두드리는 것으로 고수의 역할을 삼고, 상여소리 부분에서는 음악적 효과를 위해 가야금 병창으로 구성한 것이 특징이다. 〈이제사 꽃이 보인다〉는 김서령 원작 '여자전'(2007) 중 고계연 할머니의 이야기를 바탕으로 한 작품이다. 백화점집 막내딸이 지리산 빨치산으로 도망 다니게 된 사연을 이야기함으로써, 기구한 한 여자의 운명과 근현대의 아픔을 판소리화 한 것이다.

전문 작곡가에 의해 작곡된 창작판소리 작품이 본격적으로 등장하기 시작한 것도 이 시기의 중요한 특징이라 할만하다. '작창'과 '작곡'의 개념이 명확하게 구분되지 않은 채 혼용되는 면이 있지만, 이전까지 창작판소리는 주로 소리꾼에 의해 작창되는 방식으로 작품화 되었다. 여기서 '작창'은 전통 판소리 음악 어법을 응용한 것이라는 의미를 강하게 내포하고 있다. 전통 판소리의 음악어법을 창작 방법으로 활용하는 것은 매우 중요한 일이지만, 단순한 응용을 넘어선 창작 행위를 '작창'과 구별하여 '작곡'이라 할 수 있을듯하다. 국악 작곡가 가운데 주목할 만한 이로 유민희를 꼽을 수 있다. 유민희는 판소리 음악 어법의 본질을 잘 이해하고 있는 대표적인 국악 작곡가로, 그 실력을 인정받아 2017년 KBS 작곡 부문 대상을 차지한 바 있다. 1년간의 초보운전 경험담을 가사로 하여 판소리 음악어법을 중심으로 작곡한 〈초보운전〉, 3년간 사귀었던 연인과 헤어진 심경을 일기를 읽어 주듯 낭독한 후 판소리와 가요의 형식을 적절히 차용하여 작곡한 〈경민의 일기〉, 20대 중반의 여성에게 찾아 온 설레임의 감정을 판소리의 음악 어법으로 표현한 〈나니의 고백〉, 제37회 신악회 정기연주회 '위안부 할머니 울지 마세요'에서 초연된 〈소녀의꿈〉, 비가비 광대 권삼득의 일화를 작품화 한 〈복면가객 권삼득〉 등이 모두 유민희가 작곡한 작품들이다. 전통 판소리의 음악 어법을 정확하게 이해하고 있으면서 새로운 작품 세계를 구축할 수 있는, 역량 있는 작곡가의 역할은 앞으로도 더욱 커질 것으로 전망된다.

이 시기 창작판소리는 전통적인 판소리 공연 방식, 즉 한명의 소리꾼과 한명의 고수가 판을 짜나가는 방식을 지양하고 새로운 공연 방식을 추구하는 면모를 보이고 있다. 극적 양식의 지향, 여러 악기 구성을 통한 음악적 풍성함 추구, 판소리를 비롯한 다양한 음악 어법 수용 등이 그것이다. 전통 판소리의 본질을 '성음'에서 찾으려는 시각에서 본다면, 이러한 창작판소리는 바람직하지 않은 모습이라 치부할 수도 있다. 그렇지만 시대와 호흡하면서 동시대 청중과 소통하는 것이 중요하다는 관점에서 바라보면, 창작판소리는 판소리가 살아 있는 예술로 거듭날 수 있는 가능성을 충분히 보여주고 있다.

3. 마무리

창작판소리사를 검토하는 과정에서, 판소리 전승에 대한 위기의식은 이미 20세기 전반기에 노정되기 시작했으며, 창작판소리에 대한 관심이 촉발된 것 또한 판소리 전승에 대한 위기의식과 맞물려 진행되었다는 사실을 확인했다. 전통 판소리가 시대를 초월하여 고전으로 자리매김될 수 있는 이월가치를 지니고 있는 것이 사실이지만, 당대의 시대정신을 호흡하고 있지 못하다는 점과 사설이 난해하기 때문에 청중층에게 제대로 수용되고 있지 못하다는 점 등 때문에 역사적 장르로서의 판소리의 생명력이 언제까지 지속될 지에 대해서는 무어라 예측하기 어려운 상황이다. 현재는 제도적 장치의 지속적인 뒷받침 여부, 대중의 호응 여부 등에 따라 판소리의 미래가 규정되는 가변적인 상황이지만, 결국 판소리의 운명은 판소리의 전승 주체이자 교육담당자이기도 한 명창들의 의지에 달려있다고 생각한다.

전통은 새로운 창조가 동반되었을 때 당대적 의의가 있다. 고정된 전통, 박제화 된 전통은 유물로서의 의의만 있을 뿐이다. 본래 새로운 사설을 만들고 음악적 기법을 개발하는 일은 판소리의 본질에 속한다. 더늠의 확대를 통해 끊임없이 작품의 예술적 완성을 추구해 온 판소리사가 그것을 증명한다. 그럼에도 불구하고 오늘날 판소리는 〈춘향가〉·〈심청가〉·〈수궁가〉·〈흥보가〉·〈적벽가〉를 중심으로 전승되고 있을 뿐, 현실의 문제를 형상화한 작품을 판소리화 하는 작업이 본격적으로 제대로 이루어지고 있다고 말하기 어렵다.

사실 판소리의 재창조라는 측면에서 시대의식을 담은 창작판소리의 활성화가 매우 긴요한 과제라 하더라도, 그러한 작업이 그리 쉽지만은 않다는 데 현실적인 고민이 있다. 그동안 불렸던 창작판소리 가운데 〈열사가〉를 제외하고는 여러 소리꾼들에 의해 지속적으로 불리며 전승되는 소리는 없다고 해도 과언이 아니다. 〈열사가〉마저도 비장미 일변도로 되어 있어서 청중층의 호응을 얻지 못하고 있으며, 갈수록 전승이 위태로운 처지에 놓여있다.

작품의 수는 그리 많다고 할 수 없지만, 1930년대 이후 지속적으로 시도된 창작판소리는 시대의 요구를 수용하여 판소리의 지평을 넓히는 데 일정한 역할을 수행했다. 창작판소리에 대한 관심이 전에 없이 강렬하게 분출되고 있는 오늘날의 상황 또한 판소리의 위기를 역설적으로 보여주는 것이다. 그렇지만 근래에 선보인 창작판소리의 수준을 가늠해 볼 때, 사설의 문학적 완성도는 차치하고라도 공력이 제대로 뒷받침된 소리를 찾아보기 어렵다는 게 솔직한 느낌이다. '희소성', '신기성'의 측면에서 의의와 가치를 인정받는 것에는 한계가 있으며, 이는 판소리의 미래를 위해서도 바람직하지 못하다.

판소리의 창작에 있어서 가장 중요하게 고려해야 할 사항은 음악적 해석이나 성음에 대한 문제이다. 판소리에는 음악과 문학 그리고 연극적 요소가 모두 포함되어 있다. 이 가운데 음악적 요소를 강조했을 때 '성음'을 가장 중시하며, 문학적 측면인 사설에 중점을 두어 판을 짜나갈 때 '재담소리'가 된다. 그리고 연극적 요소를 강조했을 때 '연극소리'가 되는데 창극에서 불리는 소리가 대표적인 사례이다. 흔히 판소리는 '성음놀음'이라고 한다. 초기 판소리부터 성음이 강조된 것인지에 대해서는 좀 더 따져 보아야겠지만, 후대로 올수록 판소리의 제 요소 가운데 '성음'이 특히 부각된 측면은 부인할 수 없다. 그렇다 하더라도 판소리가 소리예술인 이상 '성음'이 가장 기본적이면서도 중요한 요소라는 사실에는 변함이 없을 것이다.

창작판소리 작업을 해나가는 데 있어 소중한 지침이 되는 자산은 전통 판소리의 창법, 장단, 선율 등이다. 결국 판소리를 판소리답게 하는 가장 본질적인 특질은 전통 판소리 안에 다 들어있으며, 그렇기 때문에 장단의 운용이라든가 곡을 붙이는 작업을 자유자재로 할 수 있을 정도의 역량을 갖추기 위해 전통 판소리에 대한 철저한 학습이 필수적으로 선행되어야 하는 것이다. 판소리의 창작에 명창들의 참여가 절실히 요구되는 것도 바로 이런 점 때문이다. 전승 5가를 모두 익혀 득음의 경지에까지 나가기도 힘든 상황에서 창작판소리까지 한다는 것이 결코 쉬운 일은 아닐 것이다. 그러나 언제까지나 이런 이유로 창작판소리를 외면한다면, 결국에는 판소리의 존립 자체에도 심각한 문제가 생길 가능성이 매우 높다.

창작판소리의 성패를 가늠할 두 번째 중요한 요소는 문학성을 담보한 훌륭한 사설의 유무이다. 소리는 문학성을 갖춘 사설과 명창의 예술적 표현능력이 결합되었을 때 훌륭한 공연물이 될 수 있다. 좋은 만화가 나오기 위해서는 그림 그리는 만화가뿐만 아니라 역량 있는 스토리작가가 있어야 하고 좋은 노래가 되기 위해서는 작곡자와 가수뿐만 아니라 훌륭한 작사자가 있어야 하는 것처럼, 창작판소리의 성공을 위해서는 문학적 역량을 갖춘 작가의 참여가 필수적으로 요청된다고 하겠다.

　2000년대에 들어와 다양한 창작판소리가 등장했고, 공연 방식에 대한 실험도 꾸준히 시도되어 왔다. 그렇지만 많은 작품들, 특히 2000~2005년 무렵 등장한 작품들은 대중성을 확보하는 데는 어느 정도 성공한 듯이 보이지만, 예술적 수준이나 작품성의 측면에서 볼 때 부족한 점이 많은 것 또한 사실이다. 그렇지만 다양한 작품이 상당수 등장하면서 시대와 호흡하는 새로운 판소리의 필요성에 대한 공감이 더욱 확대되고, 창작판소리는 이제 대세로 자리 잡았다 해도 과언이 아니다. 판소리 예능보유자 명창뿐만 아니라 전문적인 소리꾼 가운데 창작판소리의 의의를 인정하고 그 필요성을 강조하는 사례도 점점 많아지고 있다. 남상일, 이자람, 김봉영, 김대일, 박인혜, 김나니 등등 역량 있는 젊은 소리꾼들이 시도하고 있는 창작판소리는 이전과는 질적으로 다른 수준을 보여주고 있다. 특히 이자람의 〈사천가〉, 〈억척가〉 등 일련의 작품은 창작판소리의 가능성을 잘 보여준 대표적인 예라고 할 수 있다.

〈적벽가〉의 변용과 재창조

1. 〈적벽가〉의 특성

　〈적벽가〉는 중국소설 〈삼국지연의〉를 바탕으로 하여 짜여졌지만, 기존 인물의 변용과 새로운 인물의 설정 등을 통해 원본 〈삼국지연의〉와는 전혀 다른 새로운 세계를 구현한 작품이다. 〈적벽가〉는 〈춘향가〉나 〈심청가〉 등 여타 판소리 작품보다 다소 후대에 성립된 것으로 추정되는 바, 기존 판소리 작품의 사설구성방식이나 음악어법 등을 수용·변용·활용하여 새로운 작품 세계를 구축해 나갔다. 그러니까 〈적벽가〉는 그 자체가 재창조의 산물인 것이다. 전통사회에서 〈적벽가〉는 〈춘향가〉 못지않은 인기를 누렸던 작품이었다. 〈적벽가〉를 얼마나 잘 부르는가의 여부가 명창의 역량을 가늠하는 잣대가 되기도 했으며, 식자층에게는 그 어느 작품보다도 인기 있었던 것이다. 그런데 20세기에 들어와 〈적벽가〉의 위상은 전대에 비해 현저하게 약화되었다.

　동아시아의 보편적인 문화권 속에서 매우 친숙하게 향유되었던 〈삼국지연의〉는 현대에도 여전히 폭넓은 독자층을 형성한 채 고전으로 자리매김하고 있으며, 판소리 〈적벽가〉의 가치 또한 새롭게 재평가되면서 소리꾼이나 청중층의 관심의 대상이 되고 있다.[1] 웅장하고 호방한 소리, 〈삼국지연의〉와 구별되는 〈적벽가〉만의 독자적인 세계, 시대에 따라 늘 재해석될 수 있는 깊이 있는 주제의식 등이 〈적벽가〉가 지니고 있는 매력이라고 할 수 있다.

〈적벽가〉가 장르 변용을 통해 재창조되었거나 창작 소재로 활용되는 사례가 여타의 전승 판소리 작품과 비교하여 그다지 많다고 할 수는 없다. 그렇지만 지금까지 이루어진 성과를 점검하고 앞으로의 가능성을 점검해 보는 일은 매우 긴요한 작업이라고 생각한다.

2. 장르 변용을 통한 재창조

그동안 〈적벽가〉는 창극, 마당놀이, 창작극 등의 갈래로 거듭 재창조되면서 새로운 의미 영역을 개척해 왔다. 그렇지만 질적으로나 양적으로나 〈적벽가〉의 장르 변용을 통한 재창조 작업이 활발하게 이루어졌다고 보기는 어렵다. 여기서는 지금까지 이루어진 사례들을 정리해 보고 그 특징적인 양상을 개관해 보고자 한다.[2]

1) 창극 〈적벽가〉

지금까지 〈적벽가〉의 창극 공연은 그다지 많다고 할 수 없다. 그렇지만 기록에 의

---

1   〈적벽가〉는 웅장하면서 호방한 소릿조가 많아서 여간한 공력이 뒷받침 되지 않고서는 제대로 잘 부르기가 쉽지 않다. 그런데 오히려 그런 점을 〈적벽가〉의 매력으로 인식하고, 〈적벽가〉를 학습하거나 무대에서 부르는 사례가 전에 비해 증가하고 있는 것으로 보인다.

2   경기 12잡가 중 〈적벽가〉, 서도좌창 중 〈공명가〉, 〈사설공명가〉 등도 〈적벽가〉와 밀접한 연관이 있는 인접 갈래이다. 따라서 장르변용의 문제를 다루는 데 있어서 이들 작품까지 포함하여 논의하는 것도 생각해 볼 수 있다. 그러나 경기잡가와 서도소리를 논의의 대상으로 삼기 이전에 형성경로나 시기 등의 문제를 먼저 해명할 필요가 있다. 판소리 〈적벽가〉와 이들 갈래 사이의 선후관계가 명확하게 밝혀지지 않은 상태에서 장르 변용의 문제를 다루기는 어렵기 때문이다.

하면, 〈적벽가〉의 창극 공연은 아주 이른 시기에 시도된 것으로 보인다. 1908년 한 극장에서 공연 종목의 확장을 도모하는 가운데 〈화용도〉를 무대에 올리려고 했다는 기사가 그 점을 잘 보여 준다.

> [화용-연희華容演戲] 사寺동 연흥사演興寺에서 각종연예각種演藝를 확장擴張ᄒᄂ 중中인대 위
> 선爲先 화용도華容道를 실시實施하기 위爲ᄒ야 해사원該社員 일명壹名을 일작日昨에 삼三남등
> 지等地로 파송派送ᄒ야 창부唱夫 삼십명三十名을 모집募集ᄒᄂ디 소입경비所入經費ᄂ 지화
> 紙貨 팔백환八百圜 가량假量이라더라(『대한매일신보』1908.5.6)

〈은세계〉가 1908년 11월 15일 원각사에서 공연되었고, 창극 〈춘향가〉가 1909년 7월 3일 원각사에서 공연된 것에 비추어 볼 때, 1908년에 〈화용도〉의 창극 공연이 시도되었다는 것은 다소 이례적인 것으로 판단된다. '각종연예各種演藝를 확장'하는 과정에서 〈화용도〉를 무대에 올리려고 했다는 언급만으로는 구체적인 공연 양식을 알기는 어려우나, 수십 명의 소리꾼을 동원하고자 한 것으로 보아 창극의 형태가 아니었을까 추측해 볼 수 있다.

창극 〈적벽가〉는 1935년 음반으로도 제작이 되었다. 〈폴리돌Polydor 판 적벽가〉(음반 번호 : 19260~19277)가 그것인데, 김창룡, 이동백, 정정렬, 조학진, 임소향 등이 출연한 이 음반은 모두 18매로 구성되었다.

이후 해방이 될 때까지 〈적벽가〉가 창극으로 공연된 대표적인 사례는 다음과 같다.

- 〈화용도〉 : 3막 5장. 1941년 8월 13일~8월 28일. 창극좌 공연
- 〈삼국지〉 : 1941년 9월 28일~12월 18일. 4막 11장. 이운방 각색
- 〈삼국지〉 : 1942년 2월 2일~2월 6일. 4막 14장. 이운방 각색. 박진 연출. 동양극장 공연

그렇지만 이 시기 창극 공연의 대본이나 공연 관련 기록이 거의 남아있지 않아 그 구체적인 공연 내용이나 방식에 대해 알 수가 없다.

1962년 국립창극단(처음에는 국립국극단으로 출발하여 1970년 개명)이 창단된 이래 지금까지 112회에 걸쳐 창극 공연을 하였다. 그런데 그 가운데 〈적벽가〉가 공연된 사례는 2회에 불과하다. 이는 그 동안 〈춘향가〉가 제1회 공연 작품으로 무대에 올려진 이후 19회나 공연된 것과 비교하여 현저하게 차이가 나는 것이다.

창극 〈적벽가〉는 1985년 국립극장 소극장에서 허규의 연출로 무대에 올려졌다.[1] 허규는 1982년 11월 2일~11월 13일 창극 〈춘향전〉 공연을 시작으로 판소리 전승 5가를 창극화 하는 작업을 지속적으로 해오고 있었던바,[2] 그 다섯 번째로 창극 〈적벽가〉를 무대에 올린 것이다. 이처럼 〈적벽가〉가 창극으로 공연된 사례가 드물고, 전승 5가의 창극화 작업 속에서 마지막으로 무대에 올려지게 된 이유는 〈적벽가〉가 지니고 있는 작품적 특성에서 기인하는 것이다. 당시 연출자 허규는 〈적벽가〉의 완판창극화의 어려움을 다음과 같이 토로한 바 있다.

> 첫째, 그 내용이 우리 가 너무도 잘 알고 있는 중국의 고전소설 〈삼국지〉의 일부인 적벽강에서의 한, 위, 오 삼국의 치열한 전쟁을 판소리화한 것이기에 수많은 영웅, 간웅, 명신들의 파란만장한 내용을 무대화하기가 매우 어려웠으며 둘째, 그 소리 성질에 있어서는 통성, 호령조, 우조를 주로 쓰기 때문에 판소리 가객들이 가장 힘들어하는 판소리 〈적벽가〉이기에 감당하기 힘들며 셋째, 등장인물, 장소 등이 고대 중국을 무대로 펼치지만 그 인물들의 사상, 성격, 감정 등은 거의 한국화(판소리적) 되었기에 연기는 물론 장치, 의상, 소품에 이르기까지 고증과 물량을 감당하기가 어려웠다.

이와 같은 난점을 극복하기 위해 허규는 연출의 기본 방향을 "소리(판소리제)를 최대한 살리면서 간소한 공간 처리로서 극적 효과를 얻어보려 했고, 삼국진영의 규모나

---

1   4일~8일 그리고 5월 9일~13일 공연되었는데, 이는 46회와 47회 정기 공연에 해당하는 것이다. 김동준 외 3인이 반주를 맡았다.
2   1983년 4월 6일~29일과 5월 28일~6월 2일 〈토생원과 별주부〉, 1984년 4월 4일~4월 12일 〈심청가〉, 1984년 9월 27일~9월 30일 〈흥보가〉가 공연되었다.

전쟁 상황 등을 관객과의 약속, 또는 표징적으로 처리하면서 전쟁의 무상함을 창극적으로 표현"하는 것으로 설정하였다. 실제 작품도 이러한 연출 의도에 부합하는 방향으로 짜여졌는데, 무엇보다도 두드러진 특징 가운데 하나는 도창을 적극적으로 활용했다는 점이다. 도창은 창극의 양식적 특징을 잘 보여주는 대표적인 표현 기법 가운데 하나인데,[3] 도창으로 불린 대목은 다음과 같다.

> ○ 서두, ○ "유관장 3인 형제결의 하는데", ○ "그 때는 건안 3년", ○ "공명이 그제야 놀랜 체 하고", ○ "와룡강을 하직하고", ○ "박망파 전투", ○ "동산월색은 여동백이요", ○ "노래 불러 춤도 추고", ○ "떴다 보아라", ○ "그때여 오나라 주유는", ○ "주유 듣고 반겨 듣고", ○ "모리 풀고 발 벗고", ○ "서성은 배를 타고", ○ "관우, 청도기 행렬사설", ○ "허무적이가 들어온다"

근래에 들어와 창극에서 도창은 점차 그 비중이 낮아지는 대신 제창의 활용 빈도가 많아지는 추세인데, 이 작품에서는 "당당한 유현주"와 "뜻밖에 광풍이" 대목이 제창으로 불려졌다.

김동준 외 3인의 악사가 담당한 반주는 비교적 단출한 편이라 할 수 있다. 간혹 중국적 색채가 드러나는 반주 음악이 있었으며, "군사점고대목"에서 한 군사가 등장할 때 탈춤에서 쓰이는 "덩더쿵 덩덩" 장단이 쓰이기도 하였다. 무엇보다도 이번 작품의 가장 큰 특징은 조조의 골계화 · 희화화가 두드러졌다는 점이다. 화용도에서 관우를 만난 조조가 투구와 갑옷을 벗고 목숨을 애걸하는 장면에서 특히 그 점이 잘 드러난다. 관우가 호통을 치자 조조가 옷깃으로 목을 가리는 형상을 하는가 하면, 관우는 조

---

3   1968년 국극정립위원회(1970년 창극정립위원회로 개칭)에서 창극의 정립 방향에 대한 의견을 개진한 바 있는데, 그 내용은 다음과 같다.
   ① 고수나 악사를 무대에 노출시켜 추임새도 하고 극의 일부가 되도록 한다.
   ② 판소리의 설명 부분을 도창이라는 이름으로 무대 한 편에서 판소리식으로 부르도록 한다.
   ③ 연출 대신 導演이라는 용어를 사용한다.

조에게 하대를 하며 압박을 가한다.

국립창극단에서 두 번째로 창극 〈적벽가〉를 공연한 것은 2003년에 와서이다.[4] 첫 번째 〈적벽가〉 공연과 비교하여 여러 가지 측면에서 변화된 모습을 보여주었는데, 두드러진 특징 가운데 하나는 도창이 사라지고 제창으로 부르는 대목이 많아졌다는 점이다. "당당한 유현주", "신야로 돌아오니" "주유, 제장 배치", "공명, 동남풍 비는 대목" 등이 제창으로 불려졌다. 또한 소리뿐만 아니라 다양한 표현 기법을 활용하여 극적 효과를 높이려 하였는데, 몇몇 특징적인 면을 제시하면 다음과 같다.

> ① 무용적 요소의 강화 : 조조 호기를 부리는 대목에서 여성들이 군무를 춤. 박망파 전투에서 군사들이 깃발을 들고 무대 양편을 오가는 것으로 싸움 장면 묘사. 공명이 축문을 읽을 때 한 사람이 칼춤을 춤.
> ② 한 무대에서 두 장면을 연출 : 군사설움 장면에서 조조가 무대의 한편에 등장.
> ③ 조명을 적극적으로 활용 : 박망파 전투에서 무기(칼, 창 등)를 빛나게 함. 적벽싸움에서 붉은 조명을 활용하여 전쟁분위기 강조.
> ④ 관현악 반주를 통해 극적인 효과를 더욱 부각시킴.

이 작품에서는 〈적벽가〉에 등장하는 영웅을 중심으로 이야기를 전개하고 군사들의 형상을 적극적으로 부각시키지 않았다. 영웅에 주목하면 장중한 분위기가 강화되는 것은 필연적이다. 또한 도창을 두지 않고 다양한 기법을 통하여 속도감 있게 극을 진행하였다. 물론 도창을 두지 않고 극을 진행하는 수법은 여타의 창극 공연에서도 빈번하게 시도해 오던 방식이어서 이 공연에서만 보이는 새로운 특징이라고 하기는 어렵다. 창극 〈적벽가〉는 극의 내용을 장면화하기가 여타의 작품에 비해 상대적으로 쉽지 않은 작품이다. 그래서 도창을 활용한다면 여러모로 수월하게 극을 이끌어 나갈

---

4   국립창극단 제 108회 정기 공연으로, 당해 연도 9월 26일~10월 5일 국립극장 해오름극장 무대에 올려졌다.

수 있는 장점이 있다. 그럼에도 불구하고 도창을 두지 않은 이유는, 극적 요소를 강화하여 속도감 있게 극을 진행하고자 했기 때문인 것으로 보인다. 연출의 어려움은 있었겠지만 이런 방식으로 공연함으로 해서 청중들은 지루함을 느끼지 않고 창극의 새로운 묘미를 맛볼 수 있게 된 셈인데, 이 점에서 이번 공연의 의의를 찾을 수 있겠다.

2006년에 들어와 남원 국립민속국악원에서 창극 〈적벽가〉를 공연하였는바,[5] 도창을 등장시키지 않고 제창을 적극적으로 활용하였다는 점, 전체적으로 영웅 중심으로 판을 짰다는 점, 조조는 끝까지 영웅적 면모를 잃지 않는 인물로 형상화 된다는 점 등에서 2003년 국립창극단 공연과 크게 다르지 않은 모습을 보여주었다. 그런데 일종의 '역할 바꾸기'를 통해 극적 표현 영역을 넓힌 경우도 있었는데, "군사설움대목"에서 군사 중 한사람이 수염을 단 채 전장터로 나서는 군사의 아내 역할을 수행하는 장면이 이에 해당한다. 그동안 창극 공연에 관현악 반주가 수반될 경우, 수성가락으로 연주하는 것이 일반적이었다. 그런데 이번 창극 〈적벽가〉 공연에서는 수성가락으로 연주하지 않고, 미리 곡을 짜서 약속된 연주를 하였다는 점도 주목할만한 특징이다.

지금까지 공연된 창극 〈적벽가〉를 보면, 판소리 〈적벽가〉의 음악어법을 거의 그대로 수용하여 소리를 짰다. 물론 창극소리화 되는 과정에서 극적인 요소가 강화되기는 했으나, 새로운 소리대목이 첨가되지 않은 것은 물론 소릿길의 변용을 통한 창작적 요소는 보이지 않는다. 창극이 판소리에서 배태된 갈래이고 기존의 판소리의 수준을 뛰어넘을 수 있는 작창을 하기가 어렵기 때문에, 어쩌면 이는 당연한 현상이라고 생각한다.

창극 〈적벽가〉에서는 공명이나 조조 그리고 관우와 같은 영웅적 인물이 작품의 중심축을 이루고 있다. 〈적벽가〉가 비록 〈삼국지연의〉를 모태로 하여 생성되었기 때문에 영웅적 인물이 매우 중요한 비중을 차지하고 있는 것은 사실이지만, 군사들을 비롯하여 방자형 인물로 변용된 정욱의 존재야말로 〈적벽가〉의 독자성을 잘 보여주는

5　2006년 3월 30일~4월 2일 국립민속국악원 예원당에서, 2006년 4월 13일~4월 14일 진도에 있는 국립 남도국악원 진악당에서 공연했다.

개성적인 인물들이라 할 수 있다. 따라서 작품 내에서 이들의 역할이나 비중을 높여 극을 짜보는 것도 창극 〈적벽가〉 재창조의 한 방식이라고 본다.

창극은 아직까지도 독자적인 극작술을 정립하기 위해 다양한 실험적인 모색을 하고 있는 현재진행형의 공연양식이다. 〈적벽가〉는 무대화하기가 무척 난해한 것으로 정평이 났다. 하지만 그렇기 때문에 어떻게 어떤 방식으로 〈적벽가〉를 창극화할 것인가 하는 문제는 창극 양식의 정체성을 확립해 나가기 위해 무엇을 어떻게 해야 할 것인가 하는 문제와 직결되어 있고, 이는 앞으로 우리가 풀어가야 할 과제인 것이다.

2) 마당놀이 〈삼국지〉

2004년 극단 미추 마당놀이에서 공연된 〈삼국지〉는[6] 배삼식이 극본을 쓰고 손진책이 연출을 맡았으며, 윤문식과 김종엽 그리고 김성녀 등 마당놀이 전문배우들이 출연한 작품이다. 극본을 쓴 배삼식은 대본을 작성하는 과정을 다음과 같이 밝히고 있다.

> 이 대본은 판소리 사설 〈적벽가〉를 바탕으로 한 것입니다. 이 대본을 쓰는 데에는 선학들의 도움이 컸습니다. 판소리 사설로는 임방울 선생과 김연수 선생의 창본, 소설에서는 이문열 선생과 황석영 선생의 평역, 만화로는 고우영 선생의 〈삼국지〉를 참고하였으며, 이 분들의 작품 중 주옥같은 부분들은 빌어 쓰기도 했습니다. 또 영화 〈황산벌〉의 욕싸움 장면도 참고하였습니다. 그 출처를 일일이 밝히지 못하는 점, 너그러이 양해해 주시기 바랍니다.

판소리 〈적벽가〉에 기반을 두고 있다고 밝힌 사실에서 알 수 있듯이, 제목을 〈삼국지〉라고 했다 하더라도 중국 소설의 그것은 아니다. 서두와 뒷풀이를 제외하고 모두 12장으로 구성되었는데, 기본적으로 판소리 〈적벽가〉에 해당하는 부분으로 이루어져 있다. 다만 11장 '화용도, 관우가 조조 놓아주는 마당'에 이어진 12장 '제갈공명 탄식

6　1월 21일~2월 23일, 상암월드컵 경기장 북측광장 마당놀이 전용극장에서 공연되었다.

마당'이 덧붙어 있는 점이 다르다. 공명이 죽은 영혼들을 위무하는 내용의 만두에 얽힌 고사를 삽입한 후에, 이승에서는 치열하게 싸우던 유비, 관우, 장비, 조조, 주유가 혼령이 되어서는 함께 알까기를 하면서 화해하는 모습으로 결말을 맺고 있는 것이다.

〈삼국지〉의 가장 큰 특징은 현실에 대한 풍자가 강렬하게 드러난다는 점인데, 작중 상황과 현실의 넘나듦은 다양한 방식으로 구현되어 있다. 삼국을 형성하고 있는 유비, 조조, 손권은 사투리를 통해 지금 이곳의 정치현실을 반영하고 있다.

> ○ 유비 : 충청도 사투리
> ○ 조조 : 전라도 사투리
> ○ 손권 : 경상도 사투리

영화 〈황산벌〉에서도 신라와 백제를 표상하는 수법으로 사투리를 활용한 바 있는데, 이러한 방식을 마당놀이에 차용한 것으로 보인다. 특히 조조, 정욱, 조조 군사 등이 자주 사용하는 '거시기'라는 표현은 영화 〈황산벌〉의 영향을 직접적으로 보여주는 대표적인 사례이다.

꼭두쇠가 등장하여 마치 도창처럼 극을 진행하는 역할을 수행하는 점도 특징적이다. 처음에는 꼭두쇠 대신 곰뱅이쇠가 진행하는데, 이는 2003년 당시 대통령 탄핵과 관련하여 정치 상황을 풍자하기 위해 설정한 것이다. 꼭두쇠는 극의 진행을 원활하게 돕는 역할 뿐만 아니라 자신의 목소리로 현실에 대해 발언하기도 한다. 동남풍을 빌고 조자룡과 함께 도망가는 제갈공명에 대해 꼭두쇠는 다음과 같이 말한다.

> 허! 먹물들, 소위 배웠다는 엘리트란 놈들은 다 저 모양이지요! 순진한 사람들 꼬드겨서 죽을 구덩이에 몰아넣고는, 꼭 중요한 순간에는 제 혼자만 몸을 빼서 달아나거든요! 에이, 순!

꼭두쇠와 더불어 마당놀이에서 극의 진행에 일조하며 청중과의 정서적 공감대를 높이는 데 기여하는 요소가 바로 관현악 반주를 동반한 제창이다. 사설은 판소리 〈적벽가〉에 기반한 것이 대부분이지만 곡은 박범훈이 작곡한 국악풍의 창작곡이다.

〈적벽가〉에 들어있는 내용을 살짝 비틀어 웃음을 자아내는 수법도 자주 등장한다. 가령, '삼고초려' 대목에서 유비가 공명을 세 번 부르고 그때마다 공명은 '싫소'라고 대답함으로써 삼고초려한 것으로 간주한다. 동남풍을 빈 제갈공명을 구하러 온 조자룡은 날짜를 잘못 알고 하루 전에 옴으로써 웃음을 유발한다. 〈적벽가〉에서는 점잖으면서 후덕한 인물로 형상화된 유비가 여자 관객에게 추근대는 등의 행동을 보임으로써 골계미를 자아낸다.

현대적인 요소의 수용, 조명이나 음악 등 다양한 표현 수단의 활용을 통해 극중 현실과 실제 현실의 접맥을 시도하고 극적 효과의 극대화를 도모하려는 점도 눈여겨 볼 만한데, 조조와 손권이 핫라인으로 통화하는 장면, 조조군과 손권군이 탐색전을 벌일 때 영화 007주제음악을 사용하고 조조가 '오작가'를 읊조릴 때 피리로 '마이웨이'를 연주하는 것 등에서 그러한 점을 확인할 수 있다.

〈적벽가〉의 전반부는 상대적으로 비장미 혹은 장중미가 큰 비중을 차지하는 데 비해, '적벽대전' 이후 조조가 화용도로 패주하는 후반부에서는 상대적으로 골계미가 우세하다. 마당놀이 〈삼국지〉에서는 '조조 화용도 패주 대목'에 '조자룡 복병', '장비 복병', '메초리 사설', '군사점고사설', '원조타령' 등이 배치되어 있는데, 조조의 골계화가 잘 드러난 대목을 비교적 충실하게 수용함으로써 웃음을 더해 주고 있다. 한문투는 되도록 쓰지 않고 국문체로 표현한 점도 청중들과의 교감을 높이는 데 기여한 것으로 본다.

3) 창작극 〈난세 영웅 조조〉

2003년 11월 29일 국립극장 별오름 극장에서 공연. 한양대 연극영화학과에서 박사과정을 수료한 신동인이 연출을 맡고 국립창극단 단원 우지용이 작품을 쓴 것이다.

정사에서와는 달리, 소설 〈삼국지연의〉는 '촉정통론'에 입각하여 촉한을 중심에 놓고 영웅들간의 쟁패를 그리고 있다. '치세지능신治世之能臣 난세지간웅亂世之奸雄'이라는 표현에서 볼 수 있는 것처럼, 위나라 조조가 난세의 간웅으로서 유비와는 대척점에 놓인 부정적인 인물로 형상화된 것도 이 때문이다. 이러한 시각은 판소리 〈적벽가〉에도 그대로 이어져 조조의 비속화는 더욱 심화되어 나타난다. 〈난세 영웅 조조〉는 조조에 대한 이와 같은 기존의 시각을 수용하지 않고 새로운 각도에서 조명하고자 한 것으로, 작품 의도를 다음과 같이 제시하고 있다.

> 역사적인 인물은 시대의 흐름에 따라 평가가 달라진다. 중국의 과거 역사 원, 명 시대에 그들 나름대로 치국의 이념을 세울 수 있는 인물은 유비였다. 그래서 유비는 지나치게 미화되었고, 조조는 유비의 역사관에 희생될 수밖에 없는 간웅으로 묘사되었다. 이번 작품은 판소리 적벽가 주인공인 난세 영웅 조조를 새롭게 접근하고 우리가 몰랐던 당대 최고의 시선詩仙인 조조의 시세계를 통하여 그의 젊은 천하통일 의지와 삼국통일의 의지가 담긴 시, 적벽대전 전前의 마음… 적벽대전 후後의 패배를 창작판소리로 만든 작품이다. 아울러 판소리와 함께 한국의 전통무예, 춤, 대고大鼓 등이 하나가 되어 장대한 전쟁 장면을 연출하고, 조조의 천하통일 의지를 시창과 검무로, 조조의 적벽대전 패배를 대고와 무용수의 춤으로 표현한 작품이다.[7]

모두 7장으로 구성되어 있는 이 작품은[8] 소리뿐만 아니라 전통무예, 춤, 대고大鼓 등을 활용하여 일종의 퍼포먼스를 펼쳐 보인 것이다. 작품에 대한 새로운 해석을 시도하였다는 점, 공연의 입체화를 통해 다양한 볼거리를 제공하였다는 점 등에서 작품의 의의를 찾을 수 있겠으나, 이러한 류의 공연이 하나의 새로운 양식으로 정립될 수 있기 위해서는 앞으로 지속적인 작업이 뒤따라야 할 것이다. 그렇지 않을 경우, 이 공연은 일회적인 실험 작업으로서만 의미를 갖게 될 것이다.

---

7   창작극 〈난세영웅 조조〉 팜플릿렛에서.
8   1장 : 조조의 호연지기/2장 : 삼국의 분리와 삼고초려/3장 : 공명의 동남풍과 조조의 대립/4장 : 조조의 천하통일/5장 : 적벽대전/6장 : 죽은 조조군사가 새가 되었네/7장 : 조조의 자탄

3. 창작소재로의 활용양상

〈적벽가〉가 창작의 소재로 활용되는 경우는 여러 가지로 상정해 볼 수 있다.

○ 사설의 짜임 : 문맥에 맞게 차용하거나 부분적으로 변용하여 수용
○ 음악어법 : 남성적이고 웅건한 창법의 활용
○ 작품 구성 : 전쟁(싸움) 이야기. 단일 주인공이 아닌 구조

1) 〈오월 광주〉의 경우

〈적벽가〉 사설을 직간접적으로 활용한 사례는 확인되지 않는다. 그렇지만 〈오월광주〉는 민주주의를 염원하는 시민군과 이를 진압하는 계엄군간의 싸움을 다룬 것으로, 〈적벽가〉와 상통하는 부분이 있다. 무엇보다도 특정한 주인공을 설정하지 않고 사건 중심으로 이야기가 전개되는 '싸움의 구조'로 되어 있다는 점에서 공통점을 발견할 수 있다. 다만, '계엄사령관·조조'로 대비해 볼 때, 계엄군은 〈적벽가〉의 조조에 상응하는 모습을 보일 법도 하나 작품에서 그러한 형상은 나타나지 않는다. 그런데 이는 광주민주화운동의 상처가 여전히 살아있는 상황에서 쉽지 않은 일일 것이다. 조조는 악인형 인물이면서도 동시에 해학적인 일면을 지니고 있다. 〈오월 광주〉에서 계엄사령관을 조조에게서 볼 수 있는 바와 같은 해학적인 인물로 형상화 할 수 있기 위해서는 역사적 사건을 객관적으로 조망해 볼 수 있는 여유가 있어야 하며, 그렇게 되기까지는 좀 더 시간이 필요할 것으로 보인다.

2) 〈스타대전 중 '저그 초반 러쉬 대목'〉의 경우

컴퓨터 게임을 소재로 한 작품으로, 한국 피씨방 주인과 일본인 간의 게임의 대결이 이야기 중심을 이루고 있다. 다음은 〈적벽가〉의 '죽고타령' 대목을 수용한 경우이다.

하릴없는 저글링들 꾸역꾸역 들어가 캐논에게 맞아 죽는디 가다 맞고 오다 맞고 기다 맞고 서서 맞고 서성대다 맞고 참말로 맞고 거짓말로 맞고 뒤로 우루루루 도망가다 맞고 실없이 맞고 어이없이 맞고 이리저리 뛰다 맞고 어떤 놈은 그냥 죽은 척 하고 있다가도 맞고 아이고 장군님 나는 생긴 지 2분도 아니 되었소 이러다 맞고 그 중의 장군놈은 아이고 이놈 일꾼들 아 목이 나올랑가는 모르겠습니다만은 한 번 해보겠는데 목이 약간 쉬었는가벼 비켜봐라 비 켜봐 (관중들 박수) 캐논 좀 깨부수자~~~으아~~꾸나 (관중들 "아이고 잘한다" "그놈 참 잘 하네")

스타크래프트 게임에서 죽어가는 저글링의 모습을 묘사하는 데 있어, 〈적벽가〉 '죽 고타령'의 사설 구성방식이 적절하게 활용되고 있는 것이다. 이 작품은 〈적벽가〉 소 재 사설뿐만 아니라 음악어법을 적절하게 활용하여 창작함으로써 전체적으로 '싸움의 이야기'에 걸맞는 표현 형식을 갖추고 있다.

3) 〈대고구려〉의 경우

〈대고구려〉는 현재 국립창극단 단원으로 활동하고 있는 박성환이 기왕에 불렀던 〈대고구려 안시성가〉를 좀 더 다듬고 보태어 부른 것이다. 안시성 전투에서 중국 당 태종의 대군을 무찌른 양만춘 장군의 무공을 노래하고 있는 이 작품은, 중국이 고구 려를 그네들 역사의 일부로 편입시키려는 도발에 대해 강하게 문제를 제기하며 민족 의 자존의식을 높이려는 의도에서 창작된 것이다. 일반적으로 민족의식을 고취하려는 목적의식이 강하게 노출될수록 비장미 내지는 장중미가 작품 전반을 지배하게 되고 상대적으로 골계미는 위축되기 마련이다. 그런데 이 작품은 자칫 무거워질 수 있는 주제를 다루면서도 웃음을 잃지 않는 미덕을 겸비하고 있다. 이는 전통 판소리의 창 법, 장단, 선율 등을 자양분으로 삼아 소리를 짰기 때문인 것으로 보인다. 특히 전통 판소리 가운데서도 〈적벽가〉에 기반하여 재창조된 부분이 작품 곳곳에서 확인된다.

① (중모리) 당군 진영 살펴보니, 허기진 장정들이 서로 기대어 설움 섞어 잠자는 디, 나이 어린 병졸들 고향생각 부모생각 두고 온 애인 생각, 친구 벗님, 각시 생각, 청춘 심사가 가련하다. 자포자기 야반도주 싸우는 척 항복하고 아픈 척 꾀병 늘고, 다친 척 후송하니, 서로 죽고 죽이는 일, 사람 잡는 전쟁터에 긴 한 숨 땅 꺼지고, 설움만이 북받친다. 원수로다, 원수로다. 전쟁 살인이 원수로다. 아이고 아이고 설히 울 제, 그 때여 한 쪽에는 칼 맞고 창 맞고 병들고 다친 여러 군사들 눟고 앉아 울다 지쳐 죽어갈 제 앳된 군사 하나 병신 부자 되었는디 팔다리 잘리고 모리 터져 신음하며 생사고비 외치는 디 아이고 어머니, 아이고 어머니, 애태우는 저 울음 끝에 절컥 숨을 거두는구나.

…(중략)…

(아니리) 이렇다 슬피 울 제 눈이 옆으로 쫙 찢어진 놈이 잽싸게 입을 틀어막으며 "쉿, 야 이 놈아 장수들이 들을라. 반전 반전 하다가 니 생목아지 뚝 떨어진다. 이 놈아. 쉿" 이럴 적에 그중 늙은 병졸 하나 일어서서 "이놈아 내버려 두라 저놈들 당제국 으름장에 약소돌궐 동맹맺고 제 백성 파병보낸 돌궐국 군사들이 다 타국땅 개죽음 억울하니 울음이나 울게 두어라. 그리고 이 놈들아 죽는 놈은 죽더라도 내 신세 야속타령이나 들어보아라."

(중모리) 에고 에고 설운지고, 야속타 안시성아, 너는 어히 버티고 서서 백만 대병 막고 있느냐. 야속타 이내 신세, 늙어 노년 쉬자하니, 야속타 우리 폐하, 무슨 호사 더 하려고, 걸핏하면 침략전쟁 이해득실 패권지배 약소국가 도륙하니 야속타 전쟁이야, 전쟁마다 자식 잃고 손주까지 잡혀가니 야속타 우리 손주, 금지옥엽 오대독자 열댓살 솜털수염 고추자지가 덜 여물어 장가 맛도 못 본 것을 상을 주마 등 떠미니 속절없이 요절이라. 야속타 이내신세, 백발수염 늙은 몸이, 고구려 정벌 가자 꼬치 꽤 듯 잡혀오니 언제나 내가 고향 가서 환갑 진갑 하여볼까, 아이고 아이고 내 신세야.

(아니리) 이 말 듣던 젊은 병사 하나. 살집 좋고 얼굴이 깨끗하니 개기름이 번지르르르해서 전장 근처에도 안 가 본 것 같은 놈이 썩 나서는디 "그 영감님, 야속타령 섭소 그려, 그런데 내가 전장서 살아나갈 좋은 꾀 하나 일러줄깝쇼?" "아이고, 무슨 꾀인가, 그 말 듣고 살아 가면 내 환갑날 술고기 많이 주마." "예 그럼 들어보시오. 이런 기막힌 꽤가 손자병법에 나올 것이요?"

(중중모리) 이내 말을 들어보소. 좋은 꾀 하나 들어봐. 모리가 나쁘면 수족이 고생이라. 옛부터 일렀으니 공격 나발 길게 불면 싸우는 척 달려가다 뒤로 슬쩍 빠졌다가 소나무 바위 틈에 꼭꼭 숨어 기다리다 전투가 끝나거든 얼른 나와 피 묻히고 아이고 아이고 아이고 날 살려라 숨을 씩씩 외치면서 후퇴 군중에 파묻히면 죽을 리 만무하고, 털끝 하나 까딱없으니 이 아니 묘법인가. 이내 꾀가 어떠하오.

(아니리) 혹시나 하고 듣던 병사들이 역시나 하며 달려들어 "너 요놈, 남이사 죽든 말든 너 혼자만 잘 살자는 네 놈 마음 괘씸하다." 위아래로 잡아채니 그 놈이 성을 와락 내며 하는 말이 "야 이 놈들아, 내말이 어찌 불충이냐? 사람 잡는 이 전쟁에 제 좋아서 제 발로 자원한 놈 어디 하나 있것느냐? 끌려오기 일반이니 더 이상은 사람백정 안 할란다." 그럴 듯 당돌하게 말을 뱉고는 도망병 틈에 슬쩍 끼여 야반도주를 하는구나. 또 한 놈 일어서 훈계조로 말을 하는데

(중모리/세마치) 그 중에 한 병사 투구 벗어 내던지고 갑옷 끌러 땅에 깔고 창칼 모두 부러 뜨려 한탄석어 말을 한다. 천지만물 생겨날 제 사랑으로 인연 맺어 평화로운 정성 속에 곱게 곱게 자라나니 이 세상에 어느 하나 해칠 것이 있것느냐. 하물며 인명이야 재천이라 하였거늘. 인류 역사 수억 이래 전쟁 살인 후회로다. 위정자들 책략으로 대의명분 말 뿐이요, 약육 강식 인명살상 문명파괴 허다하니 참사 비극 피해당해 억울한 이 백성이라, 그 때여 한 병사 일어서더니 이놈이 서울 경기 출신인지 경드름으로 말을 헌다 (경드름으로) 창칼 갑옷 벗고 전쟁일랑 그만 하고 우리 모두 고향 가서 부모 봉양 하여보세. 여우같은 마누라와 토끼 같은 자식들과 우정어린 친구 벗님 사이좋게 모여 앉아 한 잔 더 먹소. 덜 먹게 허여 가며 알뜰살 뜰 살아보면 그 아니 좋을손가. 그만 두자. 그만 두자. 전쟁 살인을 그만두자.

② (빠른 엇모리) 양장군 거동 봐라. 야장군 거동보아. 비정 비팔 두 다리는 기둥같이 버텨 서고 왼 손에 활들고 오른손 엄지검지 화살 잡아 힘을 주고 들숨 날숨 가만히 골라 단전에 힘주더니 날카로운 화살촉이 표독스레 목표 찾아 토성 정면 당 태종을 겨누자마자 한 눈 질 끈 활시위를 귀밑까지 바싹 당겨 따르르르르. 잡은 손을 뚝 떼니,

③ (자진모리) 화살이 번뜻 피르르르르르. 번개같이 빠른 화살, 공중을 가르고 그대로 날 아가 눈도 깜짝 할 새 없이 피르르르르르. 당 태종 한 쪽 눈에 그저 절컥. 백마가 놀래서

허공 박차고 피 철철 당 태종 말 아래 뚝 떨어져서 뽑던 칼 놓치고 흙 속에 그저 대굴 대굴

　대굴 좌우 장수들이 기절초풍하여 "아이고 하늘님 우리는 죄가 없소, 제발 덕분 살려주시오."

　당 태종 얼굴에 선혈이 낭자하니 당군들 모두 사색지경이 되어 벌벌벌벌 떠는구나.

　①은 〈적벽가〉 중 '군사설움타령'의 사설구성방식과 매우 유사하며, ②는 관우나 장비 그리고 조자룡 등과 같이 날랜 장수를 묘사한 대목과 흡사하다. 그리고 ③은 '적벽대전'에서 죽어가는 조조군사들을 묘사한 대목과 닮아있다.

　이렇듯 〈대 고구려〉는 주제의식의 측면이나 전쟁을 소재로 한 이야기라는 점 등에서 〈적벽가〉와 상통하는 점이 많기 때문에, 창작 과정에서 〈적벽가〉의 표현 수법을 다각도로 활용한 것은 무척 적절한 것이라 생각한다.

4) 공통주제에 의한 변주, 〈광시적벽가狂詩赤壁歌〉의 경우

　이 작품은 인쇄물로 간행된 것은 아니고 인터넷을 통해 소통되고 있는 작품이다. 아이디가 달걀버섯eggdegul이고 필명이 황당무계라고 되어 있으며 실명은 알 수가 없는데, 이메일로 문의한 결과 국문학 고전소설 전공자라는 사실만 확인할 수 있었다. '황당무계'는 자신의 블로그에 공통주제에 의한 변주 씨리즈 글을 올려놓았는데, 〈광시적벽가〉는 그 가운데 하나이다. 주소는 http://blog.naver.com/eggdegul/6000784 5881로, 2004년 11월 22일~24일에 기록한 것이다. 옴니버스 환타지 형식으로 되어 있는 이 작품에 대해 필자는 〈스타크래프트 초반대전〉에 영향을 받아쓰게 된 것이라고 밝히고 있다. 장단을 제시하고 〈적벽가〉사설을 패러디하여 작품을 쓴 것이지만, 주제의식이 명료하게 드러나 있지는 않다. 〈적벽가〉를 환타지 소설의 소재로 활용한 사례를 보여주었다는 점에서 의의를 찾을 수 있겠으나, 그 작품적 성과에 대해서는 좀 더 면밀하게 따져볼 필요가 있겠다.

4. 〈적벽가〉의 현대적 변용과 재창조 작업의 전망과 과제

〈적벽가〉의 재창조와 관련된 문제는 두 가지 층위로 나누어 생각해 볼 수 있다. 〈적벽가〉 자체의 장르변용을 재창조에 관한 것과 〈적벽가〉가 새로운 작품의 창작에 활용될 가능성에 관한 것이 그것이다.

장르 변용을 통한 〈적벽가〉의 재창조가 지속적으로 이루어진다는 것은 결국 〈적벽가〉가 우리 시대에도 여전히 의미 있는 텍스트로 통용될 수 있다는 사실을 보여주는 것이다. 그런데 실상 지금까지 장르 변용을 통한 〈적벽가〉의 재창조 작업이 그렇게 활발하게 이루어졌다고 보기는 어렵다. 그렇지만 〈적벽가〉는 시대를 넘어서서 재해석될 수 있는 고전으로서의 가치를 지니고 있다. 이 작품의 저본이 된 중국소설 〈삼국지연의〉가 이미 동아시아 고전으로서의 보편성을 획득하고 있으며, 이를 바탕으로 하여 재창조된 〈적벽가〉 또한 〈삼국지연의〉의 그러한 보편적인 가치의 자장 안에서 구현된 새로운 창조물로 이해할 수 있는 것이다. 앞으로 〈적벽가〉의 재창조 작업에 있어서 중요하게 생각해 보아야 할 것은 작품의 주제를 어떻게 해석하느냐에 관련된 문제라고 본다. 해석의 시각은 다음과 같이 세 가지 관점에서 정리해 볼 수 있겠다.

① 영웅에 초점을 맞출 것인가?
② 조조를 어떻게 형상화 할 것인가?
③ 군사들의 비중을 어느 정도 둘 것인가?

그런데 이 세 가지 관점은 서로 별개의 것이 아니라, 마치 동전의 양면처럼 서로 밀접한 연관을 맺고 있다. 어느 한 관점을 취하게 되면 다른 쪽의 비중은 약화되는 식으로 말이다.

판소리 〈적벽가〉 뿐만 아니라 〈적벽가〉 이본군 가운데 창작의 소재로 활용할 수 있는 사설도 많이 있을 것으로 생각된다. 특히 조조를 비속화하는 대목이나 군사들의 목소리를 보여주고 있는 대목 등을 적극적으로 활용할 필요가 있다.

전통예술, 특히 판소리에 기반하여 새로운 예술 작품을 창작할 때 〈적벽가〉는 창작의 소재로 긴요하게 활용될 수 있다. 전승 5가 가운데 가장 웅장하고 호방한 소리로 짜여져 있으며 전쟁담을 다루고 있는 작품이 바로 〈적벽가〉이다. 따라서 전쟁과 관련된 작품 혹은 음악적으로 호방하고 웅장한 소릿조가 필요할 때, 〈적벽가〉는 창작의 원천으로서 중요한 소재가 될 수 있다.

또랑광대의 성격과 현대적 변모

1. 또랑광대에 주목하는 이유

2000년대에 들어와 또랑광대라는 말이 부쩍 많이 쓰이고 있다. 특히 판소리에 새로운 시대의식을 담아 표현하고자 하는 젊은 소리꾼 가운데 스스로 또랑광대임을 자처하며 활동하는 사례가 자주 목도되고 있는 것이다. 그런데 오늘날 사용되고 있는 또랑광대의 용례를 검토해 보면, 전통사회에서의 그것과는 상당한 차이가 있음을 발견하게 된다. 무엇보다도 전통사회에서는 또랑광대를 부정적인 의미를 지닌 말로 사용하였는데, 오늘날에는 오히려 그 긍정적인 측면을 적극적으로 부각시켜 사용하고 있다는 점을 가장 큰 차이로 지적할 수 있다.

그러나 이러한 범박한 이해를 넘어서 전통사회에서 또랑광대가 어떤 존재였으며 어떤 역할을 수행하였는지 등을 구체적으로 밝힌 연구는 아직까지 이루어지지 않았다. 뿐만 아니라 오늘날 또랑광대를 자처하며 활동하고 있는 소리꾼들의 문화적 의미를 점검한 연구 성과 또한 아직 제출된 바 없다.

전문적인 소리꾼에 의해 전승되는 판소리의 갈래적 속성에 비추어 볼 때, 전문적인 기량을 가진 명창에게 판소리 연구자의 관심이 집중되는 것은 어쩌면 자연스러운 일이라 할 수 있겠다. 그렇지만 판소리의 문화적 기반을 튼실히 하고 향유층을 확대해 나가는 데 있어서 명창뿐만 아니라 이름을 남기지 못하고 스러져 간 무수한 또랑광대 또한 매우 중요한 역할을 수행하였다고 생각한다.

또랑광대의 개념을 보다 명확하게 구명하고 또랑광대의 성격적 특질과 현대적 변용 양상을 분석해 본다면, 전통사회에서의 또랑광대와 오늘날 새롭게 등장하고 있는 또랑광대 사이에 내재한 편차의 실상과 그 의미를 밝혀 볼 수 있을 것이다.

2. 또랑광대의 개념

또랑이란 마을 골목을 흐르는 조그마한 물줄기를 말한다. 강이나 개울보다 규모가 훨씬 작기 때문에 실또랑이라는 표현을 쓰기도 한다. '또랑광대'에서의 '또랑'은 여기서 비롯된 말이다. 또랑광대는 명창과 대비적으로 쓰이는데, 언제부터 이 말이 쓰였는지 분명하게 알기는 어렵다. 소리하는 예술적 역량이나 특장 혹은 출신성분에 따라 소리꾼을 구분하기 시작하면서 '비가비광대', '재담광대', '사체광대', '명창' 등의 용어가 사용되었는바, 이러한 명칭의 분화는 판소리의 예술적·사회적 위상이 강화되는 과정에서 생겨난 현상이다. 유만공의 〈세시풍요〉에는 '선가왈명창善歌曰名唱'이라는 기록이 나온다. '노래를 잘하는 사람을 명창이라고 한다'는 뜻이다. 노래를 잘하는 사람을 가리키는 말이 생겨나면 마땅히 그 대척적인 지점에 있는 사람을 가리키는 말도 생겨나는 법인데, '또랑광대'가 바로 그러한 용례로 등장하여 사용된 것이라고 생각한다.

그런데 '또랑광대'는 일반인들이 아닌 소리꾼들 사이에서 주로 통용되던 말로 보인다. 판소리는 비전문적인 화자나 소리꾼에 의해 전승되는 설화나 민요와 달리, 전문적인 수련을 거쳐 명창의 반열에 오른 광대에 의해 전승되어 온 공연예술이다. 그렇지만 수련과정을 거친다고 해서 누구나 명창이 되는 것은 아니었으니, 그럴 경우 명창의 기량을 가진 소리꾼이 변변치 못한 소리꾼을 가리켜 또랑광대라고 했던 것이다.

이는 마치 대대로 소리를 해온 전문적인 소리꾼들과 구분하기 위해 일반인 출신의 소리꾼을 '비가비 광대'라 하여 다소 기량이 떨어지는 소리꾼이라는 의미로 사용했던 것과 마찬가지 사례라 하겠다.[1]

> 빗나간 학습쟁이들 광대들이 나오면, "야 이놈아, 시골 가서 또랑광대 노릇이나 해라, 이놈아"이랬어요. 또랑광대가 나쁜 것은 아니고 시골에서 그 고을에서만 왔다갔다 하는 것을 또랑광대라 그럽니다. 서울에 못오고. 서울에 뭐 줄이 있어야 오지. 서울에 와야 있을 데도 없고. 그러니까 공부를 서울에 와서 허고 싶어도 못오는 거예요. 줄이 없으니까. 그러니까 그 고을에서 배고프면 밥 사주면 한마디 허고 어디 가서 또 술 한잔 받아주면 허고 그러면서 거기서만 뱅뱅 도니까 그것이 또랑광대가 아닌가 해요. 또랑광대도 소리를 기가 맥히게 잘했는데, 어깨너머로 배와갖고 장단도 안맞고 조배기없이 소리를 하니까 또랑광대라고 하는 거예요.[2]

그러니까 '또랑광대'란 중앙에 진출하지 못하고 지역에 거주하면서 마을에서만 활동하는 소리꾼으로, 체계적·전문적 훈련을 받지 않아 소리의 기둥이 서 있지 않은 경우를 말한다.

3. 구체적 사례를 통해 본 또랑광대의 성격과 역할: 고흥 이종석씨를 중심으로

전통사회에서 또랑광대가 어떤 존재였으며 어떤 역할을 수행했는지 구체적으로 검

---

1   무계 출신의 소리꾼과 구별하여 일반인 출신의 명창을 '비가비 광대'라고 하는데, 이 말에는 출신성분의 차이뿐만 아니라 기량의 차이까지 내포되어 있다. 비가비광대의 이러한 개념적 특질에 대해서는 다음 논문에서 밝힌 바 있다.
    김기형, 「비가비 광대의 존재양상과 판소리사적 의의」, 『한국민속학』 33, 한국민속학회, 2001, 45~65쪽.
2   박송희 명창 증언. '소리재'에서(2004. 4. 15).

증하는 작업은 매우 어려운 일이다. 그러한 사실을 밝혀 줄 수 있는 실증적 근거가 없기 때문이다. 이 글에서는 20세기를 살았던 또랑광대의 사례를 통하여, 전통사회에서의 또랑광대의 실상을 유추해 보고 그 성격과 역할이 무엇인지 구명해 보고자 한다. 논의의 대상으로 삼은 이는 전남 고흥군 동강면 노동리 죽산 마을에 거주하며 활동했던 이종석이라는 분이다.[3] 이 지역은 농업을 주된 생업으로 삼고 있는 마을 공동체로, 20세기에 들어와서도 전통사회에서의 삶의 양식이나 문화가 비교적 온전하게 유지되어 온 곳이라고 할 수 있다.

전남 고흥군 동강면 노동리 죽산마을은 과거에는 약 100여호가 있었으나 조금씩 인구가 감소하여 현재 약 80여호의 가구로 이루어져 있는 마을이다. 이 마을에는 판소리를 좋아하는 사람들이 아직도 제법 남아있는데, 이렇게 된 데에는 박정목이라는 소리꾼의 역할에 힘입은 바 크다.

박정목(1921~1963)은 이 마을 출신으로, 박노해 시인의 아버지이기도 하다. 박정목은 6·25가 끝난 후 이념적인 문제로 잠시 고향을 벗어나 고창에 거주하고 있다가 다시 고향에 돌아왔다. 고향을 떠나기 전만 해도 소리를 하지 않았던 그는 소리꾼이 되어 돌아왔는데, 고창에서 배웠다고 전해지나 누구에게서 배웠는지 알 수는 없다. 그는 고수로 더 잘 알려져 마을 사람들은 그를 '고수'라고 하거나 '박한량'이라 불렀다. 그는 북을 무척 잘 쳤으나 목이 굳어서 소리꾼으로서 큰 빛을 보지 못했다. 그렇지만 고흥 일대에서는 알아주는 소리였으며, 소리를 가르치는 데에도 일가견이 있었다. 그는 〈심청가〉 중 '심봉사 황성 올라가는 대목'을 특장으로 했는데, 그가 부른 〈심청가〉는 현재 전해지는 유파 소리와는 사뭇 다른 데가 있다. 아마도 고제 소리거나 아니면

---

3 이종석씨는 이재영 명창의 부친이다. 또랑광대의 사례를 조사한다고 하자, 이재영 명창은 자신의 부친이 이에 해당한다고 하면서 부친에 관한 이야기를 자세하게 들려주었다.(전남 순천시 청사역 식당에서, 2004년 4월 18일)
그리고 전남 고흥군 동강면 노동리 죽산마을을 답사했을 때, 이 마을에 거주하고 있는 박판형(당시 70세)과 박문섭(당시 71세) 두 분이 박정목과 이종석씨에 관한 이야기를 들려주고 단가 〈공도라니〉와 〈적벽가〉 중 '군사설움타령' 한 대목을 불러 주었다.(전남 고흥군 동강면 노동리 죽산마을 복지회관에서, 2004년 4월 19일) 박정목에게서 소리를 배운 바 있는 이 두 분도 말하자면 또랑광대이다.

자기조로 불렀기 때문이 아닌가 한다. 그는 시장을 찾아다니며 약장수를 하면서 공연도 했는데, '나이롱극장'이라 부르는 이런 류의 무대는 당시 사람들에게 많은 인기가 있었다.

죽산 마을의 이종석(1924~1992)이 소리를 배울 수 있었던 것도 박정목 덕분이다. 이종석은 농사를 생업으로 했는데, 본래 논메기 소리같은 노동요를 잘했다. '초벌 메는 소리'와 '두벌 메는 소리'가 다 다를 정도로 다양한 소리를 알고 있었다. 또한 상여소리를 잘하여, 고흥 전 지역에 불려 다니며 상여소리를 했다. 50년대 후반 무렵 그는 박정목에게서 판소리를 배웠는데, 이후 틈틈이 라디오를 들으면서 〈춘향가〉, 〈심청가〉 등을 배우기도 했다. 목 성음은 상당히 좋은 편이었으나 목을 정확하게 구사하지는 못했으며, 장단도 정확히 맞지 않았다. 그렇지만 '자장단'으로 무릎장단을 치면서 소리를 하면 매우 잘 맞았다. 혼자서는 잘하지만 북 반주에 맞추어 소리를 할 수는 없었기 때문에, 마을 사랑방에서만 소리를 할 수 있었을 뿐이고 무대에 나설 수는 없었다. 그렇지만 그의 소리는 나름대로 상당한 공력이 있는 소리였다. 그는 〈춘향가〉, 〈심청가〉, 〈적벽가〉 가운데 몇몇 대목 소리를 잘하였는데, 가장 잘 부르는 소리는 〈쑥대머리〉였다. 장단이 안 맞아서 그렇지 소리는 임방울과 흡사하다는 평을 들을 정도로 잘 불렀다.

그가 소리를 해서 벌이를 한 경우는 없다. 회갑잔치 같은 곳에 댓가를 받고 불려간 적도 없다. 그는 기본적으로 사랑방 소리를 하였으며, 마을 사람들과 어울려 '술추름(추렴)'을 하면서 소리를 자주 하였다. 일하고 난 뒤 배가 출출해서 한잔 할 때 누가 술을 살 것인지 정하여 마시고 노는 것을 '술추름'이라 하는데, 그런 자리에서 마을 사람들은 소리를 하면서 즐기곤 하였다.

이상에서 간략하게나마 박정목과 이종석씨의 사례를 소개했다. 현재 죽산 마을에는 여전히 이들을 기억하는 사람들이 있다. 그 중에는 박정목으로부터 소리를 배운 이들도 있다. 마을 사람들은 이들을 어떻게 기억하고 있는가. 마을 사람들은 소리하는 사람을 크게 세 유형으로 구분하고 있다. '명창', '한량소리', '방안통소'가 그것이다.

- 명창 : 소리를 특이하게 잘하는 사람. 전국적으로 다니며 활동함.
- 한량소리 : 북도 잘 치고 소리도 잘함. 전문인들만큼 세세하지는 않지만 큰 흠 없이 소리를 함. 군 단위 정도의 지역에서 역량을 인정받음.
- 방안퉁소 : 무대 소리를 할 수 없고 사랑방 소리를 하는 사람. 한 마을 안에서만 소리를 함.

　명창·한량소리·방안퉁소는 전적으로 소리꾼의 기량을 기준으로 한 구분으로, 특장에 따라 재담광대, 아니리 광대, 사체광대 등으로 지칭한 것과는 차원을 달리하는 분류이다. 마을 사람들은 한량소리가 명창보다는 못하지만 또랑광대보다는 우위에 있다고 인식하고 있다. '방안퉁소'는 바로 또랑광대를 가리키는 말인데, 마을 사람들은 또랑광대라는 말을 들은 적이 없다고 하며 이에 상응하는 용어로 '방안퉁소'라는 표현을 사용하고 있다. 그리고 '방안퉁소'라는 말은 당사자가 있는 자리에서는 쓰지 않는 게 예의였다. 이러한 기준에 입각하여 볼 때, 박정목은 '한량소리'이며 이종석은 '방안퉁소'였다는 것이다.

　이종석의 사례를 통해 또랑광대의 성격과 역할을 좀 더 구체적으로 확인할 수 있겠다. 노동요나 상여소리 등을 잘했다는 데서 알 수 있듯이, 이종석은 기본적으로 음악적 소양을 지니고 있었으며 대단한 귀명창이었다. 스스로 장단에 맞게 잘 부를 수는 없었다 해도 다른 사람의 소리를 듣고 품평하는 능력만큼은 매우 뛰어났던 것이다. 어지간해서는 마을 사람들이 명창들의 소리를 들을 수 있는 기회가 많지 않은 상황에서, 이종석과 같은 또랑광대는 사랑방 소리를 통해서나마 마을 사람들과 함께 판소리를 향유할 수 있는 역할을 수행했다. 그런데 이종석은 전통 판소리 가운데 '쑥대머리'와 같은 몇몇 토막소리를 주로 즐겨 불렀으며, 창의적으로 자유롭게 소리를 짜서 부른 사례는 없었던 것으로 보인다.

　그렇지만 또랑광대에 대한 보다 폭넓은 조사를 통해 활동상이나 역할에 대해 다각적으로 검토하는 것이 필요할 것이다. 또랑광대 안에서도 기량이나 역할에 있어서 일정한 편차가 있었을 가능성이 있는데, 이에 대해서는 추후 폭넓은 현지조사를 통해 보완할 필요가 있다.

4. 현대사회에서의 또랑광대의 성격의 변모 및 활동상

이종석은 20세기 또랑광대이지만, 앞에서 말한 바와 같이 전통사회에서의 또랑광대의 모습 또한 이와 크게 다르지 않았을 것이다. 그런데 근래에 들어와 또랑광대라는 이름이 새롭게 부활하고 있는 것처럼 보인다. 또랑광대의 이름으로 활동했던 대표적인 소리꾼으로, 김명자, 김석균, 김지영, 박지영, 박태오, 이자람, 정대호, 정유숙, 채수정, 최용석 등을 꼽을 수 있다. 그런데 이들은 소리 기량이나 성향 면에서 크게 두 유형으로 대별된다. 일종의 문화운동의 관점에서 역동적인 '판'의 활성화에 관심을 집중하는 경우와 기본적으로 '판'의 본질에 대해 고민하면서도 대학에서 국악을 전공하고 일정 기간 동안 판소리 수련을 통해 전문적인 기량을 갖추고 있는 소리꾼의 경우가 그것이다. 이런 점에서 또랑광대 구성원 간에도 일정한 편차가 내재해 있으며, 전통사회에서의 또랑광대와는 그 성격을 달리한다고 할 수 있다. 그럼에도 불구하고, 왜 이들은 오해의 여지가 매우 많음에도 불구하고 '또랑광대'라는 이름을 전면에 내세우며 활동한 것인가?

또랑광대 콘테스트(2004) 포스터

2001년 전주산조예술축제에서 시작된 '또랑깡대 콘테스트'는 또랑광대의 이름을 본격적으로 사용하기 시작한 최초의 사례이다. 광대를 '깡대'로 비틀어 표현하긴 했지만, 기본적으로는 전통사회에서의 또랑광대의 맥을 잇겠다는 의도가 엿보인다. 그러한 의도성은 "쉬운 판소리, 친근한 판소리, 무대에 국한되지 않는 '판'의 회복 그리고 지금의 판소리를 찾기 위해선 또랑광대 정신과 감각회복이 절실히 필요하다"[4]는 선언적 상황

---

4 '제2회 또랑깡대 콘테스트' 안내 팜플릿.

인식에 잘 나타나있다. 정형화된 판과 엄숙주의에 지배당하는 무대 소리 그리고 전통 소리에만 안주하여 시대정신을 담아내지 못하는 작품의 빈곤함, 이것이 오늘날 판소리 전승의 현주소라는 문제의식에서 출발하여 판소리의 생명력을 되찾기 위한 대안으로 또랑광대에 주목하게 된 것이다. 또랑광대 그룹은 젊은 소리꾼들이 소리할 수 있는 무대가 매우 제한되어 있고 전통판소리만으로는 활로를 찾기 어려운 현실에서 수요자의 욕구나 취향에 부합할 수 있는 소리를 함으로써 자신들만의 활동공간을 마련하고 경쟁력을 가질 수 있다는 사실을 깊이 자각하고 있다.

그렇다면 여기서 또랑광대 정신이란 무엇을 말하는 것인가? "즉흥 창작성, 풍자와 해학, 독창성, 현장성의 발현, 일상의 노래, 아마추어리즘의 고수, 소리의 파수꾼"[5] 등이 바로 또랑광대의 덕목이라는 것이다. 또랑광대에 대한 이러한 성격 규정은 전통사회에서의 또랑광대의 그것에 기반한 것이면서도 한편으로는 전략적 고려에 입각한 재해석 과정을 거쳐 제시된 것으로 이해된다. 전통사회에서 '또랑광대'라는 말은 주로 명창들이 격이 낮은 소리꾼을 지칭할 때 사용하는 말로, 숨기고 싶고 드러내고 싶지 않은 이름이었다. 그런데 지금은 드러내놓고 또랑광대임을 자처하며 독자적인 활동 영역을 설정해 나가고 있는 것이다. 또랑광대 그룹은 어떻게 하면 대중들의 취향과 욕구에 부응하는 판소리문화를 정립해 나갈 것인가에 관심을 집중하고 있으며, 그 구체적인 실천 작업은 '또랑깡대 콘테스트'에 잘 구현되어 있다.

'또랑깡대 콘테스트'에서 겨룬 종목은 ① 여타 음악 판소리식으로 바꿔 부르기, ② 판소리 멋대로 바꿔 부르기, ③ 창작판소리 등으로, 기본적으로는 새로운 판소리 문화를 정립해 나가는 데 목표를 두고 있다. 물론 그 중심에는 창작판소리가 자리하고 있다. 지금까지 또랑깡대 콘테스트를 통해 소개된 창작판소리 가운데, 김명자의 〈슈퍼맥 씨름대회 출정기〉와 박태오의 〈스타크래프트가〉는 TV방송에서도 소개되었을 뿐만 아니라 인터넷을 통해 유포되는 등, 상당한 대중적 인기를 얻고 있다고 말할 수 있다. 창작판소리가 대중적 관심을 끌 수 있는 유력한 방법 가운데 하나라는 사실을

---

5   '제2회 또랑깡대 콘테스트' 안내 팜플릿.

확인한 또랑광대 그룹은 보다 효율적으로 활동공간을 확대해 나가기 위해 2004년 2월 13일 '또랑광대 전국협의회'라는 조직체를 결성하였다. 당일 낭독된 '선언문'에는 현재 판소리 문화가 안고 있는 문제점과 조직을 결성하게 된 목적이 분명하게 제시되어 있다.

> 오늘 우리는 우리 속에 도도히 흐르는 신명과 살아있는 판, 시대의 소리를 되찾기 위해, 이 자리에 모였다. …(중략)… 삶의 저변에서 시대의 삶을 대변해왔던 우리의 소리는 화석화된 모습으로 남고 말았으며 그 편차는 점차 삶과 괴리되어가고 있는 실정이다. …(중략)… 이제야 말로 우리는 '살아 숨쉬는 오늘의 판'을 부흥시키기 위하여 현재의 화석화된 모습으로부터 환골탈태해야 한다는 시대적 당위에 직면해 있는 것이다. 시대는 현재와 함께 할 수 있는 살아있는 소리를 요구하고 있으며, 그것은 다시 한번 진정 삶의 노래로 함께 불러워지길 바라는 오늘날의 소망인 것이다. 그 요구에 부응하기 위하여 우리는 소리를 다시 이야기 하여야 하며, 시대의 판을 재정립해야 한다. 이제 진보적 소리집단 또랑광대는 오늘의 소리로 그 선봉에 서고자 한다. 우리는 시대에 맞는 소리를 만들고 부르고 나누기 위하여 함께 나아갈 것이다. 또한 우리는 현재에 적합한 판 재정립을 위한 굳건한 연대운동으로 우리의 오늘 선언을 발전시켜 나갈 것이다. 그것을 위하여 현재를 고민하고 시대의 삶에 눈을 돌릴 것이며 그 삶을 소리로, 땀으로 이야기 할 것임을 천명하는 바이다.
>
> 단기 4337년 1월 23일 (서기 2004년 2월 13일)
>
> 또랑광대전국협의회

청중과 소통할 수 있는 '판'의 부활을 꿈꾸고 시대정신을 소리에 담아내고자 하는 열망이 강렬하게 표출되어 있는데, 조직을 통하여 그러한 목표를 실현해 나가고자 하는 방식은 사회변혁운동의 일환으로 전개되었던 80년대의 문화운동과 맥락이 닿아 있는 것으로 보인다.

앞에서 말한 바와 같이, 또랑광대 그룹의 주요 활동 가운데 하나는 '창작판소리' 부르기이다. 그 대표적인 사례로, 김명자와 박태오 작품을 비롯하여, 이자람의 〈구지 대한민국〉, 박지영의 〈과자가〉, 정대호의 〈강아지 "뭉치 이야기"〉와 〈신강쇠가〉, 정유숙의 〈눈먼 부엉이〉, 유수곤의 〈햇님 달님〉, 박애리의 〈토끼와 거북이〉 등을 꼽을 수 있다.

또랑광대 그룹은 창작판소리를 부르기도 할 뿐만 아니라 또랑광대 창작 세미나를 가지며 바람직한 창작판소리의 정립을 위해 해결해 나가야 할 과제가 무엇인지에 대해 밀도 있게 논의하며, 발제자로 나서는 소리꾼은 자신의 창작판소리를 들려줌으로써 이론과 실제의 거리를 좁히려는 노력도 아끼지 않았다.

창작판소리의 필요성에 대한 공감의 폭이 넓어지고 있음에도 불구하고 정작 그 실천적 작업은 그리 활발하게 이루어지고 있지 않은 상황에서 또랑광대 그룹이 부르고 있는 일련의 창작판소리는 대중과 유리되어 가는 판소리의 생명력을 되살릴 수 있는 하나의 방안이 될 수 있다는 점에서 그 의의를 인정할 수 있다. 물론 그것이 도달한 예술적 수준이나 성과에 대해서도 반성적으로 검토할 필요가 있다. 이와 관련하여 한 명창의 애정 어린 비판적 조언은 우리에게 많은 시사점을 제공하고 있다.

또랑광대 아듀 포스터(2008)

판소리의 흥을 내는 것이지 판소리라고 볼 수 없고, 창작이라고 해가주고 조리가 없는 거여. 또랑광대도 살릴라면은 소리를 자기가 잘하고 단가 한마디라도 제대로 하면서 창작소리를 해야 좋지, 창작소리라고 해서 요상하게 맨들어 가지고 우습게 해가지구 "뻥이다" 이러고. 소리를 못해서 또랑광대는 아니거든. 못 나와서 또랑광대가 되는 것이지. 지금 창작 소리는 아무것도 없는 거여. 그냥 소리 흥을 내니까 잘 한다 붙여준 거지. 그걸 소리라고 봤다가는 안되지. 판소리는 어딘지 모르게 사람들이 귀가 떴는데, 맨 완창만 허고 있으니께 그런 소리가 좋거든. 판소리 목 비슷허니 해갖고 허니께 재미가 있거든. 그렇다고 다 이리로 쏠려버리면 안돼.[6]

완창 위주의 전통판소리 공연은 청중의 호응을 얻지 못하기 때문에 판소리의 맛과 멋을 청중들에게 효과적으로 전달할 수 있는 공연방식을 모색해야 한다는 점과 함께 창작판소리가 필요하지만 제대로 된 소리를 할 수 있는 공력이 뒷받침되지 않으면 안된다는 점을 지적하고 있다. 전통판소리는 몇 백 년에 걸쳐 기라성같은 명창들의 참여 속에 갈고 다듬어져 오면서 최고 수준의 예술적 깊이와 높이를 갖춘 갈래로 자리매김하게 된 것이다. 이에 견주어 볼 때, 연륜이 일천한 창작판소리를 대상으로 하여 예술적 수준과 완성도를 논하는 것은 어떤 면에서는 시기상조라고 할 수 있다.

그런데 앞에 제시한 한 명창의 비판적 조언은 두 가지 관점을 함축하고 있다. 명창의 관점에서 또랑광대를 바라보고 있다는 점과, 판소리의 요체를 '성음'으로 파악하고 있다는 점이 그것이다. 물론 이 두 관점은 서로 분리될 수 있는 성질의 것은 아니다. 이미 '또랑광대'라는 이름으로 활동하고자 했을 때에는 기존의 명창들이 보여준 의식이나 활동 방향과는 다른 길을 택하겠다는 의지를 담고 있다고 보기 때문에, 명창의 관점에서 제기한 또랑광대에 대한 비판적 조언을 굳이 받아들이지 않을 수도 있을 것이다.

그런데 판소리의 요체를 '성음'으로 파악하는 것이 온당한 관점인가 아닌가 하는 것

---

6 박송희 명창 제보. '소리재'에서(2004년 4월 15일).

은 심각하게 고민해 보아야 할 문제이다.[7] 판소리의 구성 요소로는 성음뿐만 아니라 너름새, 사설 등도 있다. 무엇보다도 판소리는 '판'의 예술이다. 이런 관점에서 본다면 굳이 판소리의 본질적인 요소를 '성음'이라고 할 필요는 없을 것이다. 그럼에도 불구하고 판소리의 역사는 끊임없이 '성음'을 중시하는 방향으로 전개되어 왔으며, 그렇기 때문에 극단적으로 '판소리는 성음놀음'이라는 말까지 통용되고 '득음'을 위해 각고의 노력을 기울이는 사례가 허다하게 되었던 것이다. 모든 갈래는 기본적으로 역사적 갈래이며, 그렇기 때문에 갈래는 한편에서는 일정한 자기 정체성을 지니고 있으면서도 한편에서는 역사적으로 전개되는 과정에서 끊임없이 변모하는 역동성 혹은 운동성을 지니기 마련이다. 그러다가 갈래의 향유기반이 해체되고 갈래의 효용성이 상실되었을 때, 그 갈래는 마침내 운명을 다하고 역사의 뒤편으로 사라지게 될 것이다.

그렇다면 판소리는 어떤가? 판소리의 향유기반이 일정하게 남아있으며 판소리의 생명력을 되살리고 효용성을 극대화하기 위한 노력이 지속되고 있기 때문에, 현재로서는 판소리가 숨을 거둘 시점이 언제쯤일지 예단하기 어렵다. 판소리의 구성 요소 가운데 '성음'이 가장 중요하다는 주장이 일반화되어 있지만, 이 또한 초기 판소리부터 그랬던 것인지에 대해서는 좀 더 따져 보아야 한다. 오늘날 또랑광대 집단의 활동상을 보건대, 판소리에서 '성음'이 절대적으로 중요한 요소라고 간주하는 것 같지는 않다. 무엇보다도 소통할 수 있는 '판', 살아있는 '판'의 부활을 통해 '대중성'을 확보하는 일이 가장 절실한 과제라고 인식하고 있는 것으로 보인다. 이럴 경우, 판소리에서 굳이 성음을 강조할 필요는 없게 된다. 오히려 연극적 재능이라든가 판을 이끌어 가는 '연행 능력' 등이 더욱 중요하게 부각될 수도 있을 것이다. 이럴 경우 판소리의 유형을 다음과 같이 나누어 보는 방법을 생각해 볼 수 있다.

---

7   근래에 또랑광대라는 이름으로 활동한 현상에 대한 비판적 시선의 대부분이 바로 이 지점에 모아지고 있기도 하다.

① 소리를 중심으로 한 판소리

② 연극적 요소를 중심으로 한 판소리(연극 소리)

③ 마당놀이적 요소를 중시한 판소리(마당 소리)

또랑광대 집단이 성음을 중시한 기존의 판소리관에서 벗어나 새로운 유형, 새로운 갈래를 개척해 나가는 것도 하나의 방법일 수 있다고 생각한다.

사실 창작판소리 부르기가 특정 그룹 혹은 개인의 전유물은 아니다. 창작판소리 활성화 문제는 판소리를 살아있는 예술로 거듭 나게 할 수 있는 유력한 방안의 하나로서, 판소리 작가의 출현과 더불어 이른바 명창의 반열에 올라있는 소리꾼들의 참여가 절실히 요구되는 사안이기도 하다. 그러나 이러한 당위적 요청에도 불구하고 창작판소리에 관심을 보이는 소리꾼은 또랑광대 그룹 이외에 별로 없다고 해도 과언이 아니었는데, 근래에 들어와 전문적인 학습꾼이 창작판소리에 관심을 갖고 실천적인 작업을 시도하는 사례가 상당히 많아지고 있다.[8] 또랑광대 그룹이 선보인 창작판소리에 개선해야 할 점이 많다 하더라도 그 성과를 소중하게 평가해야 하는 이유가 여기에 있다.

5. 또랑광대의 의의

명창으로 판소리사에 이름을 남긴 이는 소수에 불과하다고 할 수 있다. 전통사회에서 판소리를 향유했던 수많은 또랑광대들은 자신의 존재를 역사에 남기지 못했지만, 귀명창으로서 진정한 판소리 애호가로서 사랑방 소리를 통해 서민들과 함께 호흡함으로써 판소리 전승에 한몫을 단단히 했다는 점에서 그 의의를 평가받아 마땅하다. 수

---

8   이자람, 오영지, 박인혜, 이봉근, 김봉영, 김나니, 권송희 등 실력 있는 젊은 소리꾼들이 그 대표적인 예이다.

많은 또랑광대의 기반 위에서 명창이 배출되고 판소리가 발전해 왔다고 해도 과언이 아니다.

여기서는 이종석씨의 사례를 통해 또랑광대의 실상을 구체적으로 밝혀 보고자 했으며, 논의의 결과 또랑광대가 다음과 같은 특징을 지니고 있음을 확인했다. 고흥 지역에서는 또랑광대를 '방안퉁소'라고 칭했다. 또랑광대라는 용어는 당사자가 사용하는 경우는 없으며, 명창들 사이에서 학습이 시원치 않은 소리꾼을 지칭할 때 쓰는 말이다. 그렇다 하더라도 기본적으로 음악에 대한 재능이 뛰어나서 상여소리나 노동요 등과 같은 소리를 잘하였으며, 노동현장이나 마을의 경조사가 있을 때 중요한 몫을 수행했다. 판소리에 대한 애정이 대단하여 소리를 배우기는 했으나 체계적인 학습을 거쳐 소리의 기둥을 잡아나가지는 못했기 때문에 무대에서 소리를 할 수가 없었고 마을 단위에서만 활동했다. 또랑광대는 명창의 소리를 접할 기회가 별로 없던 일반 서민들과 판소리를 공유함으로써 판소리 문화의 저변을 넓히고 향유층을 확대해 나가는 데 크게 기여했다.

오늘날 또랑광대를 자처하며 활동하는 일군의 소리꾼들이 있다. 이들은 전통사회의 또랑광대가 지녔을 민중성, 현장성에 주목하여 또랑광대의 의미를 재규정·재해석하고 자신들의 이름으로 삼고 있다. 어떤 점에서는 본래 비하적 의미가 강한 '또랑광대'를 자신들의 이름으로 삼음으로써 활동의 자유로움을 극대화한 측면도 있다. 사실 또랑광대 그룹에 속한 이들 가운데에는 또랑광대의 역사적 개념으로부터도 자유로우면서 새로운 시대적 의미를 담은 개념으로만 이해하는 경우도 있다. 그래서 '또랑광대'를 '또랑또랑(한)광대'로 부르기까지 하는 발랄한 상상력을 보여주고 있다.

또랑광대가 지니고 있는 부정적 이미지 때문에 오해받을 여지가 매우 많으나, 우리 시대 판소리문화가 당면하고 있는 문제점을 짚어내고 대안을 모색해 나가고자 하는 문제 제기적 성격이 강하다는 점에서 이들의 활동에 주목할 필요가 있다고 생각한다. 오늘날 판소리 전승에 있어서 가장 심각하게 노정되고 있는 문제는 역동성과 현장성이 약화되면서 갈수록 '판'이 정형화되어 가고 있다는 것인데, 또랑광대 그룹은 이러한 문제적 상황을 정확히 인식하고 대중성을 회복할 수 있는 방안으로 새로운 판소리, 창작판소리의 활성화를 제시하고 있는 것이다. 판소리가 일반 서민들에게 친근한 문화로 다가갈 수 있기를 희망하고, 살아있는 문화, 생활문화로 거듭나기를 꿈꾸는 또랑광대의 실천적 노력은 전통사회에서 또랑광대가 자연스럽게 수행했던 역할과 맥을 같이 하는 것이라고 본다. 다만, 자신들의 문제의식을 판소리 양식에 담아 전달하고자 했을 때, 판소리의 본질을 어떻게 이해할 것인가 하는 문제는 오늘날 또랑광대 그룹이 풀어야 할 과제로 여전히 남아있다.

　박효관은 〈가곡원류〉를 편찬하면서, "뿌리도 없는 잡된 노래들無根之雜謠"이 장난질을 해대니 "귀천이 다투어 전두纏頭(행하)를 던진다"고 하면서 "정음의 민절泯絶을 개탄"하여 가곡의 원류를 바로잡을 것을 천명한 바 있다. 우리 시대 또랑광대의 활동상에 대해서도 이와 같은 비판적 시각에서 우려를 표명할 수도 있을 것이다. 그렇지만 귀명창이 사라진 시대에, 청중이 외면하는 판소리는 무슨 의미가 있는 것인지 깊이 고민할 때이기도 하다.

'인사동 거리소리판'의 실천적 성격과 의의

1. '인사동 거리소리판'의 출현동인

'판소리의 부활', '판소리가 판치는 세상'을 꿈꾸는 젊은 소리꾼들이 있다. 이들은 싸이버 공간에 집을 짓고, 자신들의 꿈을 실현하기 위해 현실세계에서 각자의 역량에 맞는 구체적인 실천 활동을 벌여가고 있다. '판세'·'소리여세'·'타루'·'바닥소리' 등이 그들이다.

이들의 실천 활동 가운데 주목할 만한 성과로 꼽을 수 있는 것이 2001년 전주에서 있었던 '전주산조예술제' 공연 부문의 하나로 열린 제1회 '또랑깡대 콘테스트'라는 창작판소리 경연 소리판이다. 명창의 반열에 오른 전문 소리꾼들의 참여를 이끌어내는 데까지 이르지는 못했지만, 시대를 호흡하는 새로운 소리가 필요하다는 데 인식을 같이 하는 젊은 소리꾼들이 한자리에 모여 그 동안 각자 준비했던 창작판소리를 선보였던 것이다. '또랑깡대 콘테스트'는 정제되고 무대화된 소리판의 관행에 대한 문제제기이자 도전적인 실험의 장으로서의 의미를 지니는 것이었는데, 이 자리에서 발표된 창작소리에 대한 청중의 호응은 상당했다. 특히 수상작으로 선정된 박태오의 〈스타크래프트가)나 김명자의 〈슈퍼맥 씨름대회 출정기〉 등은 발랄한 재기와 골계미 넘치는 표현 등으로 청중층의 집중적인 관심의 대상이 되기도 했다. 수상작을 비롯한 몇몇 소리는 이후 각종 행사에 초대되어 지속적으로 불리면서 새로운 판소리의 저변 확대에 일조하게 되었는바, 새로운 판소리에 대한 사회적 욕구가 적지 않다고 판단한 '또랑깡대 콘테스트' 기획 주체들은 서울에서도 판을 벌리는 게 좋겠다는 데 의견을 같이 하고 그 구체적인 실행방안을 모색하기 시작했다.

기획과정에서 중심적인 역할을 수행한 이들이 여럿 있지만, 그 가운데서도 특히 이규호와 박흥주의 활동 상황에 주목할 필요가 있다. 이규호는 연배가 다소 높으면서도 젊은 소리꾼들의 구심점 역할을 수행했으며, 즉흥성·현장성·민중성 등을 본질로 하는 '판'의 속성을 담보한 '굿판'·'소리판' 만들기에 주력해 온 박흥주는 이러한 판이 만들어 질 수 있도록 치밀한 구상력과 실천적인 기획력을 발휘했던 것이다.

이들 기획 주체는 '판세'·'소리여세'·'타루'·'바닥소리' 등에 소속되어 활동하고 있는 젊은 소리꾼들의 의견을 수렴하고, 이를 바탕으로 하여 어떻게 판을 짜나갈 것인가에 대한 구체적인 안을 마련했다. 이런 과정을 거쳐 선보인 것이 바로 2002년 5월 19일(음력 4월 8일) 종로·인사동·지하철 안·조계사 등지에서 벌인 이른바 '번개소리판(벼락소리판)'이다. 여러 지역에서 각 팀별로 소리판을 벌이고 행사가 끝난 뒤 모두 인사동에 모여 소리판을 벌인 뒤 그곳에 모여 있던 청중들과 함께 막걸리와 김밥을 나누어 먹음으로써 대동놀이적 성격의 뒷풀이로 마무리를 했던 것이다.

'번개소리판'은 그 외형적인 포맷이 당시 텔레비전에 고정적인 프로로 방영되었던 '게릴라콘서트'와 매우 유사하지만, 그보다도 그러한 형식의 판을 구상할 수 있도록 만든 직접적인 아이디어의 원천은 '가두시위의 방식'이다. '가두시위'가 일종의 문화현상의 하나로 자리매김 되면서 일상화된 것은 80년대로서, 자신의 주장을 널리 알리기 위해 기동력 있게 이동하며 직접 시민을 찾아 나섰다는 데 그 핵심적인 특징이 있다. '번개소리판'은 '가두시위'가 지닌 이러한 속성을 그대로 활용한 것이다. 달라진 점은 화염병 대신 판소리를 불렀고 민주화 투쟁의 정당성을 담은 전단지 대신 각 소리팀의 성격과 활동상황을 담은 소개문을 시민들에게 나누어 주었다는 것이다.

젊은 소리꾼의 발랄한 상상력과 도발적인 실천력 그리고 재기 넘친 순발력이 결합되어 만들어진 '번개소리판'에서 소리꾼들은 전통판소리와 창작판소리를 불렀는바, 소리판에 참여한 불특정다수 청중의 반응은 매우 놀라운 것이었다. '번개소리판'에서 청중들이 보인 뜨거운 반응은 젊은 소리꾼들에게 오늘날에도 판소리가 정서적 감응력이 매우 강한 예술로 거듭 날 수 있다는 가능성을 확인시켜주기에 충분한 것이었다. 그래서 이러한 성격의 '판'을 앞으로 정례화 하여 지속적으로 운영해 나가는 것이 좋겠다는 의견을 모으고 출발한 것이 바로 '인사동 거리소리판'이다.

앞에서 '인사동 거리소리판'이 정립되기까지의 과정을 간략하게 약술했거니와, 개별적으로 모임을 만들어 활동해 오던 젊은 소리꾼들이 각자의 고민을 공유하며 판소리의 미래에 대해 논의하기 시작했고 그 구체적인 실천 활동의 장으로 '인사동 거리소리판'을 창출해 내었다는 점이 무엇보다 소중한 성과라고 할 수 있다.

여기서 해명하고 넘어가야 할 문제는 가시적인 수익성이 보장되지 않는(관람료를 받지 않으며 지원금이나 후원금이 없는 상황임) 이와 같은 '거리소리판'을 벌이게 만든 사회 환경적 요인이 무엇인가 하는 점이다. 판소리는 본래 민중의 기반 위에서 생성된 민중예술이다. 그러던 것이 역사적 전개과정 속에서 향유층이 확대되고 예술적으로 세련되어가면서 명실상부한 민족예술로 자리매김하게 되기에 이르렀다. 판소리의 사회적 위상이 높아진 것은 일단 긍정적으로 평가할 수 있겠으나, 소리판이 정형화되어 가면서 판소리의 본래적 속성이라 할 수 있는 역동성과 현장성 등은 약화되어 가고 있는 것이 오늘날 판소리가 처해 있는 현실이다.

이러한 상황에서 판의 진정성을 회복하고 판소리에 생명력을 불어넣기 위해 시작되었던 '인사동 거리소리판'이 지닌 문화적 의의를 짚어보고 앞으로의 과제와 바람직한 방향성을 모색해 보는 것은 매우 긴요한 과제이다.

2. '인사동 거리소리판'의 성격

1) 왜 '인사동 '거리소리판인가?

왜 '가리봉동 거리소리판' 혹은 '압구정동 거리소리판'이 아닌 '인사동 거리소리판'일까? 판을 인사동에서 벌인 이유는 필연 '인사동'에 함축된 상징적 이미지와 밀접한 연관이 있을 것이다.

인사동 거리는 서울특별시 종로구 인사동 63번지(종로2가)에서 관훈동 136번지(안국동 사거리)에 이르는 도로를 말한다. 1970년대 중반 무렵까지만 해도 이 지역에는 고미술품·골동품·골동서화뿐 아니라 옛 생활도구·장신구 등 시중에서 쉽게 볼 수 없는 갖가지 전통공예품 등이 집결되어 있었다. 인사동에 이와 같은 골동품 상가가 형성된 것은 일제강점기부터라고 하는데, 우여곡절을 거쳐 지금은 많은 골동품 상가가 문을 닫고 대신 토속음식점, 전통찻집 등 유흥음식점이 성시를 이루고 있다. 그렇다 하더라도 인사동은 서울에서 전통을 체험할 수 있는 대표적인 지역으로 꼽히고 있으며, 인사동에 각인된 그러한 이미지를 극대화하기 위한 노력들이 지속적으로 이루어져왔다. 그 대표적인 사례를 제시하면 다음과 같다.

- 1987년 이후 인사동전통문화축제 개최 : 인사동전통문화보존회와 종로구 주최. 해마다 4~5월 무렵 한국전통예술공연·문화상품특별전 및 화랑 20개소에서 기획전시를 연다. 축제는 인사동 지역의 번영을 기원하는 장승제로 시작되며, 행사중에는 관람객들이 직접 참여할 수 있는 이벤트도 열린다.
- 1988년 전통문화의 거리로 지정
- 1997년 4월 13일부터 일요일마다 '차없는 거리'로 지정
- 1999년 7월·2000년 10월 14일 역사문화탐방로 조성 : 보행자를 위해 차도의 너비를 줄이고 인도를 넓혔다. 바닥에는 옛날식 기와와 재질이 같은 벽돌을 깔아 고풍스런 분위기가 난다. 안국동 동쪽에 북인사관광안내소와 북인사마당을, 종로 쪽에는 남인사관

광안내소와 남인사마당을 설치하여 만남의 장소로 이용할 수 있게 하였다. 이곳에서는 각종 이벤트와 공연이 열린다.

인사동이 전통의 거리로서의 면모를 진작부터 지니고 있었다 하더라도, '인사동 = 전통체험의 공간'이라는 이미지를 극대화하려는 노력이 본격적으로 시도된 시점은 1980년대 이후이다. 오늘날 전국에서 벌어지고 있는 지역축제는 1000여 개가 넘으며, 그 가운데 약 75%는 1980년대 이후에 만들어진 것이다. 대부분의 축제가 역사성과 전통성에 기반하지 않은 것임은 물론이다. 이러한 현상은 지역과 연관된 문화유적이나 전통 민속 혹은 특산물 등을 주제로 삼아 관광 상품화 하려는 의도에서 비롯된 것인데, 특히 지방자치제의 실시와 더불어 지역단위의 경제 활성화가 요구되는 상황에서 더욱 심화되고 있는 실정이다. 인사동에 거리축제가 열리고 각종 제도적 뒷받침으로 전통의 이미지를 각인시키는 작업이 지속되고 있는 것도 크게 보면 '전통의 상품화'라는 맥락에서 이해할 수 있는 일이다.

'거리소리판'을 인사동에서 갖게 된 것은, 비록 그것이 '만들어진 전통'·'유사전통'이라 하더라도 인사동이 지니고 있는 '전통의 거리'라는 이미지를 적극 활용하려 한 전략의 산물이라고 생각한다. 그리고 그러한 전략은 매우 주효했다고 할 수 있다. 게다가 판이 벌어지는 일요일에는 차량통행이 금지되어 있고 좌우에 늘어서 있는 건물은 소리를 모아주는 역할을 하기 때문에 판을 벌이기에도 인사동이 제격이다. 인사동 거리에는 행인들이 넘쳐나며, 그 안에는 외국인도 상당수 포함되어 있다. 특히 주말에는 더욱 많은 사람들이 인사동을 찾는다. 이들 불특정 다수 청중의 사회경제적 처지나 교육정도 등을 가늠해 볼 수 있는 구체적 자료를 제시할 수는 없으나, 이들 가운데 도시빈민이나 노동자 등이 차지하는 비율이 그렇게 높아 보이지는 않는다.

요컨대 인사동은 '전통의 상품화'의 가능성을 잘 보여주는 곳이면서, 판을 어떻게 짜나가느냐에 따라 많은 청중을 판소리 팬으로 만들 수 있는 매력적인 조건을 지닌 곳이라 할 수 있다.

2) 왜 인사동 '거리'소리판인가?

　'거리'소리판은 기본적으로 '무대'소리판과 대비되는 의미를 지니고 있다. 그동안 '무대 소리판'은 지나치게 격을 중시하고 이른바 엄숙주의에 지배되었으며 정형화된 판에서 벗어나지 못하였다는 점에서 닫힌 공간으로 인식되었던 것이 사실이다. 이에 비해 '거리소리판'은 소리꾼이 직접 청중을 찾아나서 벌이는 '판'이라는 점에서 엄숙주의와는 거리가 멀다.

　그러면 구체적으로 어떻게 구별되는가. 공연시간·공연장소·소리꾼이 미리 정해져 있는 무대 소리판과는 달리, '거리'소리판에서는 시작 시간은 정해져 있지만 끝나는 시간은 정해져 있지 않았다. 물론 판이 벌어지는 장소는 늘 일정했다. 여름에는 6시에 시작하며, 해가 짧아지면 4시에 시작했다. 누가 어떤 대목을 소리하는지도 미리 정해져 있지 않았던 것이다.

　'무대 소리판'에 서는 소리꾼은 일반적으로 한복을 입고 출연함으로써 격을 갖추고 전통성을 강조한다. 반면에 '거리소리판'에 서는 소리꾼은 평소 복장 그대로 입고 나섬으로써 특별히 격을 강조하지 않았다. '거리소리판'이 보여주는 이러한 외형적 특질은 판소리가 특정부류의 사람만이 부르고 향유하는 것이라고 생각하는 잘못된 고정관념을 깨뜨리는 데 일조하기도 했다. 이와 관련하여, 2003년 4월 13일 이자람의 경우를 대표적인 사례로 꼽아 볼 수 있다. 파마머리에 색깔이 있는 안경을 쓴 그는 매우 발랄한 복장에다 가슴에는 "NO WAR ON IRAQ"라고 새긴 배지를 달고 소리했다. 우리가 흔히 만날 수 있는 젊은이가 우리의 전통소리를 한다는 지극히 당연하고도 평범한 사실을 온몸으로 보여준 셈이었다.

　'무대 소리판'에서는 완창무대라는 게 별도로 마련되어 있지만, '거리소리판'에서 불리는 전통판소리는 언제나 '토막소리'였다. 60년대 후반 박동진 명창이 8시간에 걸쳐 〈춘향가〉 완창을 한 이후, 완창은 소리꾼의 기량을 검증하는 의미를 내포하면서 판소리 공연의 주요방식으로 자리 잡아 왔다. 그렇지만 장시간 소리를 해야 하는 부담감 때문에 완창에서 소리꾼이 자신의 기량을 완벽하게 발휘하기는 거의 불가능에 가깝다. 그렇기 때문에 소리꾼은 '토막소리'를 부를 때 오히려 자신의 기량을 충분히 발휘할 수 있다. 전통판소리의 내용은 어느 정도의 소양을 가진 사람이라면 누구나 알고 있기 때문에 '공지적 생략'이 가능하다. '토막소리'라 하더라도 청중층이 작품을 감상하는 데 전혀 지장을 받지 않는 이유는 이 때문이다. 따라서 소리꾼의 입장에서는 자신이 장기로 하는 대목을 선택하여 비교적 짧은 시간동안 부를 때 모든 역량을 집중하여 소리할 수 있는 장점이 있는 것이다.

무엇보다도 '거리소리판'에서 소리꾼은 마이크를 사용하지 않는다. 무대 소리에서는 마이크의 성능에 따라 소리꾼의 기량이 다르게 발휘된다 해도 과언이 아닌데, '거리소리판'에서는 오로지 자신의 성량으로만 승부해야 하기 때문에 그만큼 정직한 소리·치열한 소리를 할 수밖에 없었던 것이다.

'거리소리판'은 소리꾼과 청중층 모두에게 각별한 의미를 지니고 있었다. 소리꾼은 매우 가까운 거리에서 청중층의 반응을 즉각적으로 감지할 수 있는바, 이를 통해 자신의 기량을 점검할 수 있을 뿐만 아니라 판을 짜나가는 역량을 기를 수 있었다. 청중의 입장에서는 매우 가까운 거리에서 분장실을 거치지 않은 소리꾼의 입모양, 숨소리, 눈빛 등을 생생하게 느끼면서 소리를 접할 수 있는 좋은 기회였다. 거리소리판에 참여하는 청중은 미리 정보를 알고 자발적으로 찾아온 부류와 인사동에 들렀다가 우연히 소리판과 맞닥뜨려 자연스럽게 청중의 대열에 합류하게 된 부류로 구성되어 있는데, 후자에 해당하는 청중층이 많은 비중을 차지했다. 티켓을 사서 극장에 들어온 경우와는 다르게, 소리판에 계속 남아있을 것인가 아니면 중간 어느 시점에서 본래 가던 길을 계속 갈 것인가 하는 선택의 문제가 전적으로 청중들 자신에게 달린 문제인 것처럼 보이지만, 실상은 그렇지 않다. 소리판의 구성이나 판을 이끌어나가는 소리꾼의 기량 등에 따라 판에 남아있는 청중층의 숫자가 무척 달라지게 되었던 것이다. 사실 판소리는 누구나 부를 수 있어야 하며, 특히 '거리소리판'과 같이 열린 공간을 지향하는 경우에 있어서라면 아마추어 소리꾼도 소리 한 대목쯤 할 수 있는 것이며 판에 모여든 청중들은 너그러운 마음으로 그 소리를 들어줄 수 있을 법도 한데, 현실은 그렇지 않았다. 판소리에 대한 감식안이 뛰어난 귀명창이 아니라 하더라도 대부분의 청중들은 매우 정직하게 자신의 미적 감각에 비추어 소리를 평가했던 셈이다. 밀물처럼 모여들었다가 썰물처럼 빠져나가는 불특정 다수의 청중을 보면서 소리꾼들은 온힘을 다해 소리하고 자신의 기량을 검증받고자 했다. 그러한 과정을 거치면서 소리꾼은 자연스럽게 '판짜기에 대한 전략적 사고'를 키워나갈 수 있었다.

3) 왜 인사동 거리'소리판'인가?

왜 인사동 거리'춤판'도 아니고 인사동 거리'풍물판'도 아닌 인사동 거리'소리판'이었는가? 이렇게 된 데에 어떤 필연적인 이유가 있다고 말하기는 어려울 듯하다. 왜냐하면 '춤판'이나 '풍물판'이 지금 현재 없다는 것이지 그러한 판 자체가 앞으로도 계속 없을 것이라고 단정할 이유는 없기 때문이다. 그렇다 하더라도 지금 이 시점에서 다른 어떤 '판'보다도 인사동 거리'소리판'이 먼저 시도된 이유가 무엇인지에 대해서는 생각해 볼 필요가 있다.

주지하듯이, '판'이란 말에는 어떠한 행위가 벌어지는 물리적인 공간으로서의 의미뿐만 아니라 판을 벌이는 주체와 거기에 참여한 구성원간에 소통이 가능한 '열린 공간'으로서의 의미가 더 강하게 내포되어 있다. '판소리'라는 학술용어'가 갈래 명칭으로 굳어지게 된 소이연도 이 말이 '판'에서 부르는 소리로서의 갈래의 특성을 가장 정확하게 드러내 보여 줄 수 있는 명칭이기 때문일 것이다.

'판소리'를 뒤집으면 '소리판'이 된다. '소리판'은 기본적으로 소리꾼과 고수 두 사람만 있으면 성립한다. 그러니까 '판'을 벌이는 요건이 그다지 까다롭지 않으며 그만큼 기동성 있게 상황에 대처해 나갈 수 있는 이점이 있다고 하겠다. 판소리는 쉽게

---

1   '本事歌', '타령', '극가', '잡가' 등으로 지칭된 전례를 보여주는 문헌은 있으나, 전통사회에서 '판소리'라는 명칭을 사용했다는 용례는 확인되지 않는다. 토착갈래로서의 명칭은 민요를 '소리'라고 말한 것처럼 판소리도 그냥 '소리'라고 지칭했다. 그런데 20세기 들어와 어느 시점부터인가 '판에서 부르는 소리'라 하여 '판소리'라는 말이 학술적으로 쓰이기 시작하면서 오늘날 이 용어가 갈래를 지칭하는 명칭으로 정착된 것인데, 학술용어가 토착용어로 사용된 대표적인 사례라고 생각한다.

말해서 소리꾼이 고수의 반주에 맞추어 '일인다역一人多役'을 하는 공연예술이다. 반면에 작중 인물의 역할을 서로 다른 배우가 맡는 '배역의 분화'를 통해 판소리에서 파생된 갈래가 바로 창극인데, 오늘날 어떤 면에서 본다면 창극은 독자적 갈래로서의 극작술을 정립하지 못하고 여전히 자기 정체성을 모색해 가는 과도기적인 성격을 벗어나지 못하고 있다. 이에 비해 판소리는 60년대까지만 해도 전승력이 약화되는 위기를 경험하기도 했으나 오늘날에는 우리 민족문화를 대표하는 가장 경쟁력 있는 전통예술로 자리매김되고 있다고 해도 과언이 아니다. 이와 같이 판을 벌이는 데 필요한 요건이 그다지 까다롭지 않고 대표적인 민족예술로서의 위상을 지니고 있기에, 다른 어떤 갈래보다도 판소리를 주제로 한 인사동 거리'소리판'이 가장 먼저 만들어질 수 있었던 것이라고 생각한다.

그런데 소리판에 나선 소리꾼들에게 부과된 가장 본질적인 고민 가운데 하나는 '판'의 성격을 어떻게 규정할 것인가 하는 점이다. 청중에게 무언가를 보여주어야 하는 배우로서의 역할이 보다 강조되는 '공연판'으로 볼 것인가 아니면 청중과 함께 만들며 어우러지는 '놀이판'으로 볼 것인가 하는 점에 대한 판단이 선행되지 않으면 안 되기 때문이다. 이 문제는 인사동 거리소리판의 지향점 혹은 방향성과 긴밀하게 연관되어 있는 사항이기도 하다. 거리소리판을 꾸려 나간 주체들은 거리에서 벌이는 판인만큼 배우의 '보여주기'가 강조되는 '공연판'이기보다는 청중과의 호흡을 중시하는 '놀이판'의 성격을 갖기를 희망한 것으로 보인다.

그러나 청중이 거리소리판을 바라본 시각은 이와는 다른 것으로 판단된다. 소리판에 모여든 청중들의 대부분은 기본적으로 추임새 문화에 익숙하지 않기 때문에, 적극적으로 소리판에 참여하여 함께 하려 하기 보다는 소극적인 자세로 판소리를 바라보는 위치에서 감상하려 한 경우가 대부분이었다. 그러니까 소리판을 '놀이판'이 아닌 '공연판'으로 보는 시각이 더 우세했던 것이다. 이러한 상황에서 청중들이 소극적인 자세에서 벗어나 적극적으로 소리판에 참여할 수 있도록 하는 일 또한 소리꾼들의 중요한 몫이 된 셈이다. 그래서 소리꾼들은 기회 있을 때마다 청중들에게 '추임새' 넣는 방식을 연습시키곤 했다. 추임새는 배우와 청중의 직접적 소통을 가능하게 하는 매우 중요한 문화적 관습으로서, 소리판이나 춤판 등 전통 연희가 벌어지는 '판'에서 없어서는 안되는 보편적이고도 본질적인 구성요소이다. 소리판이 벌어지는 공간이 어느 곳이든 소리꾼은 언제나 청중에게 추임새를 강조하기 때문에, 인사동 거리소리판에서 소리꾼이 추임새의 의의를 강조하며 청중들에게 "얼씨구 좋다", "어이", "잘한다" 하고 추임새를 따라하도록 연습시킨 일이 특별한 것이라고 말할 수는 없다. 그러나 청중들이 둥글게 둘러섬으로써 자연스럽게 형성된 원형 공간에서 소리를 하게 되는 인사동 거리소리판에서는 무대와 객석이 분리되어 있지 않기 때문에, 배우와 청중의 거리가 좁혀진 상태에서 실제로 추임새를 하게 되었을 때 그 학습효과는 다른 경우와는 비교할 수 없을 정도로 크다고 할 수 있다.

3. '인사동 거리소리판'의 활동상황

'인사동 거리소리판'을 꾸려나간 대표적인 소리꾼들로, 채수정, 성영화(김선영), 조영재, 정유숙, 김수미, 이자람, 최용석, 류수곤, 박태오, 김용화 등을 꼽을 수 있는바,[2] 이들 소리꾼은 오늘날 판소리가 우리에게 어떤 의미가 있는 예술인가 하는 근본적인 물음에 대해 고민하면서 '판'의 정신을 회복하기 위해 실천적인 노력을 기울이고 있는 강한 열정의 소유자들이었다.

'인사동 거리소리판'은 전적으로 자발적 의지로 참여하는 소리꾼들에 의해 꾸려져 나갔다. 사전 연락을 통하여 판짜기에 대해 논의하는 과정이 없이 그날 소리판에 참여하는 소리꾼들만으로 그때그때 판을 짜나갔던 것이다. 다만 고수가 없으면 판 자체가 성립되지 않기 때문에 고수를 확보하는 일에 한해서만 최소한의 연락을 취했다. 일정한 기량과 관심이 있으면 누구나 고수를 할 수 있지만, 가장 열심히 '거리소리판'

---

2 판소리의 재창조 작업을 통해 전승력을 회복해야 한다는 문제의식을 가지고 있는 젊은 소리꾼은 여기서 거론한 이들 이외에도 많이 있다.

고수 역할을 수행했던 이가 바로 조정래였다. 조정래
는 중앙대 연극영화과 출신으로 본래 전문고수는 아
니다. 직업이 별도로 있음에도 불구하고 순전히 북이
좋아 고수를 자임하고 나섰던 셈이다. 현재 그는 영
화 〈귀향〉의 감독으로 잘 알려져 있다.

'인사동 거리소리판'에서 불린 소리는 크게 전통판
소리와 창작판소리로 나누어 볼 수 있다. 전통판소리
는 수 백 년 동안 당대 대명창들의 손을 거치면서 문
학적으로나 음악적으로 거의 완벽에 가깝게 정립된
소리이다. 소리꾼은 전통판소리를 통해 소리의 본질
을 터득하며, 청중들은 전통판소리가 지니고 있는 고
전으로서의 이월가치를 체험적으로 확인하게 된다.

인사동 거리소리판의 한 장면

주지하듯이, 현재까지 전승되고 있는 작품은 〈춘
향가〉, 〈흥보가〉, 〈심청가〉, 〈수궁가〉, 〈적벽가〉 5마당이다. 그런데 '인사동 거리소
리판'에서 불린 작품의 빈도수를 조사해 보면 그 결과가 매우 흥미롭다. 부분적으로
편차가 있을 수 있지만, 2002년 8월 18일~2003년 4월 6일에 공연되었던 작품을 대상
으로 조사한 결과는 다음과 같다.[3]

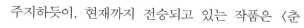

- 〈흥보가〉 : 50회
- 〈춘향가〉 : 40회
- 〈심청가〉 : 31회
- 〈적벽가〉 : 11회
- 〈수궁가〉 : 10회

---

3 다음(Daum) 카페 '인사동 거리소리판'에 그동안의 활동이 일목요연하게 잘 정리되어 있다. 카페는 판
지기 성영화가 기록의 중요성을 깊이 인식하고 만든 것이다.

작품 곡목 선정에 있어 가장 크게 작용하는 요인은 다음의 두 가지일 것이다. 첫째는 소리꾼이 자신 있게 부를 수 있어야 하고, 둘째는 청중에게 어필할 수 있으리라 판단되는 대목을 선택할 것이라는 점이다. 특히 두 번째 요인은 곧 우리 시대 청중의 취향과 수준을 반영한 결과로 이해할 수 있다. 전통사회에서 가장 인기 있는 작품은 〈춘향가〉와 〈적벽가〉였다. 그리고 〈흥보가〉는 재담소리라 하여, 자칫하면 전승이 중단될 뻔한 위기를 겪은 작품이다. 오늘날 〈흥보가〉 중 '놀보 박타는 대목'의 전승이 잘 이루어지지 않는 것이 그러한 저간의 사정을 잘 보여주고 있다. 그런데 '인사동 거리소리판'에서 가장 자주 불린 소리는 〈흥보가〉이다. 이는 무엇을 의미하는가? 전통 판소리 가운데 〈흥보가〉가 자본주의적 가치와 접맥되어 해석될 수 있는 여지가 가장 많기 때문이기도 하겠지만, 재담적 요소를 잘 살리는 것이 판소리의 전승력을 회복하는 중요한 관건이 될 수 있다는 것을 말해주는 것은 아닌지.[4]

'인사동 거리소리판'에서 불린 창작판소리는 기대했던 것보다 많지는 않다. 지금까지 불렸던 작품 제목을 보이면 다음과 같다.

- 김명자 : 〈캔디타령〉, 〈슈퍼맨 씨름대회 출정기〉
- 김정은 : 〈혹부리 영감〉
- 류수곤 : 〈햇님 달님〉
- 박애리 : 〈토끼와 거북이〉
- 박태오 : 〈스타크래프트가〉
- 이규호 : 〈똥바다〉, 〈예수전〉
- 이자람 : 〈미선, 효순을 위한 추모가〉[5]

---

[4] 〈흥보가〉가 가장 많이 불렸다는 통계가 우연적인 요인에 의한 결과라고 할 수 있는 면도 있다. 가령, 〈흥보가〉 무형문화재 예능보유자 박송희 명창의 제자 채수정이나 성영화와 같은 소리꾼이 〈흥보가〉를 상대적으로 많이 불렀기 때문이라고 할 수도 있다는 말이다. 그렇지만 설령 그렇다 하더라도 이들 소리꾼이 다른 레퍼터리도 가지고 있음에도 불구하고 결국은 자신들이 가장 자신 있게 부를 수 있는 소리대목을 선택하고 이것이 청중들에게 어필할 수 있을 것이라는 기대감을 가졌기 때문에 특정 레퍼터리를 많이 불렀다는 사실에는 변함이 없는 것이다.

이규호가 부른 〈똥바다〉는 김지하의 원작을 바탕으로 하여 짜여진 것으로 임진택이 작창하여 불렀던 적이 있고, 김명자의 〈슈퍼맨 씨름대회 출정기〉와 박태오의 〈스타크래프트가〉는 제1회 또랑깡대 콘테스트에서 수상한 작품이다. 그리고 김정은의 〈혹부리 영감〉과 류수곤의 〈햇님 달님〉 그리고 박애리의 〈토끼와 거북이〉는 어린이 청중을 염두에 두고 만든 '동가童歌' 혹은 '아이 소리'라고 할 수 있는 작품으로, 전래설화를 기반으로 하여 짜여진 소리라는 점이 특징이다. 이 가운데 어느 정도의 서사성을 지니고 있으면서 골계미와 비장미를 자아내고 있는 작품은 〈똥바다〉이다. 그 외 작품의 경우, 앞으로 좀 더 다듬고 덧보태고 보완해서 작품의 완성도를 높여가는 작업이 뒤따라야 할 것으로 생각한다.

사실 임진택이 거둔 일련의 성과 이외에 어느 정도의 예술성을 담보한 창작판소리는 많지 않다. 근래에 이르러 창작판소리에 대한 관심이 많아지고 있고 창작판소리 경연대회까지 생겨나는 것은 판소리의 활성화라는 측면에서 매우 바람직한 현상이라고 생각한다. 그렇지만 여전히 공식적인 무대(예컨대 국립극장이나 국립국악원 발표무대)에서 창작판소리 공연기회를 갖기란 여간 어려운 일이 아니다. 그것은 어느 정도 완성도가 높은 검증된 창작판소리가 나오지 않았기 때문이라고 할 수 있는데, 기실 창작판소리가 하루아침에 나올 수 있는 것은 아니다. 많은 청중들에게 공감을 얻을 수 있는 우리 시대의 더늠이 창출되기 위해서는 문학성을 갖춘 사설과 이를 음악적으로 잘 소화한 '훌륭한 소리'가 결합되어야 한다.

열린 공간으로서의 '인사동 거리소리판'은 창작판소리의 가능성을 시험해 볼 수 있는 좋은 기회를 마련해 주었다는 점만으로도 그 의의가 매우 크다. 청중의 반응은 창작판소리의 수준과 가능성을 가늠하게 해주는 확실한 척도가 되기 때문에, 소리꾼의 입장에서는 자신의 소리를 더욱 갈고 닦아 자신의 '더늠'으로 완성해 갈 수 있는 절호의 기회를 갖게 된 셈이다.

---

5 이 가운데 〈똥바다〉나 〈슈퍼맨〉, 〈스타크래프트가〉는 여러 차례에 걸쳐 불린 바 있다.

4. '인사동 거리소리판'의 문화적 의의

'인사동 거리소리판'과 같이 실험적인 성격이 강한 실천의 장이 생겨난 현상은 현대 사회에서 판소리가 차지하는 위상이 어떠한지를 역설적으로 보여주고 있다. 무형문화재 같은 제도적 장치가 판소리의 안정적인 전승을 가능하게 했지만, 한편으로는 판을 정형화시킴으로써 판소리가 본래 지니고 있는 역동성을 약화시키는 부정적인 결과를 가져오기도 했다. 민족문화의 자기정체성 찾기가 요구되는 시대적 분위기 속에서 전통문화, 특히 판소리에 대한 관심이 이전과 비교할 수 없을 정도로 커진 것은 사실이나, 오늘날 판소리는 현실에 대한 날카로운 풍자와 해학으로 삶에 대한 통찰력을 일깨워 주었던 본래의 진정성을 상실해 가면서 점차 일종의 고급예술로 자리매김된 것은 아닌가 하는 의구심을 떨칠 수 없다. 이러한 상황에 비추어 볼 때, '인사동 거리소리판'과 같이 진정한 소리판을 지향한 '열린 공간'이 갖는 시대적 의미는 결코 과소평가 될 수 없다. 살아있는 '판'의 부활을 꿈꾸는 의식 있는 소리꾼들의 소망이 응축된 '인사동 거리소리판'은 판소리의 자생적 전승기반을 확대해 나가는 데 있어서 일정한 기여를 했기 때문이다.

그러나 현실은 소망과는 다른 방향으로 전개되어 가고 있는 것으로 보인다. 처음 시작할 때의 활력과 열정이 점차 약화되면서 2006년까지 명맥을 유지해 왔지만, 이후 현재까지 거리소리판 공연이 제대로 열리지 못하고 있는 것이다. 수익을 창출하지 못하는 구조에서 판을 안정적으로 유지해 나갈 수 있는 물적 토대를 확보하지 못하는 것은 당연하다. 아무리 명분이 소중하다 하더라도 이런 상황에서 판이 지속되기를 기대하기는 참으로 어려운 일이다.

의식 있는 소리꾼들이 참여하여 일구어 낸 '인사동 거리 소리판'의 실험정신이 활짝 꽃피울 수 있을 때, 판소리는 우리 시대의 살아 있는 예술로 거듭날 수 있을 것이다.

〈뺑파전〉의 전승 과정과 구성적 특질

1. 〈뺑파전〉에 주목하는 이유

〈심청가〉는 전승 5가 가운데 가장 비극적인 색채가 강한 작품이다. 심청이 어려서 어머니를 여의고 열다섯의 어린 몸으로 아버지의 눈을 뜨게 하기 위해 인당수에 몸을 던지는 일련의 과정에 담겨 있는 슬픔의 깊이가 워낙 크기 때문이다. 근대 5명창에 속하는 송만갑 명창은 부인이 먼저 세상을 떠나자 마음의 상처가 덧날까 저어하여 〈심청가〉를 부르지 않았다는 일화도 전한다.

〈심청가〉는 심청이 인당수 빠지는 장면을 기준으로 하여, 전반부와 후반부로 나누어 볼 수 있다. 심청이 인당수에 빠지기까지의 과정이 전반부에 해당한다면, 심봉사가 황성에 올라가 맹인잔치에 참석하여 눈 뜨는 데 까지가 후반부에 해당한다. 전반부는 대부분 강렬한 비장미를 자아내는 소리 대목으로 구성되어 있다. 후반부에 와서야 어느 정도의 골계미가 표출되어 나타나는데, 심봉사의 성격 변화와 더불어 뺑덕어미의 존재가 그러한 골계미의 창출에 기여하는 바 크기 때문이다.

〈심청가〉의 유일한 악인형 인물이자 삽화적 인물인 '뺑덕어미'를 주인공으로 하여 대중예술로 거듭난 작품이 바로 〈뺑파전〉이다. 〈뺑파전〉은 〈신 뺑파전〉, 〈뺑덕이네〉, 〈뺑파와 황칠이〉, 〈뺑파막〉, 〈뺑파 스캔들〉, 〈서울 뺑파〉 등 다양한 제명으로 불리기도 하는바, 그동안 창극, 여성국극, 마당놀이, 마당극 등 다양한 갈래 형태로 공연되어 왔다. 극장 무대 뿐만 아니라 축제, 명절, 잔치 공간에서 대중들의 사랑을 받으며 마치 약방의 감초처럼 매우 빈번하게 공연되고 있는 것이다. 이처럼, 고전에 기반하고 있으면서 현대적 재창조 과정을 거쳐 독작적인 작품으로 정립된 〈뺑파전〉이 대중들에게 인기를 얻으며 활발하게 전승되고 있는 힘과 근거는 무엇인지 밝혀보고자 하는 문제의식이 본고의 직접적인 집필 동기이다. 20세기에 들어와 공연예술은 크게 두 줄기의 흐름이 공존하며 전개되어 왔다. 정극正劇 혹은 본격예술로 지칭되기도 하는 이른바 '고급예술'과 그와 대칭되는 자리에 위치하고 있는 '대중예술'이 그것이다. 이 가운데 대중예술의 범주에 해당하는 대표적인 사례로, 신파극, 창극, 악극, 여성국극 등을 들 수 있다. 〈뺑파전〉은 전통예술에 기반하여 현대적으로 재창조된 대중예술이 20세기에 들어와 어떻게 대중들과 호흡하며 함께 해 왔는가를 잘 보여주고 있다는 점에서 주목할 필요가 있다.

그동안 뺑덕어미에 대한 논의는 어느 정도 이루어진 바 있으나,[1] 공연예술로서의 〈뺑파전〉에 관한 연구는 전무하다. 이 글에서는 〈뺑파전〉의 성립과 전개 과정을 살펴 보고, 작품 구성과 그 의미에 대해 고찰해 보고자 한다.

---

1   대표적인 연구 성과를 들면 다음과 같다.
     길진숙, 「뺑덕어미와 괴똥어미의 일탈과 그 성격 - 「용부가」, 「복선화음가」, 〈심청가〉의 일탈형 여성인물에 대한 고찰」, 『한국고전연구』 19, 한국고전연구학회, 2009; 이대중, 「뺑덕어미 삽화의 더늠화 양상과 의미」, 『판소리 연구』 17, 판소리학회, 2004; 정양, 「뺑덕어미 소고」, 『한국민속학』 31, 한국민속학회, 1999; 정하영, 「심청전에 나타난 악인상 : 뺑덕어미론」, 『국어국문학』 97, 국어국문학회, 1987; 최혜진, 「심청가 중 뺑덕어미 삽화의 기능과 의미」, 『동리연구』 2, 동리연구회, 1994.

2. 판소리 〈심청가〉 '뺑덕어미 삽화'의 성격

〈심청가〉에는 주인공과 맞서는 뚜렷한 악인형 인물이 등장하지 않는다. 그나마 후반부에 등장하는 뺑덕어미가 이에 가까운 인물이라 할 수 있다. 그렇지만 엄밀히 말하면, 뺑덕어미는 악인형 인물이라기보다는 자기 욕망에 충실한 일탈형 인물 혹은 세속적 인물이라고 보는 편이 정확할 것이다.[2] 뺑덕어미는 초기 〈심청가〉에는 보이지 않으며, 후대에 삽입된 인물이다. 서사의 맥락을 고려할 때, 뺑덕어미가 빠진다고 해서 이야기 전개가 불가능한 것은 아니다. 그런 점에서 뺑덕어미는 삽화적 인물에 해당한다.

뺑덕어미는 〈심청가〉에만 보이는 것이 아니다. 조선 후기에 향유되었던 가사 작품 「초당문답가」에는 윤리 의식이 결여된 반규범적인 인물이 다수 등장하는데, 이들 인물들의 행동 양태를 비판하며 올바른 길로 갈 것을 권유하는 교훈을 담고 있는 것이 바로 이 책의 주제 의식이다. 그런데 뺑덕어미는 「초당문답가」 중 '용부편傭婦篇'에 등장하는데, 여기에 묘사된 뺑덕어미의 행동 양태는 이러하다.

…(전략)… 남대문南大門 박 쎙덕어미 제 천성天性이 져러흔가. 빅와셔 글어흔가. 본 딕 업시 즈라구나. 여긔 져긔 무릅마침 수홈질노 세월歲月이요, 나며는 말전주傳主요, 들며는 음식飮食 공론共論, 제 조상祖上은 제쳐 노코 불공佛供ᄒ기 위업爲業이요, 무당巫黨 소경 고혹苦惑ᄒ여 의복衣服가지 다 닉 가고, 남편 모양兒樣 볼작시면 습살기의 뒤다리라. 자식子息 거동擧動 볼작시면 털버슨 솔기미라. 엿장수와 떡장수는 아기 핑계 걸으치 안코 물네 압 씨야 압혼 션하품의 기지기라. 이야기칙이 소일消日이요, 음담패설淫談敗說 세월歲月이라. 이 집 져 집 이간以奸질로 모함 줍고 쏭 먹기며, 인물초인人物招人 쎨어닉며 패佩쪽박니 되야구나. 세간이 쌀나가고 걱정은 늘어가며 치마는 쌀나가고 허리쏭이 기러간다. …(후략)…[3]

---

2   길진숙, 앞의 논문 참조.
3   정재호 저, 『註解 草堂問答歌』, 도서출판 박이정, 1996, 176~178쪽.

전통사회에서 여성에게 요구되는 중요한 덕목 가운데 하나가 바로 가정을 제대로 이끌어 가는 것이었는바, 조선후기에 오면 '봉제사奉祭祀 접빈객接賓客'과 더불어 특히 '치산治産'에 대한 강조가 두드러지게 나타나게 되었다. 그런데 「초당문답가」에 나오는 뺑덕어미는 이러한 시대적 요구에 반하는 부정적인 행실만 일삼고 있다. 조상을 받드는 대신 불공이나 굿 하는 데 관심이 많으며, 가사家事를 소홀히 하여 남편과 자식들의 행색은 남루하기 짝이 없다. 그리고 치산에 힘쓰는 대신, 소설 읽기를 즐기며 가산을 탕진한다. 이러한 뺑덕어미의 행실은 비난받아 마땅한 것으로, 뭇 여성들이 타산지석으로 삼아야 할 인물의 전형이라 할만하다.

〈심청가〉에 등장하는 뺑덕어미는 「초당문답가」의 그 뺑덕어미와 궤를 같이 하고 있다. 심봉사가 딸 심청을 잃고 비탄에 잠겨 있을 때 뺑덕어미가 나타난다. 뺑덕어미가 앞 못보는 심봉사에게 접근한 이유는 순전히 그의 재산 때문이라 해도 과언이 아니다. 뺑덕어미의 등장을 소개하는 아니리는, "본촌本村에 묘妙한 여인女人네가 하나 사는데, 호號가 뺑파것다. 심봉사가 딸 덕분에, 전곡간錢穀間이나 있다는 소문을 듣고, 이웃 사람 알지 못하게, 자원自願 출가出家하였것다. 이 여인네가 어떻게, 입주전부리가 궂던지, 말로다 할 수 없던 가부더라. 거 불쌍한 심봉사 가산家産을, 꼭 먹성질로만 탕진蕩盡을 하는데, 행실行實이 꼭 이러것다."라고 되어 있으며, 이어서 그의 성정性情을 묘사하는 소리 대목이 나온다.

자진모리 밥 잘 먹고, 술 잘 먹고, 떡 잘 먹고, 고기 잘 먹고, 양식糧食주고 술 사먹고, 쌀 퍼주고, 고기 사먹고, 이웃집에 밥 붙이기, 통인通人 잡고 욕잘하고, 초군樵軍들과 싸움하기, 잠자며 이 갈기와, 배 긁고 발목 떨고, 한밤중 울음 울고, 오고 가는 행인行人 드려, 담배 달라 신란하기, 힐끗 하면 핼끗하고, 핼끗 하면 힐끗 하고 뺏죽하면 뺏죽하고, 뺏죽하면 뺏죽하고, 술 잘 먹고, 정자亭子밑에 낮잠 자기, 남의 혼인婚姻 허량으로, 단단히 믿었는데, 해담을 잘 하기와 신랑신부新郎新婦 잠자는데, 가만 가만 가만, 문 앞에 들어서며, 봉창에 입을 대고, 불이야.[4]

사실적 표현과 해학적 표현 그리고 과장적 표현이 어우러져 뺑덕어미의 성정이 다양하게 묘사되고 있는데, 이러한 사설의 짜임은 「흥보가」에 나오는 '놀보 심술타령'의 그것과 매우 유사하다. 사실 뺑덕어미와 놀보는 여러 면에서 공통점을 지니고 있는 인물형이다. 무엇보다도 물질적 가치를 중시하며, 집단의 가치 혹은 윤리 보다는 개인의 욕망에 충실하다는 점에서 그러하다. 그렇지만 두 인물이 보여주는 욕망의 표출 양태나 성격 그리고 지향점은 다르다. 놀보는 인색하면서도 부의 축적에 관심을 갖는 반면에, 뺑덕어미는 본능에 충실하면서 자기 욕망의 실현에 더 많은 관심을 기울이고 있는 것이다. 위에 제시한 사설은 뺑덕어미가 인간의 가장 본능적인 욕망이라 할 수 있는 식욕과 성욕에 충실한 인물이라는 점을 잘 보여주고 있다.

이와 같이, 뺑덕어미가 심술 궂은 성정의 소유자일 뿐만 아니라 자기 욕망에 충실한 세속적 인물임에도 불구하고, 심봉사가 그녀를 받아들인 이유는 단순히 앞을 볼 수 없는 처지에서 사람의 됨됨이를 객관적으로 판단할 수 없었기 때문이라고만 할 수는 없다. 어쩌면 돌 볼 사람 하나 없이 외로움에 사무쳐 홀로 세월을 보내고 있는 심봉사가 뺑덕어미에게 마음을 빼앗기게 된 것은 자연스러운 일인지도 모른다. 심봉사는 나무칼로 귀를 싹 베어가도 모르게 될 정도로 뺑덕어미에게 빠져들었건만, 자기 욕망에 충실한 뺑덕어미는 심봉사의 가산을 서서히 탕진해 가기 시작한다. 심봉사가 돈궤에 엽전이 없어 뺑덕어미에게 어찌된 까닭이냐고 묻자, 뺑덕어미는 "아이고, 영감도 저러기에 외정쌌T은, 살림 속을 몰라. 아 영감 드린다고 술 사오고, 고기 사오고, 떡 사오고, 담배 사오고, 이리저리 쓴 돈이, 그 돈이 그 돈이지, 하늘에서 뚝 떨어진 돈이요."라고 하면서, 오히려 심봉사에게 면박을 준다. 뺑덕어미의 이러한 행실은 심봉사의 본처 곽씨부인과 완벽하게 대조를 이루는 모습이다. 곽씨부인은 현철하고 모르는 것이 없으며, 쌌바느질 등 품을 팔아 앞 못보는 가장을 봉양하는 규범적인 여성의 전형이기 때문이다.

뺑덕어미는 가산을 탕진할 뿐만 아니라 젊은 황봉사와 정분이 나서 마음껏 놀아나

---

4   성창순 바디 〈심청가〉 중에서. 『심청전 전집』 2, 도서출판 박이정, 1997, 362쪽.

며 자신의 성적性的 욕망을 펼쳐 보인다. 심봉사가 황성에서 열리는 맹인잔치에 참석하기 위해 뺑덕어미에게 같이 갈 것을 권하자, 뺑덕어미는 관가에서 지급한 여비마저 갈취할 목적으로 동행할 것을 약속한다. "영감 여필종부女必從夫라니, 천리千里라도 만리萬里라도, 영감 따라 가제. 어느 놈 따라갈 놈 있소."라며 따라 나서는 뺑덕어미에게 심봉사는 "아닌 것이 아니라, 우리 뺑파 같은 사람 없더라. 열녀烈女다 열녀烈女여, 암백녀百女지."라고 응대하며, 함께 황성길에 오른다. 그러나 뺑덕어미는 도중에 젊은 황봉사와 야반도주함으로써, 심봉사를 더욱 곤궁한 처지로 밀어 넣는다.

현전 판소리 사설에서는 뺑덕어미의 행실이 이처럼 고약함에도 불구하고 그녀에 대한 징치는 이루어지지 않는다.[5] 심봉사가 눈을 뜬 후 만좌맹인이 모두 눈을 떴음에도 불구하고, 뺑덕어미를 유인한 죄로 황봉사만은 바로 눈을 뜨지 못하다가 결국 한쪽 눈만 뜨게 되었다는 상황만 설정되어 있을 뿐이다. 이와 관련된 대목을 보면, 다음과 같다.

(아니리) 이렇게 춤으로 황극전皇極殿이, 춤바다가 되었는데, 그 중에, 눈 못 뜬 봉사 하나 우두머니 서서, 울고 섰거늘, 심황후沈皇后 분부吩咐하시되, 「지어비금주수至於飛禽走獸까지도 눈을 떴는데, 어찌하여 저 봉사는, 눈을 못 뜨는고?」 그때여 황봉사皇奉事는 뺑덕이네 유인誘引한 죄罪로, 눈을 못 뜨고, 그 자리에 엎드러지며,

(중머리) 「예, 죄상罪狀을 아뢰리다. 예, 죄상罪狀을 아뢰리다. 심부원군沈府院君 행차시行次時에, 뺑덕이란 여인을 앞세우고 오시다가, 주막酒幕에 들어 잠잘 적에, 그 여인 유인하여, 밤중 도망을 하였는데, 그날 밤 오경시五更時에, 심부원군沈府院君 우시는 소리 구천九天에 사무쳐서, 명천明天이 아신 바라. 여태 눈을 못 떴으니, 이런 천하 못 쓸 놈을, 살려두어 쓸 데 있소. 당장 목숨을 끊어주오.」

---

5 현전 판소리에서와는 달리, 독서물화 된 완판 71장본 「심청전」에는 뺑덕어미를 징치하는 내용이 들어 있다. 부원군이 뺑덕어미와 황봉사를 잡아들여 문초를 한 후 황봉사는 죽이지 않고 정배를 보내나, 뺑덕어미는 능지처참하는 것으로 되어 있다. (김진영·김현주·김영수 외 3인 편저, 『심청전 전집』 3, 도서출판 박이정, 1998, 270쪽.)

(아니리) 심황후沈皇后 이 말을 들으시고, 「인수引水 무갈無渴이요, 개칙위선改則爲善이라. 네가 네 죄를 아는 고로, 시이是以 살리노라. 어서 눈을 뜨라.」 어명御命하여 노니, 황봉사가 그제야 눈을 뜨는데, 마치 총 놓기 좋을 만하게, 한 눈만 떴구나. 이런 일을 보드라도, 적선지 가積善之家에 필유여경必有餘慶이요. 적악지가積惡之家에 필유여악必有餘惡이라. 어찌, 천도天道 가 없으리오.[6]

〈심청가〉 전체를 놓고 보면, 뺑덕어미가 차지하는 양적 비중이 그렇게 크다고 하기 는 어렵다. 그녀는 작품의 후반부에 잠시 등장하는 삽화적 인물이기 때문이다. 그럼 에도 불구하고, 뺑덕어미의 작중 역할이나 비중은 결코 작다고 할 수 없다. 무엇보다 도 자칫 비장 일변도로 흐를 수도 있는 상황에서, 뺑덕어미는 철저하게 세속적 욕망 에 충실한 행동 양태를 보이며 해학적 웃음을 유발했다는 점에 주목할 필요가 있다. 다른 한편으로 심봉사를 절망의 낭떠러지로 몰아간 그녀의 반가족적·반윤리적 행위 가, 결과적으로 심봉사의 개안開眼의 의미를 극대화하는 데 기여한 측면도 그녀의 중 요한 역할 가운데 하나다.

윤리적인 면에서 뺑덕어미는 비난 받아 마땅하지만, 공연예술의 측면에서 뺑덕어미 는 청중들에게 호응을 얻을 수 있는 매력을 적지 않게 지니고 있다. 외모가 출중하지 는 않지만 온갖 애교와 감언이설로 심봉사의 마음을 사로잡는 팜므 파탈적 모습, 과 장과 해학이 어우러진 일탈된 세속적 욕망의 표출 장면 등에서 청중들은 웃음과 오락 적 즐거움을 얻을 수 있기 때문이다. 〈뺑파전〉은 뺑덕어미의 이러한 성격을 극대화하 고, 현대적 상황에 맞게 재형상화함으로써 독자적인 작품으로 거듭 난 대표적인 사례 이다.

---

6   성창순 바디 〈심청가〉 중에서. 『심청전 전집』 2, 도서출판 박이정, 1997, 374쪽.

3. 〈뺑파전〉의 성립과 전개

20세기에 들어와 판소리의 극적 성격이 극대화 되어 창극 양식이 정립된 것은 주지의 사실이다. 1935년에 발간된 폴리돌판 「심청전」 가운데 '뺑덕어미' 대목을 보면 기본적으로 판소리 〈심청가〉의 그것과 서사구조가 거의 같다. '뺑덕어미, 심봉사와 결연 - 가산 탕진 - 심봉사와 황성 올라가는 대목 - 황봉사와 야반 도주'로 되어 있는 데서 그 점을 확인할 수 있다. 그런데 세부적으로 살펴보면, 현전 판소리 〈심청가〉보다 극적 요소가 도드라지게 강조되어 있다. 다음에 제시한 내용은 '심봉사와 황성 올라가는 대목'에 나오는 '여러 봉사들이 서로 인사 나누는 장면'이다.

> 임소향 : "황성 가는 봉사들이 많으니, 우리 저그 가서 쉬어 갑시다."
>
> 정정렬 : "그럼 쉬어 가지. 자, 좀 쉬어 갑시다."
>
> 김창룡 · 이동백 : "어, 그럽시다. 좋은 말이여."
>
> 정정렬 : "황성 가는 양반들이지요?"
>
> 김창룡, 이동백 : "예."
>
> 정정렬 : "우리가 서봉샘이 연연헌디, 통성명이나 헙시다."
>
> 김창룡 · 이동백 : "좋은 말이요."
>
> 정정렬 : "거 누구요?"
>
> 김창룡 : "예, 나는 초마 입고 갓 쓴 자요."
>
> 정정렬 : "초마 입고 갓을 써?"
>
> 김창룡 : "예."
>
> 정정렬 : "거 묘하다. 그러면 편안 안(安)자, 안선생이로군."
>
> 김창룡 : "알아 맞혔소. 댁은 누구요?"
>
> 정정렬 : "나요?"
>
> 김창룡 : "예."
>
> 정정렬 : "나는 임금 군이 입이 없고, 내 명은 밝을 명, 점 복자요."

김창룡 : "배점복이오 그려."

정정렬 : "아니야. 윤명복이야."

이동백 : "윤명복? 옳지. 그렇구만요."

정정렬 : "댁은 누구요?"

조학진 : "내 말이오?"

정정렬 : "어."

조학진 : "나는 무식해서 진서를 몰라요."

정정렬 : "하하하하."

조학진 : "언문 밲이는 모르는디, 모이 묘자에다가 시옷헌 자올시다."

정정렬 : "아, 그러면 그것이 오나라 오자, 오선달이로구먼."

조학진 : "그런가 뵈이다."

김창룡 : "아, 바로 맞혔소."

김창룡 : 이때야 심봉사가 질 개기를 재촉허며, 뺑파를 재촉허고, 어서 가자고 헙니다.[7]

신재효본 〈심청가〉에도 이 장면이 있는데, 이보다 훨씬 부연되어 있다. 그러나 현
전 판소리 〈심청가〉를 보면, 김연수 바디를 제외한 대부분의 바디에서 이 대목은 거
의 불리지 않는다.[8] 그러니까 판소리의 전승 경로에서는 축약되거나 탈락한 이 대목
이 폴리돌판 「심청전」에 수용되어 있다는 것은, 20세기 들어와 판소리가 창극화 되는
과정에서 극적 성격이 강화되고 골계미가 보다 중시되었음을 의미한다. 오늘날 〈심청
가〉를 창극화 한 작품에서는 '여러 봉사들이 인사 나누는 장면' 대신 '여러 봉사들이
춤추는 장면'으로 대체되었는데, 이는 재담의 묘미보다는 시각적인 신명을 더 중시한

---

7   폴리돌 심청전(1935), 신나라뮤직 복각음반.
8   김연수본은 신재효본을 적극 수용하여 극적으로 짠 바디이다. 성우향 바디에는 이 대목이 매우 간략하
     게 처리되어 있다. 「한 곳을 당도하니 봉사 수십명이 모였거늘, '자자, 우리가 이렇게 만났으니 벽돌림
     시조나 불러 봅시다.' 심봉사가 시조를 시주로 듣고, '아이고, 시주말도 내지 마시오. 내 심청이가 시주
     속으로 죽었소.' 여러 봉사 대소하고 길을 떠나 가다 일모하여 주점의 들어 유숙헐 제」로 되어 있는
     것이다.(『심청전 전집』 2, 성우향 창본 〈심청가〉 중에서, 박이정, 1997, 314쪽).

결과로 이해할 수 있다. 일명 '줄봉사'라고 부르기도 하는 '여러 봉사들이 춤추는 장면'은 〈뺑파전〉에도 수용되어 있다.

그런데 〈뺑파전〉이 언제부터 〈심청가〉의 문맥에서 자유로워지면서 독자적인 작품으로 공연되기 시작했는지 정확히 알기는 어렵다.

옛날에 선생님덜이 그걸 허셨어요. 옛날부터. 「나무꾼막」도 그렇고. 그걸 우리가 가면서 우리한테 맞게 자꾸 변동을 시킨거지. 옛날에 누가 했냐 하면은, 조상선 선생이나 정남희 선생 이런 양반덜이, 「심청전」에 나오잖아요 뺑덕이네가. 그걸 인제 만들어서 헌거예요. 조복란이가 동생이잖아요. 그러니까 그걸 눈여겨 봤지. 그게 언제냐 허면 1948년경이거든요. 조복란이가, 그 양반덜이 조선창극단이나 명창대회 이런거 허면 재미가 없으니까 만들어서 헌거예요. …(중략)… 이 선생님덜은 이북에 가셨으니까 나는 못봤지. 6·25가 난 후에 51년도에 나는 내려왔으니까. 그 선생님덜하고 직접 했던 허휘씨나 장영찬씨나 강종철 씨, 성순종 씨 이런 분들이 다 허든 걸 난 다 봤죠. 6·25 바로 직후에.[9]

박봉술, 김준섭, 김태식, 김성수, 임준옥, 홍갑수, 박갑수 씨, 모두 연극 도사들이여. (조사자 : 그분들도 〈뺑파전〉 공연을 했나요?) 그러지. 내가 그분들 연극 보고 때우고 그렇게 해 나온거여. 장님 역은 내가 열여덟살 때 김준섭씨한테 더늠을 땄어요. 그분은 장님 역을 허면 영락없이 장님이여. (조사자 : 〈뺑파전〉을 언제부터 공연하셨어요?) 헌 지 오래됐죠. 20대부터 했어요. 장님역을. 심봉사 역을. 덮어놓고 〈뺑파전〉이 아니라 「심청전」, '뺑파전'이라고 그랬지. 판소리와 소리가 같아요. 내용도 같고. 그 때 뺑파는 집사람이 했어요. 연극은 나보다 잘해요. 뺑파 시켜놓으면 안웃을래야 안웃을 수가 없어요.[10]

화중선 선생님이라고 우리 웃대 웃대 웃대 선생님쯤 될거예요. 그 분 있을 때도 「심청전」

---

9 조영숙 명창 제보. 서울시 종암동 현대아파트 조영숙 선생님 자택에서(2012년 10월 25일).
10 강준섭 명인 제보. 전남 진도군 진도읍 동의리 중앙 아파트 A동, 강준섭 명인 자택에서(2012년 8월 5일).

에서 「황봉사」라는 연극이 있었어요. 내가 직접 보진 않했어도 으른들헌테 많이 들었어요. 오정숙 선생님도 뺑파 하신 적이 있으시고. 서울에 있는 조영숙씨라고 있는데, 그 양반이 산중인이여. 〈뺑파전〉은 「심청전」에 들어있는 오리지널 캐릭터예요. 〈뺑파전〉은 옛날부터 「심청전」 토막극 할 때부터 있었어요. 안채봉씨라고 있어요. 소리 뒤집어지게 잘허는 분이었는데, 그 양반이 「나무꾼」이라는 연극하고 〈뺑파전〉을 잘했다고 해요. 오정숙 선생님이 그분하고 공연 많이 했어요.[11]

　　제가 1978년도 그 때 〈뺑파전〉을 했어요. 그 때 제목이 〈뺑파전〉이 아니고 「뺑파막」이라고 했어요. 홍정택 선생님이 지도를 해가지고, 그분이 지금 90이 넘었는데, 학생들하고 공연을 했었어요. 그 양반이 했다는 것은, 그 전부터, 소위 말하면 약장수 단체라고 하기도 하고, 지방 가설극장, 국악단체에서 〈뺑파전〉을 했다는 거죠. 그러니까 그 양반이 가르친 거죠. 이런 소리를 가지고 공연허는 것은 오래 됐어요.[12]

　　오늘날 〈뺑파전〉을 공연하고 있는 주요 배우들의 증언 자료를 통해 볼 때, 몇 가지 중요한 사실을 간취해 낼 수 있다. 〈뺑파전〉은 해방 이전에 이미 공연되고 있었다는 점, 〈심청가〉를 비교적 충실하게 수용하여 작품화 했다는 점, 조상선 등 창극 분야에서 큰 역할을 수행한 명창이 〈뺑파전〉의 성립에 기여했다는 점, 협률사와 같은 공연 단체에서 토막극 형태로 공연되었다는 점, 유랑극단(약장사, 나이롱 극장)에서도 공연되었다는 점 등이 그것이다. 이 가운데 이른바 '~협률사'로 불리는 공연 단체는 판소리에 능한 명창 출신으로 구성된 것이며, 유랑극단(약장사, 나이롱 극장)은 그와는 부류가 다른 단원으로 구성된 단체이다. 가령, 조상선, 정남희, 박봉술, 오정숙, 조영숙 등이 전자에 해당한다면, 강준섭 명인은 후자에 속하는 대표적인 사례라 할 수 있다. 그러니까 〈뺑파전〉은 전통 판소리를 학습한 명창뿐만 아니라 유랑 예인의 성격을 지닌 명

11　이순단 명창 제보. 전북도립국악단 단장실에서(2012년 7월 17일).
12　송재영 명창 제보. 전북도립국악단 단장실에서(2012년 7월 17일).

인들에 의해서도 공연되었던 것이다.

조영숙 명창은 1960년대 초에 오정숙, 조복란과 함께 〈뺑파전〉을 공연한 바 있는데, 당시 공연에서 확인할 수 있는 의미 있는 특징이 있다. 심봉사는 생원이기 때문에 통갓을 쓰지 않고 소박한 옷차림을 하고 있다는 점, 평상과 같은 무대 장치 없이 배우들이 서서 공연했다는 점, 서두에 뺑파와 황봉사 이별장면 없었다는 점, '줄봉사'가 없었다는 점, 뺑파나 황봉사의 분장이 과장되지 않았다는 점 등에서 그러하다. 그런데 오늘날 일명 '줄봉사'라고 부르기도 하는 '여러 봉사들이 춤추는 장면'은 공연 상황에 따라 수용되거나 배제되기도 한다. 이 장면을 소화하기 위해서는 여러 명의 배우가 필요한데, 경비가 뒷받침되지 않으면 공연하기 어렵기 때문이다. 이런 점에 비추어 볼 때, 이 장면이 1960년대초까지 없었는데 이후에 첨가된 것이라고 보기는 어렵다. 신재효본 〈심청가〉나 폴리돌판 〈심청가〉에 여러 봉사가 등장하는 장면이 있다는 사실을 고려할 필요가 있는 것이다. 그러니까 공연 형편 혹은 상황에 따라 삽화의 출입이 있었다고 보는 편이 온당한 시각이다. 실상을 알 수 있는 자료가 거의 남아 있지 않아 정확하게 말하기는 어려우나, 〈뺑파전〉의 이러한 공연적 특성은 70년대까지도 지속되었을 것으로 추정된다. 물론 상황에 따라 즉흥적인 대사를 구사한 점은 예나 지금이나 같다.

〈뺑파전〉은 김일구 명창이 1987년 국립극장 단원으로 재직할 당시 허규 선생의 제안으로 공간사랑·세실극장 등에서 공연한 것을 계기로 본격적인 무대 작품으로 거듭나게 되었다. "창극은 창극이되 현대 감각을 최대한 살려서 작품을 만들고자 했던 것"[13]이 김일구 명창의 공연 의도였는데, 이는 가설무대나 야외에서 공연되어 오던 것이 실내극장 내부로 진입하게 되었다는 것을 의미하기도 했다.

1987년 1월 10일~2월 10일 〈뺑파전〉은 공간사랑에서 「놀부전」과 함께 공연되었으며, 같은 해 7월 1일~7월 31일 마당세실극장에서 재공연 되었다. 당시 〈뺑파전〉은 김일구·김영자 부부와 은희진·이순단 부부가 배우로 출연하여 화제를 모았는데, 마당

13　『동아일보』, 「두 쌍의 부부국악인 첫 합동무대」 기사 중에서(1987. 1. 7).

세실극장에서는 재공연임에도 불구하고 연일 관객이 만원일 정도로 대중들에게 인기가 있었다. 1989년에는 여성국극 단체인 서라벌예술국극단이 〈뺑파전〉을 공연한 바 있다.

1993년 대전 엑스포에서 〈뺑파전〉은 국립국악원 추천으로 전통예술을 대표하는 작품으로 선정되었으며, 마당놀이 「신 뺑파전」이라는 이름으로 공연하여 공전의 히트를 기록했다. 연출과 대본 김일구, 안무 임이조, 작창 서용석으로 공연한 이 작품에는 김일구·김영자 부부와 은희진·이순단 부부 그리고 조영숙과 이용길 등이 배우로 참여했다. 별다른 무대 장치 없이 탁 트인 야외에서 청중들이 빙 둘러싼 상황에서 공연했기 때문에, 마당놀이라고 한 듯하다. 탱고·지루박·맘보춤·고고춤 등 다채로운 춤과 즉흥적인 대사를 구사하여 「신 뺑파전」은 청중들의 열열한 호응을 받았다. 그렇지만 국제행사인 엑스포에서 〈뺑파전〉이 우리문화의 대표격으로 내세울 만한 작품인가에 대한 문제제기가 있기도 했다.[14] 이는 〈뺑파전〉의 품격 혹은 작품성을 낮게 평가하는 시각이 엄존하고 있다는 사실을 보여 주는 것이다.

1994년에는 김지일 作, 손진책 연출로 극단 미추에서 마당놀이라는 이름으로 〈뺑파전〉을 공연했으며, 1996년에는 주로 유랑극단에서 활동하던 강준섭 명인이 서울 두레극장에서 「뺑파막」을 공연했다.

2000년대에 들어와서도 〈뺑파전〉이 대중적 인기를 얻고 공연하는 단체 및 횟수가 많아지게 되는바, 〈뺑파전〉 저작권 등록을 하는 사례도 생겨나게 되었다. 지금까지 등록된 저작권 현황을 보면 다음과 같다.

● 〈뺑파전〉
등록일 : 2003년 7월 16일
종 류 : 2차적 저작물[15]

---

14 『경향신문』, 1993. 8. 26일자.
15 2차적 저작물은 원저작물을 번역·편곡·변형·각색·영상제작 그 밖의 방법으로 작성한 창작물을 말

저작자 : 김일구

창 작 : 1986.12.10

공 표 : 1987.01.10

● 「해학창극 뺑파」

등록일 : 2003년 7월 16일

종 류 : 2차적 저작물

저작자 : 김일구

창 작 : 1988.02.10

공 표 : 1988.05.02

● 트로트 마당놀이 「왕따가 된 뺑파」

등록일 : 2006년 5월 26일

종 류 : 어문 저작물[16]

저작자 : 김형철

창 작 : 2005.11.15

공 표 : 2006.05.07.

● 「뺑파전」(부제: 심봉사와 뺑덕어멈, 과학에 눈뜨다)

등록일 : 2009년 8월 4일

종 류 : 어문 저작물

저작자 : 황북기

창 작 : 2009.03.02

한다. 2차적 저작물도 독자적인 저작물로서 보호 대상이 된다.

16 어문 저작물은 저작자의 사상이나 감정을 글이라는 매개체를 통해 표현한 창작물을 말한다. 창작을 통해 독창적으로 표현한 강연, 설교 등 음성적인 표현 부분도 어문저작물에 해당한다.

〈뺑파전〉은 판소리 〈심청가〉 '뺑덕어미 삽화'에 근간을 두고 있기 때문에, 누구라도 전적으로 독창적인 창작물이라고 주장하기 어려운 것이 사실이다. 김일구 명창이 2차적 저작물로 등록한 이유가 여기에 있을 것이다. 저작권 등록 이유에 대해 김일구 명창은 작품이 훼손되고 수준이 낮아지는 것을 막기 위해서라고 말한 바 있다.[17] 그렇지만 그동안 〈뺑파전〉 공연에 참여했던 대부분의 배우들은 특정인이 저작권을 주장하는 것이 정당하지 않다고 생각한다. 이러한 현실 때문인지 저작권이 등록된 상황에서도 〈뺑파전〉은 여전히 다양한 개인 혹은 단체에 의해 공연되고 있다. 1987년 이후 지금까지 〈뺑파전〉을 공연한 단체는 매우 다양하다. 국립창극단, 한국여성국극예술협회, 남원국립민속국악원, 전북도립국악단, 국립국악원, 광주시립극단, 극단 미추, 제주극단 가람, 극단 예인, 한뫼 예술단, 아울렛 코리아공연팀, 광대놀음 연희단, 극단 스타라인, 전통예술단 다스름, 놀이패 신명, 극단 갯돌, 극단 새벽, 창작극단 연 등 국악 관련 국립 단체 뿐만 아니라 마당극 혹은 전통예술에 기반한 현대극에 관심을 가진 극단들이 〈뺑파전〉 공연에 참여한 것이다.[18]

뺑파 역을 맡은 배우는 대개 해학적인 몸짓과 극적 표현에 능한 소리꾼이 담당해왔다. 전주에서 활동하고 있는 이순단 명창과 송재영 명창, 국립창극단 단원인 김학용 명창·김금미 명창·서정금 명창 그리고 개인적으로 활동하고 있는 김성예 명창 등이 그 대표적인 예이다. 탤런트 전원주도 마당놀이 〈뺑파전〉에서 뺑파 역을 담당한 바 있다. 소리꾼이 배우로 나서는 공연에서는 도창이 등장하기도 하며, 판소리 창법으로 부르는 소리 대목이 중요한 비중을 차지한다. 반면에 마당극을 표방하는 단체에서 공연하는 경우에는 판소리 창법의 소리대목은 축소되고 춤이나 재담 그리고 과장된 몸짓 등에 많은 비중을 두는 점이 특징이다.

---

17 김일구 명창 제보. 전주 전통문화관에서(2012년 9월 22일).
18 이러한 현황은 문화예술위원회에서 간행한 『문예연감』(1987~2011)을 통해 확인할 수 있다.

4. 〈뺑파전〉의 구성과 의미

소리 〈심청가〉에서 뺑덕어미가 등장하는 부분은, 「심봉사와 결연 - 가산 탕진 - 황봉사와의 일탈된 사랑 - 심봉사와 황성 올라가는 대목 - 황봉사와 야반 도주 - 황봉사, 한쪽 눈만 뜨는 대목」으로 정리할 수 있다. 〈뺑파전〉은 앞에서 제시한 이야기 구조를 바탕으로 하면서, 황봉사인 황칠이를 뺑파의 상대역으로 부각시켜 일정하게 시대상을 반영하면서 해학적인 웃음을 유발하는 데 목적을 두고 구성된 작품이다. 1993년 대전 엑스포에서 공연한 대본을 분석 대상으로 삼아, 작품 구성을 살펴보기로 한다.

- **도입**
  - 황봉사와 뺑파는 굿으로 생계 유지하며 굿판 벌임
  - 가치관 차이로 뺑파와 황봉사 이별
- **뺑파, 자원 출가**
  - 뺑파, 심봉사에게 접근하여 자원 출가
  - 뺑파, 가산 탕진
- **황봉사 뺑파 재회**
  - 뺑파, 황봉사와 재회하여 밀회 즐김
- **심봉사, 황성 가다**
  - 심봉사, 황봉사, 뺑파, 황성 올라감
  - 뺑파, 황봉사와 야반도주
  - 뺑파와 황봉사 회개

판소리 〈심청가〉의 해당 대목과 비교해 볼 때, 〈뺑파전〉이 지닌 변별적 성격은 새로운 삽화의 수용과 춤 동작의 삽입 등에서 찾을 수 있다. 가장 큰 차이는 서두와 결말의 형식이다. 〈뺑파전〉 서두는 굿판과 뺑파와 황칠이의 이별로 시작된다. 굿판이 지닌 작중 기능은 크게 두 가지다. 굿판을 통해 신명을 창출할 수 있다는 점과 뺑파와 황칠이가 삽화적 인물이 아니라 중심 인물이라는 사실을 보여주고 있다는 점이 그 것이다. 황봉사와 뺑파가 야반도주한 후 자신들의 과거를 반성하는 것으로 끝나는 결 말 또한 〈심청가〉의 그것과 구별되는 〈뺑파전〉의 특징이다. 결말에서 보이는 개과천 선은 다분히 작위적이어서 작품 전개의 측면에서 볼 때 이질적이라 할 수 있다. 현대 적인 춤이나 대중가요를 삽입함으로써 대중들의 호응을 이끌어 내는 것도 〈뺑파전〉 의 특징이다. 이별 후 뺑파가 황봉사를 그리워하며 "지금도 생각난다. 자꾸만 생각나 네. 그 시절 그리워지네. 아~아 지금은 남이지만 아직도 나는 못잊어."라고 하며 대중 가요 「못잊겠어요」를 부른다든가, 뺑파와 황봉사가 다시 만나는 장면에서 현대적인 춤을 추는 것 등에서 그 점을 확인할 수 있다. 황봉사 역할을 잘하는 이순단 명창은 오태석의 「태」라는 작품에 등장하는 '봉사 춤추는 대목'을 응용하여 〈뺑파전〉에 춤을 삽입했다고 밝힌 바 있다. 즉흥적인 대사를 구사하는 것도 〈뺑파전〉의 특징인데, 순 회 공연 때에는 그때그때 상황에 따라 적절하게 사용하여 청중들의 호응을 이끌어 낸 다. 공연에 따라 다르지만, 반응이 좋은 경우는 해당 표현을 반복적으로 사용하기도 한다. 가령, 황봉사가 뺑파에게 "가자, 보리밭으로."라고 하는데, 경우에 따라 "가자, 비닐 하우스로."라고 한다. 이에 대해 뺑파가 "비닐 하우스는 더 갑갑해."라고 하면, 황봉사가 "어제 가서 구멍 다 뚫어놨다."고 대응하는 식이다. 겨울에는 황봉사가 "연 탄가스 피워 놨다."고 하기도 하는데, 뺑파가 "연탄가스 독해서 못해."라고 하면 "구멍 뚫어 놓으면 가스가 다 나가."라며 임기응변으로 대응하는 것이다. 뺑파와 황봉사가 재회하는 장면 등에서 춤을 출 때에는 전통적인 춤뿐만 아니라 현대적인 춤도 구사하 여 흥겨움을 자아낸다. 싸이의 「강남스타일」이 널리 알려진 이후 말춤을 추는 현상도 목도할 수 있었는데,[19] 현재적 문화 상황 혹은 유행이 즉각적으로 공연에 반영되는 이 러한 현상은 〈뺑파전〉이 지니고 있는 동시대성 혹은 대중성의 본질을 잘 보여주고 있

---

19 2012년 10월 6일 제11회 광양 전통숯불구이축제(광양읍 서천체육공원에서 개최)에서 공연된 〈뺑파전〉
    에서 황봉사 역을 맡은 이순단 명창이 말춤을 춘 바 있다. 2012년 10월 6일 제16회 구례 동편제 소리
    축제(구례 서시천 체육공원에서 개최)에서 공연된 〈뺑파전〉에서도 뺑파 역을 맡은 김영자 명창이 말
    춤을 추었다.

는 것이다.

'심봉사, 황성 가다'에도 판소리 〈심청가〉에 들어 있지 않은 내용이 상당히 많이 삽입되어 있다. 황성 올라가는 길에 주막에 들러 식사를 하는 장면에서, 뺑파는 심봉사를 구박하며 황봉사에게만 맛난 밥과 반찬을 먹여준다. 하룻밤을 묵는 장면에서, 심봉사는 황봉사와 뺑파를 갈라놓기 위해 무던히 애를 쓴다. 심지어 심봉사는 뺑파의 옷고름과 자신의 옷고름을 묶고 잠을 자고자 한다. 그렇지만 뺑파는 앞을 보지 못하는 심봉사의 약점을 이용하여 심봉사의 한쪽 옷고름을 심봉사 손에 쥐어 준다. 이러한 상황 설정을 통해, 심봉사는 황봉사와 대비되면서 더욱 초라해지고 연민의 대상으로 전락하게 되는 것이다.

뺑파는 홀로 된 여성으로, 윤리의식이나 사회 규범과는 거리가 먼, 일탈적 욕망에 충실하며 자기중심적으로 살아가는 철저하게 세속적인 인간형이다. 그런 점에서 그녀의 형상에는 인간 내면에 자리 잡고 있는 일탈된 욕망의 리얼리티가 투사되어 있다고 할 수 있다. 결코 긍정할 수 없지만, 그렇다고 미워할 수도 없다. 뺑파의 이러한 형상적 특질은 이미 판소리 〈심청가〉에 등장하는 뺑덕어미의 그것을 그대로 이은 것이지만, 〈뺑파전〉에서는 그러한 특질이 더욱 극적이고 과장된 형태로 형상화 되고 있다. 얼굴 분장, 걸음걸이, 표정, 몸짓, 말투 등을 통해 해학적 웃음을 불러일으키는 것이다. 뺑파는 성적인 욕망도 매우 적극적으로 표현한다. "사람은 밥만 먹고는 못산다"거나 "돈이 많아도 소용없다"고 하면서, 심봉사 대신 황봉사를 택하는 이유도 같은 맥락에서 찾을 수 있다.

황봉사는 판소리 〈심청가〉에서는 그 존재감이 그리 강하게 드러나지 않은 인물이다. 그런데 〈뺑파전〉에서는 오히려 심봉사보다도 비중이 크다고 할 수 있다. 황칠이로 불리는 황봉사는 심봉사보다 젊으며 나름대로 수완이 좋은 인물이다. 뺑파의 경우도 그렇지만, 황봉사 또한 지나치게 과장된 동작을 취하거나 소리를 크게 내기만 하면 묘미가 반감된다. 황봉사의 형상적 특징은 의뭉하면서 오기가 잔뜩 들어서 심봉사에게 한마디씩 던지는 데서 잘 드러난다. 뺑파에게 있어 황봉사는 성적 욕망을 충족시켜 줄 수 있는 젊음의 표상이다.

판소리 〈심청가〉에서 심봉사는 점잖음과 비속함을 두루 지니고 있는 양면적인 인물로 그려지고 있다. 그리고 심봉사는 뺑덕어미에게 버림을 받지만, 안씨맹인을 만나 의지처를 찾게 되며 눈까지 뜨고 딸 심청과 해후하게 된다. 그렇지만 〈뺑파전〉에서 심봉사는 비련의 주인공일 뿐이다. 기본적으로 점잖고 비애에 젖어 있던 심봉사가 뺑파를 아내로 맞이한다는 것은 의지처를 마련한 것으로 해석할 수 있다. 그렇지만 심봉사는 뺑파의 성적 욕망을 충족시켜 주지 못한다는 점에서 늙음의 표상이라 할 수 있다. 끊임없이 뺑파와 황봉사의 관계를 의심하며 뺑파를 단속하려 드는 행태 또한 심봉사의 열패감의 소산으로 볼 수 있다.

심봉사와 황봉사 사이에서 뺑파는 윤리를 선택할 것인가 욕망을 선택할 것인가를 고민하지만, 결국 욕망을 선택한다. 2012년 10월 6일 제16회 구례 동편제 소리축제(구례 서시천 체육공원에서 개최)에서 공연된 〈뺑파전〉은 이 점을 극명하게 보여준다. 당시 뺑파 역을 맡은 김영자 명창은 황봉사와 심봉사 사이에서 고민하며, 청중들에게 어느 쪽을 선택하면 좋겠느냐고 질문을 던졌다. 심봉사를 선택하는 게 좋겠다는 청중의 반응에 대해 뺑파는 "역시 도덕은 살아 있다"고 했으며, 황봉사를 선택하는 게 좋겠다는 청중의 반응에 대해서는 "역시 야망도 살아 있다"고 했다. 이는 곧 윤리와 욕망 사이에서의 뺑파의 갈등을 직설적으로 표출한 것으로, 작품의 주제의식을 집약해서 보여준 것으로 이해할 수 있다. 젊음과 늙음의 대결에서 젊음이 승리한 것이다. 그러나 그 젊음의 승리는 정당성을 담보하고 있지 않다. 다소 억지스러우면서 작위적임에도 불구하고, 황봉사와 뺑파의 개과천선으로 결말을 맺는 이유가 여기에 있다. 〈뺑파전〉은 갈수록 심화되고 있는 자본의 위력 앞에 뒤틀려 가고 있는 인간의 심성을 적나라하게 드러내고 있는 셈이다.

5. 〈뺑파전〉의 의의

〈뺑파전〉은 고전에 기반을 두고 현대적으로 재창작된 작품으로, 지금까지도 지속적이고도 활발하게 공연되고 있는 대중예술이다. 상황에 맞는 즉흥적 대사와 춤 그리고 재기 넘치는 대사와 노래를 통해, 〈뺑파전〉은 대중들의 호응에 철저하게 부합하고 있는 것이다. 1987년 이후 2011년까지 공연된 횟수만 해도 120회가 넘는데,[20] 문예연감에 포착되지 않은 공연 현황을 포함하면 그 수가 훨씬 많다고 할 수 있다. 〈뺑파전〉의 공연 주체와 공간도 매우 다양하다. 판소리 명창을 비롯해서 유랑극단에서 공연하던 배우 그리고 마당놀이 배우 등이 공연 주체로 활동하고 있다. 그리고 실내극장 뿐만 아니라 축제, 명절, 행사 등 다양한 공간에서 공연되고 있다. 〈뺑파전〉은 공연 횟수뿐만 아니라 공연 주체와 공간의 측면에서만 의미 있는 것은 아니다. 〈뺑파전〉은 전통예술(전통예술의 현대적 재창조 작업을 포함하여)이 지금 이곳에서 어떤 의미와 가치를 가지고 있는가 하는 문제와 관련하여, 심각한 고민을 던져주고 있다고 생각한다. 그러니까 제도적 장치의 보호에 기대어 '전통 보존'이라는 명분에 안주하고 격格을 내세워 대중들과의 거리 좁히기에 실패하고 만다면, 전통예술이 설 자리는 매우 좁아질 것이기 때문이다. 〈뺑파전〉은 20세기에 들어와 끊임없이 대중들과 호흡하며 독자적인 공연물로 거듭나며 그 생명력을 이어 왔다. 판소리 〈심청가〉 '뺑덕어미 삽화'에 기반을 둔 〈뺑파전〉은 창극을 거쳐 토막극의 형태로 공연되다가, 1987년 공간사랑 공연을 기점으로 독자적인 작품으로서의 완결성을 보완하면서 실내극장 레퍼토리로도 정착하게 되었던 것이다.

익숙한 서사에 기대어 철저하게 대중들의 취향에 부합하는 방식으로 극을 짜나간다는 점에서, 〈뺑파전〉은 대중예술 그 자체라고 할 수 있다. 대중들의 내면에 자리 잡고 있는 지나치리만큼 현실적이고 세속적인 욕망을 직설적으로 건드리면서 이를 웃음의 코드로 풀어가고 있기 때문에, 대중들은 〈뺑파전〉에 환호한다고 생각한다. 웃음의 이면에 놓여 있는 페이소스와 함께…

---

20 『문예연감』, 한국문화예술위원회(1987~2011).

제4부

판소리·창극·여성국극

완창 판소리의 현재와 미래

1. '완창 판소리'의 성립과 전개

판소리 완창이 매우 일반적이고 오랜 역사적 전통을 가진 공연 형태일 것이라고 생각할지도 모른다. 그러나 사실은 그렇지 않다. 전통사회에서 회갑잔치나 유가遊街 등이 있을 때 여러 날에 걸쳐 판소리를 했다는 이야기가 있다. 며칠 동안 소리를 했다면 오늘날 '완창'에 해당하는 한바탕 소리를 했을 가능성이 없는 것은 아니다. 그러나 여러 정황에 비추어 볼 때 판소리만 불렀던 것이 아니라 줄타기 등과 같은 각종 기예가 함께 놀아졌을 것으로 짐작된다. 판소리를 부르는 경우에 있어서도 한번 어떤 작품을 부르기 시작하면 끝까지 다 부르기보다는, 중간 중간 휴식을 갖기도 하면서 여러 소리 대목을 불렀을 가능성이 높다.

20세기 판소리의 주된 공연 형태는 '토막소리'였다. '토막소리'란 말 그대로 작품 전체가 아니라 어느 특정 대목만을 부르는 방식을 말한다. 소리꾼들마다 특장으로 삼는 대목이 있기 마련이며 비교적 짧은 시간 동안 불러야 자신의 역량을 극대화하여 발휘할 수 있다. 그리고 이와 같이 소리꾼이 지닌 최고의 기량과 장기를 발휘하는 데에는

'토막소리'가 제격이었다. 청중들로서도 판소리로 불리는 작품의 내용을 이미 알고 있기 때문에 '공지적 생략'이 가능하여 '토막소리'만 들어도 판소리의 맛과 멋을 충분히 맛볼 수 있었다.

그러면 '완창'의 전례는 언제 누구에 의해 마련된 것인가? 완창의 전범을 마련한 이는 박동진 명창이다. 박동진은 1968년 〈흥보가〉를 시작으로 하여, 1969년 〈춘향가〉, 1970년 〈심청가〉, 1971년 〈적벽가〉와 〈수궁가〉를 완창했다. 그가 어떤 동기로 완창을 하기로 결심했는지 정확히 알기는 어렵다. 당시 이른바 '창극소리' 혹은 '연극소리'라 하여 창극에서 불리는 판소리가 대세를 이루고 있는 데 반발하여, 소리의 진정성을 회복하고자 하는 투철한 광대정신의 발로에서 완창을 시도했을 가능성이 높다. 아울러 1964년부터 무형문화재제도가 시행되면서 판소리에서 법통을 중시하는 풍조가 확산되고 무형문화재로 지정받기 위해 소리꾼들마다 각고의 노력을 하기 시작하는데, 이러한 분위기와 시대적 조건 또한 그가 완창을 부른 동기로 작용하였을 것으로 짐작된다. 당시 무명에 가까웠던 박동진 명창은 일련의 완창 공연을 함으로써 사회의 주목을 받게 되었으며 마침내 1973년 〈적벽가〉 기능보유자로 지정되었다는 사실이 그러한 가능성을 뒷받침해 준다.

박동진 명창이 〈흥보가〉를 다섯 시간, 〈춘향가〉를 여덟 시간에 걸쳐 부름으로써 세간의 이목을 집중시킬 수 있었던 것은, 어지간한 공력을 쌓지 않으면 소화해 내기 어려운 초인적인 기량을 선보인 것으로 평가받았기 때문이다. 요컨대, 완창은 무대에서 소리꾼이 특정 작품을 쉬지 않고 처음부터 끝까지 부르는 것으로, 소리꾼에게는 엄청난 공력을 요하는 공연 형태인 것이다. 이후 완창이 명창의 기량을 가늠하는 유력한 공연 방식이 된 이유가 여기에 있다.

국립극장에서 1984년 12월 '신재효 100주기 기념공연'으로 판소리 완창 공연을 시도하고 이를 정례화하기로 했는바, 이를 기점으로 하여 '완창'은 판소리의 대표적인 공연 형태로 자리매김 되었다. 그렇지만 완창 판소리 공연이 정례화되기 이전에도 국립극장에서 판소리공연이 꾸준히 이어져 왔으니, 국립극장 산하단체인 국립창극단 주최의 '국립창극단 명창 판소리'(1974), '토요민속예술제'(1975), '판소리 감상회'(1977~

1984)가 그것이다. 이 시기에는 서너 명의 명창이 출연하여 각자 장기를 발휘할 수 있는 '토막소리'를 불렀다는 점이 특징이다.

국립극장의 '완창 판소리' 공연이 현대 판소리사에서 갖는 의의는 자못 크다. 무엇보다도 그동안 30년 동안 완창 무대가 지속되어 왔다는 사실에 주모할 필요가 있다. 사실 30년의 세월에 대해 '유구한 전통 혹은 역사'라고 말하기는 어려울지 모르지만, 그렇다고 결코 짧은 시간은 아닌 것이다. 30년 동안 지속되어 온 완창판소리 공연이 이룩한 가장 중요한 성취 가운데 하나는 판소리의 활성화와 저변 확대에 크게 기여하였다는 점이다. 모든 전통예술이 그러한 것처럼, 판소리가 소리꾼과 청중의 직접적 만남 속에서 소통되었을 때 그 예술적 가치를 온전히 체득할 수 있다. 판소리 완창 무대는 애호가들에게 높은 수준의 판소리를 접할 수 있는 값진 감상의 기회를 제공해 왔다.

완창판소리 무대에 오른 명창의 면면을 보면, 그 의의가 더욱 돋보인다. 당대의 기라성같은 대명창들이 거의 빠짐없이 완창 무대에 섰다. 정권진, 박봉술, 김소희, 박초월, 강도근, 박동진, 한승호, 성우향, 성창순, 조상현, 송순섭, 오정숙, 최승희, 남해성, 박계향, 은희진, 안숙선, 김일구, 유영애, 조통달, 최영길, 김수연, 김영자, 정순임, 조소녀 등 당대 최고 명창의 반열에 올라있는 이들이 완창 판소리 공연에 나서 진정한 명창의 면모가 어떤 것인가를 웅변적으로 보여주었다. 완창 무대가 만만치 않음을 실천적으로 보여주었다. 그리고 이들보다 뒷 세대에 속하는 송재영, 왕기철, 전인삼, 왕기석, 윤진철, 이난초, 이영태, 김금미, 모보경, 김경호, 정회석, 박지윤, 차복순, 장문희, 염경애, 권하경 등 중견 명창들에게는 완창 판소리 공연무대가 한 단계 성숙한 소리꾼으로 거듭 날 수 있는 좋은 기회이기도 했다. 30년 이상의 역사를 거치면서 이룩한 이러한 성과 덕분에, 국립극장 완창 판소리 무대는 오늘날 대부분의 소리꾼들에게 선망의 대상으로 자리 잡고 있다.

2. 완창 판소리 무대의 의의와 현재적 위상

'완창' 공연 방식이 소리꾼들에게 긍정적으로만 받아들여지는 것은 아니다. '토막소리'를 할 때와는 달리, 자신의 온전한 기량을 충분히 드러내기 어렵고 심적 부담이 지나치게 크기 때문이다. 오죽하면 김소희 명창이 생전에 "내가 완창법을 없애고 죽겠다"고 했을까. 그렇다 해도 완창은 소리꾼에게 있어서 학습의 기회이며 동시에 공력을 쌓을 수 있는 기회이기도 하다. 그렇기 때문에 명창뿐만 아니라 국악과 판소리 전공 개인 연주발표회와 같이 수련 과정에 있는 소리꾼들이 일정한 주기로 완창 발표회를 갖는 것은 무척 필요하고 의의 있는 일이라고 생각한다.

현재 전국의 국악과에서 배출되는 판소리 전공자는 매년 누적되어, 전공을 살려 진로를 모색하기가 점점 어려워지고 있는 것이 현실이다. 제도권 단체에 소속되기도 쉽지 않거니와, 전통판소리만으로 경쟁력 있는 예술인으로 활동하기는 더욱 지난한 일이다. 판소리 전공자 가운데 창작판소리 혹은 인접장르와의 교섭을 통해 새로운 창작을 시도하는 사례가 많아지는 것은 이러한 저간의 사정이 바탕에 깔려 있는 것이다. 실제로 실천적인 작업을 통해, 인지도를 높이고 대중성을 확보하는 데 성공한 것으로 보이는 소리꾼이 적지 않다. 이자람, 박인혜, 이봉근, 김봉영, 김대일, 김나니 등 30세 전후에 해당하는 젊은 소리꾼들이 그 대표적인 예이다. 여기서 잠시 이자람의 사례를 검토해 보기로 한다.

이자람은 무엇보다도 다수의 자발적 청중을 창작판소리 공연장으로 끌어들이는 데 성공했다는 점에서 주목할 필요가 있다. 〈사천가〉와 〈억척가〉 공연이 그것이다. LG 아트센터와 같은 대형 무대에서 공연한 점도 주목할 만하거니와, 거의 모든 공연마다 객석이 만석을 이루었다는 사실은 참으로 놀랍기조차 하다. 그런데 이러한 일련의 성과를 낼 수 있었던 것은 이자람이 전통판소리를 비교적 충실히 공부한 학습꾼이었으며 일정한 내공을 갖추고 있었기에 가능한 일이었다. 그는 1997년 〈심청가〉 완창 공연 했으며, 1999년 8시간에 걸쳐 동초제 〈춘향가〉를 완창함으로써 세간의 관심을 끈 바 있다. 이후 2007년 〈수궁가〉(운현궁 내), 2010년 〈적벽가〉(의정부 예술의 전당)를 완창 공연한 바 있다. 이자람은 공연에 앞서 언제나 자신이 소리꾼임을 새삼 강조하곤 한다. 결국 전통판소리에 담겨 있는 예술적 표현 요소(성음, 미학, 표현 특질, 주제의식 등)를 제대로 익히는 데서 출발했기 때문에, 대중적으로도 상업적으로도 성공을 거두었다고 볼 수 있다. 여기서 소리꾼 이자람의 사례를 거론한 이유는 다른 데 있지 않다. 판소리는 하기에 따라서 얼마든지 대중성과 상업성을 담보할 수 있는 예술이라는 가능성을 확인하고, 완창 공연을 통해 지속적으로 전통판소리를 연마함으로써 비교적 호흡이 긴 창작판소리 공연을 소화해 낼 수 있을 정도의 내공을 갖추었을 때 전통의 현대적 재창조 작업도 제대로 수행할 수 있다는 점을 강조하고자 한 것이다. 이러한 점은 이자람 뿐만 아니라 박인혜, 김대일, 이봉근, 김봉영, 김나니 등 젊은 소리꾼들 모두에게 해당하는 이야기다. 젊은 소리꾼들은 가능한 한 전통판소리 공연 기회를 확보하기 위해 노력하는 모습을 보이고 있는 것이다.

청중의 입장에서 완창은 작품의 전체 내용을 이해하고 감상할 수 있는 기회를 제공해 준다는 점에서 그 의의가 각별하다. 완창 판소리 청중층 구성을 세분해 보면 다음과 같이 구분해 볼 수 있을듯하다.

① 명창과 직간접적인 인연이 있는 청중층
② 동호회 회원을 비롯한 판소리 매니아층
③ 학생 청중

①에 해당하는 청중층으로 사승관계에 있는 학습꾼 제자와 아마추어 제자를 꼽을 수 있다. 그리고 지역에서 활동하는 명창이 공연하는 경우, 해당 지역에 거주하는 동향 사람들도 여기에 포함된다. 청중층으로서 실질적으로 중요한 구성원은 ②와 ③이라 할 수 있다. 판소리는 민중예술에서 출발하여 전계층의 애호를 받는 민족예술로 승화된 우리나라의 유일한 공연예술이라 할 수 있다. 그렇지만 오늘날 판소리 향유층이 어느 정도인지 정확하게 말하기는 어렵지만, 뮤지컬이나 대중가요 콘서트를 찾는 청중층에 비한다면 그 수는 결코 많다고 할 수 없을 것이다. 일정한 입장료를 지불하

고 판소리 공연을 찾는 자생적, 자발적 청중층이 매우 적은 것이 현실이다. 그런 점에서 오늘날 판소리는 고급예술의 성격을 지니고 있다고 해도 과언이 아니다. ②에 해당하는 청중층이 소중한 이유가 여기에 있다. 현 시점에서 판소리 전승을 떠받치고 있는 중요한 축을 담당하고 있는 이들이기 때문이다. '매니아층'은 수적數的인 면에서 다수라 하기는 어렵다. 그러나 반드시 대중 다수의 애호가 있어야 의미 있는 예술이 되는 것은 아니다. 문학 분야에서도 이른바 고급문학과 대중문학 논란이 불거질 때마다 늘 제기되는 문제가 있었다. 독자에게 읽히지 않는 작품이 무슨 의미가 있는가? 라고 하면서 '우리 시대에 시는 죽었다'고 주장하는 입장도 있지만, 이른바 대중적 인기가 있다고 해서 의미 있고 좋은 작품은 아니며 비록 소수라 하더라도 사회가 필요로 하는 양식과 안목을 지니고 있는 고급 독자가 결국은 일정하게 수준을 끌어 올리면서 문학을 선도해 나갈 것이라고 주장하는 입장도 있다. '전통예술'의 범주에 드는 판소리의 경우 특히 더욱 그러하다. 비록 소수라 하더라도 그 예술에 대한 비평적 안목을 지니고 있는 '매니아층'이야말로 오늘날 판소리의 향방과 운명을 규정지을 수 있는 주체적인 존재들이다.

③은 대개 판소리 혹은 전통예술 관련 과목 수강생들로, 과제와 연계되어 있기 때문에 관람하는 경우가 많다. 이런 점에서 이들 학생들을 일명 '레포트 청중'이라 할 수 있으며, 자발적으로 공연장을 찾은 것은 아니라는 점에서 '소극적 청중'이기도 하다. 그렇지만 실제 교육 현장에서의 경험을 바탕으로 보건대, 이들 학생 청중이야말로 판소리의 미래에 꼭 필요한 매우 소중한 존재들이다. 개강초에 수강 학생들을 조사해 보면, 판소리 공연을 접한 경험이 있는 학생들은 별로 많지 않다. 그런데 비록 타의에 의해서나마 판소리 공연, 특히 완창 판소리 공연을 접한 이후 판소리의 새로운 매력을 경험하게 되었다고 토로하는 학생들이 의외로 많다. 물론 완창 판소리 공연을 보면서 졸거나 지루해 하는 학생들이 없는 것은 아니다. 하지만 보다 의미 있게 주목해야 하는 현상은 판소리에 호기심 혹은 관심을 갖게 되는 학생들이 생겨난다는 사실이다. 과제를 염두에 두고 있기 때문에 '레포트 청중'이 느끼는 감동이 분석적 재미의 성격이 강하긴 하지만, 이는 그것대로 의미가 있다고 생각한다.

위에서 제시한 청중층 외에, 일반인 청중과 외국인 청중 등도 주목할 필요가 있다. 판소리에 문외한이지만 관심을 가지고 참여한 일반인 청중층은 잠재적 '매니아층'이라는 점에서 소중하다. 외국인 청중은 비록 그 수가 많지 않다 하더라도, 한국의 대표적인 예술인 판소리를 세계에 널리 알릴 수 있는 교두보 역할을 수행할 가능성이 많다는 점에서 의의가 있다.

판소리는 2003년 유네스코 인류무형유산에 등재됨으로써, 명실상부하게 그 예술적 가치를 세계적으로 널리 인정받게 되었다고 할 수 있다. 그렇지만 과연 판소리가 이 시대에도 여전히 살아있는 예술로서 의미를 가지고 있는가에 대해서는 회의적인 시각이 없지 않다. 판소리는 높은 수준의 예술적 기량을 요구하기 때문에 누구나 들을 수는 있어도 아무나 쉽게 부르기는 어렵다. 물론 제대로 들을 수 있는 안목을 지닌 '귀명창'이 되는 것도 결코 쉬운 일은 아니다. 귀명창이 많아야 명창이 많이 나는 법인데, 진정한 귀명창이 점차 사라져가는 세태도 판소리 전승에 불리하게 작용하는 요건이다. 뿐만 아니라 전승환경도 판소리에 반드시 유리한 것만은 아니다. 영화·TV·뮤지컬·컴퓨터 게임 등 볼거리가 넘쳐날 뿐만 아니라, 서구 취향의 감수성이 만연한 상황에서 판소리와 같은 전통예술의 설자리가 그다지 넓어 보이지만은 않기 때문이다. 이러한 상황에서, 전통 판소리의 진면목을 제대로 감상할 수 있는 완창판소리 무대는 귀명창을 키워낼 수 있는 소중한 자리라는 점에서 그 의미가 매우 각별하다 하겠다.

3. 완창 판소리의 미래

완창판소리의 미래를 논하는 문제는, 결국 그동안 보여준 완창 무대의 의의가 여전히 유효한가 아니면 유통 기한이 다 되어 이제 폐기되어야 할 시점에 이르렀는가 하는 문제를 짚어 보는 데서 출발해야 한다고 생각한다. 만일 후자라면 더 이상 논의를 진전시킬 이유도 명분도 없을 것이다. 그렇지만 전자라면 완창 무대는 앞으로도 지속하는 것이 필요할 것이며, 지속하되 지향점은 무엇이고 어떤 점을 개선할 필요가 있는가 하는 문제에 대해서도 고민할 필요가 있다. 이와 관련하여, 필자와 교분이 있는 3~40대 중견 명창들을 대상으로 전화 인터뷰를 시도해 보았다. 이들이야말로 판소리의 현재이자 미래라고 생각했기 때문이다. 그 결과 인터뷰에 응한 소리꾼들은 모두 기본적으로 완창판소리 무대가 필요하다는 의견을 개진했다. 그렇게 판단하는 이유는 다음과 같이 몇 가지로 압축해 볼 수 있다.

- 전통으로 자리매김하고 있다.
- 권위가 있기 때문에, 큰 무대라는 인식이 있다.
- 제대로 된 전통판소리 공연이 의외로 없다.
- 소리꾼의 입장에서 도전해 보고 싶은 무대이다.
- 학습이 안된 소리는 들어줄 수 없기 때문에, 철저히 학습할 필요가 있다는 인식이 있다.

현재의 중견 소리꾼들에게 완창 판소리 공연은 상당히 무게감 있는 무대이며, 그렇기 때문에 역량을 길러 무대의 주인공이 되고 싶어 하는 소망이 있다는 사실을 알 수 있다. 이러한 의견 개진은 그동안 이룩한 완창 판소리 무대의 의의와 가치가 여전히 유효하다는 사실을 보여주는 것이다. 제한된 인터뷰 결과이지만 이러한 답변을 근거로 하여 잠정적이나마, 30년이나 지속되어 온 완창판소리 무대는 앞으로도 지켜나가고 가꾸어 나갈 필요가 있다고 판단할 수 있다.

그렇다 해도 이는 당위의 논리일 뿐이며, 완창 판소리 공연의 미래는 이와 관련된 여러 주체들의 관점, 의지, 노력 등에 의해 결정될 수밖에 없다. 여기서는 완창판소리 공연의 운용과 방법 등에 관해 몇 가지 고민해 볼 문제들에 대해 의견을 개진해 보고자 한다.

먼저 공연 공간의 문제에 대해서 생각해 보기로 한다. 국립극장 산하 국립창극단이 주관하는 완창 판소리 공연은 그동안 주로 달오름극장에서 열렸으며, 간혹 하늘극장에서 열리기도 했다. 기본적으로 공연 공간은 청중과의 교감 혹은 소통을 고려해 볼 때 대극장 보다는 소규모 공간이 더 바람직하다. 그런 점에서 국립극장에 국한한다면, 달오름극장이 가장 좋은 여건을 갖추고 있다고 할 수 있다. 하늘극장은 천장을 덮개로 덮고 난 후에는 완창판소리 공연 공간으로 적당하지 않다고 본다. 소리가 울려서 전달력이 현저하게 떨어지기 때문이다.

그런데 이는 국립극장 내의 공간만을 대상으로 보았을 때 그렇다는 것이다. 실은 달오름극장도 판소리 공연 공간으로 다소 아쉬운 점이 없지 않다. 프로시니엄 무대이면서 객석이 다소 수직적인 구조를 지니고 있기 때문이다. 그렇지만 기획력과 연출력을 동원한다면 얼마든지 무대 변형도 가능하며, 다양한 시도를 통해 '판'이 지니고 있는 소통성을 극대화 할 수 있을 것이다. 마이크를 사용하지 않아도 되면서 소리꾼과 청중과의 교감이 좀 더 밀도 있게 이루어질 수 있는 조건을 갖춘 공간이라면, 공연 효과가 훨씬 배가될 것이다.

완창 판소리 공연의 가장 정형적인 모습은 소리꾼 한사람이 한 작품을 초앞(초두)부터 끝까지 부르는 것이라 할 수 있다. 작품에 따라 공연 시간이 다르지만, 4시간~8시간 정도 소요되는 것이 보통이다. 소리꾼이나 청중에게 있어서 결코 짧지 않은 시간이다. 사실 '완창'이라는 공연방식이 지닌 가장 큰 문제점 또한 공연 시간과 직간접적으로 연관되어 있다. 소리꾼으로서는 최상의 기량을 발휘하면서 판을 이끌어 가기가 매우 어려우며, 청중으로서는 자칫 공연이 지루해져서 때에 따라서는 인내심을 발휘해야 할 때도 있다는 점이 그것이다. 그래서인지 그동안 완창판소리 공연 방식 혹은 형태를 보면, 정형적인 무대를 기본적으로 유지하면서도 다양한 기획과 시도를 통해 완창 무대의 재미와 의의를 높이려는 시도를 꾸준히 시도해 왔다. 릴레이형식의 공연, 제야 완창, 심야 완창, 한 바탕의 소리를 여러 명의 소리꾼이 부르는 방식(스승과 제자가 한바탕을 나누어 완창/두 명의 소리꾼이 공연 일정을 달리하여 절반씩 완창) 등이 이에 해당한다. 일종의 이벤트 성격이 가미된 경우도 없지는 않지만, 청중의 관심과 호응을 이끌어 내기 위한 이러한 노력은 앞으로도 더욱 다양하게 시도되고 모색될 필요가 있다. 그런 점에서 완창 판소리 공연의 경우에도 기획자, 연출자의 역할이 더욱 필요하다고 본다.

연령대, 성별, 바디의 문제 등을 고려하여, 명창과 작품을 선정하는 노력은 그동안 계속되어 왔는바, 앞으로도 이러한 고심은 지속될 필요가 있다. 나아가 꿈나무 소리꾼, 20대 소리꾼, 지역에서 활동하는 숨은 명창 가운데, 적절하다고 판단되는 소리꾼에게도 완창의 기회를 부여하면 좋을듯하다.

청중의 입장에서 본다면, 그동안 완창판소리 공연에서 '엄숙주의'라고 부를 만한 분위기가 어느 정도 있었다고 느낄 수 있었던 것은 사실이다. 물론 이러한 분위기는 전통판소리 공연 전반에 두루 해당되는 것이라 해도 무방하다. 그렇지만 완창은 공연시간이 상당히 길기 때문에, 특히 이러한 문제를 극복할 수 있는 방안을 적극적으로 모색할 필요가 있다. 공연 중간에 3~40분 정도의 휴식 시간을 갖고 그 시간 동안 음식 등을 곁들일 수 있도록 하는 것도 하나의 대안이 될 수 있다. 일본 가부키 극장 안에는 도시락 등 다양한 먹거리가 마련되어 있으며, 공연 중간 휴식 시간에 함께 온 지인들과 식사도 하고 수다도 떤다. 이러한 문화는 에도 시대부터 있어온 가부키 특유의 유락문화적인 전통에 그 맥이 닿아 있는 것이다. 그렇지만 그와는 약간 성격이 다르지만, 우리나라 전통사회의 판소리 문화를 보면 소리판이 다분히 열려 있는 공간이어서 음식을 곁들이는 것이 전혀 이상한 일이 아니었다. '모흥갑 판소리도'를 보면, 소리판을 주관한 것으로 보이는 관료가 있는 자리에 주안상이 차려져 있으며 명창의 뒤편쪽에는 엿장사처럼 보이는 인물도 있다. 그럼에도 불구하고 오늘날 대부분의 전통 판소리 공연장에서 이를 엄격히 금하고 있는데, 이는 서구적인 공연 매너의 영향도 있겠지만 20세기 판소리사에서 보이는 이른바 '요정문화'에 대한 부정적 인식이 강하게 남아 있기 때문이기도 한 것으로 보인다. 이제 시대는 달라졌으며, 판소리는 고급예술이 되었다고 해도 과언이 아니다. 엄숙주의를 탈피하고 보다 자유로운 분위기 속에서 소리꾼과 청중이 교감할 수 있는 '판'의 정신을 회복하는 노력은 언제나 필요하다. '소리판'과 음식문화의 결합을 제안한 것도 같은 맥락에서이다.

공연 시간에 따라 판을 달리 짜보는 방법도 생각해 볼 수 있다. 가령 5시간 이상 공연에서는 스승에게서 배운 소리를 그대로 하며, 3시간 정도의 공연에서는 사설을 가다듬고 눈대목 중심으로 판을 짜나감으로써 작품의 완성도를 높이는 방법도 생각해 볼 수 있다. '완창'의 개념을 지나치게 축자적으로 해석할 필요는 없다고 보기 때문이다. 요컨대, 완창 판소리 공연에도 기획력과 연출력이 더해져 좀 더 다양한 '판'을 시도해 볼 필요가 있다고 본다.

전술한 바 있듯이, 지금까지 지속되고 있는 완창판소리의 역사는 결코 짧은 것이 아니며, 이러저러한 논란과 비판적인 문제 제기가 있었음에도 불구하고 그 긍정적인 의의에 대한 암묵적 공감을 바탕으로 지금까지 지속되어 왔다. 이제 판소리 문화의 전승 환경은 갈수록 바뀌고 있으며, '전통의 현대적 재창조'라 할 수 있는 새로운 창작 활동도 많아지고 있는 상황이다. 그리고 전통 판소리를 온전하게 감상할 수 있는 소리판은 생각보다 많지 않다. 뿌리가 단단해야 풍성한 열매를 맺을 수 있듯이, 전통 판소리의 전승이 제대로 이어져야 그에 기반한 다양한 실천적인 작업도 가능해 질 것이다. 국립극장 산하 국립창극단 주최 완창판소리 공연 무대가 더욱 소중하게 다가오는 이유도 여기에 있다.

지금까지 그래왔던 것처럼, 판소리 완창무대는 21세기 판소리 도약의 토대를 다지는 소중한 장으로서의 역할을 지속적으로 감당할 것으로 기대한다.

판소리와 창극소리의 상관성

1. 머리말

20세기에 들어와 대중성의 확보라는 측면에서 위기의식을 느끼고 있던 판소리 연행 주체들은 판소리 배역의 분화를 통해 극적 요소를 강화하는 방향에서 돌파구를 찾으려 했던바, 그 결과물이 바로 창극이다. 이러한 태생적 운명으로 인해 창극은 판소리와 불가분의 관련을 맺고 있다.

처음 창극으로 공연된 작품은 〈춘향전〉이다. 이후 전승 5가를 비롯하여, 판소리 열두마당의 창극화는 오늘날까지 지속적으로 이루어지고 있다. 장단, 성음, 너름새 등 판소리의 주요 표현 요소는 창극에서도 여전히 중요하며, 이미 잘 짜여져 있는 전승 5가는 창극화하기에도 최적의 조건을 지니고 있는 것이다.

그런데 창극이 판소리의 영향권 안에 있었고 판소리의 자양분을 기반으로 하여 성장해 온 것이 사실이라 하더라도, 언제나 '판소리 → 창극'의 방향으로만 영향관계가 전개되어 온 것은 아닌 듯하다. 판소리와 창극은 상호 밀접한 연관을 가지면서 영향을 주고받았던 것으로 보인다. 필자가 과문한 탓인지 모르지만, 판소리와 창극의 상호 교섭 양상에 대한 연구는 그동안 이루어지지 않은 것으로 알고 있다.

판소리와 창극의 교섭 양상은 음악, 문학, 연극의 측면에서 다각적으로 검토할 필요가 있다. 발성이나 목 쓰는 방식 등 음악적인 측면에서 판소리와 창극의 교섭이 어떻게 이루어지고 있는지 고찰하는 문제는, 현대 판소리와 창극의 예술적 지향점이 무엇인지를 탐구하는 작업과도 긴밀하게 연관되어 있다고 본다.

오늘날 창극을 공연하는 단체로 국립창극단을 비롯하여, 전북도립국악원, 남원국립민속국악원, 진도남도국악원, 부산국악원 등을 꼽을 수 있다. 그리고 이들 단체에 소속된 단원은 기본적으로 판소리 전공자들이다. 지금까지 단체 활동을 거쳐 간 단원들까지 포함한다면, 창극배우 활동 경험이 있는 소리꾼은 상당수에 이를 것이다.

창극에서 부르는 소리를 판소리와 구별하여 이른바 '창극소리' 혹은 '연극소리'라고 지칭한다. 판소리와 창극소리는 목을 쓰는 법이나 판을 이끌어 가는 방식 그리고 사설의 측면 등에서 변별된다. 판소리는 성음을 중시하는 데 비해, 창극소리는 성음보다는 극적인 요소를 강조한다는 점이 가장 두드러진 차이라 할 수 있다. 나아가 판소리에 비해 공력이 떨어진다는 이유로 창극소리를 폄하하는 의식이 판소리 종사자들 사이에 엄존하는 것도 사실이다. 이 글에서는 판소리와 창극소리를 구분하는 의식은 언제부터 생겨났으며 역사적 단계에 따라 어떻게 다르게 나타나는지 고찰하고, 판소리와 창극의 상호 교섭 양상은 어떠하며 그 특징은 무엇인지 등에 관해 살펴보려고 한다.

2. 통시적 측면에서 본 판소리와 창극소리의 변별적 특징

창극과 판소리는 공연 공간의 측면에서 차이가 있다. 전통사회에서 판소리 공연을 위한 극장과 같은 전문적인 공간은 존재하지 않았다. 외정이나 방안과 같은 실내 공간이 판소리의 주요 공연 공간이었으며, 이는 예술만을 위한 전문적인 무대 공간이 아니고 생활공간으로서의 성격을 지니고 있었기 때문이다.

창극 배우는 기본적으로 판소리에 능한 소리꾼 가운데서 충원된다. 창극에서 불리는 소리가 판소리 창법에 기반하고 있기 때문이다. 창극은 오늘날까지도 양식적 정체성을 정립하기 위해 노력하고 있는 현재진행형의 갈래이다. 그렇지만 판소리를 학습한 경험이 있는 경우에만 창극 배우가 될 수 있다는 사실은 예나 지금이나 변함이 없다.

창극의 역사를 보면, 판소리와 구별되는 독자적인 양식을 정립하기 위해 지속적으로 노력해 온 모습을 쉽게 확인할 수 있다. 판소리와 창극소리를 분별하는 의식은 역사적 단계에 따라 다르게 나타나는 것으로 보인다. 판소리와 창극의 역사에서 의미 있다고 판단되는 주요 국면을 기준으로 삼아, 다소 범박하게나마 시기를 구분해 본다면 다음과 같이 나누어 볼 수 있겠다.

1) 협률사~조선성악연구회

1902년 협률사가 설립되면서, 판소리의 극적 형식 지향도 본격화되기 시작한다. 이 시기만 해도 여전히 판소리 창법이 공연의 중심을 이루었으며, 극적 형식은 분창 형태를 크게 벗어나지 못했다. 그렇지만 형식이 달라지면 내용에 변화가 뒤따르는 법이다. 분창 형식이 아무리 소박하고 단출한 형태에 지나지 않는다 해도 한 사람이 부르는 판소리의 그것과는 또 다른 공연 어법을 필요로 하게 된 것은 자연스러운 현상이라 하겠다. 무대장치, 배우의 복장과 외모 등에 대한 관심이 생겨나기 시작한 것이 그 점을 잘 보여준다.

여성 명창이 본격적으로 등장하기 시작한 것도 이 시기의 특징이다. 여성명창이 많아지면서 등장인물의 성별에 맞게 배역이 짜여지게 됨으로써 남성명창만으로 공연할 때보다 다채로운 극적 재미를 추구할 수 있게 되었다.[1] 일반적으로 '남자소리'와 '여자

1 　허금파나 강소춘과 같이 남성적인 성음으로 평가받았던 여성명창이 있었는가 하면, 나이가 어리고 얼굴이 예쁘며 목소리가 고운 여성인 계화와 연화와 같은 '唱歌女兒'는 창극 공연의 시각적 효과를 높이는 데 적합하다고 판단되었기 때문에 주목받았던 것이다. 이에 대해서는 다음 논문을 참조.
　　송미경, 「1910년대 판소리 여성 연행주체의 형성과 성장」, 고려대학교 석사학위논문, 2008, 18~23쪽.

소리'라는 말에는 단순한 성별의 차이 이상의 차이가 내포되어 있다. 그렇지만 이 시기에는 여자 명창이라 하더라도 송만갑, 이동백, 정정렬 등 당대를 대표하는 남자명창으로부터 전통적인 방식으로 소리를 배웠기 때문에, 남자소리와 여자소리의 차별적 구분의식이 크지는 않았던 듯하다.

이 시기에는 창극이라는 용어 보다는 '촌극' 혹은 '토막극'이라는 말이 널리 쓰였던 것으로 보인다. 토막극은 전막全幕, 즉 스토리Story 전체를 1회에 다 공연하지 않고 전체 스토리 중에서 어느 한 대목만을 떼어 내어 공연하거나, 스토리의 처음부터 끝까지를 분절하여 여러 회에 걸쳐 이어가는 방식을 취하는 창극이다.[2] '창극조'라는 말이 사용된 용례가 없지는 않다.

> 한(성준) : …(전략)… 원각사에서 형님이 소리할 때면 순종께서 전화통을 귀에 대시고 듣
> 기까지 하셨으니까.
> 이(동백) : 그 때 창극조唱劇調로 춘향전을 했지만, 그 규모가 지금보다도 훨씬 컸고, 또
> 소리를 들을 줄 아는 사람이 많잖었오? 그러니 무대에 오르는 사람도 저절로
> 흥이 났지.[3]

여기서 창극조는 연극 형태의 공연을 가리키는 말로 보이나, 역시 소리가 主라는 점에서 창극소리와 판소리의 구분의식은 별로 없었던 것이 아닌가 한다.

토막극은 승무나 잡가 등의 공연물과 함께 무대에 올려졌는데, 당시 토막극의 주된 레퍼터리는 '어사와 나무꾼'(어사와 초동), '사또와 낭청 문답' 등과 같이 골계적인 성격이 강한 대목이었다. 특히 '어사와 나무꾼'은 김창환 협률사 시절 처음 공연된 이후,

---

2   권은영, 「토막창극의 공연 특성에 관한 연구: 김일구·김영자의 〈어사와 나무꾼〉을 중심으로」, 『공연
    문화연구』 14, 한국공연문화학회, 2007, 109~146쪽. 권은영은, 토막창극이 판소리뿐만 아니라 민속극
    의 표현형식이나 원리를 충실히 활용했으며 소학지희의 전통을 계승했다는 점에서 공연사적 의의가
    있다고 했다.
3   이동백, 한성준 대담, 「가무의 제문제」, 『춘추』 2호, 1941, 3.

지속적으로 무대에 올랐던 인기 있는 작품이었다.

2) 조선성악연구회 조직~해방 전후시기

조선성악연구회가 발족되면서 단체 활동이 본격화되는데, 이는 곧 창극 공연이 이전 시기에 비해 더욱 활성화되었다는 것을 의미한다. 판소리 명창들은 단체를 조직하여 공연활동을 전개하기 시작하였다. 1935년 '조선성악연구회'의 산하 단체로 '창극좌'가 조직되었으며, 1936년경 임방울, 박초월, 박귀희 등이 중심이 되어 '동일창극단'이 조직되었다. 그리고 1939년 박석기의 '화랑창극단'이, 해방 후인 1946년경 '김연수창극단'과 '조선창극단'이 생겨났는데, 이들은 모두 남녀 배우로 구성된 '혼합단체'였다.

이 시기 창극은 백포장을 친 가설무대에서 공연하기도 했지만, 극적인 요소를 부각시키는 무대장치라든가 조명 등을 갖춘 극장에서 공연되기도 했다. 토막극 공연이 지속되는 한편, 각색 및 연출 개념을 도입하여 극의 완결성을 갖춘 작품을 창극화하는 작업이 본격화된 것이 이 시기의 특징이라 할 수 있다.[4] 토막극으로 자주 무대에 오른 대목으로 〈춘향가〉 중 '어사와 나무꾼', '어사와 방자', '어사와 춘향모 상봉', 〈심청가〉 중 '곽씨 부인 애기 어르는데', '뺑파전' 등을 꼽을 수 있다. 토막극은 주로 ' …협률사'라는 이름으로 전국을 순회하며 공연한 단체에서 공연했다. 창극단 단체가 조직되면서 전편을 공연하는 작품이 무대에 오르기 시작했는데, 이처럼 작품의 처음부터 끝까지 무대에 올리는 것을 '잇뽄다데'一本たって라고 했다고 한다. 이와 관련하여 박송희 명창은 다음과 같이 말한 바 있다.

그때는 창극이라는 게 없어. 창극이라는 게 없고 협률사, 내가 협률사를 따라 댕겼는데,

4 　이는 조선성악연구회의 활동상이 반영된 결과이다. 조선성악연구회가 추구한 창극 공연의 특징과 성과에 대해서는 다음 글에 잘 정리되어 있다.
　　백현미, 『한국창극사연구』, 태학사, 1997, 215~223쪽.

그 때 여자 역할을 잘하는 분이 오태석씨야. 수건을 쓰고, 곽씨부인이 애기 낳는 데가 있어. 그럼 "아이고 귀덕이네, 귀덕이네" 그러면 오태석씨가 수건을 두루고 치마를 입고 나가. 애기 낳다고 그러면 쌀을 까불다가 쌀을 탁 쳐서 자기가 먼저 먹고, 오태석씨가 그걸 잘하더라구. 그때는 극이라는 게 없고 협률사, 토막극, 또 "뺑덕이네 있는 데" 그런 데나 했지. 연극을 처음부터 끝까지 하는 것을 '잇뽄다데一本たっで'고 그래, 일본말로.[5]

이 시기에 배우들은 창극소리라 해도 판소리의 그것과 비견될 만큼 공력 있는 소리로 할 수 있을 때 그 역량을 인정을 받았던 것으로 보인다.

〈홍보가〉는 내가 일제 때 동일창극단, 그때 〈홍보가〉를 했지요. 그때는 대동아전쟁때라, 홍보 자식들이 군총 나간다고 헐 때예요. 군대 간다고. 근데 군대 간다고 안허고 군총이라고 하더만. 우리 어렸을 때 보면은, 공기남씨가 홍보 큰아들인데, 군총나간다고 하면서 서서, '잘 갔다오니라' 그리고 '어머니 다녀오리다.' 그리고 했지요. 그때 조상선씨가 작곡을 해 가지고, 팔월 추석노래도 그분이 다 가르쳐 주고, 무용도. 그때는 나도 열일곱쯤 되니까 처녀 노릇을 하고. 그런데 그때 내가 협률사를 떠나고 동일창극단에 들어갔더니, 그 때 임소향씨가 홍보를 하더라구요. 여성단체도 했지마는, 여성이 남자 역을 헌거는 임소향씨여. 임소향씨가 홍보를 허고, 박초월씨가 홍보마누래를 허고. 그래서 저 양반이 홍보도 잘헌다 그랬는데, <u>임소향씨 소리 잘허지, 박초월씨 소리 잘허지. 두분이 서로 겨뤄 가면서 소리를 하더라구요.</u>(밑줄 필자)[6]

그러니까 이 시기에는 창극에서 소리 공력이 차지하는 비중이 다른 요소보다 여전히 중요했던 것이다.

---

5   박송희 명창 제보. 서울시 서대문구 홍제동 박송희 명창 전수관에서(2010. 11. 10).
6   박송희 명창 제보. 위와 같음.

3) 여성국악동호회 결성(1948)~무형문화재 제도 시행(1962)

이 시기는 여성국극 전성시대이다. 여성국극은 넓은 의미에서 본다면 창극의 범주에 속한다고 할 수 있다. 그렇지만 창극과 여성국극은 서로 구별되는 양식적 특징을 지니고 있다. 기본적이면서도 본질적인 차이는 창극 배우는 남녀 혼성으로 구성되는데 비해, 여성국극 배우는 여성들로만 구성된다는 데 있다. 이러한 차이는 단순히 성비 구성의 문제만을 의미하지는 않는다. 남녀 배우로 구성되는가 여성배우들로만 구성되는가 하는 문제는 보다 중요한 차이를 내포하고 있다. 여성국극에서 불리는 소리도 '연극소리'라고 말한다. 그렇지만 여성국극의 소리는 창극소리와 구별되는 특징을 지니고 있다. 창극에서 제기되는 '청'의 문제도 없을 뿐만 아니라, 남녀 혼합으로 소리하는 창극과 달리 여성국극에서의 소리는 여성들로만 소리를 하기 때문에 상대적으로 곱고 아름답게 표현된다. 그렇기 때문에 넓은 의미에서는 창극소리나 여성국극소리나 모두 '연극소리'이지만, 여성국극의 소리가 창극소리에 비해 훨씬 더 연극소리의 특질을 많이 지니고 있는 것이다.

여성국극에서 '소리'보다는 배우의 외모나 극적인 표현 능력 등이 보다 큰 비중을 차지하였다. 박초월 명창이 소리는 탁월하게 잘했으면서도 주요인물 배역을 맡지 못한 것도 이런 이유와 직접적인 관계가 있다. 여성국극에서 불리는 '합창소리'는 남도민요를 중심으로 학습하는 것으로, 판소리와 구별되는 특징을 지니고 있다. 남녀혼합으로 구성된 창극에서 남성 배우들은 선이 굵은 연기를 하는 장점이 있으나, 깊고 섬세한 감정 표현에 있어서는 여성 배우에 미치지 못한다. 여성 배우들이 남성역을 맡더라도 소리하는 내두름이나 표현이 더 섬세하고 부드럽기 때문에, 남성 배우들이 표현하는 남성 인물형상과는 또 다른 묘한 매력을 발산하는 것이다.

창극은 판소리를 학습한 배우만으로 공연되지만, 여성국극 배우들 중에는 판소리를 할 줄 모르는 경우도 많이 있다는 점이 두 양식의 중요한 차이이다. 여성국극의 성립기에 중심적인 역할을 한 것은 판소리 여성 명창들이었다. 박귀희, 박록주, 박초월, 김소희, 김경희, 김연수 등이 그 대표적인 예이다. 그러나 점차 판소리 연창능력을 갖추지 않은 배우들이 여성국극에 참여하는 사례가 많아지게 되었는바, 그 가운데에는 신극 출신들도 상당수 있었다.

이 시기의 특징으로, 판소리와 창극소리(이 시기에는 여성국극을 의미)의 구분이 고착되어 갔으며 판소리에 비해 창극소리를 폄하하는 의식 또한 강화되었다는 점을 꼽을 수 있다. 보성소리의 맥을 제대로 잇고 있는 것으로 평가받고 있는 성우향 명창의 다음과 같은 증언은 이 점을 잘 보여주고 있다.

> 조사자 : 선생님은 여성국극 (성 : 안갔어)전혀 안하셨어요?
>
> 성 : 예에. 연극단 그런 것은 통 안했어. 전통소리밖에 안했어.
>
> 조사자 : 그 당시 여성국극이 굉장히 (성 : 안갔어)인기가 많았지 않았어요?
>
> 성 : 그래도 안갔어. 안가길 잘했지 갔더라면 베릴 법하지.
>
> 조사자 : 특별한 이유가 있으셨어요?
>
> 성 : 아니 안가게 되었어요 어츠케. 누가 빼가면 갔겠지만은. 잘 되었잖아요. 정통소리 갖고 있은께. 그렇게 했으면 암것도, 이것도 저것도 암것도 안될텐데. 안그런갑네. 그대로 내가 보유하고 지켰기 때문에 정통소리를 갖고 있는거요. 선생님한테 배워놓은 그대로. 참말이여. 누가 물어봐도 나는 변동은 없었어요. 정통으로 딱 백혀갖고. 공부를 해도 하루 이틀을 한게 아니라 칠년을 했당께. 동네 애들 가시나들 있으면 명절 때 같으면은 잉 거기서 산게 강강술래도 뭣도 하고 막 그러고 댕김서 그러고 공부 헐 때 그랬어요.[7]

성우향 명창은 위 이야기에 앞서, 동일창극단에 참여하여 활동한 사실과 조상선 명창과의 인연 등에 대해 비교적 소상하게 들려 주었다. 〈흥보가〉 공연에서 막내 아들 역할을 맡은 경험 등을 들려 주면서 성우향 명창은 창극 활동에 대해서는 전혀 거부감을 보이지 않았다. 그런데 여성국극에 대한 인식과 태도는 이와 사뭇 달랐다. 여성

---

7   성우향 명창, 서울 중요무형문화재전수회관 판소리 보존회 사무실에서(2009. 12. 15).

국극 활동은 전통 판소리를 변질시킬 수 있다고 보았기 때문이다. 이 시기 연극소리 혹은 창극소리는 여성국극 소리를 의미하는 것으로 이해해도 크게 어긋나지 않는다. 그러니까 성우향 같은 명창에게는 창극소리보다 더욱 연극소리화 되고 무대소리화 된 여성국극소리는 판소리보다 가치가 떨어지는 소리로 인식된 것이다. 그리고 이와 같은 인식은 대부분의 명창들에게서 확인할 수 있는 공통된 관점이기도 하다.

4) 국립창극단 조직~현재

창극의 역사에서 중심적인 위치를 차지하고 있는 단체로, 1962년 창단되어 오늘날까지 지속적으로 공연해 오고 있는 국립극장 산하 국립창극단(창단 당시 명칭은 국립국극단)을 꼽을 수 있다. 초대 단장이자 연출가인 김연수 명창 이래, 박진, 서항석, 이원경, 이진순, 허규, 손진책, 박후성, 김홍승 등이 연출을 맡아 각기 추구하는 창극 양식의 정립을 위해 다양한 실험을 보여준 바 있다. 초대 단장 김연수는 여성국극이 성행하던 시기에도 창극단 활동을 지속할 정도로 창극 공연에 열성이었다. 창극에 대한 김연수의 관심과 활동상에 대해서는 기존 연구에서도 충분히 지적된 바 있다.[8] 그가 남긴 이른바 동초제 5마당의 사설은 그의 창극 공연 경험과 매우 밀접한 연관이 있다. 아니리가 풍부할 뿐만 아니라 창으로 부르는 대목도 여타의 바디에 비해 훨씬 부연·확장되어 있다. 단순히 서사의 확장만 있는 것이 아니라, 극적인 성격이 강하게 드러난다는 점에서 그의 창본에 주목할 필요가 있다. 두 사람 이상 만나는 상황에서는 어김없이 대화체의 내용이 확대되어 나타난다. 그래서 그의 사설은 그대로 무대에 올려도 좋을 만큼 연극적이라고 말하는 것이다.

1968년 발족한 국극정립위원회(1970년에 창극정립위원회로 개칭)는, 창극이 서구식 극의 진행과는 구별되는, 한국의 독자적인 공연 양식으로 정립될 필요가 있다는 점을 강조했다. 연출의 창조성을 전적으로 존중하기 보다는, 판소리에 기반한 전통 연희를 지

---

8   이경엽, 「판소리 명창 김연수론」, 『판소리연구』 17, 판소리학회, 2004.

도하는 방향에서의 '도연'이 바람직하다고 주장한 이유도 같은 맥락에서 이해할 수 있다. 창극의 양식적 지향은 연출가의 성향에 따라 다르게 표출되어 온 것이 그간의 실상이다. 판소리와의 관계 또한 마찬가지다. 창극은 판소리와 구별되는 독자적인 양식이라는 관점 아래 연극적 요소를 강조한 경우가 있는가 하면, 창극소리가 지나치게 기교 위주로 흘러가는 것을 경계하여 판소리의 진정성을 창극에도 그대로 적용할 필요가 있다는 주장이 제기되기도 했다. 근래에는 창극을 음악극 혹은 한국적 뮤지컬로 정립하려는 시도가 돋보이고 있다.

이렇듯 창극의 독자적 양식을 정립하기 위한 노력이 지속되는 가운데, 판소리와 창극소리의 구분의식은 이전 시기에 비해 더욱 심화되는 양상을 보인다. 판소리는 통성을 위주로 발성하며, 성음이 매우 중요하다고 본다. 물론 판소리에도 유파에 따라 목 쓰는 방식이나 발성 등에 다소의 차이가 있는 것은 사실이다. 그렇지만 동편제든 서편제든 판소리에서는 기본적으로 통성이 중요하다. 다른 바디에 비해 상대적으로 극적 표현을 중시하는 판소리 동초제는 판소리에 끼친 창극의 영향을 잘 보여주는 대표적인 사례이다.

창극은 목을 깎아서 소리하는 경우가 많으며 성음 못지 않게 극적 표현 능력을 상당히 중시한다. 즉, 판소리는 공력을 중시한다면, 무대소리인 창극소리는 기교와 극적 표현을 중시한다는 점에서 대비된다고 할 수 있다.

3. 판소리와 창극소리의 교섭 양상

20세기에 들어와 판소리는 크게 성음을 중시하는 소리와 극적 표현을 중시하는 소리로 나누어 볼 수 있다. 이른바 보성소리가 전자에 해당한다면, 동초제가 후자에 해당한다. 보성소리를 대표하는 명창들은 창극 공연 활동이 상대적으로 적으며, 동초제를 잇는 명창들이 창극 분야에서 활발하게 활동한 것은 지극히 당연한 일이라 하겠다. 판소리와 창극소리의 교섭 양상은 다음과 같이 몇 가지 유형으로 나누어 살펴 볼 수 있다.

1) 창극에서 창작된 소리가 판소리에 수용된 경우

이른바 창극제 사랑가 혹은 연극제 사랑가가 대표적인 사례이다. 이는 정광수의 『전통문화오가사전집』에 '신작사랑가'라는 이름으로 소개되어 있다. 다소 길지만, 전문을 소개하면 다음과 같다.

(진양) 사랑 사랑 내 사랑아 어허 둥둥 내사랑이지야. 광한루서 한 번 보고 선아지명 깊은 사랑 하상견지 만야런고. 어허 둥둥 늬가 내 사랑이지야. 화월 지고 밤이 짧아 구곡 같이 서린 정에 탐탐이 풀새 없이 새벽 닭이 웬수로구나. 어허 둥둥 내사랑아. 밤이 짧아 한이 되면 천중 명월 잡아 매고 장침가로 노라보고, 이 내 마음 거울이요 도령님 굳은 맹서 래무진 오는 밤에 사랑가로 즐게 보자. 사랑이야 내 사랑이로구나, 내 사랑이야. 어허 어허 둥둥 내 간간 내 사랑이야.

(안의리) 오늘 밤이 가면 래일 밤이 또 오지요. 일년이면 몇 밤이지. 삼백육십일이지요. 책방에서 내 홀로 있는 날은 오지 말고 너와 나와 두리 즐기는 오늘밤만 있어 주었으면.

(단중모리) 사랑 사랑 내 사랑이야. 어허 둥둥 내 사랑이지야. 이리 보아도 내 사랑, 저리 보아도 내 사랑. 우리 두리 사랑타가 생사가 유수되여 한 번 앉아 죽어지면 너의 혼은 꽃이 되고 나의 넋은 나비 되어 이삼월 춘풍시에 네 꽃송이를 덤벅 안꼬 두 날개를 쩍 벌리고 너울 너울 춤추거든 늬가 나인줄을 알려무나.

(안의리) 도령님은 웨웨 불길한 말씀을 하서요. 그러면 정담을 하리야.

(중중모리) 둥둥둥 내 사랑. 어허 둥둥 내 사랑아. 저리 가거라 뒤태를 보자. 이만끔 오느라 앞태를 보자. 아장 아장 거러라 걷는 태를 보자. 너와 나와 유정허니 엇이 아니가 다정허리. 담담 장강수 유유 원객정 하교불상송허니 강수에 원함정. 우리 연분은 천정이니 만년 간들 변정되리. 어허 둥둥 내 사랑아. 도령님의 흉중대략 보국충신이 되올서라. 사육신을 모신 듯 생육신을 모신 듯 정송강 충무공 고운선생을 모신 듯 외삼천 내팔백 주석지신이 도리 랑

군이로다. 어허 둥둥 내사랑아. 사랑사랑 사랑사랑 내 사랑이야. 사랑이로구나 내 사랑이야. 이이이히 이히 내사랑이로다. 설로마둥둥 내사랑이야. 동정칠백리 월야추에 무산같이 높은 사랑, 유유락일권렴간에 도리화개 빛인 사랑 섬섬추월이 분백헌듸 함소교태 고운 사랑. 남창 북창에 로적같이 다물다물이 싸인 사랑. 세월아 네월아 가지를 마러라. 화개벽상에 꽃이 지면 우리 님 고운 뺨에 도화색이 사라지고 추월추풍에 서리 오면 호탕하신 도령님이 백수음으로 읊으신다. 달아 달아 밝은 달아, 네 아무리 바뿌어도 중천에 멈춰 있어, 래일날 오지 말고 백년여일 이 밤같이 이 모양 이대로 늙지 말게 하여다고. 사랑이로구나. 내 사랑이야. 어허둥 둥 내사랑아. (신작 사랑가 終終)[9]

정광수는 이 사설이 1951년에 간행된 〈대춘향전〉에 있는 것을 소개한 것이라고 하면서, "대춘향전에 기재한 가사는 춘향전연극 창극대본에 신작품이였는데 팔일오 해방 전후 한참 많이들 유행적으로 불렀기에 기시생각其時生覺에 일반이 잘 아는 점을 추정하여 기입하여 뜬 것이다"[10]라고 밝히고 있다. 조상선이 지은 것이라는 설도 있으나, 작가가 누구인지 정확하게 알 수는 없다. 전통판소리에 수용되어 있는 "만첩청산 늙은 범이~"로 시작하는 이른바 '긴사랑가'와 비교해 볼 때, '창극제 사랑가'는 대중친화적으로 짜여져 있으며 대화체가 부각되어 있는 점이 특징이다. 음악적으로도 이 대목은 계면 위주의 창법으로 부르며 선율도 전통판소리의 그것과는 다르다. 그런데 창극제 사랑가는 강도근 명창의 〈춘향가〉에도 그대로 수용되어 있다.[11] 강도근 명창은 동일창극단에 참여하여 활동한 적이 있는데, 당시 조상선 명창에게서 이를 배웠을 가능성이 가장 많다. 박송희 명창과 조통달 명창도 창극제 사랑가를 부르며, 이를 음반으로 녹음하기도 했다.[12]

9　정광수, 『전통문화오가사전집』, 문원사, 1986, 96~98쪽.
10　정광수, 앞의 책, 96쪽.
11　김기형 역주, 『강도근 오가전집』, 박이정, 2000, 46~48쪽.
12　박송희 판소리 눈대목, 서울 Kocca Studio 녹음(2006); 우방 조통달 춘향가 초입~사랑가, 좋은 소리 제조(2003).

2) 판소리에 기반한 사설이 창극에서 부연·확대되어 불리다가 판소리로 수용된 경우

〈춘향가〉중 '어사와 장모 상봉대목', 〈홍보가〉중 '밥타령'을 그 예로 들 수 있다. '박석티 대목'에 이어 나오는 '어사와 장모 상봉 대목'의 특징은 보조인물인 향단의 역할이 부각되어 있다는 점이다.

〈홍보가〉중 '밥타령'은 신재효본에도 있으며, 박봉술 명창도 부른 바 있다. 그런 점에서 이 대목은 그 연원이 오래되었다고 할 수 있다. 그렇지만 현재 판소리 〈홍보가〉 공연에서 이 대목을 부르는 사례는 거의 없으며[13], 오히려 창극 공연에서 이 대목이 수용되어 불리는 사례가 많다. 이 대목을 창극소리로 알고 있는 경우도 이런 이유 때문이다. 조통달 명창이 2010년 제11회 박동진 명창명고대회 축하무대에서 〈홍보가〉중 '밥타령'을 불렀을 때의 일이다.[14] 그는 이 대목을 부르기 전에, 감기 몸살에 걸려 목이 제대로 나오지 않는다고 하면서 청중의 양해를 구했다. 그리고 그는 골계적이면서 재담의 성격이 강한 '밥타령'을 선택했다. '밥타령' 사설은 다음과 같다.

> (아니리) 너희들 밥 많이 먹었냐? 밥 많이 먹었소.
>
> (자진모리) 밥 먹은 게 좋다. 밥을 먹은 게 좋다. 밥을 먹은게 좋다. 밥을 먹은 게 좋다. 배가 불러 좋다. 밥을 먹은 게 좋다. 배가 불러 좋다. 수인씨 교인화식을 날로 두고서 일렀나. 밥 먹은 게 좋다. 밥을 먹은 게 좋다. 만승천자라도 식이위대라 허였으니 밥이 아니면 살 수 있나. 밥 먹은 게 좋다. 밥을 먹은 게 좋다. 밥을 먹은 게 좋다.

이 대목은 사설과 장단이 엇박으로 짜여져 있는데, 상황에 따라 얼마든지 즉흥적인 사설을 가미할 수 있는 특징을 지니고 있다. 명창은 장단을 가지고 놀면서, "밥을 먹은 게 좋다. 밥을 먹은 게 좋다. 배가 불러 좋다. 밥 먹은 게 좋다. 배가 불러 좋다.

---

13 송순섭 명창 등 몇몇 남자 소리꾼들의 공연에서 아주 가끔 볼 수 있을 따름이다.
14 조통달 명창, 공주대 백제교육문화관 대강당에서(2010. 7. 8).

오매 배 불른 거. 오매 배가 불러서 못살겠다." 등과 같이 사설을 마음대로 부연할 수도 있는 것이다.[15] 소리가 끝난 후 청중들의 반응이 상당히 뜨겁자, 조통달 명창은 이 대목은 원래 창극에서 부르던 소리인데 재미있는 내용으로 되어 있어서 부르게 되었다는 설명을 덧붙였다. 이미 기존 판소리에서도 불렸던 대목임에도 불구하고 이렇게 말한 이유는, 조통달 명창이 창극을 통해 이 대목을 익혔고 활용했기 때문으로 보인다.

　　전승되는 판소리를 근간으로 하되, 경우에 따라 창극소리를 삽입하는 경우도 있다. 다음 사례는 현재 남도국악원 단원으로 활동하고 있는 소민영의 '사랑가' 사설이다.

> ● 〈춘향가〉 중 '사랑가'
>
> (중중모리) 둥둥둥 내 낭군 어허 둥둥 내 낭군 둥둥 둥둥 어허 둥둥 내 낭군 도련님을 업고 보니 좋을 호자가 절로나. 부용 작약의 모란화 탐화봉접이 좋을시고. 소상동정 칠백리 일생의 보아도 좋을 호로구나. 둥둥둥둥 어허 둥둥 내 낭군. **사랑사랑 사랑 내 사랑이야 사랑이로구나. 내 사랑이야. 이히이히 이히 내 사랑이 이로구나. 설마 둥둥 내 사랑이야. 세월아 네월아 가지를 말어라. 화류 벽상에 꽃이 지면 우리님 고운 뺨에 도화색이 사라지고 추월 추풍에 설리 울면 호탕허신 도련님이 백수안을 부르신다.** 도련님이 좋아라고 **달아 달아 밝은 달아, 네 아무리 바쁘어도 중천에 멈춰 있어 내일 날 오지 말고 백년 여일 이 밤 같이 이 모양 이대로 늙지 말게 허여 다오. 사랑이로구나 내 사랑이야. 어허 둥둥 내 사랑.** 이애 춘향아 말 들어라. 너와 나와 유정허니 정자 노래를 들어라. 담담장강수 유유원객정 하교불상송허니 강수의 원함정 송군남포불승정 무인불건송아정 하남 태수의 희유정 삼태 육경의 백관조정 주어 인정 복없어 방정일정실정을 논정허면, 늬 마음 일편 단정 내 마음 원형이정 양인심정 탁정타가 만일 파정이 되거드면 복통절정 걱정되니 진정으로 완정허잔 그 정자 노래라.

　　소민영은 전인삼 명창으로부터 보성소리 〈춘향가〉 전바탕을 배웠다. 그는 공식성이 강한 무대에서는 스승에게 배운 소리를 가능한 한 그대로 한다. 그러나 비교적 자

15　조통달 명창, 전북 익산시 금마면 동고도리 조통달 판소리 전수관에서(2010. 11. 6).

유롭게 곡목을 선택하거나 분위기에 따라 개인 역량을 발휘해도 좋을만한 무대에서는 스승에게 배운 소리를 그대로 하지 않고 다른 사설을 보태 부르기도 한다. 위 사설 가운데 굵은 글씨로 된 부분은 창극제 '사랑가'의 일부를 수용하여 부른 것이다. 그는 창극을 보면서 판에 응용할 수 있는 점이 있으면 이를 적극 수용하여 판소리로 부르는데, 그렇게 할 경우 판소리의 밋밋함을 보완할 수 있어 청중의 호응을 끌어 내는 데 큰 도움이 된다고 한다.[16]

3) 판소리로의 전승은 약화되어 가는 반면 창극소리로 전승되는 경우

〈춘향가〉 중 '어사와 나무꾼'은 김창환 협률사 시절부터 창극으로 공연된 작품으로, 그 내용은 이렇다. 어사가 남원으로 내려오는 도중에 초동을 만나 춘향 소식을 묻는다. 초동은 어사에게 춘향이 죽었다고 하며 거짓으로 무덤을 알려준다. 어사는 엉뚱한 무덤 앞에서 춘향이를 부르며 곡을 하다 상주에게 곤욕을 치룬다는 내용이다. 이 대목은 남원고사, 이고본, 고본 춘향전 등에 보일 뿐만 아니라 장자백 창본에도 들어 있다. 이로 볼 때 이 대목은 전통 판소리 〈춘향가〉에서 불렸던 것이 분명하나, 오늘날 이 대목을 부르는 바디는 하나도 없다. 대신 창극을 통해 전승되고 있는 셈이다.

전통판소리로 전승되는 재담의 성격이 강한 소리 대목이 창극에는 적극적으로 수용된 반면, 판소리에서는 약화되는 양상을 보인다. 이에 대해서는 앞으로 충분한 시간을 가지고 좀 더 면밀하게 고찰해 보려고 한다.

4. 마무리

판의 성격이나 연행 조건에 따라 창극소리의 선택과 수용이 달라질 수 있다. 완창

---

16 소민영 전화 면담(2010. 10. 29).

공연이나 유파 발표회와 같이, 전승성, 역사성이 중시되는 공연에서 창극소리가 수용될 가능성은 별로 없다. 반면 축하 공연이나 비공식성을 띠는 무대에서는 창극소리를 수용할 수 있는 여지가 상대적으로 많다고 할 수 있다. 창극소리는 극화 시킬 소재를 부각하며 극적 요소를 강조하는 경향이 있기 때문이다. 그렇기 때문에 판소리와 창극소리의 상관성을 고찰하는 데 있어, 판의 속성과 연행 조건을 살피는 것이 매우 중요하다.

명창의 반열에 오른 소리꾼은 무형문화재 제도의 틀에서 사고해야 하는 점도 없지 않아, 소리의 역사성과 전통성을 강조하려는 경향이 있다. 학습꾼의 경우, 배운 대로 소리를 하지 않으면 자칫 스승에게 꾸지람을 들을 수도 있다. 이런 점 때문에 완창 공연이나 유파 발표회와 같이 전승성이 중시되는 무대 보다는 축하 공연이나 사적 성격이 강한 무대에서 상대적으로 창극소리를 선택할 가능성이 높다. 이는 소리꾼의 입장에서 보면 '판짜기 전략'의 측면에서 접근할 수 있는 문제인데, 이와 관련하여 조통달 명창이 들려준 다음과 같은 이야기가 시사하는 바가 크다.

완창을 헌다, 정말로 또 어디 가서 쪼금 길게 판소리를 헌다 라고 허면은 연극소리를 않죠. 판소리를 하죠. 그런데 요즘은 스피드 시대라 많이들 안들어요. 10분 15분 소리밖에 안들어요. 그러면 좀 재미있는 대목을 헌다 그 말이에요. …(중략)… 내가 장기가 있어요. 장기는 〈흥보가〉를 주로 많이 허고 〈수궁가〉를 많이 헌다 그거여. 거기서 골라서 하는데 분위기 파악을 해 가지고 해야지, 그렇지 않으면… 청중들이 수준이 있다 그러면, 〈수궁가〉 중에 '범피중류', '토끼 배 가르는 데'를 허고, 그렇지 않으면 〈춘향가〉 중에 '박석치' 등을 한 20분, 25분 정도 부르죠. 진양조는 허기도 힘들지만 듣는 사람들이 그 맛있는 데를 잘 들어야 잘해야겠다 허는데, 그렇지 않으면 그냥… 청중들이 재미있는 것만 찾는다 싶으면, 〈흥보가〉 중 '흥보 밥 먹는데', '화초장타령', '밥타령' 등을 부르죠. 우리는 분위기 봐서 하는 것이 있어요. 노하우가.. 시대가 21세기는 지금 글로벌 시대에다가 스피드시대이기 때문에, 어디 서 가지고 '고당상 학발양친' 진양으로 하면 안좋아해요. 짜깁기 하는 식으로 해야 재미있다 하고 오지요."**17**

청중의 수준이나 연행 조건을 고려하여 판의 전략을 운용하는 것은 소리꾼의 기본적인 역량과 관련된 문제일 것이다. 그렇지만 그 역량을 발휘하는 양상은 소리꾼의 성향이나 취향에 따라 다르게 나타날 수 있다. 소리꾼은 그 성향에 따라 특장이 있기 마련이다. 아니리나 재담에 특장이 있는가 하면, 발림이나 사체가 좋은 광대가 있다. 발림은 최소화하면서 성음을 중시하는 광대도 있다. 그 가운데 창극 배우로 활동한 경험이 있는 소리꾼, 재담이나 극적 표현에 능한 소리꾼이 판의 전략을 짜 나가는 데 있어 창극소리를 적절하게 활용할 가능성이 높다고 하겠다. 연극성이 강한 발림을 구사하는 이옥천 명창은 풍부한 여성국극 공연 경험에서 얻어진 습성을 판소리 공연에 그대로 표출하고 있는 사례에 속한다.

20세기 판소리와 창극의 상관성에 주목하는 일은 매우 중요한 의의가 있다고 본다. 두 양식 사이에는 구심력과 원심력이 공존하고 있다. 그러면서도 결코 분리되지 않는 태생적인 운명을 공유하고 있다.

이 글에서 판소리와 창극 양식의 상관성에 주목할 필요가 있는지 논증해 보고자 했다. 그리고 춘향가를 비롯한 판소리 사설 자료 및 명창 면담 조사 결과를 바탕으로, 이 문제를 실증적으로 입증해 보고자 했다. 여기서는 음악적인 측면에 대해서는 깊이 있게 논하지 못했다. 음악적인 측면에서 판소리와 창극소리의 교섭양상을 구명하는 작업이 필요하다. 아울러 전승판소리와 창극소리의 선후관계를 밝힐 필요가 있는 대목은 가능한 한 다양한 자료를 검토하여 그 실상을 구명하는 작업이 좀 더 세심하게 이루어질 필요가 있다.

---

17 조통달 명창, 전북 익산시 금마면 동고도리 조통달 판소리 전수관에서(2010. 11. 6).

허규 연출 '완판창극'의 특징과 의의

1. 머리말

　창극은 판소리에서 배태된 공연예술이다. 이러한 태생적인 운명 때문에 창극과 판소리의 관계 설정을 어떻게 할 것인가 하는 문제가 늘 제기되어 왔다. 1900~1920년대에는 일인다역의 판소리에서 배역의 분화를 통해 극적 양식을 추구한 것이 창극이라고 생각하는 경향이 지배적이었다. 1933년 결성된 조선성악연구회가 1936년 전속극단으로 창극좌를 창설하면서 창극 공연이 본격적으로 활성화되기 시작했는바, 이후 창극은 판소리와는 별개의 독자적인 공연예술이라는 인식이 확대되기 시작했다. 연출 개념이 도입되었다든가 창극에 적합한 배우의 표현술·무대장치·조명·분장·도구 활용 등은 무엇인지에 대한 논의가 분분해진 것도, 창극의 정체성을 정립해 나가는 과정에서 생긴 필연적인 현상이라고 할 수 있다. 1968년 발족된 국극정립위원회(1970년에 창극정립위원회로 개칭)에서 다음과 같이 창극의 정립 방향을 제시한 바 있다.

첫째, 고수나 악사를 무대에 노출시켜 추임새도 하고 극의 일부가 되도록 한다.

둘째, 판소리의 설명 부분을 도창이라는 이름으로 무대 한 편에서 판소리 식으로 부르도록
한다.

셋째, 연출 대신 도연導演이라는 용어를 사용하도록 한다.[1]

여기에 제시된 정립 방향에는 창극이 서구식 극의 진행과는 구별되어야 한다는 관점이 강하게 전제되어 있다. 연출의 창조성을 전적으로 존중하기보다는, 판소리에 기반한 전통 연희를 지도하는 방향에서의 '도연'이 바람직하다고 주장한 이유도 같은 맥락에서 이해할 수 있다. 그렇지만 약 100여년의 역사를 거쳐 오면서 창극의 정체성을 정립하고자 하는 진지하고도 다양한 시도가 있었음에도 불구하고, 창극은 여전히 독자적인 극작술 혹은 양식이 정립되어 있지 않은 현재진행형의 예술이라 할 수 있다. 이런 상황에서는, 그동안 창극의 이름으로 공연된 구체적이고도 개별적인 작품의 성과를 바탕으로 창극의 정체성을 탐구하는 작업이 이루어질 필요가 있다고 본다.

창극의 역사에서 중심적인 위치를 차지하고 있는 단체로, 1962년 창단되어 오늘날까지 지속적으로 공연해 오고 있는 국립극장 산하 국립창극단(창단 당시 명칭은 국립국극단)을 꼽을 수 있다. 초대 단장이자 연출가인 김연수 명창 이래, 박진, 서항석, 이원경, 이진순, 허규, 손진책, 박후성, 김홍승 등이 연출을 맡아 각기 추구하는 창극 양식의 정립을 위해 다양한 실험을 보여주었다.

이 가운데 1980~1990년대 창극 연출을 담당하며 왕성한 활동을 전개한 바 있는 허규가 특히 의미 있는 성과를 보여주었다고 할 수 있다. 그는 전승 5가 뿐만 아니라 실전 판소리를 창극화 하였으며, 창작 창극 작품도 다수 무대에 선보였다. 특히 '완판창극'이라는 이름으로 1982년 〈흥보전〉을 무대에 올린 후 1985년 〈적벽가〉를 공연함으로써 전승 5가의 창극화 작업을 완결지은 것은 그가 남긴 큰 업적 가운데 하나이다. 당시 KBS에서 공연 실황을 생중계하는 등 상당한 반향을 불러 일으켰던 '완판창

1   성경린, 「현대창극사」, 『국립극장 30년』, 국립극장, 1980, 348쪽.

극'은 허규가 전통예술의 현대적 재창조 작업 방향을 어떻게 설정하고 있는가를 잘 보여주는 대표적인 사례라고 생각한다.

국립창극단에서의 허규 활동에 대해서는 최종민 교수가 개괄한 바 있다.[2] 그의 글에는 '완판창극'에 관한 기술도 포함되어 있는데, 사실 소개 중심으로 되어 있다. 그밖에 허규 연출 '완판창극'을 고찰한 연구는 발견되지 않는다. 여기서는 허규가 연출한 '완판창극'을 논의의 대상으로 삼아, 허규가 추구했던 창극 양식의 정립 방향이 무엇인지 확인하고 그 특징과 의의를 고찰해 보려고 한다.[3] 국립극장 공연자료실에 소장되어 있는 허규 연출 작품 공연 대본 및 팜플렛 그리고 동영상 자료를 중요한 검토·분석 대상으로 삼았으며, 관련 연구논저와 인터뷰 증언 자료 등을 참조하면서 논의를 전개하고자 한다.

2. 전통연희의 현대적 재창조 작업에 대한 허규의 관심과 창극 연출

허규는 주체적 민족문화의 정립과 한국 전통연희의 창조적 계승 문제에 많은 관심을 기울였던 실천적인 연극인이다. 서울대 재학 시절 이미 준準 프로 연극인으로 활동했고 졸업 후에도 서구식 연극 무대에서 활동했던 그는, 이후 가면극·인형극·굿·판소리 등 전통연희에 관심을 갖고 한국적인 연극 양식을 정립하기 위해 다각적인 노력을 기울였다.

서구식 무대연극에 정통한 그가 어떤 계기로 한국의 전통연희에 관심을 갖게 되었는지 분명하게 알기는 어렵다. 허규는 무대 연극 활동을 할 때 서구에 나갈 기회를 여러 차례 가진 바 있다. 그곳에서 연극을 본 허규는, 서구식 연극만으로는 경쟁력을

---

2   최종민, 「국립창극단과 허규의 창극」, 『세계화 시대의 창극』, 국립극장, 2002, 109~128쪽.
3   '완판창극'은 필자가 고안하여 사용한 용어가 아니라, 허규가 연출하는 과정에서 명명한 용어이다. '완판창극'의 개념과 명명 이유 등에 대해서는 후술하는 과정에서 자세히 논할 것이다.

갖기가 어렵고 우리 것을 찾아서 우리식 연극을 정립해야 경쟁력이 있다는 판단을 하게 되었다. 이러한 그의 경험이 한국의 전통연희에 관심을 갖게 된 계기로 작용했던 것으로 보인다.[4]

허규는 굿판을 비롯한 전통연희에 대한 현지조사 경험을 상당히 많이 가지고 있었으며, 축적된 경험을 바탕으로 한국 전통연희의 현대적 재창조 작업에 관심을 갖기 시작했다. 민예극장의 설립은 그러한 관심의 연장선상에서 비롯된 것이다.[5] 그는 전통연희 가운데 특히 판소리를 가장 훌륭한 예술로 꼽았다.

허규는 전통연희가 골동품처럼 존재하는 과거의 유물이 아니라 민족의 독창적 예술의 보고이기 때문에 이를 복원·보완·재창조하여 동시대의 살아 움직이는 공연예술로 정립하는 작업이 필요하다고 생각했다. 창극은 이러한 그의 생각을 실천할 수 있는 유력한 공연양식이었다. 그가 처음 창극 공연 연출을 맡은 작품은 1977년 국립창극단 제26회 정기공연 〈심청가〉이다. 허규는 이 작품을 연출하면서, "십 수년 전부터 연극 공부를 하기 위해서 우리의 전통 예능(공연예능분야)에 관심을 갖기 시작하였고, 그것을 현대적인 극장예술로 정립하여 보려는 꿈을 갖고서 판소리, 탈놀이, 무속, 타 전래되는 민중예능 등을 접촉하면서 기초 자료를 분석해 왔는데, 그 속에 자신의 모습이 그려져 있음을 보고 부끄러워하기도 했고, 또한 희열을 맛보기도 하였었다"[6]고 고백한 바 있다. 그리고 창극 연출 과정에서 고민한 제반 사안들을 제시했는데, ①작품의 해석 문제, ②연기자의 창의 문제, ③창극 공연장의 구조 문제에 관한 자신의 견해를 비교적 자세하게 피력했다. 그 밖에 앞으로 풀어나가야 할 과제로, 무대 활용과

---

4   허규의 자제분인 서울대 국악과 허윤정(거문고 연주자) 교수가 들려준 이야기이다. 아버지로부터 이런 취지의 이야기를 여러 차례 들은 적이 있지만, 언제 어느 국가를 갔었는지 등 구체적인 내용은 기억나지 않는다고 했다. 필자는 북촌창우극장에서 열린 2009년 천차만별콘서트를 보러 다니면서 허윤정 교수와 이야기할 기회를 많이 가졌으며, 위 내용도 그 과정에서 확인한 것이다.

5   허규의 전통에 대한 관심과 민예극장의 활동상에 대해서는 다음 글에서 상세히 다루었다.
    김미도, 「1970년대 한국연극의 전통수용양상(3): 허규와 [민예극장]의 공동작업」, 『한국 현대극의 전통 수용』, 연극과 인간, 2006, 85~111쪽.

6   「창극 〈심청가〉 연출의 과제」, 국립창극단 제26회 공연 〈심청가〉 프로그램 '연출자의 말', 1977. 3, 24~27쪽.

장치 문제, 감상주의 탈피 문제, 연기의 양식화 문제, 창극의 격조를 높이는 문제, 창의 속도와 길이의 문제, 반주 음악의 문제, 신작 창극 제작상의 문제 등을 제기했다. 창극 첫 연출을 맡았을 때 이미 허규는 창극과 관련하여 해결해야 할 과제가 무엇인지를 정확히 간파하고 있었다고 할 수 있다.

 '창극소리'는 '연극소리'라고 해서 전달력과 연기력을 중시하며 자신이 맡은 배역만 잘 소화하면 되기 때문에, 판소리에 비해 공력이 떨어진다고 보는 것이 일반적인 시각이었다. 허규는 이러한 기존의 통념을 인정하지 않고, 창극 소리도 판소리의 창법과 예술성을 갖추는 것이 필요하다고 생각했다. 1981년 국립극장장이 되면서 본격적으로 창극 연출 작업을 해온 허규가 박봉술, 정광수, 김소희, 정권진 등 당대 최고의 명창을 초빙해서 창극단원들에게 소리를 가르치도록 한 것은 이러한 그의 생각에서 비롯된 것이다. 1930년대에 조선음율협회나 조선성악연구회에서 당대의 대명창이 회원들에게 판소리를 가르친 전례가 있기는 하다. 그러나 국립창극단 성립 이후 창극단원이 단체로 소리를 배운 사례는 전에 볼 수 없던 일이다.

 완판창극 〈적벽가〉 공연을 앞두고 단원들이 박봉술 명창에게 〈적벽가〉를 배울 때의 일이다. 당시 단원들은 주기적으로 오디션을 보도록 되어 있었는데, 허규는 오디션 중에 예정에 없이 단체로 배운 소리 가운데 한 대목을 의무적으로 부르도록 했다. 그런데 다른 바디를 배운 한 단원이 단체 수업에서 대강 소리를 배우다가 오디션에서 탈락한 사례도 있다.[7] 이처럼 단원들에게 엄격하게 소리 학습을 하게 한 허규의 시도는, 신극 연출가 출신 박진이 소리꾼 출신의 배우들에게 강도 높은 연기 훈련을 시켰던 것과 대비되는 면이다.

---

[7] 왕기석 명창 인터뷰. 국립극장 '해와 달' 레스토랑에서(2009. 10. 27).

3. 허규 연출 '완판창극'의 특징

창극 작품은 그 연원에 따라, ①전승 5가의 창극화 ②실전 7가의 창극화 ③창작 창극으로 세분해 볼 수 있다. 허규가 연출한 작품에는 이 3가지 유형이 모두 포함되어 있다. 국립창극단 정기공연 회차와 연도를 표시하면 다음과 같다.

① 전승 5가의 창극화

- 〈춘향가〉 : 35회(1981), 38회(1982), 58회(1987), 60회(1987), 66회(1988)
- 〈심청가〉 : 26회(1977), 43회(1983), 69회(1989), 70회(1989), 78회(1992), 79회(1992)
- 〈수궁가〉 : 39회(1983), 40회91983), 57회(1987)
- 〈흥보가〉 : 37회(1982), 45회(1984), 98회(1998)
- 〈적벽가〉 : 46회(1985), 47회(1985)

② 실전 7가의 창극화

- 〈강릉매화전〉 : 28회(1978)
- 〈가루지기〉 : 31회(1979)
- 〈배비장전〉 : 62회(1988), 63회(1988), 64회(1988), 67회(1988)

③ 창작창극[8]

- 〈광대가〉 : 30회(1979)
- 〈최병도전〉(〈은세계〉 전반부를 창극화) : 33회(1980)
- 〈부마사랑〉(〈윤지경전〉을 창극화) : 41회(1983), 42회(1983)
- 〈용마골 장사〉(아기장수 전설을 창극화) : 50회(1986), 54회(1986), 56회(1986)
- 〈춘풍전〉(〈이춘풍전〉을 창극화) : 68회(1989)

---

8   창작창극에는 설화 혹은 소설을 저본으로 해서 작품화 한 경우가 많다.

〈심청가〉 포스터

전승 5가의 창극화는 초기 창극부터 오늘날까지 지속되고 있는데, 이는 일차적으로 판소리와 창극의 불가분의 관계에서 비롯된 것이다. 허규의 연출 작업 가운데, 전승 5가를 창극화한 작품이 가장 큰 비중을 차지하고 있음을 알 수 있다. 그가 처음 창극 연출을 맡게 된 작품은 1977년 〈심청가〉이다. 이후 1981년 국립극장 장에 취임하면서 본격적으로 창극 연출 작업을 병행하게 되는데, 그 가운데 주목할 만한 시도가 바로 '완판창극'이라고 할 수 있다. 허규는 1982년 창극 〈흥보전〉을 무대에 올리면서 '완판창극'이라는 이름을 내걸었다. 해당 작품 공연 프로그램에 실려 있는 연출가의 글을 통해 그는 '완판창극'이라는 타이틀을 내세운 이유와 의도를 밝히고 있다.

완판이라고 사족을 붙인 것은 '판' 즉, 극을 짜는데 되도록 빠진 부분이 없도록 과거 것을 부활·보완한 것을 의미하여, 앞으로 점진적으로 노력하여 형식·내용 면에서 더욱 보완하고 예술적으로 승화시켜 위대한 민족의 예술 작품으로 만들어 가겠다는 의지가 창극단 단원 모두의 가슴에 충만해 있음을 알려드리고, 많은 분들의 깊은 이해와 사랑으로 편달, 질정 있으시기를 빌면서 막을 올린다.[9]

완판창극의 정립이란 단시일에 이루어지는 것이 아니기에 아직 과도기라는 판단 아래 여러 가지 창극적 재료, 유산들을 조심스럽게 엮어 나간 셈이 된다. …(중략)… 우리의 전통예술 가운데 순수한 우리의 가락, 한국 민중의 신바람, 풍부한 극적 재미를 종합적으로 즐길

9 「창극 〈춘향전〉 연출을 하면서」, 완판창극 〈춘향전〉 공연 프로그램(1982).

수 있는 것은 창극을 그 첫째로 꼽아도 좋을 것이다.[10]

　판소리 〈심청가〉는 우리나라 사람이면 누구나 아는 바와 같이 우리의 선조들이 이루어 놓은 위대한 문학작품이며 세계에서 빼어난 음악극이라는 것을 새삼 확인, 그 위대한 예술 유산을 되도록 빠짐없이 재구성·재창조하여 우리 고유의 음악극으로 그늘의 극장에 형성화 하려고 노력하였으나 재질이 모자라 미흡한 점이 있음을 고백하지 않을 수 없습니다. 예를 들면, 창극의 극작, 연출 등 극 형식상의 독자성, 창극 연기(동작)의 정형화, 무대미술(장치, 의상, 분장, 소품 등)의 상징화 내지 기능화 등등 세계성 있는 공연예술로의 정리에 이르자면 창극은 아직도 시작 단계에 있지 않은가 생각됩니다.[11]

　TV와의 인터뷰에서 허규는, 전통유산을 하나도 들어내지 않고 모두 무대에 올려서 관객에게 보여주고 우리 유산을 무대예술로 정립해 보자는 취지에서 완판창극을 시도 한 것[12]이라고 밝힌 바도 있다. 이러한 언급들을 통해 볼 때, 그는 '완판창극'에 한국 의 전통유산 가운데 빼어난 예술적 성과를 거둔 요소들을 집대성하여, 창극을 한국의 대표적인 공연예술로 정립해 보고자 했다는 사실을 알 수 있다. 완판창극 공연 정보 를 정리하면 다음과 같다.

작품명	일시	스탭	주요배역	반주	비고
흥보전	1982. 9.4~11	극본: 원본정리위원회 연출: 허규 작창: 강도근 조연출: 심회만 미술: 김동진 조명: 정각종 무대감독: 김관규	도창: 강종철 놀보: 박후성,김종엽 흥보: 윤석기,김일구 놀보처: 박송이,김경숙 흥보처: 오정숙,안숙선 마당쇠: 허희,강형주 도승: 문일	고수: 김동준 대금: 정철수 가야금: 김일구 아쟁: 김청만	제37회 정기공연

10　「〈토생원과 별주부〉 완판창극을 향하여」, 완판창극 〈토생원과 별주부〉 공연 프로그램(1983).
11　「창극 〈심청가〉 7년만에 재회」, 완판창극 〈심청가〉 공연 프로그램(1984).
12　완판창극 〈춘향전〉 KBS실황 중계 중 중간 휴식시간에 진행자와 가진 인터뷰(1982).

작품명	일시	스탭	주요배역	반주	비고
			노인·꾀수애비: 이정일 사령: 최재현 상두꾼: 정경화 장군: 윤충일		
춘향전	1982. 11.2~13	극본: 원본정리위원회 연출: 허규 연창: 정권진 조연출: 심희만 미술: 김동진 조명: 정각종 무대감독: 김관규	도창: 정권진, 오정숙 이도령: 강형주 성춘향: 김영자 월매: 박송희 방자: 윤충일 향단: 전정민 변학도: 박후성	고수: 김동준 대금: 정철수 가야금: 김일구 아쟁: 김청만	제38회 정기공연
토생원 과 별주부	1983. 4.6~29	편극·연출: 허규 연창: 정광수 안무: 최현 조연출: 심희만 미술: 김동진 조명: 정각종 무대감독: 김관규 음향: 주석길 분장: 최효성	도창: 오정숙 별주부: 강형주,김일구 토생원: 김영자,안숙선 용왕: 박후성 도사·독수리: 강종철	김동준 정철수 김청만 김무길 한세현 정연화	제39회 정기공연 *40회 재공연
심청가	1984. 4.4~12	극본: 국극정립위원회 연출: 허규 연창: 정권진 안무: 최현 조연출: 정현 무대감독: 김관규 음향: 최성건 조명: 정각종 분장: 최효성	도창: 오정숙 심봉사·용왕: 박후성 심봉사·용왕: 강종철 심청: 안숙선 정승부인 외: 박송희 곽씨부인 외: 전정민 스님 외: 허희 황제 외: 김일구 뺑덕이네 외: 김영자	김동준 정철수 김청만 신평일 한세현 정연화 김일윤	제43회 정기공연
흥보전	1984. 9.27~30	극본: 국극정립위원회 연출: 허규 연창: 박봉술 안무: 국수호 장치: 김동진 조연출: 심회만 음향: 김인철 무대감독: 김관규 분장: 최효성	도창: 오정숙 흥보: 조통달 놀보: 박후성 흥보처: 전정민 놀보처: 김경숙 마당쇠: 허회 도승: 강종철 사령: 윤충일 초란이: 안숙선	사물: 유지화 　　　정영자 　　　임춘홍 　　　이용순 악사: 김동준 　　　정승우 　　　김청만 　　　김종진 　　　안옥선 　　　한세현	동리 신재효 100주년기념 제45회 정기공연 국립극장 대극장 공연

작품명	일시	스탭	주요배역	반주	비고
적벽가	1985. 4.4~8	연출: 허규 연창: 박봉술 조연출: 정현 무대감독: 김관규 조명: 정각종 음향: 최성건 장치: 조성인 작화: 여운덕	도창: 박동진 조조: 박후성 관운장: 강종철 유현덕: 윤석기 장비: 최재현 공명: 은희진 조자룡: 윤충일 정욱: 조통달 주유: 허희	사물: 조형주 김동곤 정병열 최용준 악사: 김동준 정철수 김청만 김성운	제46회 정기공연 *47회 재공연

1) 전통을 중시하는 연출 태도

허규는 되도록이면 전통을 온전히 이어받고자 했다. 창극 공연에 수반되는 반주는 수성가락을 고수했다. 선율을 따라가며 혹은 앞서 미리 연주하는 수성반주는 반주자의 기량이 뒷받침되지 않으면 소화하기 어려운 전통적인 수법이다. 그러니까 허규는 전통적인 연주 방식인 수성반주를 수용한 셈인데, 중요한 사실은 허규는 창극 연출에 언제나 수성 반주를 고수했다는 점과 비교적 단출한 규모로 반주단을 구성하고 북 반주를 중시하는 경향을 보여주고 있다는 점이다. 이는 약 30여명의 규모로 반주단을 구성한 이진순의 연출 작품이나 대규모의 관현악 반주가 동반되고 작곡된 곡을 연주하는 오늘날의 모습과 대비되는 점이다.

법통 있는 바디를 바탕으로 하여 대본을 마련한 점도 주목할 만한 특징이다. 〈흥보전〉(1982)은 동편제의 법통을 잇고 있던 강도근 명창의 바디를, 〈춘향전〉(1983)과 〈심청가〉(1984)는 보성소리의 법통을 잇고 있던 정권진 명창 바디를 근간으로 한 것이다. 그리고 〈토생원과 별주부〉(1983)는 유성준 명창의 동편제를 이은 정광수 바디를, 〈흥보전〉(1984)과 〈적벽가〉(1985)는 동편제의 법통을 이은 박봉술 바디를 근간으로 짠 것이다.

'완판'에 걸맞게, 생략하거나 축약하지 않고 모든 소리 대목을 수용하여 무대에 올림으로써 판소리의 음악성을 극대화 시킨 점도 완판창극의 중요한 특징이다. '도창'을 적극적으로 활용한 것도 같은 맥락에서 이해할 수 있다.

허규는 창극을 연출함에 있어 판소리의 음악성을 최대한 활용하고자 했다. 도창을 적극적으로 활용한 것이 그 단적인 예에 해당한다. 주지하듯이, 도창은 소리꾼이 판소리조로 부르는데, 주로 해설이나 장면 전환 혹은 무대장치로 표현하기 어려운 대목을 이야기로 묘사하거나 설명할 때 사용된다. 근래에 들어와, 도창이 극적 긴장을 떨어뜨린다거나 대중들의 흥미를 반감시킬 수 있다는 점에서 그 역기능을 염려하는 시각도 있으나, 판소리의 음악성을 살리고 이를 창극의 표현 기법으로 이어간다는 측면에서 도창의 의의가 있다. 창극정립위원회에서 창극이 갖추어야 할 요건의 하나로 도창을 꼽았던 이유가 여기에 있다. 특히 완판창극 가운데 〈적벽가〉에서 도창이 차지하는 비중은 그 어느 작품보다도 높다. 이는 〈적벽가〉가 〈삼국지연의〉를 판소리화 한 영웅이야기여서 작중 장소나 등장인물에 걸맞는 무대 장치·의상·소품 등을 감당하기 어려웠기 때문이다. 그래서 그는 연출의 기본 방향으로, "소리(판소리제)를 최대한 살리면서 간소한 공간처리로서 극적 효과를 얻어 보려 했고, 삼국 진영의 규모나 전쟁 상황 등을 관객과의 약속 또는 표징적으로 처리하면서 전쟁의 무상함을 창극적으로 표현해 보려 했다"[13]고 했던 것이다.

창극에서 불리는 소리도 가능하면 판소리의 그것을 그대로 수용하고자 했다. 〈춘향가〉 사랑가' 대목에서 "사랑 사랑 내 사랑이야~"로 시작되는 이른바 '창극제 사랑가' 대신 "만첩청산~"으로 시작되는 '긴사랑가'[14]를 부른 것이 이를 단적으로 보여준다. 〈토생원과 별주부〉에서는 배우들로 하여금 인간 복장으로 동물 역을 연기하도록 했는데, 여기에는 판소리가 지니고 있는 재미를 극대화하기 위한 의도도 내포되어 있다.[15]

---

13 허규, 「완판창극 〈적벽가〉 공연에 임하면서」, 제47회 정기공연 완판창극 〈적벽가〉 프로그램, 국립극장 소극장(1985. 5. 9~5. 13).
14 송광록의 더늠으로 전하는 〈긴사랑가〉는 판소리에서 불리는 대목이다.
15 KBS에서 중계할 당시 중간 휴식시간에 가진 진행자와의 인터뷰에서 허규는, "과거에는 동물 탈을 쓰

판소리의 결말은 언제나 '축제적 결말'이다. 사실 '축제적 결말'은 한국 전통공연예술의 보편적 특질이라 해도 과언이 아니다. 〈춘향전〉에서는 모든 배역이 무대에 나와 합창으로 '사랑가'를 부르며 막이 내린다. 〈토생원과 별주부〉에서는 도창에 맞추어 모든 인물이 등장하여 합창을 하는데, "얼씨구 절씨구 지화자 좋네, 얼씨구 절씨구." 로 마무리한다. 〈심청가〉에서는 만좌 맹인이 눈을 뜬 후, 축제 분위기 속에서 출연 배우들의 합창으로 결말을 맺는다. 〈흥보전〉에서는 개과천선한 놀보와 흥보가 화해 하고 놀보처와 흥보처가 서로 손을 맞잡은 가운데 축제적 결말로 마무리한다. 〈적벽 가〉에서는 합창으로 관우의 의로움을 칭송하며 축제적인 분위기를 연출한 다음, 도창 으로 "제갈량은 칠종칠금하고 장익덕은 의석엄안하고 관공은 화용도 좁은 길에 조맹덕 을 살려주니 천추에 늠름한 대장부는 한수정후 관공이라. 그 뒤야 누가 알리 더질 더 질"로 마무리하고 있다. 이처럼, 완판창극에서는 '축제적 결말'을 충실히 따르고 있다.

2) 전통연희 요소의 적극적 수용

전통연희를 창극에 활용한 시도는 70~80년대에 연출 활동을 했던 이진순에게서도 찾아 볼 수 있다.[16] 이진순은 탈춤의 춤사위나 연극적 동작을 판소리에 수용하였는바, 배우들이 무대에 등·퇴장할 때 탈춤에서의 걸음걸이를 사용하도록 한 것이 그 대표 적인 사례다.[17] 그런데 허규는 전통연희를 창극의 극적 표현 영역을 넓혀줄 수 있는 좋은 재료라고 생각하여, 이를 보다 적극적으로 창극에 수용함으로써 청중들에게 극 적인 재미와 볼거리를 제공하고자 했다. 그렇지만 그는 전체 극의 흐름을 해치지 않

고 연기했다. 그러다 보니 관객과의 친근감이 없어지고 판소리가 지니고 있는 재미가 반감되었다. 그 래서 이번에는 의인화를 넘어 완전히 사람으로 표현한 것이다. 전통문화가 본의 아니게 단절되었다. 이제는 버릴 것이 없다. 전통을 더 깊이 닦아 볼 필요가 있다. 과거의 공연 유산을 집대성 해 보자는 데 완판창극의 의의가 있다."는 취지의 이야기를 했다.
16 이에 대해서는 다음 글에서 개괄적으로 살펴본 바 있다.
    전성희, 「전통연희를 활용한 무대극식 연출」, 『세계화 시대의 창극』, 국립극장, 2002, 95~108쪽.
17 왕기석 명창 인터뷰. 국립극장 '해와 달' 레스토랑에서(2009. 10. 27).

는 범위에서 전통연희를 적절하게 수용했으며, 해당 연희의 전문성을 최대한 발휘할 수 있도록 세심하게 배려했다. 완판창극 가운데, 전통연희가 수용된 사례를 정리해 보면 다음과 같다.

① 〈춘향전〉의 경우
- 춘향이 '십장가'를 부른 후 하옥되자 기생들이 살풀이춤을 춘다.
- 농부들 등장 대목에서 '농부가'에 이어 풍물판을 벌이는데, 상쇠의 부포 묘기와 장고잽이의 상모 묘기를 선보인다.
- 사또 생일잔치에서 4명의 여성이 등장하여 칼춤을 춘다.
- 어사출도 후, 월매의 춤에 이어 역졸들이 춘향을 가마에 태우고 춤을 추는 대목이 나온다.

② 〈토생원과 별주부〉의 경우
- 토끼를 결박한 상태에서, 토끼 배를 가르려는 자가 나타나 칼춤을 춘다.
- '수궁풍류'대목에서, 도창 내용에 따라 해당 악기가 반주를 하고, 4명의 여성 무용수가 등장하여 춤을 춘다.
- 토끼가 그물에서 살아난 후 '날짐승 상좌다툼'이 등장하는데, 이 때 풍물을 놀기도 한다.

③ 〈심청가〉의 경우
- 어린 심청이 동네 여자친구들과 노는 장면이 제법 길게 그려지고 있다. 이들은 춤 추며 노래도 하고 술래잡기 등을 한다.
- 심청이 임당수에 빠져 수정궁에 도착하자 용왕 시녀들이 굿거리 장단에 맞추어 춤을 춘다.
- '화초타령' 중 여성 무용수가 등장하여 춤을 춘다.

④ 〈흥보가〉의 경우
- 흥보가 집을 지을 때 아들들이 '액맥이타령'을 부른다.

• 놀보 박에서 상전, 패거리들, 장비가 등장하여 놀보를 징치한다. 패거리들은 남사당, 여
사당, 초란이패, 각설이패 등으로 구성되어 있다. 이들은 '각설이타령', '개고리 타령',
'육자배기', '양산도타령', '홍타령', '산아지타령', '까투리타령' 등을 부르며, 끝으로 사물
놀이를 보여준다.

3) 격조와 윤리의식의 중시

판소리 텍스트는 시각에 따라 다양하게 해석될 수 있는 여지를 지니고 있기 때문
에, 동일한 작품이라도 수많은 각편Version이 존재한다. 판소리의 '바디'나 독서물화 된
판소리계 소설의 '이본'이 바로 이에 해당한다. 판소리를 창극화 하는 과정에서도 작
품 해석 시각에 따라 인물의 형상화나 주제의식의 구현의 측면에서 다양한 변주가 가
능하다.

허규는 완판창극을 무대에 올리면서 자신의 세계관에 따라 일정한 작품 해석 시각
을 보여주려고 노력했다. 그가 특히 강조한 것은 '격조'와 '윤리의식'의 중시라 할 수
있다. 전술한 바 있듯이, 그는 전통을 중시하여 법통 있는 창본에 기반하여 작품을 짰
다. 그렇지만 부분적으로는 자신의 취향 혹은 가치관에 부합하지 않는 사설은 배제하
고 다른 바디에 있는 사설이라도 자신의 취향 혹은 가치관에 부합하면 이를 수용하기
도 했다. 이와 관련하여, 각 작품에 나타난 특징적인 부분을 정리해 보면 다음과 같다.

① 〈춘향전〉의 경우
◇ 춘향이 향단에게 이도령의 외모를 확인하게 한 후 이도령의 구애를 받아들이기
로 한다.
◇ 이도령과 춘향은 월매의 허락을 얻은 후 첫날밤을 보낸다. 첫날밤 월매의 허락
여부는 춘향의 행실을 어떻게 그리는가 하는 문제와 긴밀하게 맞물려 있다. 춘
향전 이본 가운데에는 정정렬본에만 두 청춘 남녀가 월매 모르게 첫날밤을 보
내는 것으로 설정되어 있다. 정정렬제는 자유연애를 강조하고 있는데, 허규는

이를 따르지 않고 전통적인 관점을 수용했다고 볼 수 있다.

◇ 이도령과 춘향은 춘향 집 안에서 이별한다.[18] 이는 보성소리 〈춘향가〉를 수용한 결과이기도 하다. 이별 장소가 오리정인가 아니면 춘향 집인가 하는 점은 춘향의 체통과 관련하여 중요한 의미를 지닌다. 보성소리에 들어 있는 "그 때여 춘향이가 오리정으로 이별을 나갔다 허되, 그럴 리가 있겠느냐? 내행차 배행시에 육방관속이 오리정 삼로 네거리에 늘어서 있는디 체면 있는 춘향이가 퍼버리고 앉어 울 수가 없지."[19]라는 사설이 이 점을 잘 보여준다.

◇ 춘향이 옥중에 갇혀 있을 때, '성군'이 등장하여 천상에서의 일을 이야기해 준다.

◇ 기생 난향이 옥에 찾아와 춘향에게 수청 들것을 권하자, 춘향이 수절 의지를 확실하게 밝힌다.

◇ '어사와 장모' 대목에서 향단의 어리숙한 행동은 비교적 간략하게 처리했다. '어사와 장모' 대목은 토막창극으로도 공연되는 경우가 많은데, 어사와 장모 사이를 오가며 말심부름을 하는 향단의 행동이 약간 모자란 듯이 해학적으로 그려지는 데 이 대목의 묘미가 있다. 그런데 허규는 향단을 지나치게 해학적으로 그리는 것이 격조를 떨어뜨린다고 판단한 것이 아닌가 한다.

◇ 옥중 춘향에게 소경이 와서 해몽을 하는데, 춘향을 성적으로 희롱하는 소경의 골계적인 행동은 나타나지 않는다. 소경이 춘향을 몸을 더듬는 행동이 부각되면, 작품의 격이 떨어진다고 보았기 때문일 것이다.

② 〈토생원과 별주부〉의 경우

◇ 별주부가 육지에 도착하여 토끼를 찾는데, 원숭이가 등장한다. 수사슴이 뒷다리

---

18 국립극장 자료실에 보관되어 있는 해당 대본에는 춘향이 오리정에까지 나가 이도령과 이별하는 것으로 되어 있다. 그런데 실제 공연에서는 대본과 달리, 이도령과 춘향이 담장 안에서 이별하는 것으로 되어 있다. 그러니까 허규는 대본을 그대로 따르지 않고 자신의 가치관에 부합하는 방향으로 이별 장면을 연출한 것으로 볼 수 있다.

19 고우회 편, 『성우향이 전하는 김세종제 판소리 춘향가』, 희성출판사, 1987, 38쪽.

에 포수 총을 맞고 도망하는데, 그 뒤를 포수 3인이 뒤쫓는다. 남편을 잃은 암사슴이 통곡하자. 원숭이가 암사슴을 위로하며 홀아비인 자신에게 개가할 것을 권유한다. 이 때 곰이 나타나 남편 잃은 지 하루 만에 개가를 하는 법이 어디 있느냐면서 원숭이를 힐난한다. 암사슴 또한 원숭이의 개가 요청을 거부한다.

◇ 천상 선관이 나타나 별주부에게 충성스러움을 치하하며 용왕의 병을 고칠 약을 준다. 별주부는 약을 얻어 수궁으로 돌아간다. 〈수궁가〉 이본 가운데에는 세창서관본에 이러한 내용이 들어 있는데, 별주부의 충忠을 강조하는 이 대목을 허규가 작품에 수용한 것이다.

◇ 토끼가 독수리를 속이고 굴속으로 들어가자, 선관이 등장하여, "과욕하면 패망이라. 네가 오늘 토끼에게 능욕을 당한 것도 욕심 많았던 탓이로다. 네가 잡은 토끼 두고 의사줌치 탐을 내다 토끼 꾀에 속았으니 오늘 일을 거울삼고 독수리 너의 본분 지켜 나를 따라 살아가거라."라고 말하며 독수리를 힐난한다.

③ 〈심청가〉의 경우

◇ 곽씨부인이 몽중에서 천상의 심청을 만난다.

◇ 심봉사 대신 심청이 몽은사 화주승에게 공양미 삼백석 시주를 약속하는 것으로 되어 있다. 〈심청가〉이본 가운데 여규형본에 이러한 내용이 보인다. 일반적으로 창본에서는 심봉사가 공양미 삼백석 시주를 약속하는 것으로 되어 있다. 그런데 이와 달리 심청이 공양미 삼백석을 약속하는 것으로 설정할 경우, 심청의 효성스러움이 더욱 돋보이게 되는 것이다.

◇ 심청이 인간세상으로 환생하는 과정에서 귀신 형상을 한 이비와 오자서가 등장한다.

◇ 뺑덕어미의 해학적 면모가 그다지 두드러지게 그려지고 있지 않다.

④ 〈흥보가〉의 경우

◇ 놀보와 더불어 놀보처의 악인형적 면모를 강조하고 있다.

이처럼, 허규는 새로운 사설을 창작하기보다는 기존의 다양한 이본 가운데 자신이 추구하는 가치관이나 취향에 부합하는 사설을 취사선택하는 방식으로 새로운 주제 의식을 구현해 보고자 했다. 그는 작품을 사회역사적으로 해석하여 동시대성을 드러내기 보다는, 성정과 같은 인간의 보편성의 문제나 한국인의 성격·정서·해학성 등의 문제에 더 많은 관심을 가지고 있었던 것으로 보인다.

4) 해학의 강조와 보조인물의 적극적 활용

허규는 격조를 중시하면서도 한국인의 보편적인 정서나 해학을 표현하는 데에도 많은 관심을 가졌다. 그래서 주인공은 아니지만 양념과 같은 역할을 수행하는 보조인물(일본어로 '산마이'[20])의 비중을 중시하여 다루었다.

〈춘향가〉에서 이에 해당하는 대표적인 인물은 방자이다. 그런데 허규는 방자 외에도 군로사령이나 허봉사와 같은 보조 인물을 비중 있게 그리고 있다. 춘향을 잡으러 간 군로사령들이 술을 얻어 마시고 돌아와 변학도 앞에서 횡설수설하기까지의 모습이 매우 해학적으로 형상화되어 있다. 옥에 갇힌 춘향에게 해몽을 해주는 허봉사 또한 외설스러운 행동은 자제하는 것으로 되어 있지만 제법 의미 있게 다루어지고 있다.

〈흥보가〉에서는 마당쇠의 역할이 판소리에서보다 훨씬 부각되어 나타난다.

〈적벽가〉에서는 '군사설움타령'이나 '장승타령' 그리고 '군사점고사설' 등 판소리의 그것을 그대로 수용하면서 이들 장면을 통해 군사들의 애환을 해학적으로 형상화하고 있다. '군사설움타령'에서 군사로 분장한 안숙선 명창이 설움 사연을 노래하자, 다른

---

20   공연 현장에서는 연극종사자를 구분하는 일본식 표현인 이찌마이, 니마이, 산마이라는 말을 어렵지 않게 들을 수 있다.
  ● 이찌마이(一枚) : 원고지 첫째 페이지를 의미한다. 첫째 페이지에는 작가와 연출가의 이름이 소개되기 때문에, 이찌마이는 이들을 가리키는 의미로 사용된다.
  ● 니마이(二枚) : 둘째 페이지에 나오는 부류로, 주인공에 해당하는 인물을 의미한다.
  ● 산마이(三枚) : 셋째 페이지에 나오는 부류로, 조연을 의미한다.

군사가 "턱에 수염도 안난 것이 무슨 설움이냐"고 하며 자신의 설움 사연을 늘어놓음으로써 웃음을 유발하고 있다. 그리고 '장승타령'대목에서는 장승 형상의 인형을 쓴 배우가 등장하여 조조에게 자신의 처지를 하소연함으로써 약자의 아픔을 잘 드러내고 있다.

4. '완판창극'의 의의와 과제

전술한 바 있듯이, 그동안 창극의 이름으로 공연된 구체적이고도 개별적인 작품의 성과를 바탕으로 창극의 정체성 문제를 논할 때 생산적인 논의가 가능하다고 생각한다. 이 글에서는 가능한 한 작품과 자료에 입각하여 허규가 연출한 완판창극에 나타난 특징이 무엇인지 구체적이고도 충실하게 논의를 전개하고자 했다. 이러한 구체적이고도 개별적인 논의가 축적되었을 때 창극의 양식적 특징을 밝히는 작업도 진전될 수 있을 것이다.

허규가 시도한 '완판창극'은 창극이 성취할 수 있는 예술적 수준의 한 정점을 보여주는 것이라고 생각한다. 판소리 유산을 망라하고 나아가 전통연회를 적극적으로 수용하여, 창극을 한국의 대표적인 공연예술로 정립해 보고자 했던 것이다.

허규는 '완판창극'에서 판소리의 진정성을 그대로 살리려고 노력했으며, 처음부터 끝까지 한 대목도 빠뜨리지 않고 장면화 하려고 했다. '완판창극'의 공연 시간이 4~5시간이나 소요되었다는 것이 그 점을 잘 보여준다.

허규가 완판창극에서 거둔 성과는 이후 창극에 상당한 영향을 끼친 것으로 보인다. 1990년대에 시도된 '완판 장막창극'[21]도 그 모태는 허규의 '완판창극'에 두고 있다고 할 수 있다. 창본을 종합해 내고 판소리의 좋은 점을 모두 보여주고자 하는 의도가 일치한다는 점에서 특히 그러하다. 그렇지만 90년대 '완판 장막창극'은 대형 무대화를

---

21   국립창극단 제95회 정기공연, 완판 장막창극 〈춘향전〉, 국립극장 대극장(1998. 2. 14~26)

지향했으며 화려한 무대장치와 의상 그리고 버라이어티한 요소를 부각시켰다는 점에서 '완판창극'과 대비된다.

허규의 완판창극이 끼친 중요한 영향 가운데 하나는 판소리의 '열린 형식'을 창극의 공연 문법으로 적극 활용했다는 점일 것이다. 판소리는 상황에 따라 소리 대목을 더 넣을 수도 있고 제외할 수도 있다. '토막소리' 공연이 가능한 이유도 여기에 있을 것이다. 허규는 극의 전개 과정에서 필요하다고 판단되면 전통연희의 요소를 적극적으로 수용하여, 극적 표현 영역을 확장하고 작품의 완성도를 높이고자 했다. 이러한 그의 시도는 창극 극작술의 한 방식으로 인식되어, 이후 창극 연출에도 지속적으로 영향을 미치고 있다.

요즘 창극은 어떻게 하면 청중들의 호응을 얻을 수 있을까에 관심을 집중하기 때문에, '감동받는 창극' 보다는 '재미있는 창극'을 만드는 일이 중요하다고 생각하는 듯하다. 공연 시간도 최대 2시간을 넘지 않으려고 하며, 관현악 반주를 중시하는 경향을 보여준다. 이런 관점에서는 허규가 '완판창극'을 통해 구현하고자 했던 창극의 지향점은 극복의 대상으로 인식되고 있는 것으로 보인다.

국립 창극단 공연 '창극 대본'의 현황과 특징

1. 머리말

국립극장 산하 국립창극단(창단 당시 명칭은 국립국극단)은 창극의 역사에서 중심적인 위치를 차지하고 있는 단체로, 1962년 창단되어 오늘날까지 지속적으로 공연해 오고 있다. 설립 당시 단체명은 국립국극단으로, 단장 김연수, 부단장 김소희, 간사 박귀희, 단원 강장원, 강종철, 김경애, 김경희, 김득수, 김정희, 김준섭, 남해성, 박봉선, 박초선, 박초월, 안태식, 임유앵, 장영찬, 정권진, 한승교, 한일섭 등을 구성원으로 하여 출발했다.

초대 단장이자 연출가인 김연수 명창 이래, 박진, 서항석, 이원경, 이진순, 허규, 손진책, 박후성, 김홍승 등이 연출을 맡아 각기 추구하는 창극 양식의 정립을 위해 다양한 실험을 보여주었다. 국립단체로서 창극사의 중심에서 중추적인 역할을 수행해 온 국립창극단이 공연한 작품 대본 현황을 살펴보고, 중요한 의미가 있다고 판단되는 활동상을 검토하는 것이 본고의 목적이다. 그런데 대본이 곧 창극 공연 자체는 아니다. 공연 과정에서 대본은 여러 차례 수정 보완되면서 처음과 다른 대본으로 정립되는 경우가 대부분이기 때문이다. 그렇다 해도 창극 공연에 있어 대본은 중요한 구성 요소 가운데 하나임에 틀림없다. 대사뿐만 아니라 음악적 구성과 배우의 동작 그리고 등장 인물의 역할에 관한 정보 등을 담고 있기 때문이다. 그리고 해당 작품을 무대에 올리는 이유 등 공연과 관련된 의미 있는 정보를 담고 있는 경우도 있다.

국립창극단 창극공연 대본을 대상으로 한 대표적인 선행 연구자로 백현미를 꼽을 수 있다. 백현미는 국립창극단 공연 창극대본을 전승판소리를 토대로 한 대본과 창작 창극(실전판소리에 기반한 창극 포함)으로 구분하여, 창극 대본의 변모과정과 양식의 변모 양상 문제를 개괄적으로 고찰했다.[1]

여기서는 국립창극단에서 공연한 연보를 정리하고, 국극정립위원회·이진순·허규·김명곤·박성환 등 대표적인 대본 작가가 남긴 성과 가운데 전승 5가를 창극화 한 작품을 중심으로 대본의 특징과 의의에 대해 고찰하고자 한다.

2. 국립창극단 공연 연보와 대본 작가의 성격

국립창극단에 보관되어 있던 관련 자료는 현재 공연예술박물관에 이관되어 있다. 이 가운데 해당 박물관이 소장하고 있는 포스터, 사진, 영상, 무대디자인 등 공연 자료 가운데 일부는 홈페이지 공연예술디지털 아카이브에 DB로 구축되어 있다. 그렇지만 대본 자료는 아직 정리되지 않은 상태이다. 그동안 국립창극단에서 공연한 작품을 정리하여 제시하면 다음과 같다.[2]

---

1   백현미, 「국립창극단 공연을 통해 본 창극 공연 대본의 양상」, 『한국극예술연구』 3, 한국극예술학회, 1993.
2   1962~2002년 국립창극단 공연 연보는 다음 책에 잘 정리되어 있어, 많은 참고가 되었다. 국립중앙극장 엮음, 『세계화 시대의 창극』, 연극과 인간, 2002.

작품명	장소	일시	단장/예술감독	극본/각색	연출	비고
춘향전	국립극장	1962. 3. 22	김연수	각색 박황	김연수	1회
수궁가	국립극장	1962. 10. 13~15	김연수		김연수	2회
배비장전	국립극장	1963. 2. 22~27	김연수	편극 이상운	박진	3회
춘향가	국립극장	1963. 6. 14~17	김연수			4회
백운랑	국립극장	1963. 10. 1~6	김연수	작 서항석	박진	5회
서라벌의 별	국립극장	1964. 3. 17~23	김연수	작 김동초	박진	6회
추석특별 대공연 판소리 <흥부가>	국립극장	1964. 9. 19~23	김연수			7회. 唱 지도 김연수
오대가전	국립극장 (명동)	1065. 2. 2~6	김연수			8회. 唱 지도 김연수
판소리 추석대공연	국립극장	1965. 9. 10~12	김연수			9회
대보름 달맞이 민속제전 (판소리, 향토놀이)	국립극장	1966. 2. 5~8	김연수	구성 허우설	무대감독 박해일	10회
흥보가	국립극장	1967. 2. 9~15	김연수		서항석	11회
판소리춘향가 심청가 흥보가	국립극장	1968. 11. 14~15	김연수			12회
심청가	국립극장	1969. 9. 26~29	김연수	구성 국극정립위원회	이진순	14회
춘향가	국립극장	1970. 9. 15~20	김연수	편극 창극정립위원회	박진	15회
춘향전	국립극장	1971. 9. 29~10. 4	김연수	편극 창극정립위원회	이진순	16회
추석맞이대공연 창극 <흥보가>	국립극장	1972. 9. 22~25	김연수		이진순	17회. 唱 지도 김연수
배비장전	국립극장	1973. 2. 15~19	김연수		이진순	18회
수궁가	국립극장	1974. 3. 22~25	김연수	편극 김연수, 이진순	이진순, 김태웅	19회
판소리 흥보가 연창	국립극장	1974. 7. 5~6	김연수			20회
수궁가	국립극장	1974. 10. 8~12	김연수	편극 김연수, 이진순	이진순	21회
배비장전	국립극장	1975. 3. 19~23	박동진	편극 이상운	이진순	22회
대업	국립극장	1975. 9. 19~23	박동진	극본 박만규	이진순	23회

작품명	장소	일시	단장/예술감독	극본/각색	연출	비고
춘향전	국립극장	1976. 4. 15~17	박동진	각색 이원경	이원경	24회
수궁가	국립극장	1976. 10. 29~11. 1	박동진	편극 김연수, 이진순	이진순	25회
판소리연창, 창극 <수궁가>	순회공연 (전주, 군산, 이리, 목포, 순천)	1976. 11. 3 ~11. 8	박동진	편극 김연수, 이진순	이진순	순회공연
심청가	국립극장	1977. 3. 24~27	박동진		허규	26회
흥보가	국립극장	1977. 9. 16~19	박동진		이진순	27회
강릉매화전	국립극장	1978. 5. 12~16	박동진	작 이재현	허규	28회
3대 창극 연창공연 <심청가>, <흥보가>, <춘향가>	국립극장	1978. 10. 18~22	박동진		허규	29회. 唱 지도 박동진, 박초월, 김소희, 박귀희
광대가	국립극장	1979. 3. 22~26	박동진	작 허규	허규	30회
가루지기	국립극장	1979. 10. 7~11	박동진	극본 허규	허규	31회
대춘향전	국립극장	1980. 4. 9~13	박귀희	각색 이원경	이원경	32회
최병도전	국립극장	1980. 10. 10~14	박귀희	작 허규	허규	33회
수궁가	국립극장	1981. 5. 13~17	박귀희		이진순	34회
춘향전	국립극장	1981. 9. 8~14	박귀희	각색 허규	허규	35회
심청	국립극장	1982. 5. 8~13	박후성	편극 이진순극	이진순	36회
흥보전(완판창극)	국립극장	1982. 9. 4~11	박후성	원본정리위원회	허규	37회
춘향전(완판창극)	국립극장	1982. 11. 2~13	박후성	원본정리위원회	허규	38회
토생원과 별주부	국립극장	1983. 4. 6~29	박후성	편극 허규	허규	39회
토생원과 별주부	국립극장	1983. 5. 28~6. 2	박후성	편극 허규	허규	40회
부마사랑	국립극장	1983. 9. 1~4	박후성	극본 허규	허규	41회
부마사랑	국립극장	1983. 10. 12~28	박후성	극본 허규	허규	42회
심청가(완판창극)	국립극장	1984. 4. 4~12	박후성	극본 국극정립위원회	허규	43회
서동가	국립극장	1984. 6. 15~20	박후성	작 이재현	이원경	44회
흥보가(완판창극)	국립극장	1984. 9. 27~30	박후성	극본 국극정립위원회	허규	45회

작품명	장소	일시	단장/예술감독	극본/각색	연출	비고
적벽가(완판창극)	국립극장	1985. 4. 4~8	박후성		허규	46회
적벽가	국립극장	1985. 5. 9~13	박후성		허규	47회
광대의 꿈	국립극장	1985. 10. 4~6	박후성	작 최인석	손진책	48회
판소리 5대가 유명대목	국립극장	1985. 12. 21~22	박후성		허규	49회. 唱 지도 박후성
용마골장사	국립극장	1986. 3. 27~28	박후성	작 허규	허규	50회
창극 중 유명대목		1986. 5. 11~12	박후성	편극 허규	허규	51회
남도민요, 창극 <심청전> 중	국립극장	1986. 8. 19~21	박후성	구성 박후성		52회
수궁가	호암아트홀	1986. 9. 26~27	박후성	창본 정광수, 편극 허규극	박후성	53회. 제10회 아시아 경기대회 기념공연
용마골장사	호암아트홀	1986. 10. 4~5	박후성	작 허규	허규	54회
용마골장사	국립극장	1986. 10. 18~20	박후성	작 허규	허규	55회
윤봉길의사	국립극장	1986. 12. 13~15	박후성	작 허규	손진책	56회
토끼타령		1987. 3. 21~26	박후성	편극 허규	허규	57회
춘향전	국립극장	1987. 5. 7~14	박후성	각색 허규	허규	58회
두레	국립극장	1987. 10. 21~23	박후성	작 이보형	심회만	59회
춘향전	국립극장	1987. 12. 11~13	박후성	각색 허규	허규	60회
흥보전	국립극장	1988. 2. 16~21	박후성	각색 김연수	이원경	61회
배비장전	국립극장	1988. 4. 20~29	박후성	편극 이상운	허규	62회
배비장전	국립극장	1988. 6. 1~15	박후성	편극 이상운	허규	63회
배비장전	국립극장	1988. 8. 29~9. 1	박후성	편극 이상운	허규	64회
춘향전	국립극장	1988. 9. 18~21	박후성	각색 허규	허규	65회
춘향전	국립극장	1988. 11. 12	박후성	각색 허규	허규	66회
배비장전	국립극장	1988. 12. 18~20	박후성	편극 이상운	허규	67회
춘풍전	국립극장	1989. 3. 31~4. 14	박후성	각색 허규	허규	68회
심청가	국립극장	1989. 5. 28~31	박후성	각색 허규	허규	69회
심청가	국립극장	1989. 9. 9~12	박후성	허규	허규	70회
흥보전	국립극장	1990. 5. 26~28	박후성	각색 박후성	박후성	71회

작품명	장소	일시	단장/예술감독	극본/각색	연출	비고
황진이	국립극장	1990. 7. 15~20	박후성	작 김봉호	김홍승	72회
달아달아 밝은 달아	국립극장	1990. 12. 22~26	박후성	작 한명희	김홍승	73회
심청가	국립극장	1991. 3. 12~17	강한영		김홍승	74회
박씨전	국립극장	1991. 7. 13~17	강한영	작 정복근	김효경	75회
심청가	국립극장	1991. 10. 15~18	강한영	각색 허규	김관규	76회
박씨전	국립극장	1992. 3. 13~17	강한영	작 정복근	김효경	77회
심청가	국립극장	1992. 6. 22~24	강한영	각색 강한영	허규	78회
심청가	국립극장	1992. 8. 22~25	강한영	각색 강한영	허규	79회
춘향가	국립극장	1993. 2. 25~3. 6	강한영	각색 강한영	김홍승	80회
이생규장전	국립극장	1993. 6. 4~17	강한영	작 홍원기	황두진	81회
구운몽	예술의 전당, 토월극장	1993. 11. 3~7	강한영	작 문정희, 구성 홍원기	이병훈	82회
흥보가	국립극장	1994. 2. 25~3. 3	강한영	국극정립위원회 극본	심회만	83회
심청가	국립극장	1994. 7. 7~13	강한영	구성 강한영	김효경	84회
명창 임방울	국립극장	1994. 9. 29~10. 12	강한영	작 천이두	김정옥	85회
수궁가	국립극장	1995. 3. 11~18	강한영	각본 강한영	김효경	86회
박씨전	국립극장	1995. 6. 24~29	강한영	작 정복근	김효경	87회
황진이	국립극장	1995. 9. 20~29	강한영	작 김봉호	정일성	88회
대춘향전	국립극장	1996. 5. 3~8	전황		정일성	89회
배비장전	국립극장	1996. 10. 3~10	전황	구성 전황	김홍승	90회
춘향전, 흥보전, 심청전	국립극장	1996. 12. 14~21	전황	구성 전황	심회만	91회
효녀심청	국립극장	1997. 4. 1~6	전황	구성 전황	김효경	92회
열녀춘향	국립극장	1997. 9. 9~14	전황		박병도	93회
경복궁 북소리	국립극장	1997. 12. 18~25	전황	대본 김영만	김효경	94회
완판장막창극 춘향전	국립극장	1998. 2. 14~26	안숙선	김명곤	임진택	95회
광대가	국립극장	1998. 6. 18~23	안숙선	작 허규	김효경	96회
백범 김구	국립극장	1998. 8. 14~16	안숙선	작 김병준	김명곤	97회
흥보가	국립극장	1998. 11. 10~15	안숙선	각색 허규	허규	98회

작품명	장소	일시	단장/예술감독	극본/각색	연출	비고
흥보가	백운아트홀, 마산MBC홀, 통영시민회관	1999. 4. 8~12	안숙선	각색 허규	허규	99회
완판장막창극 심청전	국립극장	1999. 6. 25~7. 4	안숙선	대본 김명곤	김명곤	100회
완판창극 수궁가	국립극장	2000. 5. 6~14	최종민	대본 허규	김명곤	101회
배비장전	국립극장	2000. 9. 11~17	최종민		김홍승	102회
<흥보가> 은혜 갚은 제비	국립극장	2000.12.21~26	최종민		김창화	어린이 창극
흥보가	국립극장	2001. 5. 4~13	최종민	대본 최종민	이병훈	103회
논개	국립극장	2001. 9. 29~10. 7	최종민	작 홍원기	한태숙	104회
<토끼와 자라의 용궁여행>	달오름극장	2001.12.21~30	안숙선	류기형	류기형	어린이 창극
성춘향(완판장막창극)	국립극장	2002. 5. 3~12	정회천	극본 김아라	김아라	105회
다섯바탕뎐	국립극장	2002. 10. 23~27	단장 정회천, 예술감독 안숙선	정회천 총구성, 왕기석, 조영규 대본	정갑균	106회
창작창극 청년시대	해오름극장	2003. 4. 5~4. 13	예술감독 안숙선	극본 조영규	정갑균	107회. 매헌 윤봉길 의사 상해의거 70주년 기념 공연
소릿길 눈대목 창극콘서트	달오름극장	2003. 6. 13~14	예술감독 안숙선		정회천	
삼국지 적벽가	해오름극장	2003. 9. 29~10. 5	단장 정회천, 예술감독 안숙선	극본 정회천, 박성환·조영규 (국립창극단 편극위원회) / 원작 송판 박봉술제 적벽가	김홍승	108회
전통창극 심청전	달오름극장	2004. 5. 16~5. 30	예술감독 안숙선	대본 김용범	김효경	109회
창작창극 제비	해오름극장	2004. 10. 29~11. 3	예술감독 안숙선	원작 제임스 미키 / 번역 전황	이윤택	110회
정기공연 춘향	해오름극장	2005. 4. 9~4. 17	예술감독 안숙선	대본 조영규 / 각색 정일성	정일성	111회

작품명	장소	일시	단장/예술감독	극본/각색	연출	비고
어린이창극 <흥부 놀부>	달오름극장	2005. 8. 5~21	예술감독 안숙선	대본 류기형	류기형	
장끼전	달오름극장	2005. 11. 18~11. 20	예술감독 안숙선	대본 박성환	주호종	
십오세나 십육세 처녀	해오름극장	2006. 4. 26~4. 30	예술감독 유영대	대본 박새봄 / 대본구성 조영규, 박성환 / 영문대본 장원재	김홍승	112회
국가브랜드공연 <청>	해오름극장	2006. 11. 7~11. 12	유영대	박성환	김홍승	
국가브랜드공연 <청>	해오름극장	2007. 5. 11~5. 13	유영대	박성환	김홍승	
국립창극단 특별기획공연 <시집가는 날>	달오름극장	2007. 7. 6~7. 14	유영대	극본 박성환 / 드라마투르기 김수진	주호종	
국가브랜드공연 <청>	해오름극장	2007. 10. 19~10. 20	유영대	박성환	김홍승	
젊은 창극 <산불>	달오름극장	2007.12.21~30	유영대	박성환	박성환	
우리시대의 창극 <춘향>	해오름극장	2008. 5. 5~5. 10	유영대	각색 김용범, 조영규	김효경	113회
가족창극 <토끼, 용궁에 가다>	달오름극장	2008. 8. 2~8. 10	유영대	연출, 각색 류기형		
국가브랜드공연 <청>	해오름극장	2008. 10. 18~10. 19	유영대	박성환	김홍승	
젊은 창극 <로미오와 줄리엣>	달오름극장	2009. 2. 7~2. 15	유영대	원작 : W.세익스피어 연출·창극본 : 박성환 드라마트루기 : 이현우, 김 향		
다문화 국악뮤지컬 <러브 인 아시아>	달오름극장	2009. 2. 21~2. 22	총감독: 강호중 예술감독: 김창곤	대본 양혜란	이영태	
젊은 창극 <민들레를 사랑한 리틀맘 수정이>	달오름극장	2009. 3. 3~3. 8	유영대	작·대본 : 이민욱 드라마투르기 : 조영규	김형철	
국립창극단 <청>	해오름극장	2009. 5. 2~5. 9	유영대	박성환	김홍승	
적벽	해오름극장	2009. 10. 29~ 11. 1	유영대	대본 국립창극단 편극위원회	이윤택	114회

작품명	장소	일시	단장/예술감독	극본/각색	연출	비고
로미오와 줄리엣	달오름극장	2009. 12. 5~12. 13	유영대	극본 박성환/원작 W.세익스피어	박성환	
춘향 2010	해오름극장	2010. 4. 6~4. 11	유영대		김홍승	115회
국립창극단 <청>	해오름극장	2010. 4. 29~5. 8	유영대	창극본 박성환	김홍승	
춘향	해오름극장	2010. 10. 14~10. 17	유영대	대본 조영규 / 드라마트루기 박성환	김홍승	
<청> G.20 기념 국립극장 특별기획 국립창극단 국가브랜드 공연	해오름극장	2010. 11. 12	유영대	박성환	김홍승	
칸타타 <토끼이야기>	달오름극장	2010. 12. 4~5	유영대	대본 박성환	박성환	
젊은창극 <로미오와 줄리엣>	달오름극장	2010. 12. 22~29	유영대	대본 박성환	박성환	
청	해오름극장	2011. 5. 15~28	유영대	박성환	김홍승	
<수궁가>(Mr. Rabbit and the Dragon King)	해오름극장	2011. 9. 5~8	유영대	대본, 협력연출 박성환	아힘 프라이어	116회
수궁가(Mr.Rabbit and the Dragon King)	해오름극장	2012. 9. 5~8	김성녀	대본, 협력연출 박성환	아힘 프라이어	117회
장화홍련	해오름극장	2012. 11. 27~30	김성녀	작 정복근	한태숙	
배비장전	달오름극장	2012. 12. 8~16	김성녀	극본 : 오은희/드라마트루기 : 박성환	이병훈	
서편제	해오름극장	2013. 3. 27~31	김성녀	작 김명화	윤호진	
메디아	해오름극장	2013. 5. 22~26	김성녀	원작 : 에우리피데스 극본 : 한아름	서재형	
청소년창극시리즈 <내 이름은 오동구>	KB국민은행 청소년 하늘극장	2013. 6. 8~16	김성녀	공동극본 한현주, 김민승	남인우	
서편제	해오름극장	2013. 9. 13~21	김성녀	작 김명화	윤호진	
배비장전	해오름극장	2013. 12. 14~18	김성녀	극본 : 오은희 드라마트루기 : 박성환	이병훈	

작품명	장소	일시	단장/예술감독	극본/각색	연출	비고
숙영낭자전	달오름극장	2014. 2. 19~23	김성녀	극본 김정숙	권호성	작창 신영희
장화홍련	해오름극장	2014. 4. 1~5	김성녀	작가 정복근	한태숙	
변강쇠, 점 찍고 옹녀	달오름극장	2014. 6. 11~7. 6	김성녀	극본 고선웅	고선웅	
숙영낭자전	국립극장 달오름	2014.2.19~23	김성녀	김정숙	권호성	1일 2회/ 작창 신영희
장화홍련	국립극장 해오름	2014.4.1~5	김성녀	정복근	한태숙	주말 2회/ 작창 왕기석
변강쇠 점 찍고 옹녀	국립극장 달오름	2014.6.11~7.6	김성녀	고선웅	고선웅	작창 한승석
메디아	국립극장 해오름	2014.10.1~5	김성녀	한아름	서재형	토요일 2회
다른 춘향	국립극장 달오름	2014.11.20~12.6	김성녀	각본 : 안드레이 서반, 다니엘라 디마/ 윤색 : 안재승	안드레이 서반	작창 유수정
마당놀이 심청이 온다	국립극장 해오름	2014.12.10~ 2015.1.11	김성녀	김지일 배삼식	손진책	
코카서스의 백묵원	국립극장 해오름	2015.3.21~28	김성녀	원작 : 브레히트 <코카서스의 백묵원/ 극본 : 정의신	정의신	
변강쇠 점 찍고 옹녀	국립극장 달오름	2015.5.1~23	김성녀	고선웅	고선웅	작창·감독 : 한승석
적벽가	국립극장 해오름	2015.9.15~19	김성녀	이소영	이소영	작창 송순섭
아비. 방연	국립극장 달오름	2015.11.26~12.5	김성녀	한아름	서재형	작창 박애리
변강쇠 점 찍고 옹녀	국립극장 달오름	2016.5.4~22	김성녀	고선웅	고선웅	작창·감독 : 한승석
배비장전	국립극장 달오름	2016.6.15~26	김성녀	오은희	이병훈	작창 안숙선
오르페오전	국립극장 해오름	2016.9.23~28	김성녀	이소영	이소영	
트로이의 여인들	국립극장 달오름	2016.11.11~20	김성녀	배삼식	옹켕센	작창 안숙선

작품명	장소	일시	단장/예술감독	극본/각색	연출	비고
흥보씨	국립극장 달오름	2017.4.5~16	김성녀	고선웅	고선웅	작창·작곡 : 이자람
변강쇠 점 찍고 옹녀	국립극장 달오름	2017.4.28~5.6	김성녀	고선웅	고선웅	작창 한승석
코카서스의 백묵원	국립극장 해오름	2017.6.3~10	김성녀	정의신	정의신	
산불	국립극장 해오름	2017.10.25~29	김성녀	원작 : 차범석 극본 : 최치언	이성열	
트로이의 여인들	국립극장 달오름	2017.11.22~12.3	김성녀	배삼식	옹켕센	작창 안숙선

창극 대본은 작품의 그 연원에 따라 몇 가지로 구분해 볼 수 있는바, ① 전승 5가의 창극화 ② 실전 7가의 창극화 ③ 설화 혹은 소설의 창극화 ④ 창작 창극이 그것이다. 전승 5가의 창극화는 초기 창극부터 오늘날까지 지속되고 있는데, 이는 일차적으로 판소리와 창극의 불가분의 관계에서 비롯된 것이다. 앞에서 정리한 연보를 바탕으로 작품별 공연 횟수를 정리하면, 〈춘향가〉 22회, 〈심청가〉 23회, 〈흥보가〉 16회(어린이창극 2회 포함), 〈수궁가〉 16회(어린이창극 1회, 가족창극 1회 포함), 〈적벽가〉 5회가 된다. 그리고 '3대 창극' 혹은 '5대가 유명 대목' 등의 이름으로 공연하거나 판소리와 민요 등 인접 종목을 묶어 한자리에서 공연하는 경우도 11회나

〈오대가전〉 포스터

된다.

국립창극단에서 실전 7가를 창극화 작품은 〈배비장전〉, 〈가루지기〉, 〈장끼전〉 그리고 〈숙영낭자전〉이다.[3] 이 가운데 가장 많이 공연된 작품은 〈배비장전〉으로, 1963년 무대에 오른 이후 11회에 걸쳐 공연되었다.

설화 혹은 고전소설을 창극화한 작품으로, 〈용마골 장사〉, 〈춘풍전〉, 〈이생규장전〉, 〈구운몽〉, 〈장화 홍련〉, 〈서편제〉 등이 있다. 창작 창극으로는 〈백운랑〉, 〈서라벌의 별〉, 〈대업〉, 〈최병도전〉, 〈윤봉길 의사〉, 〈두레〉, 〈황진이〉, 〈명창 임방울〉, 〈경복궁 북소리〉, 〈백범 김구〉, 〈논개〉, 〈청년시대〉 등이 있다.

대본이나 팜플릿 등을 보면, 창극 대본을 담당한 작가의 작업을 가리키는 말로, 창작, 각색, 편극, 구성 등이 혼용되고 있음을 알 수 있다. 작품에 따라서는 대본 작가가 표시되지 않은 경우도 있다. 창작인 경우에는 거의 예외 없이 '창작' 혹은 '作'이라고 표현하고 있다. 전승 5가를 창극화 한 경우 '편극'이라는 표현을 쓰다가 후대로 올수록 '각색'이라고 지칭하는 경우가 많다. 결국 '편극'과 '각색'은 유사한 의미로 사용되고 있다고 생각한다. 지금까지 대본을 담당한 작가의 출신을 고려하여 구분해 보면 다음과 같다.

- 연출가 : 서항석, 이진순, 허규
- 소리꾼 : 김명곤, 박성환, 조영규, 김영만(고법 이수자)
- 작가 : 김명화, 김민승, 김병준, 김봉호, 김아라, 김용범, 김정숙, 문정희, 박새봄, 오은희, 이민욱, 이상운, 정복근, 최인석, 한아름, 한현주, 홍원기
- 촬영감독 : 정일성
- 연구자 : 박황, 이보형, 최종민

---

3 국립창극단 김성녀 예술 감독이 실전판소리의 창극화 작업을 시도하고 있으며, 〈배비장전〉과 〈숙영낭자전〉을 무대에 올린 바 있다.

전승 5가를 창극화 하는 작업에 있어서, 초기에는 국극정립위원회가 대본 정립에 주도적인 역할을 했다. 그리고 이후 완판장막창극 〈성춘향〉 극본을 담당한 김아라와 〈심청전〉을 각색한 김용범을 제외하면, 소리꾼 출신이거나 연출을 담당했던 이진순과 허규가 극본을 담당한 경우가 압도적으로 많다.

전승 5가를 창극화할 경우, 작가는 자율성과 더불어 제약성을 가질 수밖에 없다. 작품의 근간을 이루는 저본이 있는 상태에서 작업할 수밖에 없기 때문이다. 기본적으로 작가는 저본이 되는 창본의 특징적 더늠 혹은 눈 대목을 가능한 한 온전히 수용하면서 각색 혹은 편극하는 것이 일반적이다. 그렇지만 때에 따라서는 필요하다고 판단되면 다른 바디의 소리 대목이나 창극 공연에서 관습처럼 사용된 소리 대목을 수용하기도 한다. 전자와 관련하여, 가령 〈춘향가〉를 예로 들면, 적성가, 사랑가, 두고 갈까 다려갈까('이별가' 중), 일절 통곡, 기생점고, 갈까부다, 쑥대머리 등 음악적으로 잘 짜여졌다고 평가 받는 소리 대목은 근간으로 삼은 바디가 무엇인가에 관계없이 작품에 수용하는 것이 대부분이다. 작가는 음악성이 뛰어나거나 혹은 극적 전개에 필요하다고 판단되는 소리 대목을 중심으로 대본을 써나가기 때문이다. 전승 판소리에는 없지만 이전의 토막극이나 창극 공연에서 생성된 대목의 수용 여부도 작가의 취사선택에 달려 있다. 예를 들어, 〈춘향가〉 중 '창극조 사랑가', '어사와 나무꾼 대목', '어사와 장모 상봉 대목', 〈심청가〉 중 '뺑파 대목',[4] 〈흥보가〉 중 '돌남이 쫓겨나는 대목', '마당쇠, 박쥐 잡는 대목' 등이 이에 해당한다.

그런데 일단 집필이 완료된 대본이라 하더라도 실제 공연화 되는 과정에서 첨삭이나 변개가 이루어질 수밖에 없다. 연출가, 작창자, 배우들의 의견 등에 따라 작품의 지향이나 구성이 달라질 수 있기 때문이다. 작가와 연출가는 기본적으로 긴장관계에 있다. 연출가의 성향이나 관점이 작가와 일치한다면 별 문제가 없겠지만, 그렇지 않을 경우 조정 과정을 거칠 수밖에 없다. 작창자는 작창 과정에서 토씨나 사설 길이 등을 조정하는 경우가 많다. 배우들끼리 대본 리딩 작업을 하면서 수정·보완을 거치

---

4   여기서 말하는 '뺑파 대목'은 토막극으로 공연되기도 했던 작품을 의미한다.

는 경우도 있다.

3. 국극정립위원회의 구성과 지향

국립국극단이 창단된 후 공연된 첫 작품은 〈춘향전〉이며, 같은 해 〈수궁가〉가 무대에 올랐다. 이듬해에 실전 판소리인 〈배비장전〉과 창작 작품 〈백운랑〉이 공연되었다. 이 가운데 현재 대본이 전하고 있는 〈배비장전〉은 '고전희가극'이라는 이름으로 공연되었는바, 이 작품이 〈춘향가〉나 〈심청가〉 등에 비해 작품성은 미치지 못하지만 무대에 올리는 이유에 대해 다음과 같이 소개하고 있다.

> …(전략)… 이 배비장전은 이십오육년전二十五六年前에 조선성악연구회에서 창극화 해 가
> 지고 동양극장에서 상연한 이후 이제까지 이것을 다루는 사람이 없었읍니다. 그런데 이 배비
> 장전도 춘향전 심청전과 더부러 서민들이 즐겨 읽는 우리나라 유일의 희극인 것입니다. 그러
> 나 막상 무대에 올리고자 해보니 문장이 춘향전 심청전을 당치 못하는 점이나 아주 노골적이
> 어서 그냥 그대로를 무대에 표현할 수 없는 점 등 난점은 있습니다마는 이것을 이번에 희가
> 극화해서 상연하게 됐다는 사실은 아까 말씀같이 묻혀 있는 민속을 되찾는데 크게 이바지하
> 는 바가 되지 않을까 하는 자랑을 가지는 바입니다. …(후략)…[5]

이 작품은 모두 3부 11장으로 구성되었다. 1장 서막序幕, 2장 해남관두海南關頭, 3장 선중船中, 4장 망월루望月樓, 5장 만경루萬鏡樓, 6장 배비장 사처私處, 7장 한라산 중로中路, 8장 배비장 사처私處, 9장 애낭愛娘의 집, 10장 로중路中, 11장 동헌東軒으로 구성되어 있다.

---

5 공연예술박물관 소장 〈배비장전〉 대본(1963) 중에서. 자료 상태가 좋은 편은 아니어서 직원과 함께 개
   괄적으로 확인할 수밖에 없었기 때문에 대본 내용을 자세하게 검토할 수는 없었다.

국립국극단의 정기 공연 가운데, 판소리 혹은 판소리와 인접 종목을 연계하여 공연하는 사례에 대해서도 주목할 필요가 있다. 1965년 제9회 판소리 추석대공연에서는, 〈춘향전〉 중에서 "십장가 대목"(김정희), 〈흥보전〉 중에서 "놀보 제비 다리 부러뜨리는 대목"(성순종), "〈심청전〉 중에서 곽씨부인 장사 지내고 돌아오는 대목"(장영찬), 〈춘향전〉 중에서 "이별하는 대목"(김경희), 〈심청전〉 중에서 "봉사 눈뜨는 대목"(정권진), 〈흥보전〉 중에서 "흥보 박타는 대목"(박초월), 〈춘향전〉 중에서 "허봉사 해몽하는 대목"(김연수)이 공연되었다. 이와 같이 판소리적 공연 방식을 지니고 있는 경우에는 대본이라고 할만한 대상은 존재하지 않았다.

1967년 제7회 정기 공연으로 〈흥보가〉가 무대에 올랐는바, 작품의 구성과 내용적인 특징을 제시하면 다음과 같다.

- 제1장 : 흥보 쫓겨남.
- 제2장 : 흥보 자식 점고(송아지, 망아지, 아리롱이, 다리롱이, 거멍이, 노랑이, 짝귀, 덜렁이, 발바리), 흥보 자식이 차례로 나서며 음식 청하는 사설. 매품파는 대목.
- 제3장 : 흥보, 놀보 집을 찾아감.
- 제4장 : 흥보, 놀보와 놀보처에게 맞음.
- 제5장 : 흥보처의 통곡. 도승이 집터 잡아줌.
- 제6장 : 흥보, 제비 다리 고쳐줌. 제비점고. 제비노정기(자진모리).
- 제7장 : 가난타령. 첫째박(돈과 쌀), 둘째박(비단), 셋째박(집).
- 제8장 : 놀보, 흥보집을 찾아감. 음식타령. 화초장. 놀보, 제비후리러 나가는 데.
- 제9장 : 놀보, 제비 다리 부러뜨림. 놀보 제비노정기는 없음.
- 제10장 : 놀보 박타는 대목(상전, 각설이, 초란이, 사당, 장비)
- 종창終唱 : 도창. "(중모리) 놀보가 이날부터 개과를 쾌히 하야 처자를 앞세우고 동생을 찾어가서 지낸 일 옛말 삼아 형제 우애 극진하니 뉘 아니 칭찬하랴. 후복이 다시 와서 부귀만세를 불렀드라. 처음 잘못 하였어도 후일 고치면 잘되나니, 그 뒤야 뉘 알리요. 더질더질~"

이 공연에서 창唱 지도는 김연수 명창이 담당했으며, 김연수, 박귀희, 장영찬, 김경희, 정권진, 강종철, 김정희, 박봉선, 김소희, 박초월 명창 등이 출연했다. 포스터에 '판소리 〈흥부가〉'로 소개되어 있는데, 그렇다고 해서 해당 공연이 일인창으로서의 판소리는 아니었던 듯하다. 배역이 구분되어 있고 극중 인물로 분장한 점 등에 비추어 볼 때, 무대 장치나 극적 표현 등에 비중을 두기 보다는 소리를 중심에 놓은 창극 양식으로 공연한 것으로 보인다. 흥미로운 사실은 공연예술박물관 소장 〈흥보가〉(1967) 공연 대본 겉표지에 인쇄된 '국립국극단 제십일회第十一回 공연'에 누군가가 볼펜으로 선을 그은 후에 '원본정리위원회'라고 써놓았다는 점이다. 겉표지에 싸인펜으로 '박동진 명창名唱 혜존惠存'이라는 표시가 있는 점으로 보아, 대본 소장자는 박동진 명창이었을 가능성이 크다. '원본정리위원회'라고 쓴 것도 박동진 명창이었을 가능성이 있다. '원본정리위원회'는 김소희, 김연수, 박진, 박헌봉, 서항석, 이진순 등 6명으로 구성된 조직으로, 이들이 〈흥보가〉 대본을 정립한 것이다.[6] '원본정리위원회'는 각 유파의 〈흥보가〉 사설을 수집하여 이본간 대조 정리 작업을 거쳐 하나의 기준이 되는 대본을 작성했으며, 나아가 창극의 양식적 정립을 위해 도연위원회導演委員會도 구성했다. 이와 관련하여, 성경린은 "한마디로 이번 〈흥부가〉 무대는 종래의 창극 양식을 과감히 탈피한 획기적인 시도로서 무대장치도 동양화적인 간소한 의장意匠으로 추상화 시켰고 연기보다 판소리를 위주로 하여 창악唱樂의 초점을 맞추고 있었다"고 평하고 있다.[7]

1968년 국극정립위원회가 발족되었는바, 이는 '원전정립위원회'의 연장선상에서 구성된 것으로 보인다. 위원장 서항석, 위원 강한영, 김동욱, 김소희, 김연수, 김천흥, 박진, 박헌봉, 성경린, 이진순, 이해랑, 이혜구 등으로 구성된 국극정립위원회는 국극의 전통과 형식을 확립하는 데 그 목적이 있었는데,[8] 이러한 목적을 달성하기 위해서 구

---

6   성경린, 「현대창극사」, 『국립극장 30년』, 국립극장, 1980, 347쪽.

7   성경린, 앞의 글, 347쪽.

8   "국립극장은 우리의 고유 예술인 국극의 전통과 그 형식을 확립시키기 위해 10명으로 구성된 국극정립위원회를 설치했다. 지난 4월 26일과 5월 7일 두 차례에 걸친 회의에서 동위원회는 민속 고전을 발굴

체적으로 설정한 목표는 창극 양식의 정립과 대본의 정립이라고 할 수 있다. 양식의 정립 못지 않게 대본의 정립 문제를 시급히 해결해야 할 과제로 인식했는바, 전승 5가의 창극화와 관련된 문제 제기는 크게 두 가지였다. 기본적으로 대본 정리가 되어 있지 않다는 점과 다양한 창본이 존재한다는 점이 그것이다.

일반 무대에서 거의 자취를 감춘 국악을 재흥再興시키기 위한 움직임이 이번 시즌부터 활발히 일어나고 있다. 지난 9월 1일 신문회관에서 열렸던 국악교육 세미나와 5일의 박초선 씨 홍보가 공연, 그리고 15일부터 30일까지 6일간 국립극장에서 열리는 창극 춘향가 공연을 계기로 국악계는 전기를 맞고 있다. 현재의 국악이 직면하고 있는 가장 큰 문제점은 내적으론 판소리 창극 등의 대본의 미정리이고 외적으론 관객의 상실이다. 특히 국악이론의 불통일과 고전 대본의 상이相異는 지난번 국악교육 세미나에서 심각히 지적되었었다. 여러 세기동안 구전으로 애창되어 오던 판소리의 경우 그 대본이 사람마다 각기 달라 내용 정립의 필요성이 공연때마다 논의되었다. …(중략)… 창극 표준화의 원칙으론 원형을 그대로 살리며 현대화에 어긋나지 않는 한 지명 관직 등 우리나라의 이야기인데도 중국적인 것은 되도록 그대로 남겨 두기로 했다.

창극의 대본 정립 이외에도 문제점은 아직도 많이 남아 있다. 우선 창극은 대본 중심으로 전승되어 온 것이 아니고 개개인의 제자에게 전수되어 왔으므로 정립된 대본을 어떻게 창으로 새로 소화하느냐 하는 어려움이 있고, 둘째로 우리나라 창극은 소리만 남아 있지 극의 형식은 없어져 버렸으므로 무대 위에서 어떻게 극을 만들어 내는지 아직 정설이 없다. 결국은 가장 근사치에 따라 상연上演할 수밖에 없는 형편이다. …(후략)…[9]

당시 국극정립위원회가 창극을 바라보는 관점은 "판소리의 현대화"라는 말로 집약

정리, 이를 일반에게 발표키로 하고 제1차로 올 가을 공연에 심청전을 무대에 올리기로 했다." 경향신문(1968. 5. 18).

9 「轉機 찾는 國樂」, 『경향신문』(1970. 9. 9).

해서 설명할 수 있다. 이는 1970년에 창극정립위원회로 개칭한 위원회가 제시한 창극의 정립 방향에서도 여실히 확인할 수 있다.

> 첫째, 고수나 악사를 무대에 노출시켜 추임새도 하고 극의 일부가 되도록 한다.
> 둘째, 판소리의 설명 부분을 도창이라는 이름으로 무대 한 편에서 판소리 식으로 부르도록
> 한다.
> 셋째, 연출 대신 도연導演이라는 용어를 사용하도록 한다.[10]

여기에 제시된 정립 방향에는 창극이 서구식 극의 진행과는 구별되어야 한다는 관점이 강하게 전제되어 있다. 연출의 창조성을 전적으로 존중하기 보다는, 판소리에 기반한 전통 연희를 지도하는 방향에서의 '도연'이 바람직하다고 주장한 이유도 같은 맥락에서 이해할 수 있다. 국극정립위원회는 판소리의 현대화라는 관점에서 창극을 바라보았기 때문에 기본적으로 전승 5가의 창극화에 관심을 기울였으며, 대본의 정립 작업 또한 그 범주 안에서 이루어졌다. 현재까지 확인된 작품으로, 〈심청가〉(1969)와 〈춘향가〉(1970)를 꼽을 수 있다. 그런데 한 신문 기사를 보면 국극정립위원회에서 공연한 작품은 세 작품으로 되어 있다.

> …(전략)… 국립극장은 창극의 전통, 전승 작업의 하나로 68년 우리나라 5대 가전의 대본
> 을 정리하기 위하여 창극정립위원회(위원장 서항석씨, 위원 박진, 이진순, 이해랑, 이혜구, 성
> 경린, 박헌봉, 김연수, 김소희, 강한영, 김동욱, 김천흥 씨)를 구성하고 이의 정립작업에 착수,
> 68년에 〈홍보가〉(김소희, 김연수, 박진, 서항석 씨 초안), 69년에 〈심청가〉(서항석 씨 초안,
> 박진 씨 수정)를 선정 표준화했고, 이번에 〈춘향가〉를 강한영 씨가 초안을 작성하여 박진씨
> 연출로 공연하게 된 것이다.
> 남은 두 가지는 〈수궁가〉와 〈적벽가〉로, 이것도 한 해 한 가지씩 정립할 예정이다. 이번에

---

10   성경린, 「현대창극사」, 『국립극장 30년』, 국립극장, 1980, 348쪽.

정립된 표준 〈춘향가〉는 10여개 의 대본(신재효본, 완판 춘향가, 김창윤 옥중화, 김연수씨 것 등)에서 가장 순수한 한국적 고전 양식에 기본하여 구성한 것으로, 지금까지 출판 또는 발표된 각종 춘향가 중에서 발췌 선택한 것이다. …(후략)…[11]

그런데 공연 연보를 보면 1968년에 〈흥보가〉를 공연한 기록은 찾아볼 수 없다. 이는 아마도 1967년에 공연된 〈흥보가〉에 대한 오기誤記로 생각된다. 국극정립위원회가 쓴 대본은 1969년에 공연된 〈심청가〉와 1970년에 공연된 〈춘향가〉이다. 1969년에 공연된 제 14회 작품 〈심청가〉는 2부 20장으로, 다음과 같이 구성되어 있다.

〈흥보가〉 프로그램북

제1부

제1장 도창, 제2장 곽씨부인 방, 제3장 구걸求乞 젖, 제4장 심청 밥을 빌어, 제5장 장정승 댁, 제6장 권선문, 제7장 공양미 삼백석, 제8장 화상畵像, 제9장 행선전야行船前夜, 제10장 행선行船날, 제11장 인당수印塘水

제2부

제1장 수정궁水晶宮, 제2장 환송인간還送人間, 제3장 황극전皇極殿, 제4장 심황후의 부친 생각, 제5장 뺑덕이네, 제6장 노중路中, 제7장 도망치는 뺑덕이네, 8장 황성皇城길, 제9장 부녀 상봉

---

11 「轉機 찾는 國樂」, 『경향신문』, 1970. 9. 9.

대본 앞부분에는 작품에 관해 다음과 같은 설명도 제시하고 있다.

1. 무대는 굴곡屈曲과 凹凸의 기본을 따라 장면의 변화에 다양하게 사용한다.

2. 장치는 극히 간소화하여 특징만을 표출하며, 분위기를 살리는데 주력한다.

3. 조명은 현실을 무시하고 분위기 조성에 기술적 수단을 발휘한다.

4. 소품은 지극히 필요한 것 외에는 사용치 않는다.

5. 의상은 적절하게 하여 고증에 맞게 착용한다.

6. 음악은 민속 악기를 위주로 하고 기조는 가급 창唱을 위주로 한다.

〈심청가〉 포스터

소리꾼 혼자 판을 이끌어 가는 판소리에서와 달리, 일정한 무대 장치와 조명, 의상, 음악 등이 필요함을 밝히고 있다. 그렇지만 무대 장치나 소품 등은 간소함을 추구하고 있으며, 창을 위주로 할 것을 강조하고 있음을 알 수 있다. 〈심청가〉 공연에 관한 다음의 기사를 통해 이 작품이 국극정립위원회(기사에서는 국악정립위원회로 표현)의 첫 작품임을 알 수 있다.

국립국극단의 국극 심청가 공연이 이십오일부터 오일간 국립극장에서 열리고 있다. 국립극장은 한국 오대국극五大國劇들을 일본의 가부키처럼 상설 공연물로 만들기 위해 산하에 국악정립위원회를 두고 원형을 변형시키지 않으면서 관객을 끄는 방법을 연구해 오고 있는데, 이번 심청가의 공연은 이의 첫 시도 작업이라고 한다.[12]

---

12 『동아일보』, 1969. 8. 28.

공연예술박물관에 소장되어 있는 〈심청가〉(1969) 대본은 전체적으로 수정, 보완이 많이 이루어진 모습을 그대로 간직하고 있다. 특정 대목을 X로 표시 하거나 다른 종이에 써서 덧붙인 형태로 되어 있는 부분이 상당히 많이 있는 것이다. X표 되어 있는 대목은 이러하다.

- 곽씨부인 유언 대목
- 심봉사 약지으러 가는 대목("여보 마누라~ 부디 상심 마오")
- 심봉사, 심청 어르는데
- '중타령' 중 일부
- 심봉사 공양미 삼백석 약속 후 자탄하는 대목
- 심청 비는 대목("비나이다~천만 축수 비나이다")
- 하량낙일
- 행선 전야 심청이 사당에 가서 소리하는 대목 ("삼대조 할아버지~오호 이제 아뢰나이다")
- 인당수 빠지는 데("한곳 당도하니~")

심청과 옥진부인이 상봉하는 장면은 원 대본 내용을 대폭 수정했다. 뺑덕어미 도망가는 대목에서 황봉사의 비중이 비교적 크다. 황봉사는 주막에서 주인에게 엽전을 주고 뺑덕어미를 불러 내오게 한다. 심봉사 눈뜨는 대목에서 심청이 "아버지 이 약을 발라 드리오니 어서 눈을 뜨옵소서."라고 한 후, 심봉사가 눈을 뜬다. 만좌맹인이 눈 뜰 때, "군맹합창群盲合唱 : 황극전에 모인 맹인 우리 모두 눈을 뜨게 은혜를 베푸소서."라는 노래에 이어 심청이 항아리에서 약을 퍼서 만좌 맹인 눈을 뜨게 하는 내용이 이어진다.

대본에는 등장인물의 의상, 조명, 무대 장치 등에 대한 설명도 포함되어 있다. '도창(도포에 관冠 쓰고)', 'F.O(도소리꾼에게서 조명 Out되고 청淸이와 시비侍婢에게로 Spot)', '● 음악과 더부러 개막', '● 기암과 해초가 너울거리는 상좌上座에 용왕이 좌정하고 좌우에 백만 인갑鱗甲이 옹위하였다', '● 조명' 등과 같은 내용이 구체적으로 적시되어 있는 것이다.

국립국극단이 국립창극단으로 명칭을 바꾸면서 국극정립위원회 또한 창극정립위원회로 이름을 바꾸었다. 국극보다는 창극이 대중적 성격을 강하게 지니고 있다고 판단했기 때문이다.[13] 국립극장 창극정립위원회의 이름으로 무대에 올린 첫 작품은 1970년에 공연된 〈춘향가〉이다. 당시 정립위원회원이었던 강한영은 창극은 판소리의 한 외연적 양식으로, 판소리의 현대화에 기여한다는 점에서 그 의의를 찾았다. 그리고 판소리의 현대화는 판소리의 표준화라는 단계를 거쳐야 가능하다고 역설했다. 이러한 관점의 연장선상에서 그는 해당 작품 팜플릿에 소개된 〈정립 "춘향가"에 붙여〉라는 글에서 다음과 같이 밝힌 바 있다.

> …(전략)… 판소리 정립의 의의는 사설의 표준화, 작곡의 보표화, 너름새의 표현 설명 등에 있어야 할 것이다. 특히 문제가 되는 것은 표준화 작품에 있어서 인물의 성격, 모랄, 언어, 시대성 등의 설정을 어떻게 할 것이냐가 될 것이다. 이번에 내가 시도해 본 정립 춘향가는 그런 의미에서 하나의 시험적 기도라 할 것이다. …(후략)…[14]

이 작품의 연출을 담당했던 박진은 판소리와 변별되는 창극 양식을 정립하는 작업이 상당히 어렵다는 점을 토로했다.

> …(전략)… 이번에 국립극장에서 설치한 창극정립위원회에서 정립이란 소임을 띠고 관계자와 전문가와 학자가 협의협력해서 창극 춘향전 정립의 제1단계로 발표하는 것이다. 작년도에는 심청전을 이와 같이 한 바 있다. 그러나 심청이건 춘향이건간에 그것이나 이것이 결정적으로 완벽한 것으로 정립이 되었다고 하는 것이 아니며, 몇 차례를 지나야 완전한 것이 될 것이다. 그리고 여기 유의해 주어야 할 것은 창극 춘향가라고 한 것이다. 극劇인데 가歌라고 하면 극가劇歌 즉 가극

---

13 "…(전략)… 국립극장은 국악의 대중화 운동으로 새로운 이미지를 담을 수 있도록 종래의 국극이란 명칭 대신에 창극이란 명칭을 사용하기로 지난 여름에 결정, 국립국극단을 국립창극단으로, 또 국극정립위원회를 창극정립위원회로 바꾸었다. …(후략)…"(「轉機 찾는 國樂」, 『경향신문』, 1970. 9. 9)
14 춘향가 20마당, 국립창극단 공연 팜플릿 중에서(1970. 9. 15~20).

歌劇이라고도 할 수 있을 것이다. 그런데 이것이 완전 가극으로는 현금의 여건으로는 할 수가 없고 [판소리 춘향가]를 극화해서 무대에 올리는 것이 고작이다. 그럼 도대체 이때까지 했던 춘향전과 무엇이 다르냐 하고 묻는다면 종래에 해왔던 창극 춘향전은 거창한 무대장치를 세워놓고 하였기 때문에 원본의 장면이 생략이 많았고 시간에 구애도 많았을 뿐 아니라 내용에 있어 가사나 대사를 평이하게 자기 나름대로 편리하게 했었다. 그렇다고 이번 이것이 이야기 줄거리가 다른 변질된 춘향전이 아니라 다만 수십종의 책을 모아 비교해서 가장 그 사설이나 가사가 원본이라고 인정되는 것을 골라 판소리를 기조로 창을 많이 살리며 극적으로 구성해서 창극 춘향가의 정립의 제1단계로 시도해 보는 것이다. 그러므로 장치를 간소히 하고 진행을 빨리 해서 되도록 원형으로 살려 보자는 것이 본의인 것이다. …(후략)… [15]

당시 한 신문에 게재된 기사는 당시 정립위원회의 성격, 활동상, 지향점 등을 비교적 자세하게 소개하고 있다.

칠십七十여 대본臺本에 십여제十餘制나 있는 판소리 춘향가가 국극정립위원회의 강한영 씨 등에 의해 표준화, 오는 추석 국립극장에서 〈표준標準 춘향가〉로 공연을 갖는다. 소위 '국립극장본'으로 통하게 될 이 새 춘향가는 국립극장이 같은 판소리 춘향가 가 너무도 많은 이종의 춘향가로 난립되어 조직적인 전수작업이 힘들다는 데 착안, 십이十二 명의 전문가들로 국극정립위를 구성하여 오대五大 창극唱劇을 하나하나 표준화 해나가고 있는 것인데, 대본 연출 음악 등의 삼三개 분과分科로 나누어 대본 분위의 강한영, 김동욱, 서항석, 박진 씨 등이 첫 작업인 대본의 정립을 끝낸 것이다. 대본 정립의 주역을 맡은 강한영씨는 대학(서울대 문리대 국문학과) 졸업 때의 학사 논문 "신재효본 춘향가 연구"로 젊은 판소리 연구가로 등장한 국악인. 그동안 신재효 씨의 남창男唱과 동창童唱 및 완판본(전주판) 〈열녀춘향수절가〉 등 십여종의 춘향가 대본을 모아 그 연대별 계보를 거슬러 춘향전의 원본 색출을 평생의 업으로 삼고 있는 그에게 이번 춘향가 표준화 작업은 사십여일간의 고된 작업이었다. 주로 신재효본

---

15   춘향가 20마당, 국립창극단 공연 팜플릿 중에서(1970. 9. 15~20).

의 남창과 동창을 놓고 이해조의 옥중화獄中花를 참조하며 현대인의 감각에 맞게 절충한 그의 표준 춘향가는 우선 신재효의 남창에서 보는 정절과 예지의 춘향이를 기조로 하고 동창에서 보는 리얼리티와 유머를 상황에 따라 삽입했다. 남창이 이미 성인이 된 춘향이와 이도령의 열녀상을 너무 점잖고 교양있게만 그린 데 비해 동창은 과격한 음담패설과 넘치는 해학으로 신랄한 사회비판을 하고 있다는 것이다. 양쪽이 다 그대로 무대에 오르기 힘든 부분들을 가지고 있으나 여기 정립되는 표준 춘향가야말로 정절의 상징 춘향의 이미지를 그대로 살리면서 한민족 특유의 통쾌한 해학들을 삽입했다는 것이 그의 견해였다.

판소리니 소설이니 하기에 앞서 그냥 그대로 한국예술의 총화라고 해도 좋을 춘향전은 이제 그것을 문학이니 음악이니 무용이니 하고 현대인의 용어에 맞게 분류하게 할 때 많은 문제점들을 야기시킨다. 게다가 같은 판소리 춘향가 하나에도 소리꾼 따라 지역 따라 다른 제를 가지고 있는 창극唱劇을 여덟 시간 아니 두 시간짜리 현대극을 무대화해야 한다는 데 많은 장벽들이 나타나곤 한다.

"춘향전은 하나의 노래거나 소설이기에 앞서 이미 민족 정서의 응어리에서 노래를 부르고 싶어도 또는 춤을 추고 싶어도 이걸 끌어다 춤을 출 수밖에 없는 종합예술체"라는 것이 강씨 자신의 견해여서 현대 무대에 맞춘 표준화 작업보다는 전존傳存되는 판소리들의 보존 연구가 더 중요하다는 전문가들의 공통 의견을 또 한번 확인하게 한다.[16]

기본적으로 창극의 양식화 작업이 매우 긴요하면서도 지난하다는 점을 지적하고 있음에 주목할 필요가 있다. 특히 판소리의 창극화에서 나타는 문제점으로, 대본의 정립뿐만 아니라 5~8시간 소요되는 판소리를 적어도 2시간 내외의 작품으로 창극화해야 하는 과제가 있다고 했다. 창극의 양식화와 관련된 문제는 오늘날까지 지속되고 있는 중심적인 쟁점으로, 대본 정립 작업 또한 본질적으로 이 문제와 맞물려 왔다고 할 수 있다.

〈춘향가〉(1970) 대본은 모두 20마당으로 구성되어 있다. 1. 서창序唱, 2. 책방, 3. 광

---

16 『동아일보』, 1970. 8. 13.

한루, 4. 책방, 5. 춘향집 결연, 6. 내아內 衙, 7. 춘향집 고별, 8. 오리정 이별, 9. 신연하인, 10. 동헌 점고, 11. 춘향집, 12. 동헌 수난, 13. 옥중, 14. 어사 도중途中, 15. 시골길, 16. 농부가와 농악, 17. 월매집, 18. 옥獄, 19. 생일잔치 광한루, 20. 동헌 이이춘풍李梨春風이 그것이다. 작품의 진행에서 도창이 매우 중요한 비중을 차지하고 있는바, 서두를 비롯해서 극을 효율적으로 진행하기 위해 필요하다고 판단되는 대목에서 도창이 빈번하게 활용되고 있다. 그런데 앞의 기사에서도 확인한 바 있듯이, 전체적으로 사설의 짜임은 신재효본 〈춘향가〉에 크게 힘입고 있다.[17]

〈춘향가〉 프로그램북

'춘향이 방자를 돌려 보낸 후 향단으로 하여금 이도령의 됨됨이를 보고 오라고 하는 대목', '기생점고', '십장가', '쑥대머리', '농부가', '어사와 장모 상봉 대목', '어사출도 대목' 등 주요 대목을 〈남창 춘향가〉에서 수용했다. '사랑가'는 "사랑 사랑 사랑이야~"로 시작되는 〈동창 춘향가〉 '사랑가' 대목(동창童唱에서 이른바 양반의 사랑가라고 지칭한 사설을 수용한 것임)을 수용했다. 그리고 춘향집 이별대목은 신재효본 〈동창 춘향가〉의 것을, 오리정 이별대목은 〈남창 춘향가〉의 수용했다.

---

17 이에 대해서는 팜플릿에 소개된 강한영의 글에서도 확인할 수 있다. "나는 이 작품 구성에 있어서 신오위장의 남창·동창을 주축으로 하고, 〈열녀춘향수절가〉, 이해조의 〈옥중화〉, 박록주 창본, 김연수 창본, 정광수 창본 등과 옛날 국창들의 더늠에서 차용한 사건과 사설들을 내가 설정한 이 작품의 성격에 맞도록 상황에 따라서 조화를 시켜 보았으나 만족하지는 못하다."고 했던 것이다. 그런데 여러 이본을 참조한 것은 사실이나, 신재효본 〈춘향가〉의 영향이 압도적으로 많다.

신재효본에 없는 대목도 보이는바, '적성가', '천자뒤풀이', '회동 성참판', '갈까부다', '군로사령 대목', '과부들, 어사에게 등장等狀하는 대목' 등이 이에 해당한다. '봉사문복' 대목 또한 〈남창 춘향가〉의 그것에 비해 길게 부연되어 있다.

도창이 빈번하게 등장하는 점도 주목할 만한 특징이다. 서창序唱 "절대가인 삼길 적에", '적성가', '방자, 춘향 부르러 가는 대목', '신연맞이', '과거장 대목', '어사 노정기', '변학도 생일잔치 차리는 대목', '어사출도 대목', '결말 대목' 등을 포함하여 도창을 불리는 대목이 모두 42대목이나 된다. 무대가 처음에는 밝았다가 차츰 어두워져서 사라지는 수법인 용암溶暗 혹은 점점 밝아지는 수법을 가리키는 용명溶明 등이 표시되어 있는 점도 이 대본에서 볼 수 있는 특징이다.

판소리 텍스트는 시각에 따라 다양하게 해석될 수 있는 여지를 지니고 있기 때문에, 동일한 작품이라도 수많은 각편Version이 존재한다. 판소리의 '바디'나 독서물화 된 판소리계 소설의 '이본'이 바로 이에 해당한다. 판소리를 창극화 하는 과정에서도 작품 해석 시각에 따라 인물의 형상화나 주제의식의 구현의 측면에서 다양한 변주가 가능하다. 그런데 창극정립위원회는 '정본' 확정하는 작업이 곧 대본의 정립이라는 인식을 가지고 있었기 때문에, 각편으로서 '바디'가 지니고 있는 독자성은 고려하지 않았다. 그렇지만 정립위원회가 제시한 대본 또한 결과적으로는 하나의 각편적 존재로 볼 수 있다. 그리고 정립위원회가 이른바 '정본'으로 제시한 대본은 몇 가지 특징을 보여주고 있다. 신재효본을 비롯하여 문서로 남아 있는 텍스트를 저본으로 했다는 점, 더늠 혹은 눈대목 중심으로 창을 엮어 나갔다는 점, 이전에 토막극 등에서 대중들에게 인기 있었던 재담의 성격이 강한 대목은 거의 수용하지 않았다는 점 등이 그것이다.

4. 창극의 양식화 작업을 위한 이진순의 노력과 대본의 특징

이진순은 창극 연출을 담당하기 이전에 무대연극, 여성국극, 악극 등의 분야에서 다양한 연출 경험을 보여준 바 있다. 1967년 결성된 국극정립위원회 위원으로 참여한 이진순은 1970년대 국립창극단 연출 부문에서 매우 중요한 활동을 펼친 바 있다. 이진순이 국립창극단에서 연출을 맡아 무대에 올린 작품은 다수가 있다. 해당 작품으로, 〈심청가〉(1969), 〈심청〉(1982), 〈춘향가〉(1971), 〈홍보가〉(1972, 1977), 〈배비장전〉(1973, 1975), 〈수궁가〉(1974, 1976, 1981), 〈대업〉(1975) 등이 있는데, 이 가운데 이상운이 편극을 담당한 〈배비장전〉(1975)과 박만규가 극본을 쓴 〈대업〉(1975)을 제외하면 이진순이 연출과 극본을 겸했던 것으로 보인다. 〈심청가〉(1969)는 국극정립위원회에서 정립한 대본으로 공연한 작품인데, 당시 이진순은 위원회 회원이었다.

이진순은 창극이 판소리에서 파생된 갈래임을 충분히 인식하고 있으면서 동시에 창극은 창극으로서의 독자적인 형식을 가져야 한다는 지론을 지니고 있었다.[18] 이른바 근대극적인 리얼리즘에 입각하기 보다는 다양한 극적 효과를 가져올 수 있도록 양식화 하는 작업이 필요한데, 판소리를 비롯한 전통연희에서 창극의 양식화에 필요한 원리를 찾을 수 있다고 본 것이다.

…(전략)… 우리나라는 원래 극장이 없었으므로 무대예술의 발달을 못보았고 훌륭한 극적 요소를 지녔건만 판소리로 밖에 표현할 수 없었던 당시의 여건을 충분히 이해할 수 있다. 그러나 구전으로 내려오는 판소리도 그 자체 정리의 필요성을 느끼지만 보다 절실한 것은 전통극의 수립이다. 말하자면 국극 정립이란 큰 과제다. 우선 문제되는 것은 판소리의 국극으로서 정리와 형식이다. 여기에는 옛것의 재발견과 형식의 창의를 위한 무척 어려운 작업이 가로 놓였다. 그러하기 위하여서는 극적 모티프가 될 수 있는 탈춤, 꼭두각시놀음, 산대놀이 등에서 흡수할 수 있는 형식을 도입시키고 본시 판소리에서 쓰던 아니리, 너름새를 유기적으로 살려 우리 전통극으로의 미학의 추구와 국극 정립의 숙제를 시각화 하는 것을 연출방향으로 떠난다. …(후략)…[19]

---

18 이진순, 「창극연출론 서론」, 『연극학보』 6~7, 동국대 연극영상학부, 1973, 14쪽.
19 심청가, 국립창극단 공연, 팜플릿 〈연출자의 말, 옛것의 재발견〉 중에서(1969. 9. 26~29).

창극이란 판소리를 우리 고유의 형식으로 무대화 하는 일이나, 원래 그 극형식이 없었던 탓으로 우리들의 작업은 어렵고 막중한 바 있다. 판소리가 지닌 예술성, 특히 연극성은 엄청나게 풍부하여 문학성도 높으려니와 이 세계야말로 한국 고유의 형식을 갖춘 전통극 수립이 되리라 믿는다. 우선 무대 형상화의 방법으로 아니리, 너름새를 그 대사와 액션의 일부로 그대로 발전시킬 수 있으나 이것만 가지고는 폭넓은 의미를 표현하기 어렵다. 그러므로 민속극 중에서 탈춤 사위, 가면극 액션, 그 속에 도사리고 있는 마임을 판소리에 적용시켜 새로운 의미의 창극을 창의하는 작업일 수밖에 없다. 어찌 보면 창극이야말로 우리 고유의 극예술의 집대성이라 할 수 있다.[20]

대사는 아니리調로 하고 동작은 너름새를 개발하여 극 속에 깊이 파고 들게 하는 것이 필요하다고 주장한 것은 판소리와 창극의 깊은 내적 연관을 고려한 결과이다. 그리고 창극은 넓은 의미에서 '우리나라 창극'(국극國劇이라는 용어가 함축하고 있듯이)이기 때문에, 판소리뿐만 아니라 그 밖의 전통연희에서 보이는 다양한 극적 기법을 수용하여 창극의 양식화를 도모할 수 있다고 생각했다. 특히 탈춤의 춤사위나 연극적 동작을 창극에 수용하였는바, 배우들이 무대에 등·퇴장할 때 탈춤에서의 걸음걸이를 사용하도록 한 것이 그 대표적인 사례이다. 1972년에 공연된 〈흥보가〉에 이진순의 이러한 생각이 실천적으로 반영되어 있다. 〈흥보가〉(1972) 관련 팜플릿 등에 대본 작가에 관한 구체적인 정보가 밝혀져 있지 않으나, 창극정립위원회 작업의 연장선상에서 대본이 마련된 것으로 보인다. 이진순이 창극정립위원회 소속이었으며 해당 작품 연출을 맡았다는 사실까지 고려하면, 대본 또한 이진순이 담당했다고 보아도 무방할 듯하다. 이 작품은 모두 14장으로 구성되어 있는데, 대본에는 이진순이 지향한 창극의 방향성이 잘 드러나 있다. 이에 해당하는 사례를 들어 보기로 한다.

　　- 대답하며 마당쇠 나온다(탈춤 사위로 등장)

20　흥보가, 국립창극단 공연, 팜플릿 〈연출 소감〉 중에서(1972. 9. 22~25).

- 홍보, 홍보 처, 자식들 나온다(춤사위로 등장)

- 홍보 : 마당쇠야 잘 있거라.(대문 밖으로 나간다.) (춤사위로 퇴장)

- 노승, 춤사위로 등장

- (노승이) 문 밖으로 나와 춤사위로 움직인다. 한 곳을 가리키며,

- 여럿이 달려들어 춤사위로 움을 뜯는다.

〈홍보가〉(1977)도 이진순 연출로 공연되었는데, 대본 작가가 명시되어 있지 않아 구체적으로 확인하기 어렵다. 1972년 공연 작품과 비교해 보면 두 대본이 거의 같다고 할 수 있으나, 차이점도 없지 않다. 무엇보다도 춤사위로 등퇴장하는 설명이 보이지 않는다. 그리고 재담의 성격이 강한 삽화적 성격의 대목이 수용되어 있는데, 해당 대목을 들면 다음과 같다.

- 홍보 아들 '돌남이 쫓겨나는 대목'이 길게 부연되어 있다.

- 이어 놀보 아들이 등장하여 홍보를 모시고 오겠다고 하다 놀보에게 혼나는 장면과 놀보 아들과 홍보 아들 돌남이가 이별하는 장면이 길게 부연되어 있다. 그런데 대사 위에 X표가 있는 것으로 보아 실제 공연에서는 생략된 것으로 보인다.

- 놀보가 홍보와 돌남이를 쫓아낸 후 마당쇠와 놀보가 '박쥐 잡는 대목'이 길게 부연되어 있다.

- 홍보가 둘째박 탄 후에, 홍보처가 셋째 박을 타면서 구구九九를 맞추어 노래를 부르는 내용이 길게 부연되어 있다. 그리고 그 위에 X표시를 했다. 이 대목은 1972년 공연 대본에 없다.

- 홍보 셋째 박에서 나온 목수들이 집 짓는 장면인 "동산하"대목이 창으로 불린다.

- '놀보 제비 후리러 나가는 대목'에서 도창이 부르는 소리가 비교적 길게 짜여 있다.

- 놀보 제비인 현조와 제비 왕이 문답하는 장면이 길게 부연되어 있다.

- 놀보박 가운데, 놀보가 박을 안탄다고 하면서 내던지자 박속에서 돈이 나오고 마을 사람들이 돈 주워가는 내용이 들어 있다.

〈수궁가〉 포스터

'돌남이 쫓겨나는 대목'과 '박쥐 잡는 대목'[21]은 60년대 이전 창극에서 인기 있었던 대목 가운데 하나이다. 그러니까 〈홍보가〉(1970)에서는 재담의 성격이 강하고 극의 전개에 꼭 필요한 대목은 아니라고 판단해서 생략했던 것인데, 〈홍보가〉(1977)에서는 다시 이러한 성격의 대목을 곳곳에 삽입한 것이다. 이는 판소리 가사를 중심으로 각색했다고 밝힌 '작의作意'[22]와 정확하게 부합하는 것은 아니라고 할 수 있다.

〈수궁가〉(1974)도 이진순이 김연수와 함께 편극한 작품이다. 서창, 제1부 제1장(곳: 영덕전 수정궁, 때: 늦은 봄), 제2장(곳: 별주부 본댁, 별주부 노모의 처소, 때: 늦은 봄), 제3장(곳: 별주부의 침실, 때: 그날), 제2부 제4장(곳: 바닷가 산중), 제3부 제5장(곳: 영덕전 수정궁 앞), 제4부 제6장(곳: 바닷가 산중, 때: 초가을)으로 구성되어 있는 이 작품에서 도창 역시 중요한 비중을 차지하고 있다.

"작의"에 의하면, 대본은 김연수가 정리한 사설을 바탕으로 한 것으로 보인다. "불초 본인이 30여년의 고심초사 끝에 5바탕 판소리 가사를 정리한 나머지 그 정리한 판소리 가사를 중심으로 연출 대가 이진순 선생과 합력하여 이 별주부전을 각색하였다"[23]고 밝히고 있는 데서 그러한 사실을 알 수 있다. 실제로 〈수궁가〉(1974)와 김연수

---

21 마당쇠가 놀부를 골탕 먹이는 내용이다. "개문하니 만복래요 소지하니 황금출이라"고 하면서, 마당쇠는 밖에서 안으로 쓸어내면서 먼지가 놀보를 향하게 한다. 그리고 박쥐가 나타났으니 잡아야 한다고 하면서, 마당쇠는 박쥐를 잡는 체하면서 놀부를 마구 때린다.
22 "홍보전이 창극으로 발전하여 오늘에 이르기까지 수없이 각색이 되고 상영되어 왔으나 그동안임의대로 각색하여 원형의 변모가 심함은 유감스러운 일이 아닐 수 없다. …(중략)… 이에 판소리 5가집 가사를 삼십여년의 고심초사 끝에 정리하고 그 정리한 판소리 가사를 중심으로 이 홍보전을 각색했다. …(후략)…" 〈홍보가〉, 1977 대본, "작의"에서.

바디 〈수궁가〉 사설을 비교해 본 결과, 김연수 바디에 있는 '날짐승 상좌다툼에 앞서 별주부가 남생이를 만나는 대목', '별주부 축문', '사람의 내력' 등이 창극에 수용되지 않은 점을 제외하고, 소리 대목 구성이 거의 같다. 아니리에서 약간의 차이를 보이거나, 한자로 되어 있는 구절을 우리말로 풀어서 표현한 경우가 있을 뿐이다. 김연수가 오랜 창극 경험을 바탕으로 이른바 동초제를 정립했다는 사실을 〈수궁가〉(1974)를 통해서 다시 한번 분명히 확인할 수 있다.

〈수궁가〉(1981) 또한 이진순이 연출과 편극을 담당한 작품이다. 이진순은 해당 대본 "작의作意"에서, "판소리 수궁가를 바탕으로 창극화를 위하여 극적으로 재구성하는 작업은 단지 판소리의 연장이거나 또는 판소리의 분창分唱 형식形式일 수는 없다."고 하면서, "판소리가 우리의 고유한 예술형식이라면 창극도 우리의 국적을 선명히 나타낼 수 있는 특유한 극적 형식의 창조로써 시현示現돼야 하는 국극國劇이어야 할 것"이라고 했다.²⁴ 그런데 대본만을 비교해 보면, 〈수궁가〉(1981)는 〈수궁가〉(1974)와 완전히 같다.

이진순은 국극정립위원회 회원이었기 때문에, 기본적으로 정립위원회의 자장 안에서 활동한 것으로 보인다. 그는 창극을 판소리와 구별되는 공연예술로 인식하여 창극만의 독자적인 양식화를 정립하기 위해 노력했으면서, 대본은 국극정립위원회가 추구한 지향과 궤를 같이 했다고 할 수 있다.

5. 허규와 김명곤이 추구한 '완판창극'과 '완판장막창극'의 지향과 특징

허규는 80~90년대 국립창극단에서 창극 극본과 연출을 담당하며 왕성한 활동을 전개했다. 그런데 민족적 정체성을 담은 극 양식 정립 작업에 대한 그의 관심과 실천적 활동은 이미 70년대부터 있어 왔다. 1973년 '새문화스튜디오' 원장이었던 허규는 소

---

23 김연수, 이진순 편극, 〈수궁가〉, 1974 대본, 2쪽, "작의"에서.
24 이진순 연출, 편극, 〈수궁가〉, 1981 대본, 1~2쪽, "作意"에서.

극장을 운영하기 시작하면서 7월 28일~8월 21일 〈사할린스크의 하늘과 땅〉(손진책 연출)이라는 작품과 더불어 국극정립위원회가 편극한 〈심청가〉(정현 연출)를 무대에 올린 바 있다. 이 공연에서 김소희 명창이 약 한달 간 창 지도를 담당했다.

허규가 처음 창극 연출을 맡게 된 작품은 1977년 국립창극단 제26회 정기공연 〈심청가〉이다. 허규는 이 작품을 연출하면서, "십 수년 전부터 연극 공부를 하기 위해서 우리의 전통 예능(공연예능분야)에 관심을 갖기 시작하였고, 그것을 현대적인 극장예술로 정립하여 보려는 꿈을 갖고서 판소리, 탈놀이, 무속, 타 전래되는 민중예능 등을 접촉하면서 기초 자료를 분석해 왔는데, 그 속에 자신의 모습이 그려져 있음을 보고 부끄러워 하기도 했고, 또한 희열을 맛보기도 하였었다"[25]고 고백한 바 있다. 그리고 창극 연출 과정에서 고민한 제반 사안들을 제시했는데, ①작품의 해석 문제, ②연기자의 창의 문제, ③창극 공연장의 구조 문제에 관한 자신의 견해를 비교적 자세하게 피력했다. 그 밖에 앞으로 풀어나가야 할 과제로, 무대 활용과 장치 문제, 감상주의 탈피 문제, 연기의 양식화 문제, 창극의 격조를 높이는 문제, 창의 속도와 길이의 문제, 반주 음악의 문제, 신작 창극 제작상의 문제 등을 제기했다. 창극 첫 연출을 맡았을 때 이미 허규는 창극과 관련하여 해결해야 할 과제가 무엇인지를 정확히 간파하고 있었다고 할 수 있다.

그는 전승 5가 뿐만 아니라 실전 판소리를 창극화 하였으며, 창작 창극 작품도 다수 무대에 선보였다. 그가 대본을 담당했던 작품을 정리해 보면 다음과 같다.

- 전승 5가의 창극화 : 〈춘향전〉(1981, 1987, 1988), 〈토생원과 별주부〉(1983), 〈수궁가〉(1986, 2000), 〈토끼타령〉(1987), 〈심청가〉(1989), 〈홍보가〉(1998, 1999), 〈창극 중 유명 대목〉(1985)
- 실전 7가의 창극화 : 〈가루지기〉(1979)

---

25 「창극 〈심청가〉 연출의 과제」, 국립창극단 제26회 공연 〈심청가〉 프로그램 '연출자의 말'(1977. 3. 24~27쪽).

- 고전 작품의 창극화 : 〈광대가〉(1979, 1998), 〈최병도전〉(1980), 〈춘풍전〉(1989)
- 창작 창극 : 〈부마사랑〉(1983), 〈용마골 장사〉(1986)

허규가 대본을 담당한 〈가루지기〉(1979)를 보면, 창극의 양식화 작업을 위해 그가 지향했던 방향이 무엇이었는가를 잘 알 수 있다.

- 서장에서 해설자, 꽹과리, 고수, 퉁소, 관객이 등장하여, 무대를 '굿판'으로 상정하며 이야기를 주고 받는다.
- "탈춤 가락이 시작되면 변강쇠 춘정을 못참아 춤을 추다가 퇴장한다.(17쪽)
- 강쇠와 옹녀가 "만나 보세 만나 보세"라는 불림을 한 후 춤을 추다가 대화를 하게 된다.
- 둘째 거리에 새우젓 장수가 등장하며, 셋째 거리에 초동과 변강쇠가 어울려 노는 장면이 있다.

1981년 국립극장 장에 취임하면서 본격적으로 창극 연출 작업을 병행하게 되는데, 그 가운데 주목할 만한 시도가 바로 '완판창극'이라고 할 수 있다. 그는 '완판창극'에 한국의 전통유산 가운데 빼어난 예술적 성과를 거둔 요소들을 집대성하여, 창극을 한국의 대표적인 공연예술로 정립해 보고자 했다. 1982년 창극 〈흥보전〉을 시작으로 하여 1983년 〈적벽가〉 공연으로 마무리 된 완판창극은 법통 있는 바디를 바탕으로 하여 대본을 마련했다는 점에서도 주목할만하다. 〈흥보전〉(1982)은 동편제의 법통을 잇고 있던 강도근 명창의 바디를, 〈춘향전〉(1983)과 〈심청가〉(1984)는 보성소리의 법통을 잇고 있던 정권진 명창 바디를 근간으로 한 것이다. 그리고 〈토생원과 별주부〉(1983)는 유성준 명창의 동편제를 이은 정광수 바디를, 〈흥보전〉(1984)과 〈적벽가〉(1985)는 동편제의 법통을 이은 박봉술 바디를 근간으로 짠 것이다.

완판창극의 중요한 특징으로, 전승 5가의 소리 대목을 생략하거나 축약하지 않고 모든 대목을 수용하여 무대에 올림으로써 판소리의 음악성을 극대화 시킨 점, '도창'을 적극적으로 활용한 점 등을 꼽을 수 있다. 창극에서 불리는 소리도 가능하면 판소리의 그것을 그대로 수용하고자 했다. 〈춘향가〉 사랑가' 대목에서 "사랑 사랑 내 사랑이야~"로 시작되는 이른바 '창극제 사랑가' 대신 "만첩청산~"으로 시작되는 '긴사랑가'[26]를 부른 것이 이를 단적으로 보여준다. 〈토생원과 별주부〉에서는 배우들로 하여금 인간 복장으로 동물 역을 연기하도록 했는데, 여기에는 판소리가 지니고 있는 재미를 극대화 하기 위한 의도도 내포되어 있다.[27]

근래에 들어와, 도창이 극적 긴장을 떨어뜨린다거나 대중들의 흥미를 반감시킬 수 있다는 점에서 그 역기능을 염려하는 시각도 있으나, 판소리의 음악성을 살리고 이를 창극의

완판창극 〈심청가〉 포스터

표현 기법으로 이어간다는 측면에서 도창의 의의가 있다. 창극정립위원회에서 창극이 갖추어야 할 요건의 하나로 도창을 꼽았던 이유가 여기에 있다. 그러니까 허규는 국극정립위원회가 지향했던 창극의 양식화 작업을 수용하고 심화시켰다고 할 수 있다.

판소리의 결말은 언제나 '축제적 결말'이다. 사실 '축제적 결말'은 한국 전통공연예술의 보편적 특질이라 해도 과언이 아니다. 〈춘향전〉에서는 모든 배역이 무대에 나와 합창으로 '사랑가'를 부르며 막이 내린다. 〈토생원과 별주부〉에서는 도창에 맞추어 모든 인물이 등장하여 합창을 하는데, "얼씨구 절씨구 지화자 좋네, 얼씨구 절씨구."로 마무리한다. 〈심청가〉에서는 만좌 맹인이 눈을 뜬 후, 축제 분위기 속에서 출연 배우

---

26 송광록의 더늠으로 전하는 '긴사랑가'는 판소리에서 불리는 대목이다.
27 KBS에서 중계할 당시 중간 휴식시간에 가진 진행자와의 인터뷰에서 허규는, "과거에는 동물 탈을 쓰고 연기했다. 그러다 보니 관객과의 친근감이 없어지고 판소리가 지니고 있는 재미가 반감되었다. 그래서 이번에는 의인화를 넘어 완전히 사람으로 표현한 것이다. 전통문화가 본의 아니게 단절되었다. 이제는 버릴 것이 없다. 전통을 더 깊이 닦아 볼 필요가 있다. 과거의 공연 유산을 집대성 해 보자는 데 완판창극의 의의가 있다."는 취지의 이야기를 했다.

들의 합창으로 결말을 맺는다. 〈흥보전〉에서는 개과천선한 놀보와 흥보가 화해하고 놀보처와 흥보처가 서로 손을 맞잡은 가운데 축제적 결말로 마무리한다. 〈적벽가〉에서는 합창으로 관우의 의로움을 칭송하며 축제적인 분위기를 연출한 다음, 도창으로 "제갈량은 칠종칠금하고 장익덕은 의석엄안하고 관공은 화용도 좁은 길에 조맹덕을 살려주니 천추에 늠름한 대장부는 한수정후 관공이라. 그 뒤야 누가 알리 더질 더질"로 마무리하고 있다. 이처럼, 완판창극에서는 '축제적 결말'을 충실히 따르고 있다.

허규는 전통연희를 창극의 극적 표현 영역을 넓혀줄 수 있는 좋은 재료라고 생각하여, 이를 적극적으로 창극에 수용함으로써 청중들에게 극적인 재미와 볼거리를 제공하고자 했다. 그렇지만 그는 전체 극의 흐름을 해치지 않는 범위에서 전통연희를 적절하게 수용했으며, 해당 연희의 전문성을 최대한 발휘할 수 있도록 세심하게 배려했다.

허규는 완판창극을 무대에 올리면서 자신의 세계관에 따라 일정한 작품 해석 시각을 보여주려고 노력했다. 그가 특히 강조한 것은 '격조'와 '윤리의식'의 중시라 할 수 있다. 전술한 바 있듯이, 그는 전통을 중시하여 법통 있는 창본에 기반하여 작품을 짰다. 그렇지만 부분적으로는 자신의 취향 혹은 가치관에 부합하지 않는 사설은 배제하고 다른 바디에 있는 사설이라도 자신의 취향 혹은 가치관에 부합하면 이를 수용하기도 했다. 이와 관련하여, 각 작품에 나타난 특징적인 부분을 정리해 보면 다음과 같다.

① 〈춘향전〉의 경우

◇ 춘향이 향단에게 이도령의 외모를 확인하게 한 후 이도령의 구애를 받아들이기로 한다.
◇ 이도령과 춘향은 월매의 허락을 얻은 후 첫날밤을 보낸다. 첫날밤 월매의 허락 여부는 춘향의 행실을 어떻게 그리는가 하는 문제와 긴밀하게 맞물려 있다. 춘향전 이본 가운데에는 정정렬본에만 두 청춘 남녀가 월매 모르게 첫날밤을 보내는 것으로 설정되어 있다. 정정렬제는 자유연애를 강조하고 있는데, 허규는 이를 따르지 않고 전통적인 관점을 수용했다고 볼 수 있다.
◇ 이도령과 춘향은 춘향 집 안에서 이별한다.[28] 이는 보성소리 〈춘향가〉를 수용한 결과이기도 하다. 이별 장소가 오리정인가 아니면 춘향 집인가 하는 점은 춘향의 체통과 관련

하여 중요한 의미를 지닌다. 보성소리에 들어 있는 "그 때여 춘향이가 오리정으로 이별을 나갔다 허되, 그럴 리가 있겠느냐? 내행차 배행시에 육방관속이 오리정 삼로 네거리에 늘어서 있는디 체면 있는 춘향이가 퍼버리고 앉어 울 수가 없지."[29]라는 사설이 이 점을 잘 보여준다.

◇ 춘향이 옥중에 갇혀 있을 때, '성군'이 등장하여 천상에서의 일을 이야기해 준다.

◇ 기생 난향이 옥에 찾아와 춘향에게 수청 들것을 권하자, 춘향이 수절 의지를 확실하게 밝힌다.

◇ '어사와 장모' 대목에서 향단의 어리숙한 행동은 비교적 간략하게 처리하였다. '어사와 장모' 대목은 토막창극으로도 공연되는 경우가 많은데, 어사와 장모 사이를 오가며 말심부름을 하는 향단의 행동이 약간 모자란듯이 해학적으로 그려지는 데 이 대목의 묘미가 있다. 그런데 허규는 향단을 지나치게 해학적으로 그리는 것이 격조를 떨어뜨린다고 판단한 것이 아닌가 한다.

◇ 옥중 춘향에게 소경이 와서 해몽을 하는데, 춘향을 성적으로 희롱하는 소경의 골계적인 행동은 나타나지 않는다. 소경이 춘향을 몸을 더듬는 행동이 부각되면, 작품의 격이 떨어진다고 보았기 때문일 것이다.

② 〈토생원과 별주부〉의 경우

◇ 별주부가 육지에 도착하여 토끼를 찾는데, 원숭이가 등장한다. 수사슴이 뒷다리에 포수 총을 맞고 도망하는데, 그 뒤를 포수 3인이 뒤쫓는다. 남편을 잃은 암사슴이 통곡하자. 원숭이가 암사슴을 위로하며 홀아비인 자신에게 개가할 것을 권유한다. 이 때 곰이 나타나 남편 잃은 지 하룻만에 개가를 하는 법이 어디 있느냐면서 원숭이를 힐난한다. 암

---

28 국립극장 자료실에 보관되어 있는 해당 대본에는 춘향이 오리정에까지 나가 이도령과 이별하는 것으로 되어 있다. 그런데 실제 공연에서는 대본과 달리, 이도령과 춘향이 담장 안에서 이별하는 것으로 되어 있다. 그러니까 허규는 대본을 그대로 따르지 않고 자신의 가치관에 부합하는 방향으로 이별 장면을 연출한 것으로 볼 수 있다.

29 고우회 편, 『성우향이 전하는 김세종제 판소리 춘향가』, 희성출판사, 1987, 38쪽.

사슴 또한 원숭이의 개가 요청을 거부한다.

◇ 천상 선관이 나타나 별주부에게 충성스러움을 치하하며 용왕의 병을 고칠 약을 준다. 별주부는 약을 얻어 수궁으로 돌아간다. 〈수궁가〉 이본 가운데에는 세창서관본에 이러한 내용이 들어 있는데, 별주부의 충忠을 강조하는 이 대목을 허규가 작품에 수용한 것이다.

◇ 토끼가 독수리를 속이고 굴 속으로 들어가자, 선관이 등장하여, "과욕하면 패망이라. 네가 오늘 토끼에게 능욕을 당한 것도 욕심 많던 탓이로다. 네가 잡은 토끼 두고 의사줌치 탐을 내다 토끼 꾀에 속았으니 오늘 일을 거울 삼고 독수리 너의 본분 지켜 나를 따라 살아가거라."라고 말하며 독수리를 힐난한다.

③ 〈심청가〉의 경우

◇ 곽씨부인이 몽중에서 천상의 심청을 만난다.

◇ 심봉사 대신 심청이 몽은사 화주승에게 공양미 삼백석 시주를 약속하는 것으로 되어 있다. 〈심청가〉 이본 가운데 여규형본에 이러한 내용이 보인다. 일반적으로 창본에서는 심봉사가 공양미 삼백석 시주를 약속하는 것으로 되어 있다. 그런데 이와 달리 심청이 공양미 삼백석을 약속하는 것으로 설정할 경우, 심청의 효성스러움이 더욱 돋보이게 되는 것이다.

◇ 심청이 인간세상으로 환생하는 과정에서 귀신 형상을 한 이비와 오자서가 등장한다.

◇ 뺑덕어미의 해학적 면모가 그다지 두드러지게 그려지고 있지 않다.

④ 〈흥보가〉의 경우

◇ 놀보와 더불어 놀보처의 악인형적 면모를 강조하고 있다.

이처럼, 허규는 새로운 사설을 창작하기보다는 기존의 다양한 이본 가운데 자신이 추구하는 가치관이나 취향에 부합하는 사설을 취사선택하는 방식으로 새로운 주제의식을 구현해 보고자 했다. 그는 작품을 사회역사적으로 해석하여 동시대성을 드러내

기 보다는, 성정과 같은 인간의 보편성의 문제나 한국인의 성격·정서·해학성 등의
문제에 더 많은 관심을 가지고 있었던 것으로 보인다.

허규는 격조를 중시하면서도 한국인의 보편적인 정서나 해학을 표현하는 데에도 많
은 관심을 가졌다. 그래서 주인공은 아니지만 양념과 같은 역할을 수행하는 보조인물
(일본어로 '산마이')의 비중을 중시하여 다루었다.

〈춘향가〉에서 이에 해당하는 대표적인 인물은 방자이다. 그런데 허규는 방자 외에
도 군로사령이나 허봉사와 같은 보조 인물을 비중 있게 그리고 있다. 춘향을 잡으러
간 군로사령들이 술을 얻어 마시고 돌아와 변학도 앞에서 횡설수설하기까지의 모습이
매우 해학적으로 형상화되어 있다. 옥에 갇힌 춘향에게 해몽을 해주는 허봉사 또한
외설스러운 행동은 자제하는 것으로 되어 있지만 제법 의미 있게 다루어지고 있다.
〈흥보가〉에서는 마당쇠의 역할이 판소리에서보다 훨씬 부각되어 나타난다.

〈적벽가〉에서는 '군사설움타령'이나 '장승타령' 그리고 '군사점고사설' 등 판소리의
그것을 그대로 수용하면서 이들 장면을 통해 군사들의 애환을 해학적으로 형상화하고
있다. '군사설움타령'에서 군사로 분장한 안숙선 명창이 설움 사연을 노래하자, 다른
군사가 "턱에 수염도 안난 것이 무슨 설움이냐"고 하며 자신의 설움 사연을 늘어놓음
으로써 웃음을 유발하고 있다. 그리고 '장승타령'대목에서는 장승 형상의 인형을 쓴

배우가 등장하여 조조에게 자신의 처지를 하소연함으로써 약자의 아픔을 잘 드러내고 있다.

허규는 '완판창극'에서 판소리의 진정성을 그대로 살리려고 노력했으며, 처음부터 끝까지 한 대목도 빠뜨리지 않고 장면화 하려고 했다. '완판창극'의 공연 시간이 4~5시간이나 소요되었다는 것이 그 점을 잘 보여준다.

허규가 완판창극에서 거둔 성과는 이후 창극에 상당한 영향을 끼친 것으로 보인다. 가장 중요한 영향 가운데 하나는 판소리의 '열린 형식'을 창극의 공연 문법으로 적극 활용했다는 점일 것이다. 판소리는 상황에 따라 소리 대목을 더 넣을 수도 있고 제외할 수도 있다. '토막소리' 공연이 가능한 이유도 여기에 있을 것이다. 허규는 극의 전개 과정에서 필요하다고 판단되면 전통연희의 요소를 적극적으로 수용하여, 극적 표현 영역을 확장하고 작품의 완성도를 높이고자 했다. 이러한 그의 시도는 창극 극작술의 한 방식으로 인식되어, 이후 창극 연출에도 상당 기간 영향을 미쳤다.

'완판장막창극'[30]이라는 이름으로 공연된 1998년 〈춘향전〉과 1999년 〈심청가〉도 그 모태는 허규의 '완판창극'에 두고 있다고 할 수 있다. 창본을 종합해 내고 판소리의 좋은 점을 모두 보여주고자 하는 의도가 일치한다는 점에서 특히 그러하다. 두 작품 모두 극본은 김명곤이 담당했다. 김명곤은 박초월 명창에게서 판소리를 사사받았으며, 영화 〈서편제〉에서 유봉 역을 맡아 인상적인 연기를 펼친 배우이자 국립극장장과 문화관광부 장관을 역임하면서 문화 행정 분야에서도 역량을 발휘한 바 있는 행정가이기도 하다. 문화 전반에 걸쳐 이론과 실기 양면에서 두루 역량을 갖춘 김명곤은 창극 대본 작가로서도 의미 있는 활동을 펼쳤다. 김명곤이 대본을 담당한 1998년작 〈춘향전〉은 5시간에 걸쳐 공연되었는바, 현전하고 있는 〈춘향가〉의 여러 바디를 망라하여 주요 소리 대목으로 일컬을 수 있는 대목을 거의 빠뜨리지 않고 수용했다. 그리고 '목낭청' 사설과 '허봉사 문복' 등 재담의 성격이 강한 대목도 포함했다는 점에서, 이 작품은 창본 〈춘향가〉의 집성체라 해도 과언이 아니다. 1999년에 무대에 오른 〈심청

---

30 국립창극단 제95회 정기공연, 완판장막창극 〈춘향전〉, 국립극장 대극장(1998. 2. 14.~26).

완판장막창극 〈춘향전〉 포스터(좌)와 완판장막창극 〈심청전〉 포스터(우)

가〉은 완판장막창극 〈춘향가〉와 마찬가지로 여러 바디에 있는 소리 대목이 망라된 작품으로, 6시간이나 소요되어 이틀에 걸쳐 공연되었다. '완판장막창극'이라는 이름을 내걸고 공연된 이 두 작품은 전승 판소리의 진면목을 극적으로 온전히 구현해 내고자 하는 목적에서 시도된 것이다. 이런 점에서 허규가 시도한 '완판창극'과 그 정신이 일 맥상통한다. 그렇지만 '완판장막창극'은 대형 무대화를 지향했으며 화려한 무대장치와 의상 그리고 버라이어티한 요소를 부각시켰다는 점에서 '완판창극'과 대비된다.

6. 국립창극단 단원 박성환의 창극 대본

2000년대에 들어와 창극 대본을 담당한 작가를 보면, 이전에 볼 수 없었던 특징적인 현상이 눈에 띈다. 국립창극단 단원 박성환이나 조영규와 같은 배우가 대본 작업을 담당한 사례가 많아졌다는 점이 그것이다. '국립창극단 편극위원회'라는 이름도 보이는데 이들 배우가 주 구성원으로, 실체를 가진 조직체라기보다는 편의상 사용된 명칭으로 볼 수 있다.

조영규는 배우이자 협률사를 주제로 박사학위를 취득한 연구자이기도 하다. 2000년 제10회 국립극장 창작공모 창극대본 부문에 당선된 바 있는 조영규는 이후 창극 작가로서도 활발한 활동을 보여준 바 있다. 조영규는 현재 국립창극단을 그만 두고 해외 유학중이다. 여기서는 박성환을 중심으로 그의 활동상과 특징에 대해 검토해 보고자 한다.

박성환은 외국어대 불어과 출신으로, 군 제대 후에 판소리에 입문한 늦깎이이다. 1995년 남원의 강도근 명창에게서 2년여에 걸쳐 〈흥보가〉와 〈수궁가〉를 배운 그는, 이후 성우향 명창에게서 〈심청가〉와 〈춘향가〉를, 정광수 명창에게서 〈수궁가〉와 〈적벽가〉를 배웠다.

1999년 국립창극단에 입단하여 단원으로 활동했던 그는, 공연 기획이나 연출뿐만 아니라 작사·작창 부문에서 두각을 나타냈다. 지금까지 발표한 창작판소리 작품만 해도, 2002년 전주세계소리축제 창작판소리 사설공모에서 최우수상을 받은 〈아빠의 벌금〉을 비롯하여, 〈효순이와 미선이를 위한 추모가〉, 〈백두산 다람쥐〉, 〈번호표〉, 〈대고구려〉 등이 있다. 창작판소리에 대한 관심과 실천적인 작업을 통해 축적한 역량을 바탕으로, 그는 여러 차례에 걸쳐 국립창극단 창극 공연 대본 집필을 담당했다.

그는, 창작창극은 작품에 따라 다르지만 전승 5가를 창극화 하는 경우에는 도창이 필요하다는 생각을 가지고 있었다. 이는 도창이 판소리가 지니고 있는 1인 구연창의 원리를 수용한 것으로 보기 때문인데, 그렇다 하더라도 도창이 지루한 느낌을 줄 정도로 길어서는 안되며 가능한 속도감 있는 극의 전개에 기여할 수 있도록 간소화 하

는 것이 필요하다는 관점을 보여주었다.[31]

우리 시대의 창극2, 국가브랜드라는 타이틀로 공연된 창극 〈청〉은 그가 집필한 대표적인 작품 가운데 하나이다. 대본의 서두에서 그는 〈우리시대의 창극2〉를 위한 전제로 다음과 같은 사항을 제시했다.

- 창극의 세계화를 위해 우리만의 전통양식을 개발하는 한편, 음악극의 보편성을 따라 공감대를 넓힌다.
- 심청과 아버지 사이의 심리적 흐름이 자연스럽게 읽혀지도록 공연을 마련한다.
- 공연은 음악과 춤이 소리를 감싸주며 진행한다. 우리 고유의 판을 도창이 중심이 되어 진행해 나가는 틀거리로 형상화한다.
- 시각적 효과를 위해 무대, 의상, 조명, 소도구, 장치 등의 적극적 개발이 필요하다.
- 코러스와 방창, 다양한 악기의 활용, 정교한 작곡이 요구된다.[32]

그가 보편적 음악극으로서의 창극을 지향하며 대본 집필에 임했다는 사실이 잘 적시되어 있다. 도창의 긍정적 기능을 인정하고 활용했다는 점에서, 그동안 축적되어 온 창극 양식에 대한 고려가 있음도 알 수 있다. 그렇지만 도창의 비중은 그렇게 크다고 할 수 없다. 수성가락이 아닌 정교한 작곡에 의한 음악의 필요성과 시각적 효과를 극대화 할 수 있는 제반 요소의 개발의 필요성을 강조하고 있는 점도 특징적이다.

창극 〈청〉은 성우향 명창의 강산제 〈심청가〉 바디를 바탕으로 집필한 것이다. 그렇지만 작가는 강산제를 선택적으로 수용했으며, 필요에 따라 각색하거나 새로운 소리 대목을 창작하기도 했다. 삯바느질과 곽씨부인 기자치성, '우물가 젖동냥' 대목 등은 빠른 전개를 위해 삭제했다. 심봉사 탄식하는 장면인 "아이구 여보 마누라~", "심청

---

31 두 차례(2014년 5월 5일, 통인동 커피공방. 2014년 5월 11일, 체부동에 위치한 박성환 선생 연습실.)에 걸쳐, 박성환 작가의 창극에 대한 관점과 작가로서의 지향 그리고 그가 집필한 대본의 특징 등에 관해 면담 조사했다.
32 창극 〈청〉 대본. 2006년 11월 3일~11월 12일.

이 장승상부인과 만나는 대목", 심봉사와 몽운사 화주승 대화 장면은 길게 부연했다. 전반부에서 비극성이 강하게 표출되었기 때문에 극적 긴장을 이완하기 위해서였다.

강산제에 없으나 새로 짜서 넣은 소리 대목으로, 합창으로 부르는 "한숨 겨워~", "아침에 우는 새는~(중모리)", 심청의 "아버지 부녀 천륜이야~", "이내 팔자 무상하여~ 친형제나 다를소냐", 대왕이 부르는 "명승 절경~" 대목, 대신들이 부르는 "국태민안 시화연풍~" 등이 있다. 심청이 임당수에 빠지러 가는 대목에서는 '범피중류' 대신 김소희 명창이 짠 '남도 뱃노래'를 수용했다.

"하량낙일 수운기는~" 대목은 첫 공연에서는 불렀지만, 가사 내용이 어렵다는 이유로 이후 공연부터 작가 스스로 삭제했다. 2막 씻김을 시작할 때 애비가 등장하여 씻김하는 장면이 있었으나, 초연 이후 삭제했다. 봉사들이 "어두워 어두워 어두워 어두워~" 대목을 최초 대본에서 집필했으나 작곡이 좋지 않다는 이유로 실제 공연에서는 채택되지 않았다.

강산제에서는 심청이 임당수에 빠진 직후 나오는 '화초타령'은 경사스러운 분위기를 강조하기 위해 그보다 뒤쪽에 배치했다. '뺑덕이네 성정 묘사 대목'은 기존 창극 〈심청가〉에서 많이 나오는 내용을 수용했다. 강산제에서는 이 대목이 비교적 소략하게 나오기 때문이다. '봉사들이 황성 올라가는 데 통성명하는 대목'은 신재효본에 있는 내용을 수용했다.

도창은 처음과 중간 그리고 결말 부분에 배치했다. 극적 전개가 급박하게 전개되어 온 것을 정리하고 긴장을 이완할 필요가 있다고 판단했기 때문이다. 여러 봉사들과 황봉사가 결말까지 함께 있는 것으로 설정했으나, 행복한 결말로 끝나는 것이 진부하다고 판단되어 심봉사와 심청만 무대에 남는 것으로 바꾸었다. 그리고 심청의 구원자적 이미지를 부각할 수 있는 사설로 결말을 맺고자 했으나, 연출가의 주장으로 관철되지 못했다. 만좌맹인이 함께 광명세상을 맞이하는 축제적인 결말을 맺는 대신, 심청과 개안한 심봉사가 고향을 향해 긴 여정을 떠나고 뺑덕어미와 황봉사가 그 뒤를 좇는 것으로 결말을 맺음으로써, 집단보다는 철저히 개인을 중시하는 관점을 보여주었다. 심청을 철저히 영웅화하고, 축제적 결말을 배제한 것이다.

독일 연출가 아힘의 〈수궁가〉 대본도, 박성환이 정광수 바디 〈수궁가〉를 바탕으로 집필한 것이다. 외국의 유명 연출가가 무대에 올린 작품이기 때문만은 아니지만, 아힘의 〈수궁가〉는 직전까지의 국립창극단 공연과는 다른 양식적 특징과 지향을 보여주었다는 점에서 세간의 관심을 끌었던 작품이다. 박성환은 정광수 명창 〈수궁가〉의 이른바 눈대목을 수용하면서 대본을 집필하고자 했다. 그러나 연출가 아힘과 몇몇 지점에서 의견을 차이를 보여 곤란함을 느끼기도 했다. '약성가', '고고천변', '팔난 대목' 등은 음악적으로 중요한 대목이지만, 아힘은 전달력의 측면에서 어려움이 있다고 판단하여 해당 대목을 삭제하고자 했다. 별주부가 육지로 나가기로 하자 모친이 가지 말라고 만류하는 대목 또한 음악적으로 잘 짜여진 대목이었지만, 아힘은 지체 높은 별주부의 어머니가 보이는 태도라고 보기에는 이해하기 어려운 점이 있다고 하면서 빼는 것이 좋겠다는 의견을 개진했다. 박성환은 이 대목을 살리는 대신, 별주부와 별주부 모친을 현실주의자로 그리는 방식을 택했다. 이는 작가와 연출가가 기본적으로 긴장관계일 수밖에 없음을 보여주는 것이다.

7. 다양한 작가의 참여와 다양한 유형의 창극 공연

김성녀 예술감독이 부임한 이후 국립창극단 창극 공연은 여러 가지 측면에서 이전과 다른 면모를 보여주었다. 무엇보다도 창극 작품의 폭과 양식 유형이 다양해졌다. 판소리의 음악어법을 중시하면서도 이른바 전통적인 창극과 구별되는 새로운 양식을 다양하게 선보였던 것이다. 양식뿐만 아니라 무대에 올린 작품의 편폭 또한 상당히 넓다고 할 수 있는바, 김성녀 예술 감독이 무대에 올린 공연 작품과 대본 작가를 소개하면 다음과 같다.

• 전통 판소리를 창극화 한 작품 : 〈다른 춘향〉(각본 : 안드레이 서반, 다니엘라 디마, 윤색 : 안재승), 〈흥보씨〉(고선웅), 〈적벽가〉(이소영), 〈변강쇠 점 찍고 옹녀〉(고선웅), 〈배

비장전〉(오은희), 〈숙영낭자전〉(김정숙)
- 기존 작품을 창극화 : 〈장화홍련〉(정복근), 〈산불〉(원작 : 차범석, 극본 : 최치언), 〈서편제〉(김명화)
- 서양 고전에 기반한 작품 : 〈오르페오전〉, 〈트로이의 여인들〉(배삼식), 〈메디아〉(원작 : 에우리피데스, 극본 : 한아름), 〈코카서스의 백묵원〉(원작 : 브레히트 〈코카서스의 백묵원, 극본 : 정의신)
- 창작 창극 : 〈아비, 방연〉(한아름), 〈내 이름은 오동구〉(공동극본 한현주, 김민승)

고선웅, 김명화, 김정숙, 김지일, 배삼식, 안재승, 이소영, 정복근, 정의신, 최치언, 한아름 등 다양한 작가가 극본을 담당했다는 사실을 확인할 수 있다. 이들은 대부분 연극이나 뮤지컬 등 갈래를 넘나들며 작품 활동을 했다는 점이 특징이다. 여기서는 전승 5가를 창극화 한 〈다른 춘향〉과 〈적벽가〉 그리고 〈홍보씨〉를 중심으로 간략하게 작품의 특징을 고찰해 보기로 한다.

〈다른 춘향〉은 제명에서 알 수 있듯이, 기존 창극 〈춘향가〉와는 차별되는 작품 세계를 지향하고 있다. 그렇다면 무엇이 다르며 '다름'을 표방한 만큼 그에 상응하는 예술적 성과를 거두었는가 하는 점이, 이 작품을 평가하는 주요 논점이 될 수 있다. 시대 배경, 무대 장치, 배우 의상, 영상 및 자막 등 여러 측면에서 이 작품은 기존 창극과는 확연하게 구별되는 특징을 보여 주고 있다. 좀 더 구체적으로 말한다면, 고전을 텍스트로 했으면서도 시점을 현대로 옮겨왔다는 점, 리얼리티를 중시하기보다는 모래와 물로 대표되는 무대 장치를 활용하여 극적 효과를 극대화 했다는 점, 복수의 도소리꾼이 등장하여 단순히 해설자의 역할에 그치지 않고 극중 인물로 전환하여 작품 진행에 일정하게 참여했다는 점 그리고 극의 진행과정에서 영상과 자막을 적절하게 활용했다는 점 등이 그것이다. 특히 인상적인 장면으로, 이몽룡과 춘향이 모래 위에서 서로 안고 뒹굴며 사랑가를 부르면서 에로틱한 분위기를 연출한 대목, 춘향이 매를 맞고 물에 빠지며 십장가를 부르면서 잔혹미를 연출한 대목 등을 꼽을 수 있다. 영상을 활용한 사례가 아주 특별하다고 할 수는 없으나, 자막은 고전 판소리 사설의 현대

〈다른 춘향〉 포스터

주석본으로서의 기능을 톡톡히 수행했다. 외형에서 드러나는 이와 같은 양식적 특징은 사실 그동안 전승 5가를 창극화 한 공연에서는 볼 수 없었던 모습이다. 그런 점에서 이 작품은 파격이라 할만하다.

그런데 이 작품은 파격에 가까운 변모를 시도했음에도 불구하고, 창극 양식의 본질에 해당하는 요소는 놀라우리만큼 그대로 온존시키고 있다. 무엇보다도 〈춘향가〉의 눈대목이라 할 수 있는 주요 소리대목을 거의 그대로 수용했다. '사랑가', '갈까부다', '이별가', '어사와 춘향모 상봉대목', '어사출도 대목' 등이 그 대표적인 예다. 특히 죄수복을 입고 머리가 하얗게 된 춘향이 비좁은 옥에 갇혀 '쑥대머리'를 부르도록 설정했다.

고전古典은 시대를 넘어선 이월가치를 지니고 있기 때문에 고전이다. 그러니까 고전은 어느 시대든지 통용될 수 있는 보편적 가치를 지니고 있다는 뜻이다. 〈춘향가〉가 고전인 이유도 여기에 있다. 춘향과 이몽룡 그리고 변학도 사이에 놓여 있는 삼각관계는 어느 시대든지 존재할 수 있는 보편성을 담보하고 있다. 물론 삼각관계의 보편성만큼이나 해당 인물의 욕망이나 윤리의 문제 혹은 갈등을 풀어가는 방식 등은 관점에 따라 얼마든지 다양하게 변주될 수 있는 소지가 있다. 〈춘향가〉 또한 마찬가지다. 춘향은 순수한 애정의 소유자였는가 아니면 신분상승의 욕망에 사로잡힌 인물인가, 춘향에 대한 변학도의 수청 요구는 정당한 것인가 아닌가, 이몽룡이 춘향을 고난에서 구한 동력은 어디에서 비롯된 것인가 등등… 고전은 그 자체로서 의미 있는 텍스트로 향유되기도 하지만, 시대의 요구에 따라 새롭게 재해석될 수 있는 여지가 많을수록 고전으로서의 가치가 높다고 할 수 있다.

〈다른 춘향〉에서 보이는 현대적 변용은 새로운 것 같지만 새로운 것은 아니다. 고전 〈춘향가〉의 작중 상황·인물 등을 현대에 대비해 볼 때 예상할 수 있는 모습이 그대로 무대에 재현되었다고나 할까. 이몽룡이 검사가 되어 변학도와 같은 부패한 정치인을 징치하는 설정 등이 그렇다는 말이다. 변학도와 그를 호위하는 부하들의 복장이 다소 이질적으로 느껴지고(나치의 이미지를 연상케 한다) 춘향이 마치 조폭들(극중에서 이들은 국가권력이지만)에게 윤간당하는 여성의 이미지로 형상화 되는 등 과장된 면이 없지 않지만, 오히려 이러한 요소가 약자에게 가해지는 현실에서의 권력 혹은 폭력이 얼마나 비인간적이고 공포스러울 수 있는가를 잘 드러내기도 한다.

〈다른 춘향〉의 새로움 혹은 창의적 해석은 결말에 잘 나타나 있다. 변학도를 징치한 후 월매를 포함하여 많은 사람들이 "얼씨구나 절씨구~"하면서 축제적 분위기를 연출할 때, 춘향은 마치 이 세상 사람이 아닌듯한 몰골과 표정으로 의자에 앉아 미세한 움직임도 보이지 않고 있다. 춘향의 이러한 형상은 고통의 깊이를 보여주는 것이기도 하지만 죽음의 이미지와 연결될 수 있으며 춘향의 미래에 대한 어떤 암시로도 읽힐 수 있어, 축제적 분위기와는 달리 비극적 정조를 자아내고 있다. 축제 공간에서 춘향의 형상은 일종의 '소외효과'를 유발하고 있는 셈이다. 축제적 분위기가 끝난 뒤에도 작품은 끝나지 않는다. 몽룡이 남원을 찾은 것이 사랑의 힘 때문인가 아니면 정치적 욕망의 산물인가 하는 점에 대해 도소리꾼이 의문을 제기하고 있는 것이다. 〈춘향가〉에 대한 통념적 이해는, 신분적 갈등을 극복하고 인간의 자유의지에 의한 사랑의 선택이 얼마나 소중한 가치인가를 보여주는 작품으로 보는 시각에 맞추어져 있다. 이에 대해 〈다른 춘향〉은 사랑이라는 이름의 이면에 인간의 정치적 욕망의 문제가 놓여 있을 수 있음을 제기하고 있다. 어쩌면 이러한 해석 시각이 훨씬 현실성을 띠고 있다고 할 수 있다. 현실 맥락을 중시한 관점은 이 작품에서 일관되게 드러난 특징이기도 하다. 피켓을 활용한다든가 시위대를 등장시키는 장면 등이 이를 잘 말해준다. 이러한 설정은 춘향의 고난이 개인의 고난에 그치지 않고 사회적 의미망을 지니고 있는 것임을 잘보여주는 것이다. 그렇지만 작품의 흐름과 무관해 보이는 직설적 구호가 빈번하게 등장하는 것은 극적 긴장감을 떨어뜨리는 요소로 작용할 수도 있었다.

연출과 각본을 담당한 안드레이 서반은 〈다른 춘향〉을 통해 〈춘향가〉가 우리 시대에도 여전히 살아있는 고전일 수 있음을 잘 보여주었으며, 고정 관념에 얽매이지 않고 창극 양식의 확장성을 실천적으로 보여주었다는 데 그 의의가 있다.

전술한 바 있듯이, 김성녀 예술감독이 부임한 이래, 국립창극단에서는 참으로 다양한 창극 작품을 선보여 왔다. 작품뿐만 아니라 창극의 양식적 측면에서도 그러하다. 〈적벽가〉는 창극화가 난해하기로 정평이 난 작품이다. 어떤 방식으로 〈적벽가〉를 창극화할 것인가 하는 문제는 창극의 양식과 관련해서 주목할 필요가 있다. 〈적벽가〉의 연출과 각색을 담당한 이소영은 특히 '소리'에 중점을 두고 도창의 비중을 크게 했다. 창극소리화 되는 과정에서 극적인 요소가 강화되는 면이 있다 하더라도 동편제의 맥을 잇고 있는 송순섭 명창의 〈적벽가〉를 근간으로 하여, 본래 소리가 지니고 있는 〈적벽가〉의 묘미는 그것대로 잘 살리고자 한 점이 이 작품의 도드라진 특징인 것이다. 극의 진행 과정에서 도창의 비중이 매우 큰 이유가 여기에 있다. 창극화하기 어려운 〈적벽가〉의 속성에 비추어 보더라도, 이처럼 도창을 적극적으로 활용하는 것이 효과적인 전략적이라고도 할 수 있다. 인간문화재가 된 이후 더욱 왕성하게 활동하면서 노익장을 과시하고 있는 우리 시대의 큰 명창 송순섭 선생이 직접 도창을 담당했다. '장판교 싸움'에서 여성배우들이 합창하거나 '장승타령'대목에서 김지숙·김금미·이소연 등 여성 배우들이 함께 소리하는 등의 장면도 있다. 그렇지만 도창이 작품 전반에서 차지하는 비중이 훨씬 컸다. 관현악 반주를 동반하지 않고, 소리북을 중심으로 한 타악 반주 위주로 진행하는 것도 이번 공연의 중요한 특징 가운데 하나이다. 물론 부분적으로 모듬북이나 아쟁, 피리, 태평소 등을 활용하지만, 그 역할은 최소한에 그쳤다.

인물 중심의 접근에서 벗어나, 전쟁을 매개로 한 삶과 죽음의 문제를 극화하고자 했는데, 이러한 시도 또한 〈적벽가〉를 새롭게 읽어내는 유력한 독법이라 할 수 있다. 창극 〈적벽가〉의 핵심 키워드는 '증언·죽음·허무'이다. 유비·관우·장비·조조 등 영웅적 인물이 부각되기 보다는 등장하는 모든 인물들이 '망자'로 설정되어 처참한 전쟁을 목격한 증언자로서 무대에 선 것이다. 〈적벽가〉의 대표적인 눈대목이기도 한 '원조타령(새타령)'으로 결말을 삼은 것도 이러한 맥락에서다. 판소리 〈적벽가〉에서처럼 화용도에서 관우가 조조를 놓아주는 것으로 끝난다면, 관우의 의로움이 작품의 주제의식으로 부각될 것이다. 그런데 이 작품에서는 에필로그에 '원조타령(새타령)'을 배치함으로써, 죽음의 문제를 효과적으로 강조하고자 했다.

〈흥보씨〉는 판소리 〈흥보가〉에 기반했으면서도 서사나 진행의 측면에서 상당히 차별되는 면모를 보여주고 있는 작품으로, 고선웅이 대본을 담당했다. 고선웅은 창극뿐만 아니라 연극, 뮤지컬, 오페라 등 다양한 영역에서 두각을 나타내고 있는 연출가이자 작가이다. 2014년 창극 〈변강쇠 전 찍고 옹녀〉의 대본과 연출을 담당하여 그 역량을 입증한 바 있는 고선웅은 〈흥보씨〉에서 발랄한 상상력과 새로운 해석 시각을 보여주었다. 작품의 대체적인 내용은 이러하다. 흥보는 찔레나무 밑에서, 놀보는 혼외자로 태어나는 것으로 설정되어 있다. 형이었던 흥보는 놀보의 요구로 형님 자리를 내어주고, 보리수나무 아래서 득도한다. 그 후 강남에서 춤깨나 추던 제비가 '가운뎃 다리'를 다쳐 흥보에게 도움을 청하게 된다. 보리수나무 아래서 수양 끝에 몸이 나은 제비가 박씨를 선물하는데, 박씨는 무척 작아서 흥보 가족이 배고픔을 해결하기에 부족하다. 외계에서 온 스님이 박 속을 온 가족이 삼칠일 동안 나누어 먹으라고 한다. 그 후 흥보와 그의 가족들의 몸에서 빛이 나고 흥보는 여러 이적을 행하는바, 앞 못 보는 사람을 눈 뜨게 하는가 하면, 앉은뱅이를 일어서게 하고 걷지 못하는 사람은 걷게 한다. 구원 받은 사람들이 '내게 강 같은 화평'을 부르며 춤을 추며, 놀보는 소작농들을 착취해 관아에서 벌을 받게 된다. 그러자 흥보는 놀보 대신 벌을 받고자 하며, 십자가를 지고 '골로 가는 언덕'에 가게 생겼다며 울부짖는다. 흥보와 놀보를 가려내는 장면에서 솔로몬의 심판 주요 장면이 교차하고, 대신 벌을 받도록 공모한 이들 형제에게 원님은 '국정농단'이라며 징치하는 것으로 결말을 맺고 있다.

형과 아우가 뒤바뀌는 점, 새로운 캐릭터를 설정한 점 그리고 시대성을 반영하여 서사를 짜나간 점 등 〈흥보씨〉는 여러 가지 측면에서 판소리 〈흥보가〉와 변별성을 보이고 있다. 그리고 판소리 〈흥보가〉에서는 박타는 대목의 비중과 의미가 상당히 크다고 할 수 있는데, 〈흥보씨〉에서는 '박타는 대목'을 수용하지 않았다. 고선웅은 담백하면서도 지루하지 않고 동시대 청중과 교감할 수 있는 작품을 만들고자 했는바, '박타는 대목'은 그러한 목적에 부합하지 않는다고 판단했기에 수용하지 않은 것이다. 고전에 얽매이지 않고 새로운 작품 세계를 구축하면서 시대정신에 부합하는 주제의식을 구현하고자 했다는 점이 〈홍보씨〉의 의의라 할 수 있다.

8. 마무리

국립창극단이 공연한 작품 대본 현황을 살펴보고, 중요한 의미가 있다고 판단되는 활동상을 검토하는 것이 이 글의 목적이었다. 지금까지 논의한 주요 내용을 집약하여 정리하면서 글을 마무리 하고자 한다.

대본은 대사뿐만 아니라 음악적 구성과 배우의 동작 그리고 등장인물의 역할에 관한 정보 등을 담고 있다는 점에서 중요하다. 해당 작품을 무대에 올리는 이유 등 공연과 관련된 의미 있는 정보를 담고 있는 경우도 있다.

창극 대본은 작품의 그 연원에 따라 ① 전승 5가의 창극화 ② 실전 7가의 창극화 ③ 설화 혹은 소설의 창극화 ④ 창작 창극 등으로 구분해 볼 수 있다. 전승 5가의 창극화는 초기 창극부터 오늘날까지 지속되고 있는데, 이는 일차적으로 판소리와 창극의 불가분의 관계에서 비롯된 것이다.

전승 5가를 창극화할 경우, 작가는 자율성과 더불어 제약성을 가진다. 작품의 근간을 이루는 저본이 있는 상태에서 작업할 수밖에 없기 때문이다. 기본적으로 작가는 저본이 되는 창본의 특징적 더늠 혹은 눈 대목을 가능한 한 온전히 수용하면서 각색 혹은 편극하는 것이 일반적이다. 필요에 따라서는 다른 바디의 소리 대목이나 창극 공연에서 관습처럼 사용된 소리 대목을 수용하기도 한다. 작가는 음악성이 뛰어나거나 혹은 극적 전개에 필요하다고 판단되는 소리 대목을 중심으로 대본을 써나가기 때문이다. 전승 판소리에는 없지만 이전의 토막극이나 창극 공연에서 생성된 대목의 수용 여부도 작가의 취사선택에 달려 있다. 예를 들어, 〈춘향가〉 중 '창극조 사랑가', '어사와 나무꾼 대목', '어사와 장모 상봉 대목', 〈심청가〉 중 '뺑파 대목', 〈홍보가〉

중 '돌남이 쫓겨나는 대목', '마당쇠, 박쥐 잡는 대목' 등이 이에 해당한다.

　그런데 일단 집필이 완료된 대본이라 하더라도 실제 공연화 되는 과정에서 첨삭이나 변개가 이루어질 수밖에 없다. 연출가, 작소리꾼, 배우들의 의견 등에 따라 작품의 지향이나 구성이 달라질 수 있기 때문이다. 작가와 연출가는 기본적으로 긴장관계에 있다. 연출가의 성향이나 관점이 작가와 일치한다면 별 문제가 없겠지만, 그렇지 않을 경우 조정 과정을 거칠 수밖에 없다. 작소리꾼은 작창 과정에서 토씨나 사설 길이 등을 조정하는 경우가 많다. 배우들끼리 대본 리딩 작업을 하면서 수정·보완을 거치는 경우도 있다.

　1968년 국극정립위원회가 발족되었는바, 이는 '원전정립위원회'의 연장선상에서 구성된 것으로 보인다. 국극정립위원회는 국극의 전통과 형식을 확립하는 데 그 목적이 있었는데, 이러한 목적을 달성하기 위해서 구체적으로 설정한 목표는 창극 양식의 정립과 대본의 정립이라고 할 수 있다. 당시 국극정립위원회가 창극을 바라보는 관점은 "판소리의 현대화"라는 말로 집약해서 설명할 수 있다.

　판소리 텍스트는 시각에 따라 다양하게 해석될 수 있는 여지를 지니고 있기 때문에, 동일한 작품이라도 수많은 각편Version이 존재한다. 판소리의 '바디'나 독서물화 된 판소리계 소설의 '이본'이 바로 이에 해당한다. 판소리를 창극화 하는 과정에서도 작품 해석 시각에 따라 인물의 형상화나 주제의식의 구현의 측면에서 다양한 변주가 가능하다. 그런데 창극정립위원회는 '정본' 확정하는 작업이 곧 대본의 정립이라는 인식을 가지고 있었기 때문에, 각편으로서 '바디'가 지니고 있는 독자성은 고려하지 않았다. 정립위원회가 이른바 '정본'으로 제시한 대본은 몇 가지 특징을 보여 주고 있다. 신재효본을 비롯하여 문서로 남아 있는 텍스트를 저본으로 했다는 점, 더늠 혹은 눈 대목 중심으로 창을 엮어 나갔다는 점, 이전에 토막극 등에서 대중들에게 인기 있었던 재담의 성격이 강한 대목은 거의 수용하지 않았다는 점 등이 그것이다.

　이진순은 판소리뿐만 아니라 그 밖의 전통연희에서 보이는 다양한 극적 기법을 수용하여 창극의 양식화를 도모할 수 있다고 생각했다. 특히 탈춤의 춤사위나 연극적 동작을 창극에 수용하였는바, 배우들이 무대에 등·퇴장할 때 탈춤에서의 걸음걸이를 사용하도록 한 것이 그 대표적인 사례이다. 이진순은 국극정립위원회 회원이었기 때문에, 기본적으로 정립위원회의 자장 안에서 활동한 것으로 보인다. 그는 창극을 판소리와 구별되는 공연예술로 인식하여 창극만의 독자적인 양식화를 정립하기 위해 노력했으면서, 대본은 국극정립위원회가 추구한 지향과 궤를 같이 했다고 할 수 있다.

　허규는 창극 연출 과정에서 고민한 제반 사안들을 제시했는데, ①작품의 해석 문제, ②연기자의 창의 문제, ③창극 공연장의 구조 문제에 관한 자신의 견해를 비교적 자세하게 피력했다. 그 밖에 앞으로 풀어나가야 할 과제로, 무대 활용과 장치 문제, 감상주의 탈피 문제, 연기의 양식화 문제, 창극의 격조를 높이는 문제, 창의 속도와 길이의 문제, 반주 음악의 문제, 신작 창극 제작상의 문제 등을 제기했다. 허규는 '완판창극'이라는 이름으로 전승 5가를 창극화 했는데, '완판창극'에 한국의 전통유산 가운데 빼어난 예술적 성과를 거둔 요소들을 집대성하여 창극을 한국의 대표적인 공연예술로 정립해 보고자 했다. 완판창극의 중요한 특징으로, 전승 5가의 소리 대목을 생략하거나 축약하지 않고 모든 대목을 수용하여 무대에 올림으로써 판소리의 음악성을 극대화 시킨 점, '도창'을 적극적으로 활용한 점 등을 꼽을 수 있다. 창극에서 불리는 소리도 가능하면 판소리의 그것을 그대로 수용하고자 했다.

　허규는 전통연희를 창극의 극적 표현 영역을 넓혀줄 수 있는 좋은 재료라고 생각하여, 이를 적극적으로 창극에 수용함으로써 청중들에게 극적인 재미와 볼거리를 제공하고자 했다. 허규는 새로운 사설을 창작하기보다는 기존의 다양한 이본 가운데 자신이 추구하는 가치관이나 취향에 부합하는 사설을 취사선택하는 방식으로 새로운 주제 의식을 구현해 보고자 했다. 그는 작품을 사회역사적으로 해석하여 동시대성을 드러내기 보다는, 성정과 같은 인간의 보편성의 문제나 한국인의 성격·정서·해학성 등의 문제에 더 많은 관심을 가지고 있었던 것으로 보인다.

　'완판장막창극'이라는 이름으로 공연된 1998년 〈춘향전〉과 1999년 〈심청가〉도 그 모태는 허규의 '완판창극'에 두고 있다고 할 수 있다. 창본을 종합해 내고 판소리의 좋은 점을 모두 보여주고자 하는 의도가 일치한다는 점에서 특히 그러하다. 두 작품 모두 극본은 김명곤이 담당했다. '완판장막창극'이라는 이름을 내걸고 공연된 이 두 작품은 전승 판소리의 진면목을 극적으로 온전히 구현해 내고자 하는 목적에서 시도된 것이다. 이런 점에서 허규가 시도한 '완판창극'과 그 정신이 일맥상통한다. 그렇지만 '완판장막창극'은 대형 무대화를 지향했으며 화려한 무대장치와 의상 그리고 버라이어티한 요소를 부각시켰다는 점에서 '완판창극'과 대비된다.

2000년대에 들어와 창극 대본을 담당한 작가를 보면, 이전에 볼 수 없었던 특징적인 현상이 눈에 띈다. 국립창극단 단원 박성환이나 조영규와 같은 배우가 대본 작업을 담당한 사례가 많아졌다는 점이 그것이다. '국립창극단 편극위원회'라는 이름도 보이는데 이들 배우가 주 구성원으로, 실체를 가진 조직체라기보다는 편의상 사용된 명칭으로 볼 수 있다.

박성환은 소리꾼이자 창극배우로 활동한 경험을 기반으로 대본 집필에 임했다. 도창의 긍정적 기능을 인정하고 활용했다는 점에서, 그동안 축적되어 온 창극 양식에 대한 고려가 있음도 알 수 있다. 그렇지만 도창의 비중은 그렇게 크다고 할 수 없다. 수성가락이 아닌 정교한 작곡에 의한 음악의 필요성과 시각적 효과를 극대화 할 수 있는 제반 요소의 개발의 필요성을 강조하고 있는 점도 특징적이다.

김성녀 예술 감독 재직 기간에, 고선웅, 김명화, 김정숙, 김지일, 배삼식, 안재승, 이소영, 정복근, 정의신, 최치언, 한아름 등 다양한 작가가 극본을 담당했는바, 이들은 대부분 연극이나 뮤지컬 등 갈래를 넘나들며 작품 활동을 했다는 점이 특징이다.

대본은 공연예술로서의 창극의 한 구성 요소로, 작가뿐만 아니라 예술감독, 연출가, 작소리꾼, 배우 등과의 긴밀한 연관 속에서 완성도를 높여 가기 마련이다. 그렇기 때문에 대본은 고정되어 있다기 보다는, 무대화되기 이전부터 공연이 끝날 때까지 지속적으로 수정·보완되는 과정을 거친다고 할 수 있다. 이런 의미에서 작가가 대본의 온전한 주인은 아니라고 할 수도 있다. 그렇다 하더라도 작품의 기본 골격을 정립할 뿐만 아니라 수정·보완과정에서도 일정하게 주도적인 역할을 담당한다는 점에서 작가가 대본과 관련하여 일차적인 중요성을 가진다. 여기서 미처 다루지 못한 창작창극에 대한 분석은 후속 작업으로 미룬다.

여성국극의 성립과 작품세계

1. 여성국극에 주목하는 이유

1948년 10월 여성국악동호회가 시공관에서 〈옥중화獄中花〉가 공연하면서 여성국극이 출발했다. 50년대에 들어와 〈햇님 달님〉, 〈선화공주〉 등 엄청난 대중의 인기를 얻은 작품들이 등장하면서 여성국극은 최전성기를 맞이했다. 그렇지만 60년대에 접어들면서 여성국극은 쇠퇴의 길로 들어서게 된다. 영화와 TV의 보급 확대, 여성국극 단체의 난립과 배우 양성 시스템의 미비, 레퍼토리의 빈곤 등 여러 가지 요인이 작용한 탓이다. 80년대부터 여성국극의 부활을 꿈꾸며 단체가 조직되고 공연이 계속되고 있다.

여성국극에 대해서는 긍정적인 평가와 부정적인 평가 시각이 공존해 있다. 그렇지만 여성국극이 한 시대를 풍미한 데에는 그만한 이유가 있다고 보아야 한다. 이와 관련하여, 과연 여성국극이 당대 대중들의 인기를 독차지할 수 있었던 요인은 무엇인지에 대해 고찰하는 것이 필요하다. 여성국극이 성행하게 된 역사적 배경, 창극, 연극, 가극, 신파극 등 다른 장르와의 연관 관계 속에서 여성국극이 지니고 있는 변별적 성격 등을 밝히는 작업 등 연구과제가 많이 있다. 그렇지만 무엇보다도 작품 자체에 대한 분석이 선행될 필요가 있다. 작품이야말로 해당 갈래의 본질적인 영역에 해당하는 요소라고 할 수 있기 때문이다. 그동안 여성국극의 작품 자체에 대한 구체적이고도 심도 있는 분석이 본격적으로 이루어졌다고 보기는 어렵다. 여기서는 여성국극의 성립과 양식적 특징 그리고 1940~1960년대에 공연되었던 26편의 작품 세계를 고찰해 보려고 한다.

2. 여성국극의 성립

20세기에 들어와 대중성의 확보라는 측면에서 위기 의식을 느끼고 있던 판소리 연행 주체들은 판소리의 배역의 분화를 통해 극적 요소를 강화하는 방향에서 돌파구를 찾으려 했던바, 그 결과물이 바로 창극이다. 창극의 성립 배경에는 중국의 경극과 일본의 가부키의 영향도 자리하고 있다. 1900년대 초 청계천 2가에 수표교가 있었고 그 다리 건너에 청국인 거리가 있었는데, 이곳에 있는 '창극관'에서 청국인 배우가 중국 전통연희를 공연했다. 강용환 명창은 틈만 나면 공연을 관람했는데, 그 때의 경험을 바탕으로 하여 판소리 〈춘향가〉를 창극으로 발전시켰던 것이다.

1909년 원각사에서 창극 〈춘향가〉가 공연되었던바, 대한매일신보에는 구연극을 개량한다는 광고가 나기도 했다. 이는 창극이 신연극이라는 의미를 내포하고 있는 것이다. 그런데 정작 공연 내용이 고전 〈춘향가〉라는 사실을 알고 청중들은 신연극이 아니라고 하면서 항의하는 일도 있었다. 이처럼 성립 당시 신연극으로 통용되던 창극은 1910년대 이후 일본의 영향을 받은 신파극이나 신극과 대비되는 '구舊연극'으로 인식되었다. 그리고 판소리 명창들은 단체를 조직하여 공연활동을 전개하기 시작했다. 1935년 '조선성악연구회'의 산하 단체로 '창극좌'가 조직되었으며, 1939년 박석기가 '화랑창극단'을, 하창운이 '동일창극단'을 결성하여 도시의 극장이나 지방을 순회하며 창극 공연을 지속하였다. 해방을 전후한 시기에 '국극사', '김연수 창극단', '조선창극단', '국극협회' 등이 조직되었는데, 이들은 모두 남녀 배우로 구성되었다는 점에서

'혼합단체'라 할 수 있다. 그런데 1948년에 들어와 여성배우들로만 구성된 '여성국악 동호회'가 결성되었다. 이것이 최초의 여성국극 단체이다. 그렇다면 왜 남녀 배우로 구성된 혼합단체 대신 여성배우들로만 구성된 여성국극 단체가 생겨나게 되었을까? 여성배우들로만 구성된 일본의 다카라즈카가 여성국극의 성립에 일정한 영향을 끼친 것은 사실이다. 그렇지만 외적인 요인만으로 여성국극 성립 배경을 설명하기는 어렵 다. 여성들로만 구성된 공연물에 대한 사회적 관심이 높아진 내적 이유가 무엇인지에 대해서도 검토해 볼 필요가 있을 것이다.

여성국극은 넓은 범주에서 보면 창극에 포함되며, 주지하듯이 창극은 판소리에서 파생되었다. 그런데 초기 판소리에서 19세기 중반에 이르기까지 판소리사에 나타난 명창은 전부가 남성이다. 전기 8명창과 후기 8명창 그리고 근대 5명창에는 여성이 한 명도 들어 있지 않다. 본래 판소리는 남성의 전유물이었으며, 여성이 판소리를 하는 법은 없었다. 판소리 공연을 주도한 계층은 재인, 광대들이다. 그런데 이들은 무업巫 業에 종사하는 집안 출신인 경우가 대부분이다. 이 경우 무업은 주로 부인의 몫이었 으며, 부인과 함께 무업에 종사하지 않는 남편들 가운데 일부가 판소리 소리꾼의 길 로 들어서서 명창이 되는 것이 전통 사회의 일반적인 모습이었다.

일반적으로 판소리에서는 사설의 내용을 사실적으로 그려낼 수 있는 음악적 표현 능력이 중시된다. 그런데 형성기라 할 수 있는 18세기까지만 해도 판소리가 공연되는 공간은 주로 외정外庭이었다. 탁 트인 공간에서 청중에게 효과적으로 소리를 전달하기 위해서는 어지간한 공력과 음역을 가지고 있지 않으면 안되었던 것이다. 폭넓은 음역 을 가지고 있는 남성이 판소리를 전담하게 된 데에는 이런 이유도 작용했다고 본다. 그런데 19세기 중반에 여성이 판소리를 부른 예가 확인되고, 20세기에 들어오면 다수 의 여성 명창이 출현하게 되며, 오늘날에는 수적數的인 면에 있어서 여성 명창이 남성 명창을 압도할 정도로 많아졌다.

여성 명창의 출신 신분을 살펴보면 교방敎房에 소속된 기생에서 배출된 경우가 압 도적으로 많다. 기생은 본래 시조時調나 가사歌詞와 같은 성악聲樂과 가야금伽倻琴과 같 은 현악絃樂 그리고 무용 등을 학습하였는 바, 정노식은 이런 점을 일컬어 "기생의 조

操"라고 표현한 바 있다. 그래서 기생들은 잡가나 판소리와 같은 민속악은 부르지 않고 주로 정악正樂을 위주로 학습했던 것이다. 기생들이 잡가나 판소리와 같은 민속악에 대한 학습이 이루어진 시기는 대체적으로 19세기 중반 무렵인 것으로 보인다. 정악과 민속악의 교류가 빈번하게 이루어지게 된 조선 후기의 상황에 비추어 볼 때, 정악을 위주로 학습했던 기생들이 잡가나 판소리와 같은 민속악을 학습하게 된 것은 필연적이라 할 수 있다. 그리고 그 시기는 양반, 중인, 부호층 등이 판소리의 향유층으로 등장하는 시기와 맥을 같이 한다고 할 수 있다. 왜냐하면 이들은 기생의 주요 고객이었기 때문에, 이들이 판소리를 즐기게 되어 기생들 역시 민속악에 속하는 판소리를 배우는 일이 자연스러워졌을 터이기 때문이다.

여성 명창의 배출 창구로 중심적인 역할을 한 기생은 20세기에 들어와서도 기생조합 혹은 권번이라는 제도를 통해 조직화되어, 여전히 여성 명창을 배출하는 역할을 수행하면서 판소리 전승의 한 축을 담당했다. 1909년 관기제도가 폐지되면서 전국 관청에 매인 관기들의 이동이 자유로워지게 되는데, 그 이동의 중심에는 서울을 비롯한 대도시가 자리잡고 있었다. 그래서 지방에서 향기鄕妓로 활동하다가 서울로 올라와 경기京妓가 된 경우가 많이 있었으며, 본래 당골 출신인데 기생이 된 경우도 있었다. 기생조합(권번)은 세계 2차대전이 치열해질 무렵 일제에 의해 강압적으로 폐쇄될 때까지 지속적으로 여성 명창을 배출하면서 판소리 전승의 중요한 몫을 담당했는데, 이 때 형성된 이들에 대한 사회적 인식이 부정적으로 고착화되어 여성 명창이 성취한 예술적 성과를 제대로 평가하지 않고 기생의 범주에서 이들을 바라보는 시각이 여전히 남아 있다.

기생조합의 효시는 1911년 하규일에 의해 설립된 다동茶洞조합인데, 1910년대 후반에 오면 여러 기생조합이 결성되면서 기생들의 판소리 공연이 더욱 활발하게 이루어진다. 1917년 2월 다동조합의 기생 중 영남 기생 30여명이 독립해 한남漢南기생조합을 세우며, 1918년 1월 광교廣橋조합이 한성漢城권번으로, 신창新彰조합이 경화京和권번으로, 다동茶洞조합이 조선朝鮮권번으로, 경화京華기생조합이 대동大同권번으로 각각 이름을 바꾸어 활동하였다. 지방에도 곳곳에 권번이 설립되었는 바, 평양의 기성箕城

권번을 비롯하여, 광주, 남원, 달성, 경주, 개성, 함흥, 대구, 진주 등에 권번이 설립되었다. 이와같이 1910년대에 들어와 기생조합(권번)이 활성화되면서 기생들의 활동 기반이 마련되고 이들이 당시 인기 있는 공연물로 각광받던 판소리를 무대에서 공연하면서, 여성 소리꾼의 수는 전대와 비교가 되지 않을 정도로 많아지게 되었다. 다동조합은 1915년 창덕궁의 진연에 〈춘향가〉 공연을 올린 것을 계기로 꾸준히 창극을 무대화하였으며, 1917년 다동조합으로부터 분리되어 결성된 한남권번에서도 〈춘향전〉, 〈구운몽〉 등을 창극으로 공연하였다. 기생조합(권번)이라는 한 단체에서 한 편의 창극을 공연할 때에는 당연히 여성인 기생들이 남성 배역까지 도맡아 하였으며, 이러한 공연양식은 이후 여성국극단체가 성립되는 데에도 일정한 영향을 미쳤을 것이다.

실내극장이 생기고 창극이 분화되는 등 판소리의 전승환경에 많은 변화가 생긴 것도 이 시기의 주요한 특징이다. 1902년 우리나라 최초의 실내극장인 협률사는 왕실의 재정적 도움에 힘입어 설립되었는데, 1907년 관인구락부로 지정되었다가 1908년 원각사라는 이름으로 다시 개칭되는 우여곡절을 겪는다. 그런데 협률사는 공연장소로서만 기능했던 것이 아니라 기생들을 모으고 가르치는 역할도 수행하였다. 그런데 협률사에 소속된 기생들이 판소리를 배웠는지 여부는 분명하지 않으나, 이들이 무대에서 공연한 것은 판소리가 아니라 춤이었다. 당시 판소리는 독립적으로 연행된 것이 아니라 다른 전통적인 연희 종목과 어우러져 공연되었는데, 별도로 모집된 남성 唱夫들이 있어서 이들이 판소리 공연을 담당하였다. 기생들이 본격적으로 판소리를 부르게 된 것은 1907년경 서울에 광무대, 단성사, 장안사 등과 같은 사설극장이 설립되면서부터이다. 사설극장의 설립이나 운영을 주도한 사람들은 상업 자본을 축적한 상인들이나 평민부호층들이며, 일본인이 자본을 투자하는 경우도 생겨났다. 이들은 풍속을 교정한다는 명분을 내세우며 기생들을 후원하고 가르쳤는데, 근대 5명창에 속하는 김창환과 송만갑과 같은 대명창도 여성에게 소리 지도를 했다. 특히 여성 명창을 배출하는데 큰 공을 세운 이가 근대 5명창 가운데 한명인 정정렬이다. 정정렬은 타고난 목은 굿으나 엄청난 독공으로 명창의 반열에 오른 입지전적인 인물이다. 창극 발전에도 많은 공로를 세운 그는 특히 〈춘향전〉을 개작하여 정정렬제 〈춘향가〉를 완성하였는바, 그래서 "정정렬 나고 춘향가 났다"는 말이 생길 정도였다. 그래서 당시 많은 제자들이 정정렬에게 몰렸는 바, 특히 여자 제자들이 문전성시를 이루었다고 한다.

창극의 활성화가 여성 명창이 많아지게 된 요인으로 작용한 점도 주목해야 할 사실이다. 창극 공연에 있어서 여성 배역은 당연히 여성의 몫이었기 때문에 창극에서 여성 명창이 차지하는 비중은 오히려 남자 명창을 능가할 정도가 되었다. 1930~1940년대에 활동한 대표적인 여성 명창으로는 박록주, 김여란, 김소희, 임소향, 조농옥, 김옥련, 오양금, 김경자, 김봉, 성미향, 김순희, 박추월, 한영숙 등을 꼽을 수 있다. 창극 공연이 활발하게 이루어지면서 창극단의 결성이 뒤를 이었다. 1936년경 임방울, 박초월, 박귀희 등이 중심이 되어 〈동일창극단〉을 만들었으며, 해방 후인 1946년경 〈김연수 창극단〉과 〈조선창극단〉이 생겨났다.

그런데 판소리와 창극 분야에서 여성의 비중이 높아가던 시기에, 1920년대에 이미 여성들만으로 구성된 공연 단체가 존재하고 있었다. 1929년에 창립된 〈삼천가극단〉이 그 예이다. 단장 권삼천은 극단 〈취성좌〉를 이끄는 마호정의 일가로, 일본에서 소녀가극을 하였다. 국내에 돌아와 〈삼천가극단〉을 만든 그는 남역男役을 하였으며, 음악은 대중가요작곡가 김교성이 담당하였다. 1933년에는 소녀가극단 〈낭낭좌〉가 창립되었으며, 1940년대에는 여성만으로 구성된 여성농악단이 만들어졌다.

남자 명창 못지않은 기량을 지닌 여성 명창이 많아지자, 창극 공연을 통해 축적된 경험을 바탕으로 여성들만의 조직을 모색한 결과 1948년 여성국악동호회가 결성되었다. 박록주, 김소희, 박귀희, 임유앵, 임춘앵, 김경희 등 여성 단원이 주축이 되어 조직된 이 단체는 여성국극의 시초가 되는 셈이다. 일본 다카라즈카가 여성국극 형성에 일정하게 영향을 끼친 점도 있으나, 그동안 다양한 공연 활동을 통해 축적해 온 여성 명창들의 역량과 자신감이 여성들만의 공연 단체를 만들 수 있게 한 원동력이 되었다고 보아야 한다.

1948년 박록주, 박귀희, 김소희, 임춘앵 등이 주축이 되어 '여성국악동호회'가 발족됨으로써 여성국극의 출발이 시작되었다. 이 단체는 회장 박록주, 부회장 김연수·임유앵, 총무 조유색, 재정외교부 박귀희, 연구부 김소희·한영숙, 감찰부 김농주 외, 서

무부 성추월 외, 선전부 신숙 등으로 임원진이 짜여 졌으며, 그 외 구성원은 다음과
같다.

> 박초향朴初香, 박초향朴草香, 박금향, 박연심, 박춘자, 김봉선, 김선희, 김준녀, 이음화, 이봉
> 선, 이춘선, 윤지홍, 윤성옥, 윤옥, 임춘앵, 조선옥, 조농옥, 조농월, 김자경, 성정애, 방금선,
> 오춘홍, 장미화, 홍부용, 백운선, 심금선, 김농주

여성국악동호회는 결성한 해에 〈옥중화〉(〈춘향가〉를 각색한 작품)를 공연했다. 서울신
문 10월 23일자에는 이 공연과 관련하여 다음과 같은 광고가 실려 있다.

> 여성국악동호회 결성 기념 대공연
> 각색: 김무하金舞何, 작곡: 박록주朴綠珠, 연출: 김아부金亞夫, 진행: 김주전金主傳, 음악: 박성
>   옥朴成玉, 안무: 김소희金素姬
> 여성만이 출연하는 대호화판大豪華版,
> 민족오페라 〈옥중화獄中花〉 5막9장, 24일부터 시공관
> 출연: 박록주, 박귀희, 박초향朴初香, 박초향朴草香, 박금향, 박연심, 박춘자, 김연수金練守,
>   김소희, 김봉선, 김농주, 김선희, 김준녀, 이음화, 이봉선, 이춘선, 윤지홍, 윤성옥, 윤
>   옥, 임유앵, 임춘앵, 조유색, 조선옥, 조농옥, 조농월, 성추월, 성정애, 방금선, 오춘홍,
>   장미화, 홍부용, 백운선, 심금선

여성배우들만이 출연한다는 사실을 강조하고 있으며, 〈옥중화〉 앞에 민족오페라라
는 수식어를 사용하고 있음을 알 수 있다. 작품이 공연된 시공관은 서울 명동에 위치
한 3층 건물의 극장이다. 일제강점기에는 명치좌明治座로 불린 바 있다. 해방 이후 국
제극장으로 개명되었다가 다시 시공관으로 이름이 바뀌었다. 각색을 맡은 김무하가
어떤 사람인지는 정확하게 밝혀져 있지 않다. 작곡을 맡은 박록주와 안무를 맡은 김
소희는 유명한 판소리 명창이며, 연출의 김아부와 진행의 김주전은 동경에서 연극을

여성국극 〈햇님과 달님〉 신문 광고

공부했던 인물들이다. 그리고 미술을 맡은 원우전은 전문적인 무대미술가로, 이후 상당수 여성국극의 미술을 전담하다시피 하였다. 성춘향은 김소희, 이몽룡은 임춘앵, 변사또는 정유색이 맡았는데, 이렇듯 〈옥중화〉는 당대의 역량 있는 명창과 연극인들이 참여하여 무대에 올린 야심적인 작품이었다. 그렇지만 이 공연이 대중적 관심을 불러일으키는 데 성공했다고 보기는 어렵다.

대중들의 폭발적인 관심을 불러일으키며 공전의 히트를 기록한 작품은 이듬 해인 1949년 서울 시공관에서 공연한 김아부 작 作 〈햇님 달님〉이다. 서울신문 1949년 2월 9일자에 다음과 같은 광고가 실려 있다.

주최: 여성국악동호회

후원: 유엔한국위원단 환영위원회 접대부

작·연출: 김아부, 〈햇님과 달님〉 4막5장, 11일부터 일주일간 시공관

출연: 김연수, 김소희, 김경희, 김정자, 고일연, 백계화, 이윤옥, 조유색, 조농월, 박록주, 박귀희, 박소군, 박금향, 박추월(?), 박춘자, 박경수, 성추월, 서화선, 성정애, 오춘홍, ○○○, 조선옥, 조백사, 홍부용,

유엔한국위원단 환영위원회 접대부가 후원을 맡았다는 사실이 흥미롭다. 햇님왕자에 박귀희, 달님공주에 김소희, 영왕 정유색, 준왕은 박록주가 배역을 맡았다. 이 공연은 대형 무대장치와 호사스러운 의상·소품 그리고 여성들만 출연한다는 점 등에서 대중들의 호기심을 유발할 수 있는 요소를 두루 갖추었다고 할 수 있다. 〈햇님달님〉

의 인기가 어느 정도였는지 보여주는 일화가 있다. 부산에서 공연할 때의 일이다. 당시 부산극장에서는 국악원 소속 국극사가 〈만리장성〉을 공연하고 있었다. 그런데 〈햇님달님〉이 공연한 이후로 관객이 절반 이하로 줄어들었다. 여성국극에 대한 청중의 관심이 그만큼 뜨거웠기 때문이다.

여성국악동호회는 1949년 11월 창립 1주년을 맞이하여 〈햇님 달님〉 후편을 부민관 무대에 올렸다. 기존의 〈햇님과 달님〉에 출연했던 배우들로, 박귀희(햇님 역), 김소희 (달님 역), 김경희(엿장사 역), 이기화(여관女官 역), 박소군(진달래 역), 조선옥(다리내 역), 고일연(신코치 역), 조농월(망란이 역), 조유색(여왕 역), 성추월(고마불 역), 이윤옥(왈패 역), 박향월(호위병 역), 박록주(준왕 역), 박정숙, 박춘자, 홍부용, 박금향, 성정애, 신유경, 김경자(이상 궁녀 역) 등이 있다. 그리고 이 공연에 새로이 참여한 배우로 김여란, 김도화, 김봉선, 김효순, 박송이, 김강남월, 산호주, 장산홍, 이봉선, 이소향, 방금선, 김앵무, 박무엽, 오비취, 김강상월, 석금성石金星, 박계춘, 조금향, 김봉, 조소옥 등이 있다. 그리고 한갑득, 김윤덕, 이정업, 이동안 등이 음악을 담당했다. 이 공연에 대해 경향신문은 다음과 같은 기사를 싣고 있다.

우리의 고전예술국악 〈햇님과 달님〉 외국 손님도 감상. 현란絢爛! 오늘부터 시민관 개막

가극의 발전과정에 있는 한국에 있어서 여성들만이 뭉치어 무대예술을 지향하는 여성국악동호회에서는 지난 봄에 〈햇님과 달님〉의 전편을 공연하여 만도(?)의 팬들에게 절찬을 받은 바 있었는데, 금번 동회에서는 창립 1주년을 맞이하여 동회 주최와 본사 후원 아래 그 기념 공연으로 동회문예부 신작 〈햇님과 달님〉 후편 발표대회를 오는 18일부터 일주일(매일 주야) 동안 시내 부민관에서 호화현란한 막을 열기로 되었다. 이번 공연은 특히 남성으로서 표현하기 어려운 성격 묘사와 음악의 시대적 고증을 여실히 담아낸 데에 이채가 있다고 한다. 그리고 동회에서는 공연 수입금으로 국악 향상 발전을 위한 교육 시설로서 여성국악연구소 설립 기금으로 충당하리라 하며 특히 외무부에서는 이번 공연 기간 중에 외국사절단을 초빙하여 우리나라 고전예술을 감상하게 하여 더욱 이채를 띄우고 있다 한다.[1]

고대苦待하시든 〈햇님과 달님〉 후편 18일부터 부민관에서 수공개邃公開

여성국악동호회가 작년 11월 창립 이래 춘향전으로 일홈을 내고 다시 신작 〈햇님과 달님〉으로 시내삼대극장市內三大劇場(시공관, 중극中劇, 전부민관前府民館)에서 17일의 기로을 내고 대구 10일간 부산공회당부극釜山公會堂釜劇에서 〈햇님 달님〉 한 푸로를 가지고 연16일간 장기 공연을 하여 근래 처음 보는 관객 동원과 센세이슌을 이르켰는바 금반今般 다시 창립 일주년 기념 공연으로 전번 〈햇님 달님〉 때 나왔든 멤버의 한 사람도 빠지지 않고 기외추가其外追加 20여명의 대호화관.[2]

본사 후원 〈햇님 달님〉

본사후원인 햇님과 달님은 시민관에서 공개중인데 그 내용은 호장 위만에게 뺏긴 국토를 회복하고자 월지궁공주의 수수께끼를 풀어 사우가 된 햇님 왕자는 첫날 밤을 치루지도 못한 채 수병 3천과 8천의 병졸을 거느리고 쌈터로 나가게 되는데, 일쩍이 달님공주의 수수께끼로 목을 짤린 왕자들의 병졸들이 분푸리로 달님나라에 싸움을 청하여 온 옛이야기를 연극화 시킨 재미스러운 연극이다. 그리고 주요 배역은 다음과 같다. 햇님: 박귀희, 김경희, 달님: 김소희, 여왕: 조유색, 김여란, 준왕: 특별출연 석금성石金星[3]

그런데 경향신문 1949년 11월 6일자에는 다음과 같은 광고가 실려 있다.

여성국극女性國劇 동지사同志社 신작발표

작·연출: 김아부,   곡曲·창도唱導: 조상선,   춤·지도: 임유앵,   장치: 강진

〈햇님과 달님〉 후편 제2화 〈황금돼지〉, 근일상연 국도극장

출연자: 박초월, 임유앵, 임춘앵, 조농옥, 박연심, 한애순, 원옥화, 안채봉, 김경애,
    양옥진, 조금앵, 김선희, 조미연, 김인수, 임혜숙, 임혜란, 이은과, 성금연,

---

1   『경향신문』, 1949. 11. 18.
2   『경향신문』, 1949. 11. 19.
3   『경향신문』, 1949. 11. 20.

박농월, 강옥주, 조농선

전편보다도 더 자미있는 이야기!

더 호화스러운 무대!

더 찬란스러운 의상!

더 맛이 나는 노래와 춤!

'여성국악동호회'가 아닌 '여성국극 동지사'라는 단체가 신작 발표를 한다고 되어 있는 것이다. 그리고 〈햇님과 달님〉 공연에는 출연하지 않았던 임춘앵이 이 공연에 출연하였다는 점이 특징이다. 9일부터 국도극장에서 공연한 〈황금돼지〉는 〈햇님과 달님〉 후편으로, 전편보다도 더 재미있고 호화로운 무대와 의상을 갖추고 있다고 광고하고 있다. '여성국극동지사'는 1949년 임춘앵을 중심으로 결성된 단체이다. 이 단체는 1955년 5월 '여성국악단임춘앵'으로 개칭하여 활동했다. 임춘앵(1924~1975)은 광주권번에서 소리와 춤을 배웠으며, 이때 닦은 실력을 바탕으로 서울에 올라와 공연 활동

여성국극의 스타 임춘앵

을 했다. 여성국악동호회 창립 멤버로 참여하면서 여성국극에 입문한 임춘앵은 〈옥중화〉에서 이몽룡 역을 맡은 이래 여성국극의 대표적인 남자 역 배우로 활동했다.

3. 여성국극의 양식적 특징

여성국극의 양식적 특징은 판소리와 창극과의 대비를 통해 효과적으로 드러낼 수 있다. 세 양식은 서로 긴밀한 연관을 지니고 있으면서도 각기 변별적인 특징을 지니고 있기 때문이다. 창극은 판소리를 모태로 성립되었다. 일인다역의 판소리가 배역의 분화를 통해 극적인 요소를 확대하면서 창극으로의 전환이 일어난 것이다.

창극과 판소리는 공연 공간의 측면에서 차이가 있다. 전통사회에서 판소리 공연을 위한 극장과 같은 전문적인 공간은 존재하지 않았다. 외정이나 방안과 같은 실내 공간이 판소리의 주요 공연 공간이었으며, 이는 예술만을 위한 전문적인 무대 공간이 아니고 생활 공간으로서의 성격을 지니고 있었기 때문이다. 창극은 극적인 요소를 부각시키는 무대장치라든가 조명 등을 갖춘 극장에서 공연되었다.

창극 배우는 기본적으로 판소리에 능한 소리꾼 가운데서 충원된다. 창극에서 불리는 소리가 판소리 창법에 기반하고 있기 때문이다. 창극은 오늘날까지도 양식적 정체성을 정립하기 위해 노력하고 있는 현재진행형의 갈래이다. 그렇지만 판소리를 학습한 경험이 있는 경우에만 창극 배우가 될 수 있다는 사실은 예나 지금이나 변함이 없다. 창극에서 부르는 소리를 판소리와 구별하여 이른바 '창극소리' 혹은 '연극소리'라고 지칭한다. 이는 성음보다는 극적인 요소를 강조하여 부르는 소리라는 의미이다. 나아가 판소리에 비해 공력이 떨어진다는 가치 개념도 내포하고 있다.

여성국극은 넓은 의미에서 본다면 창극의 범주에 속한다고 할 수 있다. 그렇지만 창극과 여성국극은 서로 구별되는 양식적 특징을 지니고 있다. 기본적이면서도 본질적인 차이는 창극 배우는 남녀 혼성으로 구성되는 데 비해, 여성국극 배우는 여성들로만 구성된다는 데 있다. 이러한 차이는 단순히 성비 구성의 문제만을 의미하지는 않는다. 남녀 배우로 구성 되는가 여성배우들로만 구성되는가 하는 문제는 보다 중요한 차이를 내포하고 있다. 여성국극에서 불리는 소리도 '연극소리'라고 말한다. 그렇지만 여성국극의 소리는 창극소리와 구별되는 특징을 지니고 있다. 창극에서 제기되는 '청'의 문제도 없을 뿐만 아니라, 남녀 혼합으로 소리하는 창극과 달리 여성국극에서의 소리는 여성들로만 소리를 하기 때문에 상대적으로 곱고 아름답게 표현된다. 그렇기 때문에 넓은 의미에서는 창극소리나 여성국극소리나 모두 '연극소리'이지만, 여성국극의 소리가 창극소리에 비해 훨씬 더 연극소리의 특질을 많이 지니고 있는 것이다.

여성국극에서 '소리'보다는 배우의 외모나 극적인 표현 능력 등이 보다 큰 비중을 차지하였다. 그리고 여성국극에서 불리는 '합창소리'는 남도민요를 중심으로 학습하는 것으로, 판소리와 구별되는 특징을 지니고 있다. 남녀혼합으로 구성된 창극에서 남성 배우들은 선이 굵은 연기를 하는 장점이 있으나, 깊고 섬세한 감정 표현에 있어서는 여성 배우에 미치지 못한다. 여성 배우들이 남성역을 맡더라도 소리하는 내두름이나 표현이 더 섬세하고 부드럽기 때문에, 남성 배우들이 표현하는 남성 인물형상과는 또 다른 묘한 매력을 발산하는 것이다.

창극은 판소리를 학습한 배우만으로 공연되지만, 여성국극 배우들 중에는 판소리를 할 줄 모르는 경우도 많이 있다는 점이 두 양식의 중요한 차이이다. 여성국극의 성립기에 중심적인 역할을 한 것은 판소리 여성 명창들이었다. 박귀희, 박록주, 박초월, 김소희, 김경희, 김연수 등이 그 대표적인 예이다. 그러나 점차 판소리 연창능력을 갖추지 않은 배우들이 여성국극에 참여하는 사례가 많아지게 되었는바, 그 가운데에는 신극 출신들이 상당수 있는 것으로 보인다. 남민, 노신성, 김인자, 고선애, 정애란, 신옥봉, 서낭자, 고일연 등이 이에 해당한다.

4. 여성국극의 작품세계

현재까지 확인한 여성국극 작품의 수는 220편을 상회한다. 이 가운데 현재 확보한 대본의 수는 40편을 넘지 못한다. 어느 분야든지 연구자가 겪게 되는 가장 큰 어려움은 자료를 확보하는 데 있다. 여성국극도 예외는 아니어서, 자료는 곳곳에 산재해 있는 것으로 보이나 이를 망라할 방법이 마땅하지가 않다.

여기서는 1940~1960년대까지 공연되었던 작품 가운데 26편을 대상으로 하여, 그 작품 세계의 개략적인 특징을 살펴보고자 한다. 이들 작품을 계통별로 분류해 보면 다음과 같이 나누어 볼 수 있다.

① 설화 소재 작품

○ 서동과 공주 : 삼국유사 소재 서동이야기에 기반하고 있다.

○ 황금돼지 : 〈지하국대적퇴치설화〉와 〈최치원 설화〉와 연관이 있다.

○ 여의주 : 두꺼비 설화에서 소재를 취한 것으로 보인다.

○ 춘소몽 : 조신설화에 기반한 작품이다.

② 소설 소재 작품

○ 무영탑 : 현진건의 소설 〈무영탑〉을 바탕으로 한 작품

○ 유충렬전 : 고전소설 〈유충렬전〉을 윤색한 작품

③ 창작 작품

○ 공주궁의 비밀

○ 귀향가

○ 극락과 지옥

○ 눈우에 피는 꽃

○ 달과 별

○ 동심초

○ 못잊어

○ 백년초

○ 백호와 여장부

○ 산호팔찌

○ 석동백

○ 연정칠백리

○ 열화주

○ 정

○ 햇님은 비밀을 안다

④ **번안 작품**

○ 청실홍실 : 세익스피어의 〈로미오와 줄리엣〉을 번안한 작품이다.

○ 흑진주 : 세익스피어의 〈오델로〉를 번안한 작품이다.

　　그런데 설화를 소재로 한 작품이라 하더라도 설화와는 전혀 다른 새로운 작품세계를 구축하고 있다. 가령 〈서동과 공주〉를 예로 들어 본다. 서동과 관련된 〈삼국유사〉의 기록은 서동 출생담(야래자전설)+결연담+미륵사연기설화로 구성되어 있다. 이 가운데 결연담은 서동이 기지를 발휘하여 선화공주를 아내로 맞이하는 것으로 되어 있다. 그런데 여성국극 〈서동과 공주〉는 결연담 중심으로 짜여 있으며, 선화공주를 사이에 두고 서동과 석품이라는 인물이 연적 관계를 이루며 이야기가 전개되고 있다. 결국 석품은 죽고 서동과 선화공주가 혼인함으로써 행복한 결말로 귀결되고 있다.

　　계통별로 보면 창작 작품이 가장 많은 비중을 차지하고 있는데, 창작 방법이나 작품 구조의 측면에서 여성국극만의 유형적 특질을 보여주고 있다. 이에 대해서는 뒤에서 재론하기로 한다.

작품명	공연시기	극단명	작품 배경	등장인물
서동과 공주			신라, 백제	서동, 선화, 석품, 길치(석품의 부하), 철쇠(서동 친구)
황금돼지	1949	여성국극 동지사	월지국(햇님, 달님), 사로국, 구아국	햇님왕자, 달님공주, 준왕, 여왕, 고마불 달네, 진달내(창해국 공주)
공주궁의 비밀	1952 1953	여성국극 동지사	상고시대 고비리국 월지국	버들아기, 월지왕, 蘭蘭공주, 마연장군, 이슬마로
산호팔찌	1953	여성국악단	고구려	백오랑, 을지송이, 을지백, 대왕, 설충, 고비룡, 무사(巫師), 마달

작품명	공연시기	극단명	작품 배경	등장인물
여의주	1954		태고적 불함산역(不咸山域) 梨花불	주랑(珠娘), 해루, 마루, 두꺼비(주랑의 양부, 꼽추), 이무기
목동과 공주	1954	여성국악단	삼한시대 加楠山城과 阿那國王宮	마투루(목동), 阿那國王, 나비공주, 沙羅仇 분꽃,
청실홍실	1954	여성국극 동지사	발해 애왕(哀王), 발해 上京 龍泉寺(현 길림 동경성)	청실(좌상의 아들), 홍실(우상의 딸), 鳳羽(우상의 수양아들. 홍실을 사모), 綠假面, 뚝겁쇠(청실 하인), 검둥이(봉우 하인), 용운(龍雲), 용춘(龍春), 몽파(夢婆)
백호와 여장부	1954		신라, 말갈국	백호(樂匠으로 위장), 여장부(말갈국 공주), 흑표(日官으로 위장), 말갈왕, 개부루, 뱁새(흑표의 하수인), 이쁜이, 덥적쇠
무영탑	1955	임춘앵과 그 일행	통일 신라	아사달, 아사녀, 주만(일명 구슬아기), 금성, 팽개(부석의 제자・아사녀를 사모), 부석(아사달의 스승)
연정 칠백리	1956		고대 호남에서 서울 가는 길, 대궐	협, 향낭, 도화, 다람쥐(좀도둑), 모백(좌보대신), 모술(모백의 동생), 필성, 채운, 왕, 왕자, 채운,
눈우에 피는 꽃	1956	여성국악단	고구려	왕, 화운공주, 계영(桂英), 피리, 을지용(乙支龍), 송희(松姬. 을지용의 동생)
백년초	1956	여성국악단	신라, 백제	배석장군(俳石將軍), 문이(紋伊), 명건(明建), 현수(玄壽, 문이의 약혼자. 후에 백제와 내통), 원죽(元竹. 배석장군의 배종)), 미향(美香. 백제 의 세작)
귀향가	1957	여성국악단 임춘앵	馬利國	오초(可少河. 可少王의 아들), 絲壽娘(온마공의 딸), 오달래(가소하의 양부), 후토왕, 도룡, 아손
석동백	1957	햇님국극단	신라통일후 25년전 탐라국	鷺旦, 烏首, 牟娘, 백록, 성주, 品山, 太老, 山草, 구슬
춘소몽	1957	여성국악단 임춘앵	신라 명주 나리郡	조신, 달례(月禮), 용선화상, 평목(낙산사 젊은 중), 김흔공(나리군태수), 먹보스님, 곰, 나비(달 례 몸종), 달보고, 미력, 질네
달과별	1958	우리국악단	상고열국시대 加羅國	달애, 별애, 해서, 바우, 飛夫, 유달태자 용골대, 寶甫, 딸꾹이, 금이, 옥이
동심초	1958	여성국극단	신라통일후 약 200년 후 신라 古沙城	동심녀, 나달, 석류녀, 고사성 태수 阿必, 쇠불
열화주	1958		阿波利國	召魯陀(일명 洪), 召羅, 진주, 유신장군, 扶延장군, 문관, 선돌,

작품명	공연시기	극단명	작품 배경	등장인물
정	1958	햇님국극단	고대 그 당시 서울	樓妻, 彌沙, 연대감, 양부인, 양술, 장팔(건달) 오월, 노복,
햇님은 비밀을 안다	1958	햇님국극단	약 이천년전 부족국가시대 辰韓國	錦衣공주, 昭史羅, 阿質伽, 解模達, 沙娘
정과정	1958 1959	우리국악단	宮中 시대배경은 제시되지 않음	雄伯, 아미공주, 아상, 영랑, 좌대신 指天, 후충, 매련, 고두쇠, 섭탈, 장달,
마음의 꽃	1958 1959	새한국극단	신라시대	明信花郎, 白蓮, 공주, 莫天, 黑虎, 도적들, 찔레, 꺽쇠
못잊어	1959	여성국극단 임춘앵	옛날 동방지역에 속하는 나마성, 마오성, 사문국.	아담, 이와, 유곡노후, 도문경, 텁석부리, 뱃사람, 어떤 여인
극락과 지옥	1960	여성국극단 임춘앵	특정시대가 설정되어 있지 않음	만다루, 미례사, 사파니, 아리다라, 노충, 패린도, 염라
유충렬전	1960	우리국악단	중국 명나라	유충렬, 유주부, 장씨, 강희주, 정한담, 옥관도사, 마룡, 노복, 화선,
흑진주	1961	여성국극단 임춘앵	시대배경은 제시되지 않음	흑진주, 다미다루, 백충대감, 마로리(다미다루를 연모), 백호장군,

작품에 제시된 시간적 배경을 보면, 막연하게 태고적 혹은 상고시대라는 식으로 설정한 경우도 있고 특정 시기를 제시하는 경우도 있다. 그렇다 하더라도 '지금 여기'하고는 상당한 시간적 거리를 노정하고 있기 때문에, 현실감이 느껴지지는 않는다. 이는 공간적 배경과 관련해서도 마찬가지이다. 월지국, 사로국, 마리국, 아파리국阿波利國, 나마성, 마오성, 사문국, 가남산성加楠山城, 아나국왕궁阿那國王宮 등과 같이 허구적인 공간으로 설정된 경우와, 삼국시대 궁궐 등과 같이 어느 정도 구체적으로 설정된 경우로 나누어 볼 수 있다. 그렇다 하더라도 이 또한 '지금 이 곳'하고는 아무런 연관이 없으며, 초역사적 성격을 지니고 있다.

시간적 배경과 공간적 배경이 이와 같이 설정되어 있음으로 해서 작품 세계와 현실세계는 절연되어 있으며, 작중 현실은 초현실적인 혹은 환상적인 세계로서의 성격을 지니게 되는 것이다.

등장인물은 크게 선인형에 속하는 인물군과 악인형에 속하는 인물군 그리고 방자형의 성격을 지니고 있는 인물군으로 나누어 볼 수 있다. 선인형 인물은 현실적 욕망에 의해 움직이기 보다는 초월적, 보편적 가치를 추구한다는 점에서 이념형 인간이라 할 수 있다. 특히 작중 남성주인공은 여성들이 선호하는 이상형으로 형상화되어 있다는 점을 주목할 필요가 있다. 방자형 인물은 작품에 생동감을 불어넣는 감초 같은 존재이다.

작중 인물은 배우에 의해 형상화되는바, 여성국극 배우들은 저마다의 특장이 있는 경우가 많았다. 가령, 남성 역할을 잘했다든가 악역을 잘 소화해 냈다든가 방자같은 조연 역할을 잘했다든가 하는 것이 그것이다. 남자 역할을 잘한 배우로 단연 임춘앵을 꼽을 수 있다.

남성역을 맡았던 여성국극 배우 조금앵

그 외에 김경수, 조금앵, 허숙자, 노신성, 고일연, 김연연 등이 남자 역할로 활약한 배우들이며, 주연숙, 정미자 등은 악역을 잘 소화한 배우로 알려져 있다. 김진진은 여자 주인공역을 도맡다시피 했으며, 김혜리는 깍쟁이 역을 잘했다. 조연 역할을 잘한 배우로 조영숙을 꼽을 수 있다. 그리고 심순희는 이방 역할을 잘했으며, 이미자는 방자 역(산마이)을 잘했다.

5. 여성국극의 창작의도와 주제의식

모든 대본이 그런 것은 아니지만 작의作意 혹은 제목의 유래와 줄거리를 제시하고 있는 경우가 있어, 이를 통해 창작의도와 방향을 어느 정도 가늠해 볼 수 있다. 몇몇 사례를 통해 이를 확인해 보기로 한다.

○ 목동과 공주라면 여러 가지 의미에서 그 거리가 대단히 먼 것이다. 하지만 공주라는 그 어마어마한 대명사代名詞를 떼여 놓고 보면 역시 그 인간성은 마찬가지다. 인간과 인간이 부와 귀는 진실성 앞엔 그 이상 다른 아무것도 있을 수 없는 것이니 이것을 구체적으로 이야기한 것이 이 극의 내용이기에 〈목동과 공주〉라고 제題한다.

- 〈목동과 공주〉 대본 중에서

○ 나는 이 작품에서 비뚤어진 운명의 소유자들을 모아놓고 우리 민족 고유의 윤리나 도덕관으로서 그들이 가야 할 방향으로 이끌어 보려고 노력해 보았다.

- 〈눈우에 피는 꽃〉 대본 중에서

○ 권선징악을 상징한 가공적인 스토리를 현대적으로 양식화 해 본 대중 본위의 작품인바, 첫모리에는 봄맞이의 꽃놀이를 커튼레이저로써 레부적인 구상으로 시도하여 보았으며 그 중에는 부분적이나마 창과 무용과 대화의 접속을 무리가 없게 가져가기 위한 전체적인 모데레이슌을 더 생각해 보았고 무의미한 원색 투성이의 시각적인 불협화음과 장치에서도 마테리알의 관련을 종래의 수단에서 벗어나 보려고도 했다. 작의와는 무관한 말인지는 모르되 국극이라고 하는 이름 아래에서 행동하고 있는 창극의 형태가 자가 성격 규정도 없이 행동 의식의 한계도 분간치 못하고 언제까지나 신극적인 체험을 물려받은 곁방살이 모방시대의 연장을 지양하지 않는 한 창극 본연의 질적인 비약은 할 수 없는 것이 아닐까.

- 〈못잊어〉 대본 중에서

○ 창극이 요구하는 화려한 허구보다도 인간 본연의 자태를 추구해 보려 하였다.

- 〈백년초〉 대본 중에서

현실 세계는 기본적으로 언제나 '문제적' 현실이다. 절대선과 절대악은 존재하지 않는다 해도 과언이 아니며, 대부분의 인간은 욕망과 윤리의 경계에서 아슬아슬하게 삶을 영위해 나간다. 사랑의 문제만 해도 그렇다. 지고지순한 사랑이 전혀 없다고 할 수는 없겠으나, 여러 현실적 이해관계 혹은 권력관계로부터 자유롭지 못한 경우가 대부분이다.

그런데 위에서 제시한 내용에서 알 수 있듯이, 여성국극은 '진실', '민족 고유의 윤리나 도덕관', '인간 본연의 자태' 등의 가치를 추구한다. 현실논리보다는 당위의 논리 혹은 초월의 논리에 입각한 이러한 지향은 다분히 추상적이면서 순수의 세계로서의 성격을 지니고 있다. 이러한 점은 작품 구성의 틀에서도 잘 나타난다.

작품 구성의 기본적인 틀은 '선·악'의 대결 구도와 삼각 관계의 갈등으로 짜여진 경우가 대부분이다. 이러한 구성은 설화나 고전소설에서부터 현대의 TV드라마에 이르기까지 대중성과 통속성을 지향하는 작품에서 흔히 보이는 오래되고 관습적인 서사 문법이다.

모든 작품에 공통된 주제는 남녀 간의 애정이다. 애정은 인간의 보편적인 감정이며, 지고지순한 가치를 지니고 있는 것으로 설정되어 있다. 신분의 차이, 현실적 이해관계 등에 의해 애정을 배반하는 경우는 없다.

　　사랑에 드러서는 빈부귀천이 없다 하더이다. 이 몸이 지체 높으신 공주마마를 사모하게
　된 것도 운명이라 생각하옵고…. 〈서동과 공주〉

　　여자에 있어 가장 영광의 길은 그러한 허울 좋은 영화보다도 오직 사랑으로 맺어지는 부부
　의 길만이 있는가 하옵니다. 〈연정칠백리〉

서정적인 분위기를 강화하는 창 대목, 작중 인물의 대사 곳곳에 보이는 시적인 표현 또한 여성국극의 매력을 강화하는 데 일조한 중요한 요소이다.

요컨대, 여성국극은 허구적인 시공간의 설정, 초역사적인 애정 묘사, 시적인 표현 등을 통해 '환타지'의 세계를 구축함으로써, 50~60년대 대중들의 인기를 독차지했다. 남녀 간의 애정을 절대화하고 지고지순함을 강조하며 행복한 결말에 이르게 한 '환타지'의 세

계는 엄청난 흡입력을 발휘하며 당대의 대중들을 여성국극으로 끌어들였던 것이다. 특히 영웅적인 남성 주인공은 당대 대중들의 환호와 갈채를 한 몸에 받았다. 영웅적인 남성 주인공은 현실세계의 남성적 특질을 구유하고 있으면서도 여성배우에 의해 연기됨으로 해서 묘한 중성적인 매력을 발산하였다. 빈부귀천이나 현실의 이해관계에 구속되지 않고, 사랑을 위해서는 어떠한 고난도 감수하며, 궁극에 가서는 고귀한 신분임이 밝혀지며 아름다운 여성과 가연을 맺는 등, 남성 주인공은 대중의 '우상'이 되기에 조금도 손색이 없는 조건을 완벽하게 구유하고 있는 것이다. 이는 '위기·위기의 극복', '고난·고난을 극복하고 승리를 쟁취'를 보여주는 영웅소설의 주인공과 닮아 있다.

그런데 작중 남성 주인공과 여성 주인공의 형상이나 행동 양식을 보면 관습적으로 용인되어 온 남성다움과 여성다움을 지향하는 모습을 보이고 있다. 〈동심초〉에서 석류녀는 질투하는 여성의 전형적 모습을 보여주고 있다. 〈백호와 여장부〉에서 백호와 여장부는 혼인을 하기로 했는데, 여장부는 여자답지 못해 못생겼다는 백호의 말에 상처 받는다. 여자다움과 남자다움이 강조되어 있는 것이다. 이와 더불어 주목해야 할 사실은 여성주인공이 사랑 앞에서는 매우 적극적이면서도 주체적인 모습을 보인다는 점이다. "어머니, 홍랑은 쟁반에 오른 과일이 아니어든 어이 그리 쉽사리 집어 주시려 하나이까? 던져 주소서. 제 마음에 사람은 제가 고르도록 던져 주소서"라고 말하는 〈청실홍실〉의 홍실의 모습에서 그러한 사례를 확인할 수 있다. 사실 애정 문제에 있어 여성이 적극적이고 주체적으로 행동하는 모습은 나말여초의 전기를 비롯해서 이옥의 〈심생전〉 등에서 쉽게 확인할 수 있다.

비록 현실과 유리되어 있다 하더라도 '절대 순수', '절대 사랑'을 노래하는 여성국극에 당시의 많은 대중들이 환호하고 몰입했던 것이다.

제5부

판소리와 그 주변

남원과 판소리 문화

1. 머리말

전북 동남부 지리산권에 위치한 남원은 서남 내륙지역의 중심지로써, 동쪽으로는 경남 함양군, 서쪽으로는 임실군과 순창군, 남쪽으로는 전남 구례군과 곡성군, 북쪽으로는 장수군이 인접해 있다. 지금은 남원이 인구 10만이 채 안되는 소규모 도시에 불과하지만, 조선조까지만 해도 남원은 지금보다 훨씬 규모가 크고 입지가 탄탄한 지역이었다. 남원과 분리되어 있던 운봉이 지금은 남원에 편입된 경우를 제외하면, 본래 남원에 속해 있었던 지역이 지금은 인접 지역으로 편입된 경우가 훨씬 많다. 현재 임실군에 속해있는 지사・둔덕・오지・말천・아산・석현, 순창군에 속해있는 영계, 전남 곡성군에 속해있는 번암・진전 등은 조선조까지 모두 남원에 속해있었다.[1] 지금은 행정적으로 구분되어 있는 데 그치지 않고 지반자치제가 시행된 이후 지역 간 구분의식이 보다 심화되고 있지만, 문화적인 측면에서 남원과 구례, 곡성, 순창, 장수 등이

---

1   김현영, 『조선시대의 양반과 향촌사회』, 집문당, 1999, 36쪽 참조.

상당한 친연성을 보이고 있는 것은 이러한 역사적인 배경에서 비롯된 것이다.

예로부터 남원은 예와 악을 숭상한 지역으로, 오늘날까지 충적의 정신과 전통예술을 중시하는 의식이 다른 지역에 비해 매우 강렬하게 분출되고 있는 곳이다. 정유재란 때 왜적의 침입을 막다가 전사한 만여 명의 사상자가 묻혀있는 만인의총이 예禮의 상징이라면, 판소리는 악樂의 상징이다. 남원은 판소리 동편제의 탯자리로서 수많은 명창을 배출했으며, 대표적인 고전 작품인 〈춘향가〉, 〈흥보가〉 등을 산생시키는 등 판소리 문화의 전승 발전에 크게 기여한 대표적인 지역이다.

이와 같은 특성을 지니고 있는 남원 지역에 있어서의 판소리 문화의 전통과 향유양상을 살펴보고, 지역에서 판소리문화가 차지하는 위상과 앞으로의 향방을 점검해 보려는 것이 본고의 목적이다.

2. 남원 지역 판소리 문화의 전통과 향유 양상

판소리가 언제 어디서 생겨나게 되었는지에 대해 정확히 알기는 어려우나, 17세기 후반 무렵에 판소리가 성립되었을 것으로 추정하는 것이 통설인 듯하다. 이렇게 본다면 판소리는 어림잡아 300여년의 역사를 지니고 있다고 할 수 있는데, 설화나 무가 혹은 민요 등과 같은 여타의 구비문학 갈래에 비한다면 판소리의 역사는 무척 짧은 셈이다. 게다가 판소리는 구비문학 갈래 가운데 가장 세련된 예술적 성취를 보여주고 있으며, 그 사회적 위상 또한 가장 높다고 할 수 있다.

1) 남원의 지역적 특성과 문화적 배경

〈동국여지승람〉 '남원도호부'조에 소개된 내용 가운데 남원의 특징적 면모를 잘 보여주는 대목을 제시하면 다음과 같다.

[풍속] "향음鄕音과 사례射禮를 행한다 : 이 고장 사람들은 봄이 오면 용담이나 율림僳林에
　　　모여 향음과 사례를 행한다.
[형승] 동쪽에는 지리산이 공어控禦하여 있고, 서쪽에는 중진을 띠었다. 남방에 있어 오른
　　　팔 역할을 하는 중요한 지방이다. 옥야백리沃野百里 천연의 부고府庫이다 : 황수신의
　　　광한루기에, "남원은 옛 이름이 대방인데, 산천이 수려하고 옥야가 백리에 뻗쳐 실
　　　로 천연의 부고이다." 했다.[2]

　남원은 신라시대에 5소경 가운데 하나에 속할 정도로 지리적 요충지였는데, 그러한
점을 위 기록을 통해서도 다시 확인할 수 있다. 아울러 유생들이 향약을 읽고 술을
마시며 잔치하는 향음과 궁술을 즐겨 했다는 기록으로 보아, 이 지역에 풍류문화가
성했음을 알 수 있다. 남원이 〈춘향전〉, 〈홍보가〉, 〈만복사저포기〉, 〈최척전〉과 같은
고전 작품을 산생시키고 춘향제와 같은 축제문화를 가꾸어 오는 등 전통문화예술의
전승 발전에 크게 기여할 수 있었던 것은, 산세가 수려한 지리산으로 둘러싸여 있으
면서 자원이 풍부하고 풍류문화가 성한 남원의 이와 같은 지역적, 문화적 특성에 일
차적으로 기인한다.
　무엇보다도 남원을 대표하는 전통문화예술은 단연 판소리일 것이다. 동편제의 법제
를 마련한 송홍록, 대표적인 판소리문학인 〈춘향가〉와 〈홍보가〉, 교방문화의 맥을 이
은 국악원, 춘향을 주인공으로 한 축제 '춘향제' 등이 모두 남원의 판소리 문화를 대
표하는 사례들이다. 앞에서 말한 지역적 특성을 지니고 있는 남원은 소리꾼들이 득음
得音을 위해 수련'하기에 좋은 환경을 지니고 있다. 소리꾼들이 수련장소로 즐겨 선택
하는 곳은 폭포, 동굴, 사찰 등이 있는 산이라고 할 수 있는데[3] 남원은 인근에 유서

───
2　고전국역총서 44, 『국역신증독국여지승람 5』, 민족문화추진회, 1970, 134쪽.
3　오늘날 대부분의 소리꾼들은 주기적으로 '산공부'를 한다. '산공부'란 일정한 기간 동안 산에 들어가
　오로지 소리공부에만 전념하는 수련방식을 말하는데, 대체적으로 보름에서 한달 정도의 일정으로 진행
　하는 것이 일반적이다. 그리고 제자들은 이 기간을 이용하여 스승으로부터 집중적으로 소리 훈련을 받
　는다. 지금과 같은 '산공부'가 수련의 한 방식으로 자리 잡은 것은 그리 오래되지 않는다. 독공을 필요
　로 하는 판소리의 예술적 속성과 시대를 살고 있는 현대인의 삶의 조건에서 '산 공부'가 생겨난 셈이다.

춘향사

깊은 사찰과 폭포 등이 곳곳에 산재한 지리산이 있어 소리꾼들의 수련장소로는 적격
인 곳이다.

　남원에서 판소리 문화가 발달하게 된 또 다른 이유로, 판소리 명창 후원자가 많았
다는 점을 들 수 있다. 패트론 역할을 수행하는 부유한 천석꾼, 만석꾼이 있어 소리꾼
들에게는 매력적인 곳이었던 남원은 경제력과 문화적 역량을 바탕으로 하여 판소리
문화를 주도해 나갔다고 할 수 있다. 가령, 운봉은 경상도에서 서울로 올라가는 길목
에 자리 잡고 있어 일찍부터 상업이 발달한 곳으로 풍부한 물적 토대를 이루고 있었
고, 남원에는 풍류문화를 주도하는 토호세력이 자리 잡고 있어 커다란 문화적 역량을
내재하고 있었다. 약 400여 년의 전통을 지니고 오늘날까지 유지되고 있는 기로회耆老
會가 바로 토호세력의 조직적 집결체라 할 수 있다. 19세기 이전에 기로회가 판소리
문화와 어떤 관련을 맺고 있었는지를 보여주는 실증적 사례는 확인하기 어려우나, 20

세기 전반기 춘향사의 건립과 춘향제의 성립과정에서 기로회 소속 회원들이 보여준 역할을 통해 토호세력의 집결체라 할 수 있는 기로회가 판소리문화의 형성, 발전에 기여한 바를 미루어 짐작할 수 있다. 춘향이 보여준 정신을 기리기 위해 춘향사를 건립하려는 운동이 1925년 시작되어 1931년에 춘향사가 완공되는데, 권번 소속의 기녀와 더불어 춘향사 건립의 주체로 커다란 역할을 수행한 이들이 바로 기로회 소속 회원인 이현순, 강봉기, 이백삼 등이다. 이들은 전통적인 풍류의 의미와 가치를 잘 인식하고 있는 한량들이다. 이현순은 권번을 설립하고 관덕정⁴을 건립했으며, 이백삼은 초대 권번 회장을 지냈고 강봉기는 한약방을 운영하면서 풍류를 즐기는 한량이었다. 춘향사가 완공된 1931년에 춘향의 영정 앞에서 제를 지낸 것이 춘향제의 시초인데, 초기 춘향제 때의 주요 종목은 판소리, 줄타기, 씨름 등과 같은 민속예술과 풍류적 성격이 농후한 궁도 등이다. 춘향제는 이후 남원의 대표적인 축제로 성장을 거듭하면서 오늘날까지 이어지고 있는바, 지역 경제의 활성화뿐만 아니라 남원 민속 문화예술 발전에 기여하는바 크다고 할 수 있다. 특히 판소리와 춘향제는 불가분의 관계에 있다. 판소리가 초기 춘향제부터 주요 종목의 하나였으며, 명창의 배출 통로인 전국명창대회가 1974년부터 춘향제 기간에 열리고 있다는 사실이 그 점을 잘 보여주고 있다.

2) 권번, 국악원 그리고 판소리

남원은 평양, 진주와 더불어 전국에서 교방문화가 가장 성한 곳이기도 하다. 남원에 있어서의 교방문화의 실상을 알려주는 자료가 거의 없어 19세기 이전 상황에 대해 구체적으로 말하기는 어려우나, 일제 강점기 때 기생 제도가 폐지되고 권번으로 전환된 이후의 존재 양태에 대해서는 비교적 명료하게 그 실상을 파악할 수 있다. 오늘날 국악원의 뿌리에 해당하는 권번과 판소리의 관계는 매우 밀접하다. 판소리 명창이 권번의 소리 선생으로 활동하면서 생계를 해결했을 뿐만 아니라 여성 제자를 길러냈기

---

4 관덕정은 대표적인 풍류 가운데 하나인 궁도가 벌어지던 곳이다.

때문이다. 권번은 이후 국악원으로 개편되면서 남원 국악 발전의 중심에 위치하게 되는데, 그 과정에서 여러 우여곡절을 겪게 된다. 기생조합인 권번은 국악원의 전신으로, 1921년 초 이현순이 광한루 경내에 세운 것이 남원 권번의 시초이다. 이후 1933년에 광한루 모퉁이로 옮긴 남원 권번은 명칭뿐만 아니라 장소도 여러 차례 바뀌게 되는 바, 그 과정을 간략하게 정리하면 다음과 같다.

- 1945년 직후 : 국악동호회가 발족되어 조광옥이 1대 회장이 됨.
- 1950년 무렵 : 권번을 국악원으로 개칭하고 초대 원장으로 김광식이 부임
- 1971년 : 광한루 경내에 신축 된 건물(현재 관리사무소 자리)로 옮김.
- 1979년 : 새로 원사를 지은 노암동으로 옮김.
- 1983년 : 남원시립국악원으로 개편.
- 1992년 : 국립민속국악원으로 개편.
- 1995년 ; 남원의 독자적인 연주 단체의 필요성이 제기되어 남원시립국악단이 다시 복원
- 1996년 : 관광단지 안 춘향문화예술회관 뒤편에 국립민속국악원 건물을 신축하여 옮김.
- 1998년 : 연구와 연수의 기능까지 포괄하여 남원시립국악단을 '남원국악연수원'으로 확대 개편. 현재 국악연수원과 국악단을 병행하여 운영

여기서 주목해야 할 사실은, 남원국악연수원으로 개편되기 이전까지 국악원은 전적으로 국악인 스스로의 노력과 이를 뒷받침하는 동호회원들에 의해서 운영되었다는 점이다. 광한루 경내에 있던 월매집이라는 음식점에서 남긴 이익금과 공연을 통해 들어온 수익금이 국악원 운영자금으로 쓰였다. 그리고 이일우, 양해인, 강영수(공무원), 고광길(약사), 이재우(약사), 박병원(법무사) 등 국악 동호회원들의 물심양면에 걸친 도움 역시 국악원 운영에 큰 힘이 되었던 것이다. 이렇게 우여곡절의 과정을 거치면서도 춘향제의 주관, 전국 최초로 여성농악단 조직(2대 원장 이환량), 국악교육 등 많은 업적을 남긴 국악원의 역사는 그대로 남원 국악의 역사였다 해도 과언이 아니다.

국악원은 소리꾼을 배출하는 주요 통로였을 뿐만 아니라 판소리 교육을 담당했다는

점에서 그 의의가 크다. 김정문(1887~1935)이 남원 권번 선생으로 있으면서 여러 명창을 길러냈으며, 그가 세상을 떠난 뒤에는 김영운(1917~1975)과 주광덕이 남원 지역 판소리 교육을 담당했다. 1975년 김영운이 세상을 떠나자 당시까지 이곳저곳을 떠돌며 활동하던 강도근 명창이 남원에 정착하여 1996년까지 후진 양성과 판소리 교육에 전념했다. 강도근 명창이 세상을 떠난 후 전인삼 명창이 국악원의 중심에 위치해 있으면서 판소리 교육을 담당했다.

20세기 이후 남원에 있어서 판소리의 향유와 전승 공간으로 주목해야 할 곳이 바로 '요정'이다. 80년대까지만 해도 남원 시내 곳곳에 요정이 있었는데, 각 요정은 대개 2~3명의 소리 기생을 두고 있었다. 칠선옥, 일홍관, 남산관, 장충관, 금천관, 부산관 등이 70년대 까지 남아있던 대표적인 요정으로, 부산관(현재 남원시내 갑을수퍼 자리)을 제외하고 모두 광한루 부근에 있었으나 지금은 모두 광한루에 편입되었다. 이들 요정이 없어지고 나서도 광한루 후문에서 쌍교동사무소 가는 길 쪽에 위치한 '명문장', '청월장', '선유장', '풍년장' 등은 80년대까지도 지속적으로 영업을 하면서 판소리 전승에 일익을 담당했다. 그러나 음주문화의 변화와 더불어 이들 요정들도 점차 사라져 갔으며, 현재는 판소리를 접할 수 있는 곳이 거의 남아 있지 않다.

3) 동편제 탯자리로서의 남원과 명창들의 활동양상

판소리는 법제에 따라 서로 구별되는 특징을 지니고 있다. 판소리의 유파는 정노식이 『조선창극사』에서 언급한 바와 같이, 크게 동편제, 서편제, 중고제 등으로 나누어 볼 수 있다. 그러나 정노식 이전에는 유파에 관한 언급을 찾아볼 수 없다. 동편이니 서편이니 하는 말이 그 이전 시기부터 명창들에 의해 보편적으로 사용된 것인지 아니면 정노식이 법제가 다른 현상을 개념적으로 정립하는 과정에서 쓰게 된 것인지 분명하지 않다. 실기인들의 증언을 검토해 보면, 소리를 엄성으로 해서 진중하고 무겁게 소리를 내는 것을 동편제라 하고 좀 슬프고 애련하게 내는 소리를 서편제라 했다는 식의 구분 의식을 보여주고 있다. 조調와 결부지어 설명할 때, 우조를 위주로 하는 것을 동편제라 하고 계면조를 위주로 하는 것을 서편제라 하기도 하는데, 본래는 우조를 호령조라 하고 계면조는 애원성 혹은 서름조라고 했다. 유파를 구분하는 데 있어, 가문, 지역, 사승관계의 세 요소에 주목할 필요가 있다.

(1) 가문

전통사회에서 판소리 소리꾼은 무계巫系에서 배출되었다. 무계 출신은 이른바 '동간네'라고 하여, 구성원간의 결속이 강하고 배타적 통혼권을 형성하는 경향을 보여주고 있다. 판소리사에서 대표적인 명창 명가 가문은 다음과 같다.

○ 송흥록 - 송광록 - 송우룡 - 송만갑
○ 김성옥 - 김정근 - 김창룡
○ 정재근 - 정응민 - 정권진

유파를 규정하는 데 있어, '가문'의 요소는 전통사회에서 더욱 비중이 컸다고 할 수 있다. 20세기에 들어서면서, '가문'보다는 '사승관계'가 유파를 규정하는 중요 요소로 작용하게 되었다.

(2) 지역

구전예술에 속하는 갈래는 거의 예외 없이 지역 유형Oico Type의 형태로 존재한다.[5] 판소리의 유파는 지역을 기초로 하여 구분된다는 점에서 지역 유형의 성격을 지니고 있다. "산 하나 넘고 강 하나 건너면 풍속이 달라진다"는 말이 있는 것처럼, 교통이 발달하지 않았던 시대에 지역은 풍속과 문화를 구분하는 중요한 기준이었다. 20세기에 들어와 교통이 발달하고 지역간 교류가 활발해지면서, '지역'의 요소는 그 비중이

---

5   설화 가운데 '지역 전설', 민요의 '토리' 등이 여기에 해당한다. 그리고 무속이나 가면극도 지역을 기준으로 유형을 구분할 수 있다. 농악에서 말하는 좌도농악이니 우도농악이니 하는 용어도 지역유형에 해당하는 것이다.

이전에 비해 적어지게 되었다고 할 수 있다.

(3) 사승관계

구전심수口傳心授로 전승되는 판소리에 있어서 사승관계는 유파를 규정하는 핵심적인 요소이다. 전통적인 도제식 학습과정을 거쳐 명창의 반열에 올랐다. 그러나 그렇다고 해서 제자는 스승과 똑같은 소리를 한 것이 아니다. 명창이 되는 과정에서 대부분의 소리꾼은 독공을 한다. 독공은 다른 것이 아니라 학습한 소리를 자기화 하는 과정이다. 소리꾼에게는 표목이 있다. 표목이란 표시 나는 목, 명창의 개성이 드러나는 목이라는 의미이다. 이는 소리꾼이 개성적인 소리 세계를 지니고 있음을 의미한다. 그러니까 소리꾼은 스승의 소리를 그대로 잇는 것이 아니라 자기화, 개성화 과정을 거쳐 자기만의 독자적인 소리세계를 지닌 개체적 존재이다.

유파가 등장한 것은 19세기 중반 송흥록이 동편제 법제를 마련한 이후이며, 19세기 후반에는 박유전을 법제로 한 서편제가 등장했다. 중고제는 정노식이 정의한 대로 경기 충청 지방을 중심으로 전승된 소리로서 비동비서非東非西나 비교적 동편에 가까운 소리로만 이해되었다. 그런데 최근에 중고제는 지역적 개념으로만 이해해서는 안 되며 시대적 개념도 내포하고 있는 바, 본래는 초기 판소리의 면모를 간직하고 있는 고제古制 소리라는 견해가 제기되어 학계의 관심을 끌고 있다. 중고제는 동편제처럼 단일한 하나의 소리제로만 전승된 것이 아니라 다양한 가계의 다양한 소리제로 전승되어 왔는데, 송흥록을 기점으로 동편제가 등장하자 중고제는 경기, 충청 지역을 중심으로 전승되는 소리제를 지칭하는 개념으로 전환되었다는 것이 주장의 핵심이다. 즉 송흥록의 소리를 표준으로 삼는 동편제가 당시로서는 신제新制로서, 판소리사의 새로운 장을 연 계기가 되었다는 의미를 내포하고 있는 것이다. 판소리라는 예술장르가 성립되기까지의 과정과 초기 판소리의 음악어법이나 사설 형태가 어떠했는지에 대해 명확하게 알 수 없는 상황에서 중고제에 대한 이러한 논의 역시 하나의 가설일 뿐이지만, 중고제에 대해서 뿐만 아니라 판소리사의 전개를 새로운 시각으로 조망하고 있다는 점에서 많은 시사점을 제공해 주고 있다.

그런데 제制의 분화가 처음에는 지역을 기준으로 하여 생겨난 데에는 그만한 이유가 있을 것이다. 구전심수口傳心授로 전승되는 판소리의 속성상 소리를 배우기 위해서는 반드시 스승을 찾아가 직접 지도를 받아야 했는데, 송흥록이나 박유전이 활동했던 19세기는 교통이 그렇게 발달하지 못한 때였다. 따라서 가까운 지역에 있는 스승을 찾아가 소리를 배우는 일은 매우 자연스러웠을 것이다. 여기에다 특수한 신분에서 비롯되는 소리꾼들의 배타적 결속력이 작용하여, 스승에게서 배운 소리를 그대로 지켜가려는 경향이 강해지면서 지역에 따라 서로 구별되는 법제가 생겨난 것이다.

　　판소리사에 있어서 제가 분화되는 현상은 판소리가 음악적으로 세련되고 발전되어 가는 것을 의미하는데, 그렇다면 동편제와 서편제의 음악적 특질이 달라지게 된 근본 원인에 대해서도 생각해 볼 필요가 있다. 그 원인으로 우선 전승지역의 환경적 요인의 영향이 있었던 것으로 보인다. 즉, 우조를 위주로 하여 대마디 대장단으로 짜 나가는 동편소리는 오밀조밀한 맛은 덜하지만 선이 굵으면서 남성적인 지리산의 웅장함과 닮아있다. 이에 대해 서편소리는 기름지면서도 농부들의 애환이 촘촘히 새겨져 있는 평야지대의 구성진 가락과 닮아있다. 흥미로운 현상은, 농악에 있어서 산악지대라 할 수 있는 남원·임실·장수 등지의 좌도 농악은 원박이 많아 단순한 듯하면서 고졸한 맛이 있는 데 비해, 평야지대인 김제·만경·이리 등지의 우도 농악은 잔가락이 많고 기교가 승勝하다는 점이다. 농악이나 판소리에서 보이는 이와같은 유사성이 어디에서 비롯되는지 더 고구해 보아야겠지만, 환경적 요인과 관련이 있는 것이 아닌가 생각된다. 다음으로 판소리 향유층이 제制의 분파에 끼친 영향을 생각해 볼 수 있다. 즉 향유층의 취향이 변모함에 따라 이에 부합하는 소리제가 새롭게 생겨나거나 분파되어 나타난 것이 아닌가 하는 것이다. 동편제가 출현한 19세기 전반에는 이미 양반, 중인, 부호층 등이 판소리의 주요 향유층으로 등장하는 시기이다. 송흥록이 진양조를 완성하고 가곡성 우조를 판소리에 도입함으로써 장중미와 비장미의 음악적 표현을 용이하게 했는바, 판소리가 골계미뿐만 아니라 장중미나 비장미까지 잘 표현함으로써 양반 좌상객에게도 호응을 얻을 수 있게 된 것이다. 다소 도식적으로 설명한다면 탈춤과 같은 서민예술에서 보이는 바와 같이 골계미가 서민적 미의식이라 한다면 장중미나

비장미는 교양이 있는 식자층에 부합하는 미의식이라 할 수 있는 것이다. 동시대에 활동했으면서도 "박만순의 소리가 식자識者에 한限하여 칭예稱譽를 받지만 이날치의 소리는 남녀로소男女老少 시인묵객초동목수詩人墨客樵童牧竪 할 것 없이 찬미讚美 아니하는 이가 없었다"고 하는데, 그 이유가 박만순이 동편제에 속하는 명창임에 비해 이날치가 서편제에 속한다는 사실과 관련이 있다고 한다면 이러한 주장이 설득력을 지닐 수 있을 것이다.

그런데 조調, 발성법, 지역성 등을 기준으로 하여 제制가 나누어진다고는 하지만 명창의 계보에 따라 변별성이 내재하고 있기 때문에, 같은 동편제라도 그 가닥이 여럿이어서 이를 단일한 범주로 묶어 논하기 어려운 점이 있다. 김세종이 젊어서 송흥록을 찾아가 배우기를 청하자, "너희 김씨 집안 소리가 우리 송가 집안 소리만 못한 것이 무엇이냐? 돌아가 너희 김씨 집안 소리를 배워라" 하고 돌려보냈다는 일화는 같은 동편제에 속한다 하더라도 소리의 법도가 다를 수 있음을 보여주고 있다. 이보형은 동편제 명창의 계보를 다음의 네 계열로 제시한 바 있다.

- ㉠ 송흥록 - 박만순계
- ㉡ 송흥록 - 송광록계
- ㉢ 김세종계
- ㉣ 정춘풍 - 박기홍계

이 가운데 ㉠과 ㉣은 전승이 중단되었으며, ㉢은 김세종판 〈춘향가〉가 김찬업-정응민을 통해 보성소리로 전승되고 있다. ㉡은 '송우룡-송만갑'을 거쳐 여러 명창을 통해 오늘날까지 이어지고 있다는 점에서 동편제의 계보를 비교적 선명하게 유지하고 있다고 하겠다.

〈춘향가〉는 제에 관계없이 능한 명창들이 많지만, 동편제에 속하는 명창이 특장을 보인 바디는 〈흥보가〉, 〈적벽가〉 그리고 〈소적벽가〉로 불리는 〈수궁가〉이다. 이는 서편제에 속하는 명창 가운데 〈심청가〉에 능한 이가 많았다는 사실과 대비되는 점이다. 잉애걸이나 완자걸이 등 엇붙임과 잔 기교를 많이 사용하며 '모아내는 소리'인 서편소리에 비해 동편소리는 통성으로 내지르며 그야말로 목으로 승부하기 때문에 치열한 맛이 더 있다. 그런 만큼 대마디 대장단에 통성으로 내지르는 이른바 '우겨내는 소리'인 동편제는 상당한 공력을 쌓지 않으면 부르기가 힘들다. 잔 기교를 쓰지 않으면서 웃음 속에서도 슬픔을 잘 표현해 주고 슬픔 속에서도 웃음을 표현할 줄 아는

송흥록 기념비(운봉비전마을)

경지가 바로 동편제의 진수를 체득한 명창의 경지라 하겠다.

남원에는 뛰어난 기량을 지닌 명창이 있어서 판소리 전승의 중심으로서의 위상을 유지해 나갈 수 있었다. 판소리의 중시조로 일컬어지는 송흥록이 운봉 비전마을에 거주하며 제자를 기르고 동편제의 법제를 마련하는 등 활발한 활동을 펼쳤기에, 남원은 판소리 동편제의 탯자리로서의 위상을 확고히 하면서 판소리사의 중심에 우뚝 설 수 있었던 것이다. 정노식의 『조선창극사』에서는 송흥록의 고향이 운봉 비전리라고 소개하고 있으나, 일설에 의하면 그의 고향이 함열군 곰개熊浦라는 주장도 있다. 현재 곰개에 송흥록과 관련된 일화(출생지, 수련장소, 무덤 등)가 전해지고 있고 송흥록의 매부인 김성옥이 인근에 있는 강경 출신이라는 점 등을 고려해 볼 때 송흥록이 곰개 출신일 가능성도 상당히 높다고 하겠다.[6] 그러나 송흥록의 고향이 어디였는지 정확하게 밝히는 것도 의미 있지만, 보다 더 중요하게 생각해야 할 사실은 그가 왜 남원 운봉을 활

---

6 이보형, 「판소리 가왕 송흥록」, 『판소리연구』 5, 판소리학회, 1994, 361~375쪽 참조. 필자도 1999년도에 곰개熊浦 지역을 답사한 적이 있는데, 웅포면 면장을 지냈던 김영철이라는 분이 송흥록이 이 지역 출신이라는 이야기를 들려주면서 수련장소, 무덤 등을 확인시켜 주었다.

송만갑 명창

강도근 명창과 전인삼 명창

동의 터전으로 삼았는가 하는 점이다. 오히려 그가 운봉 출신이 아니었음에도 불구하고 운봉에 와서 살았다고 한다면, 운봉이 명창을 흡인할만한 조건을 갖추고 있었다는 것을 반증하는 것이기 때문이다. 『조선창극사』 등에 기술되어 있는 판소리 명창의 생애를 보면, 평생을 한 곳에서 보낸 이는 아무도 없는데, 그 이유는 여러 가지가 있겠으나, ㉠ 득음得音을 위해 수련하기에 좋은 환경, ㉡ 뛰어난 기량을 지닌 명창이 있는 곳, ㉢ 공연 기회가 많아 생계에 도움을 받을 수 있는 곳 등을 찾아 여러 지역을 두루 돌아다니며 활동했을 것으로 생각된다. 이 가운데 ㉠과 관련하여 '지리산권'이 명창들의 주목의 대상이 되었던 것인데, 남원·운봉·순창·구례·하동·진주·함양 등지와 직간접적인 관련을 맺으며 활동한 명창이 많은 데에는 그만한 이유가 있는 것이다. 특히 운봉은 위의 세 가지 조건을 모두 갖추고 있다. 지리산 자락을 끼고 있어 수련하기에 좋은 환경을 보유하고 있으며, 판소리의 중시조로 일컬어지는 송홍록이 비전마을에 거주함으로 해서 소리를 배우기에 적격의 조건을 갖출 수 있게 된 것이다. 뛰어난 명창의 존재는 그 지역의 판소리 발전에 있어서 필수적인 요건인데, 전북 고부 출신인 박만순 같은 이가 송홍록에게 소리를 배우기 위해 운봉으로 이사를 온 사례가 그 단적인 예이다. '송흥록 - 송광록 - 송만갑'으로 이어지는 송씨 가문의 명창들은 이후 운봉과 구례를 중심으로 활동했던바, 전통사회에서 구례가 남원과 같은 문화권에 속해 있었다는 사실을 고려한다면 결국 남원이 판소리 동편제의 중심으로서의 위상을 견고히 유지하고 있었다고 볼 수 있다.

안숙선 명창

송문일가의 끝자리에 위치한 송만갑이 활동하던 20세기 전반기에 대부분의 명창들이 서울을 지향하고 있던 상황에서도 남원에는 김정문과 강도근이라는 거목이 동편제의 법통을 지키며 제자

양성에 주력하고 있었다. 김해출신의 김록주, 선산 출신의 박록주, 박초월, 강도근 등이 김정문으로부터 소리를 배웠으며, 현재 명창으로 왕성하게 활동하고 있는 안숙선, 전인삼, 이난초 등이 강도근으로부터 소리를 배운 제자들이다.

이와 같이 19세기에서 20세기에 이르는 기간 동안 남원에 당대 최고로 손꼽히는 명창이 거주하고 있었기에, 남원에서 판소리문화가 꽃피울 수 있었고 수많은 명창을 배출할 수 있었던 것이다. 앞에서 거론한 이들 외에, 판소리사에 이름을 남긴 명창 가운데 남원과 직간접적인 관련이 있는 명창으로, 강순영, 김록주, 박록주, 박봉술(구례), 박중근, 박초월, 배설향, 이중선, 이화중선, 장판개(순창), 유성준, 장자백(순창), 조상선 등을 꼽을 수 있다.[7]

이와 같이 남원에는 송흥록 이후 동편제의 맥을 있는 당대의 대명창들이 지속적인

---

7   그런데 이들 명창들은 대부분 친인척 관계 혹은 사승관계로 얽혀져 있다. 장자백은 유성준의 외삼촌이
     며, 김정문은 장자백과 유성준의 생질이다. 그리고 이화중선은 장자백 집안에 속하는 장덕진에게 시집
     을 가서 소리를 배웠고, 배설향은 장판개의 부인이다.

활동을 전개하고 있었기 때문에, 판소리 문화의 중심으로서의 위상을 유지해 올 수 있었던 것이다.

(4) 일반인들의 판소리 향유 양상

남원 지역에 있어서 일반인들이 판소리를 접하고 즐길 수 있는 경우는 크게 다음의 네 가지로 나누어 볼 수 있다.

① 잔치나 화갑연 등에서 소리꾼을 초청하여 벌이는 판.
② 요정과 같은 음식점에서 벌이는 소리판.
③ 춘향제 기간에 벌어지는 소리판.
④ 국립국악원이나 시립국악단에서 시행하는 판소리 강습

①은 전통사회에서 흔히 확인할 수 있는 판소리 향유 형태로, 남원지역에서도 20세기 전반까지 이러한 공연이 자주 있었던 것으로 보인다. 그리고 소리꾼을 초청한 집안사람들뿐만 아니라 인근 마을 주민들도 소리판에 참여하여 소리를 감상하는 기회를 가질 수 있었다. 20세기에 들어와 여악과 관기제도가 폐지되고 기생조합인 권번이 새로이 생겨나기 시작하는데, 이와 더불어 요정과 같은 음식점이 국악의 주요 공연 공간으로 대두하게 되었다. ②는 이러한 시기에 있었던 판소리 향유의 한 형태이다. 그런데 일정한 경제력이 뒷받침되지 않으면 요정에 출입하기 쉽지 않았던바, 지역의 이른바 유지나 혹은 일정한 사회적 지위를 점하고 있는 관료 등 한정된 부류의 사람들만이 요정 등에서 판소리를 즐길 수 있었다. 대다수의 일반 서민들이 판소리를 향유하는 방식은 ③과 ④를 통해서이다. 춘향제는 1931년 춘향사에서 춘향 영정에 제를 지내면서 시작된 것인데, 앞에서 말한 바 있듯이 판소리는 초기부터 춘향제 행사의 주요 종목 가운데 하나였다. 흔히 남원 사람들은 "춘향제 때 벌어 일년 먹고 산다"는 말을 한다. 그만큼 춘향제의 비중이 크다는 말이다. 축제가 열리면 인근 지역 주민들까지 몰려드는데, 축제 가운데 광한루원에서 열리는 판소리 공연이 인기 있는 대표적

인 종목이었으며 1974년부터 열리고 있는 전국명창대회(1998년부터 '춘향국악대전'으로 확대 개편되어 경연 종목도 많아짐)는 오늘날까지 춘향제의 대표적인 행사로 자리 잡고 있다.

남원시립국악단이나 국립민속국악원에서 주관하는 판소리 강습도 일반 시민들에게 판소리를 배우고 익힐 수 있는 매우 소중한 기회인데, 이러한 일반인 강죄가 판소리 문화의 저변 확대에 상당한 기여를 하는 것은 물론이다.

그리고 남원에서 활동하고 있는 명창들이 개인 교습 등을 통해 제자들을 기르는 사례도 주목할 필요가 있는데, 이는 전문적인 소리꾼을 양성하는 데 목적을 두는 경우가 많다. 한편 남원이 배출한 대표적인 소리꾼 가운데 한 사람인 전인삼은 대학 재학 중이던 1983년 남원 청년국악인회를 만들어 활동한 바 있으며, 1991년 남원 출신 국악인들의 모임체인 '남원악회'에 속해 있으면서 일반인들에게 판소리를 강습했다. 특히 그는 1991년부터 1995년까지 그에게서 소리를 배운 사람들을 중심으로 판소리 동호인 모임 '추임새'를 만들어 판소리의 대중화와 저변 확대를 위한 실천적인 노력을 기울이기도 했다. 이 기간 동안 추임새를 거쳐 간 인원이 대략 1,000여 명이 된다고 하니, 그 성과가 대단하다고 할 수 있다.

3. 판소리 문화의 확대·강화 노력과 그 의미

지방자치제가 본격적으로 시행된 1995년 이후 어느 지역이든 그 지역만의 독자성을 드러내 보여줄 수 있는 문화상품 개발에 치중하기 시작하면서 이전과는 비교할 수 없을 정도로 양적, 질적 변모를 보이고 있는 것이 현실이다. 각종 축제가 난립하고 작품 속의 인물을 실제 인물로 비정하는 움직임이 본격화되는 것도 이와 같은 맥락에서 비롯된 것이다. 이러한 현상은 남원도 예외가 아니어서 판소리를 중심으로 한 국악에 대한 지역적 관심은 이전에 비할 바 없이 매우 강하게 분출되고 있다. 남원에서 판소리를 중심으로 하여 국악의 외연을 넓히고 〈춘향전〉과 〈흥부전〉뿐만 아니라 〈변강쇠가〉의 고향임을 주장함으로써, '판소리 동편제의 탯자리'이자 판소리 문학의 배경지로 거의 입지를 확고히 하려고 노력하는 것이 그 직접적 증거이다.

　현재 남원정보국악고등학교 이사장으로 재직하고 있는 이상호는, "남원에 가서 소리자랑 하지 말라"는 이야기를 어른들로부터 많이 들었다고 하면서 국악인이 모여 있는 곳에서 이 말을 자주 하곤 했다. 이 지역의 판소리 전통을 고려해 볼 때, 남원은 이러한 말을 들어도 좋을 조건을 충분히 갖추고 있다. 그런데 이러한 표현은 "진도에 가서 소리자랑 하지 말라"는 이야기만큼 널리 알려지지는 않았다고 본다. 필자의 견문이 좁은 탓도 있겠으나, 이상호가 말한 사례를 제외하면, 남원에서 이러한 이야기를 들은 경우는 없다. 그럼에도 불구하고 이상호가 이런 표현을 반복적이고 지속적으로 하는 데에는 이 지역 판소리문화를 주도하는 집단의 의지가 담겨 있다고 생각한다.

　남원에서 강력한 영향력을 행사하면서 판소리문화를 주도하고 있는 이른바 지역 유지와 행정기관지방자치제가 추진해온 일련의 국악 관련 주요 사안을 정리하여 제시하면 다음과 같다.

　① 남원민속국악진흥회 조직

　1993년에 남원민속국악진흥회가 사단법인체로 조직되어, 한국국악협회 남원지부를 겸하고 있다. 춘향제 행사 종목의 하나인 '춘향국악대전'을 비롯하여, 남원에서 추진·시행되는 국악 관련 사업이나 행사를 주관하는 주무부서로 활동하는 경우가 많다.

　② 흥부제

　1980년부터 흥부 마을 찾기 운동이 시작되었다. 1992년 인월면 성산리(현재 인월리)를 흥부 출생지로, 아영면 성리를 발복지로 비정함으로써, 남원은 흥부의 고장이 되었다. 이를 기념하여 1993년부터 축제 '흥부제'가 시작되었다. 처음에는 옥내행사로 2일간 치러지다가, 현재는 행사기간도 다소 길어지고 규모도 커졌다. 흥부전에 대한 캐릭터를 만들어 상품화를 꾀하고 있다.

③ 남원상업고등학교의 국악정보고등학교로의 전환

남원상업고등학교를 1997년 남원정보국악고등학교로 개명했다. 판소리 동편제의 텃자리라는 지역적 특성을 기반으로 하여, 국악 전공 학교로 전환한 것이다. 국악 관현 세부 전공으로는 국악성악과, 국악기악과, 무용과가 있다. 이 가운데 국악성악과는 판소리와 가야금 병창 전공자로 구성되어 있다.

④ '전국명창대회'를 '춘향국악대전'으로 확대 개편

전국명창대회는 춘향제 기간에 열리는 대회로, 1974년 제 44회 춘향제 때 제 1회 전국명창대회가 처음 개최되었다. 대회를 개회하는 데 있어 당시 국회의원을 지냈던 천석지기 양해준의 역할이 컸다. 1983년에는 문공부장관상, 1984년에는 국무총리상이 최고였으나, 1985년부터 대통령상을 시상했다. 현재는 대통령상을 내건 명창대회가 아홉 개에 이르지만, 남원전국명창대회만큼 유서가 깊고 권위와 명성을 자랑하는 대회는 전주대사습 정도 이외에는 없다고 할 수 있다. 이 대회를 통해 배출된 열대 명창이 우리 시대최고의 소리꾼으로 평가받는 데 전혀 손색이 없다는 사실이 이를 입증해 준다. 1998년부터 춘향국악대전으로 확대 개편하면서, 판소리 부문에 더하여 기악관악·기악현악·가야금 병창·무용·민요 부문이 경연 종목에 추가되었다.

⑤ 변강쇠와 옹녀의 상품화

2000년 남원은 산내면 대정리 일명 변강쇠 계곡이 변강쇠와 옹녀가 살았던 곳이라 하여 이곳에 변강쇠, 옹녀 공원을 조성하기 시작했으며, 이후 변강쇠와 옹녀 캐릭터를 개발하며 지역 특산품의 상표로 활용하고 있다. 이후 변강쇠의 배경을 두고 함양 지역과 논전을 벌이기도 했다.

⑥ 국악의 성지 조성

송흥록 명창과 박초월 명창 등이 거주했던 운봉 비전마을에 '국악의 성지'가 조성되어 있다. 2007년 10월 31일 국비 및 지방비 105억 원을 들여 완공했다. 부지 면적은

국악의 성지

7만 4540㎡, 건물 8동의 총면적은 1,947㎡이다. 전시 체험관, 독공장, 국악 한마당, 사당, 납골묘, 야생화 단지, 선인 묘역 등으로 구성되었다. 국악의 성지에서는 학생과 일반인을 대상으로 한 국악 체험 프로그램과 예비 국악인을 위한 연수 프로그램을 상설 운영하고 있다. 전시 체험장은 판소리·농악·기악·무용 등 4대 전통 국악의 유물·유적 400여 점을 한 곳에 모아 놓았다. 독공장은 소리꾼이나 일반인이 소리를 배울 수 있도록 동굴 형태로 꾸몄으며, 사당에는 동편제의 법제를 마련한 송흥록 명창과 거문고의 달인 옥보고玉寶高 등을 비롯한 명인 명창들의 위패를 모셔놓고 있다.

⑦ 남원 향토박물관과 춘향 테마파크 조성

2004년 개관한 남원향토박물관은 역사마당과 문학마당, 민속마당으로 구성되어 있다. 역사마당에 123점, 문학마당에 65점, 민속마당에 119점, 기획 전시실에는 73점의 문화유물 등이 전시되어 있다. 143억 원을 들여 조성한 춘향테마파크는 조선중기 때의 동헌 등 15동의 건축물과 춘향·몽룡 등의 모형 14종, 종합안내판을 포함한 36점의 각종 시설물로 구성되어 있다.

⑧ 악성 옥보고 거문고 경연대회

사단법인 악성 옥보고 기념사업회는 옥보고가 신라 경덕왕 때 지리산 운상원雲上院 (현재 남원시 운봉읍)에 들어가 50여 년 동안 거문고를 연마하며 30여 곡을 지었다는 기록을 근거로, 2003년부터 '악성 옥보고 거문고 경연대회'를 개최하고 있다. 이 경연대회는 2018년 15회째를 기록했다.

이상 남원에서 시행된 국악 관련 주요 사안을 정리해 보았다. 이 가운데는 상당한 액수의 예산이 소요되는 사업이 포함되어 있는데, 이는 남원시의 재정 규모에 비추어 볼 때 결코 만만치 않은 비중을 차지하는 것이다. 여기서 주목해야 할 사실은 이러한 일련의 사안들을 추진해 나가는 데 있어 시 행정 당국이 매우 적극적인 역할을 수행한다는 점이다. 민民과 관官의 관계를 과거처럼 긴장관계로만 파악할 것은 아니며, 특히 지방자치제의 실시 이후 민과 관은 상보적 협력관계로 자리 잡아 나가는 경향을 보이고 있다. 그렇기 때문에 시 행정당국의 적극적 개입과 사업 추진의지 자체를 문제 삼을 필요는 없다고 본다. 판소리를 중심으로 한 국악에 대해 각별한 애정을 가지고 과감하게 투자함으로써 국악의 도시로서의 이미지를 대내외에 각인시키고 나아가 문화콘텐츠를 통해 지역 경제 활성화를 도모하려는 남원시의 실천의지는 오히려 바람직하다고 할 수 있다.

시 행정당국과 더불어 각종 사안을 추진해 나가는 데 있어 남원민속 국악진흥회로 대표되는 민간단체의 영향력 또한 막강한 편이다. 특히 현재 남원정보 국악고등학교 이사장인 이상호(1951~)가 남원 지역에서 차지하는 위상은 매우 각별하다 하겠다. 이상호는 상당한 경제력을 기반으로 하여 1983년부터 남원 국악계에 강력한 영향력을 행사해 온 인물이다. 그의 집안은 국악과 아무런 관련이 없으며, 그 또한 처음에는 국악에 관심이 전혀 없었다. 그가 국악에 관심을 갖게 된 계기는 1983년 새마을 금고 100억 돌파 기념행사가 끝나고 가진 뒷풀이에서 소리꾼이 부르는 〈흥타령〉을 듣고부터였다. 이때 그는 우리 소리를 듣고 전율을 느꼈다고 한다. 그러나 그가 국악에 관심을 갖고 본격적으로 남원 국악 관련 행사나 정책에 관여하게 된 또 다른 이유는, 국악을 알로 이를 잘 활용하면 남원에서 영향력을 행사하기가 보다 용이하다는 사실을 인식하게 되었기 때문이다. 이와 관련하여, 그는 "남원에서 주인 노릇을 하려면 국악을 해야겠다"고 말한 바 있다.[8] 덧붙여 그는 국악 이야기만 나오면 기관장들이 꼼짝을 못하더라고 하면서, 누군가로부터 남원 국악만 잡으면 우리나라 국악도 다 잡을

춘향이 버선발   오리정

수 있다는 이야기도 들은 적이 있다고 했다.

남원에는 세 개의 주요 단체가 있다. JC(청년회의소), 라이온스, 중앙로타리가 그것인데, 이들 회원들 간에 반목도 심했다고 한다. 1993년 이상호는 세 단체의 장을 모아, 회원들 간에 반목하지 말고 지역발전을 위해 "국악을 키우자"고 제안하며 이들 회원을 중심으로 하여 국악협회 남원지부를 구성했다. 그리고 같은 해 사단법인 남원민속국악진흥회를 결성하여 국악협회 남원지부를 겸하게 되었으며, 남원민속국악진흥회의 조직과 더불어 그는 본격적으로 국악 관련 계통에서 발언권을 가지게 되었다. 당시 국립국악원의 유일한 지방 분원이었던[9] 국립민속국악원을 남원에 유치할 수 있게 된 데에도 이상호의 역할이 매우 컸다. 전국명창대회를 춘향국악대전으로 확대 개편한 것이나 국악의 성지 조성 사업 그리고 판소리대학설립 추진 등 제반 사안의 중심에는 언제나 이상호가 있었다.

---

8   이상호 증언, 남원 관광단지 내 카페 "로미오와 성춘향"에서(2004년 7월 4일).
9   지금은 국립국악원 지방 분원으로 남원국립민속국악원외에, 진도국립남도국악원(2004년 개원)과 국립부산국악원(2008년 개원)이 있다.

시 행정 당국과 민간단체의 의지가 맞물려 남원에서 판소리를 비롯한 국악에 관한 정책적 배려는 거의 절대적이라 할만하다. 그런데 이러한 정책적 배려의 순수성을 어느 정도 인정한다 하더라도, 정책을 입안하고 추진해 나가는 과정에서 나타나는 문제점도 없지 않다. 정치적 이해관계에 따른 사업 추진, 지역주민의 여론을 충분히 반영하지 않은 경직된 의사결정 구조, 관련 전문가의 의견 수렴절차 소홀, 장기적 안목의 결여에서 비롯된 사업 추진에 있어서의 일관성 부족, 지나친 양적 팽창의 추구로 인한 자기정체성 상실 우려 가중 등 지양해야 할 과제도 있는 것이다.

4. 마무리

남원은 인구가 10만이 채 안 되는 조그마한 소도시이다. 지리산이 도시를 감싸고 있어 자연경관이 수려하며, 곳곳에 국악 관련 문화가 산재해 있는 풍류의 도시이다. 특히 남원은 판소리 동편제 탯자리로서의 자부심을 대단히 강하게 지니고 있다. 앞에서 살펴 본 것처럼, 남원 국악의 역사를 고려하면, 그러한 자부심을 가져도 좋을 충분한 자격을 갖추고 있는 셈이다. 남원은 판소리 동편제의 발상지일 뿐만 아니라, 선원사, 선국사, 영담사, 만복사지 등과 같은 유서 깊은 사찰과 박석치, 버선밭, 오리정 등 〈춘향전〉의 배경이 된 공간이 곳곳에 있는 문화예술의 도시이다. 역사적 문화적 의미가 담겨있는 이러한 유산을 잘 가꾸어 나감으로써 남원이 문화가 살아 숨 쉬는 도시가 되었을 때, 판소리 또한 지역의 대표적인 문화로써 더욱 빛을 발하게 될 것이다.

판소리 서편제의 고향 보성

우리는 우리의 문화에 대해 얼마나 많이 알고 있을까? 전에 판소리를 배우는 자리에서 소리를 가르쳐 주시던 어느 선생님이 이런 말씀을 하신 적이 있다. "우리가 베토벤이나 모차르트를 모르면 부끄러워하면서도 송흥록을 모르는 것에 대해서는 그다지 심각하게 생각하지 않는다." 극단적 쇼비니스트가 되어서는 곤란하지만, 맹목적인 국제화, 세계화의 구호에 매몰되는 태도 또한 몰주체적인 것이다.

먹고 사는 문제에서 자유로워진 덕분일까, 자기 정체성을 확인하고자 하는 욕구가 강렬하게 분출되면서 근래에 들어와 우리 문화에 대한 관심이 부쩍 많아진 것이 사실이다. 광대 공길을 주인공으로 한 영화 〈왕의 남자〉가 관객 수 1,000만 명을 돌파했다고 하여 세간의 화제가 된 적이 있다. 전통연희가 주요 소재로 등장하는 영화에 이렇게 엄청난 관객이 몰려든 것은 상당히 이례적인 일로 여겨질 법하다. 그렇지만 이미 1993년 판소리를 소재로 한 영화 〈서편제〉가 당시로서는 파격적이라 할 수 있는 100만 명 이상의 관객을 스크린 앞으로 끌어들임으로써, 우리 영화를 소재로 한 영화도 흥행에 성공할 수 있다는 선례를 보여준 바 있다.

이 두 영화가 흥행에 성공할 수 있었던 요인으로 여러 가지를 꼽을 수 있겠지만, 무엇보다도 훌륭한 서사적 구조를 지닌 원작을 바탕으로 하여 탄탄한 스토리 라인을 지닌 영화를 제작했던 점이 가장 큰 요인으로 작용했다고 생각한다. 〈왕의 남자〉는 김태웅의 희곡 〈爾〉를 바탕으로 제작한 것이며, 〈서편제〉는 이청준의 소설 〈서편제〉와 〈소리의 빛〉을 원작으로 삼아 제작한 것이다.

영화 〈서편제〉가 워낙 인구에 회자되었던 터라, 판소리에 별 관심이 없는 사람들도 소리 유파에 대한 최소한의 상식은 가지고 있다. 그렇지만 제법 세월이 흐르기도 했거니와 익숙한 이름에 대해서는 그것을 속속들이 알고 있지 못한 상태에서도 마치 그것을 잘 아는 것 마냥 착각하는 수도 있는 법인데, '서편제'에 대한 일반인의 인식에도 그런 면이 있지 않을까 한다. 남원, 운봉, 순창, 하동 등 지리산 동부 산간 지역을 중심으로 전승되었던 동편제가 통성을 위주로 하여 꿋꿋하면서도 웅혼한 남성적인 소리라면, 보성, 광주, 나주 등 서부 평야지대를 중심으로 전승되었던 서편제는 잔 기교를 많이 쓰고 애절하면서도 구성진 여성적인 소리제를 말한다. 요즘은 대부분의 명창들이 서울에서 활동하고 있기 때문에 지역을 기준으로 유파를 구분하는 일이 큰 의미가 없지만, 그래도 몇몇 지역에서는 열정을 가지고 그 지역만의 소리가 지니고 있는 역사성과 전통성을 지켜가려고 노력하고 있다. '보성 소리'니 '남원 소리'니 하는 말이 공공연하게 통용되고 있는 현실이 그 점을 잘 말해주고 있다.

소설 〈서편제〉는 이청준이 1976년 4월 『뿌리깊은나무』 2월호에 발표한 작품이다. 이후 일련의 속편 격의 작품을 발표하여 이를 〈남도사람〉이라는 소설집으로 출간하였으며, 1998년 '〈서편제〉, 이청준 문학전집 연작소설 2'로 재출간되기도 하였다. 여기에는 〈서편제〉를 비롯하여, 〈소리의 빛〉, 〈선학동 나그네〉, 〈새와 나무〉, 〈다시 채어나는 말〉이 수록되어 있다.

이청준의 소설 〈서편제〉는 보성을 배경으로 하고 있다. 서두에 묘사된 작품 배경을 보면 '소릿재'와 '주막'이 중요한 공간으로 등장한다.

전라도 보성읍 밖의 한 한적한 길목 주막. 왼쪽으로 멀리 읍내 마을들을 내려다 보면서 오른쪽으로는 해묵은 묘지들이 길가까지 바싹바싹 다가앉은 가파른 공동묘지·그 공동묘지 사이를 뚫어 나가고 있는 한적한 고개 길목을 인근 사람들은 흔히 소릿재라 말하였다.

　내력을 모르는 사람들은 곡성과 상여소리가 자주 지나는 묘지 길이니 소릿재라 부를만 했고 소릿재 초입을 지키고 있으니 소릿재 주막이라 일컬었을 것이라고 알고 있겠지만, 실은 다른 이유가 있기 때문이라고 했다. 주막집 여자의 소리 내력과 깊은 관련이 있다는 것이다. 작품에서 시종 중요한 공간으로 등장하는 소릿재는 정말 보성에 있는 것일까? 아니면 작가의 상상력의 소산에서 비롯된 허구의 공간일까? 소설을 읽으면서 문득 이런 궁금증을 가져 보았다.
　필자는 예전에 보성에 몇 차례 와본 적이 있었는데, '소릿재'에 대해서는 들은 바가 없었다. 보성은 차밭으로도 유명하며, 매년 10월이면 서편제보성소리축제가 열리는 소리의 고장이다. 내가 보성을 찾은 것도 차밭 구경과 축제 구경을 하기 위해서였다. 축제 때에는 보성 전 지역과 인근에 거주하는 지역 주민들이 모여들어 인산인해를 이루곤 한다. 차밭을 찾는 관광객들의 발길도 일년 내내 끊이질 않는다.
　그런데 소릿재는 어디에 있을까? 정응민 명창이 살았던 도강마을로 가는 길에 '봇재'라는 고개가 혹시 이 고개가 소릿재는 아닐까? 보성 차밭 가는 길에서 조금 더 가다 보면 '봇재'가 있는데, 차밭을 들렀다가 이 고개를 넘으면서 속으로 이런 생각을 해 본 적이 있다. 봇재 휴게소가 있는 곳에서 아래쪽을 내려다보면 저수지가 보이고 도강마을로 가는 길이 구불구불 이어져 보이기 때문에, 소릿재라는 이름이 제격이겠다 싶었기 때문이었다. 그런데 놀랍게도 이런 추측이 맞아떨어졌다. 봇재 휴게소에 들러 가게를 지키는 아주머니에게 물어보니, 봇재를 '소릿재'라고도 한다고 말해 주는 것이 아닌가. 휴게소에서 아래쪽으로 난 구도로를 따라 가는 길이 바로 소릿재라고도 한다는 것이다. 봇재와 소릿재 가운데 어떤 명칭이 더 오랜된 것인지, 왜 그렇게 부르게 되었는지에 대해 물어보았으나 더 이상 아는 게 없다고 한다. 소릿재의 내력에 대해 비교적 자세한 이야기를 듣게 된 것은 회천면 도강마을에 거주하고 있는 장장수 어른을 통해서였다. 봇재 휴게소 아주머니가 알려준 소릿재 길을 따라 도강마을 가는 길이 무척 유장하고 운치있게 다가왔는데, 마을 끝자락쯤에 조그마한 슈퍼가 하나 있었다. 그리고 가게 앞에 '서편제 보존회'라는 나무 현판이 걸려 있다. 가게에 들어가 주인 아저씨에게 보성 지역과 판소리에 대해 이것 저것 물어보았는데, 친절하게 설명을 잘해 주셨다. 이 분이 바로 장장수 어른으로, 오랫동안 서편제 보존회 회장을 맡기도 했다. 그는, 도강 마을에 거주하고 있던 정응민 명창에게 소리를 배우는 제자들이 고개를 오가면서 소리를 했기 때문에 '소릿재'(지금의 봇재)라고 말해주었다. 그러니까 본래부터 그렇게 부른 것이 아니고 '소릿재'라고 부르게 된 것은 중년의 일이라는 것이다.

영화 〈서편제〉는 이청준의 소설 〈서편제〉와 〈소리의 빛〉[1]을 원작으로 삼아 1993년에 상영된 작품이다. 당시로서는 파격적이라 할 수 있는 100만 명 이상의 관객이 관람하여 흥행에 성공했던바, 이 영화를 계기로 판소리에 대한 세간의 관심은 이전에 비해 비교할 수 없을 만큼 커지게 되었다. 당시 10여세를 전후한 학생들 가운데 판소리를 배워 전문적인 소리꾼의 길로 들어선 사례가 많았는데, 현재 30대 중반 전후에 해당하는 이들 소리꾼들을 이른바 '서편제 키즈'라고 부른다.

영화에는 민요, 판소리, 단가 등이 등장한다. 유봉과 송화 그리고 동호가 함께 길을 떠나다가 〈진도아리랑〉을 부르는 장면이 있다. 〈진도아리랑〉은 전라도 지역의 전통 민요인 〈산아지타령〉 등에 기반하여 20세기에 새롭게 정립된 작품으로, 근대민요의 성격이 강하다. 영화 〈서편제〉에 등장하는 〈진도아리랑〉 장면은 몇 가지 점에서 한국 소리문화의 특징을 잘 보여주고 있다. 첫째, 처음에는 느린 가락으로 부르다가 중간에 빠른 가락으로 부른다는 점이다. 느리게 부르다가 빠르게 부르는 방식은 한국 소리문화의 일반적 특징 가운데 하나라 할 수 있다. 예를 들면, 〈긴방아타령〉을 부른

---

1   소설 〈서편제〉는 이청준이 1976년 4월 뿌리깊은나무 2월호에 발표한 작품이다. 이후 일련의 속편 격의 작품을 발표하여 이를 『남도사람』이라는 소설집으로 출간했으며, 1998년 『서편제』, 이청준 문학전집 연작소설 2'로 재출간되기도 하였다. 여기에는 〈서편제〉를 비롯하여, 〈소리의 빛〉, 〈선학동 나그네〉, 〈새와 나무〉, 〈다시 채어나는 말〉이 수록되어 있다. 소설 〈서편제〉는 떠돌이 생활을 하던 소리꾼과 그의 딸에 관한 이야기를 액자구성 방식으로 풀어내고 있다.

후 〈자진방아타령〉을 부르는데, 여기서 '긴~'으로 명명된 소리는 느린 가락이며, '자진~'으로 명명된 소리는 빠른 가락이다. 둘째, 관용적 사설도 있지만, 대부분 상황성과 즉흥성에 입각한 사설로 소리한다는 점이다. 영화에 나오는 사설은 다음과 같다.

(느리게)

사람이 살며는 몇백년 사나 개똥같은 세상이나마 둥글둥글 사세

문경새재는 웬고갠가 구부야 구부구부가 눈물이 난다

소리 따라 흐르는 떠돌이 인생 겹겹이 쌓인 한을 풀어나 보세

청천 하늘엔 잔별도 많고 이내 가슴 속엔 수심도 많다

가버렸네 정들었던 내 사랑 기러기떼 따라서 아주 가버렸네

저기 가는저 기럭아 말 물어 보자 우리네 갈길이 어드메뇨

(빠르게)

금자동이냐 은자동이냐 둥둥둥 내딸 부지런히 소리 배워 명창이 되거라

아우님 북가락에 흥을 실어 멀고 먼 소리길을 따러 갈라요

노다 가세 노다 가세 저 달이 떳다 지도록 노다나 가세

춥냐 덥냐 내 품안으로 들어라 베개가 높겉든 내 팔을 베어라

서산에 지는 해는 지고 싶어서 지느냐 날 두고 가는 님은 가고 싶어서 가느냐

만경창파에 둥둥둥 뜬 배 어기여차 어기야디어라 노를 저어라

세 사람이 돌아가면서 사설을 주고받는데,[2] 각 인물은 각자의 생각을 담아 사설을 엮어가고 있다. 유봉은 자신의 신세를 애절하게 노래하다가 송화가 명창이 되기를 바라는 마음을 표현하고 있다. 송화 또한 고수인 동생과 함께 소리꾼의 길을 가고자 하는 마음을 담아 즉흥적으로 사설을 엮고 있다. 이렇듯 상황성과 즉흥성 그리고 현장성을 발휘하는 것은 민요의 본질적 특징이기도 하다. 느린 가락은 한의 정서라 할 수

───

2   이러한 방식 또한 민요를 부르는 일반적 모습이다.

있는 애절함과 맞닿아 있지만, 빠른 가락은 신명을 자아낸다는 점에도 주목할 필요가 있다.

영화에는 단가도 등장한다. 단가는 판소리 공연에 앞서 부르는 비교적 짧막한 길이의 소리로, 허두가라고도 한다. 소리꾼이 목을 풀기 위해 부르는데, 청중의 수준을 가늠하는 기회이기도 하다. 단가는 대부분 자연 풍광 예찬, 국왕의 만수무강 기원, 인생무상 등을 다루고 있는 점이 특징이다. 비교적 오래된 단가로, 〈진국명산〉, 〈만고강산〉, 〈강상풍월〉 등이 있는데, 〈사철가(이산저산)〉는 영화 〈서편제〉에서 불리면서 대중들에게 잘 알려졌다. 그 사설은 이러하다.

이산 저산 꽃이 피니 분명코 봄이로구나. 봄은 찾어 왔건만은 세상사 쓸쓸허구나. 나도 어제는 청춘일러니 오늘 백발 한심허다. 내 청춘도 날 버리고 속절없이 가버렸으니 왔다 갈 줄 아는 봄을 반겨 헌들 쓸데가 있나. 봄아 왔다가 가려거든 가거라. 니가 가도 여름이 되면 녹음방초 승화시라. 옛부터 일러 있고 여름이 가고 가을이 된들 또한 경개 없을소냐. 한로상풍 요란해도 제 절개를 굽히지 않는 황국단풍은 어떠허며, 가을이 가고 겨울이 되면 낙목한천 찬바람에 백설이 펄~펄 휘날리어 월백月白 설백雪白 천지백天地白허니 모두 다 백발의 벗이로구나. 봄은 갔다가 해마다 오건만, 이내 청춘은 한번 가서 다시 올 줄을 모르네그려. 어화 세상 벗님네야, 인생이 비록 백년을 산대도 잠든 날과 병든 날과 걱정 근심 다 제허면 단 사십도 못살 우리 인생인줄 짐작하시는 이가 몇몇인고.

보통 단가는 기교를 많이 사용하지 않고 담백하게 부르는데, 〈사철가〉는 중년에 나온 작품으로 기교적인 목구성을 사용하면서 비교적 화려하게 부르는 것이 특징이다. 현재 일반적으로 많이 불리는 〈사철가〉의 사설과 구별되는 점이 있지만, 영화에서 이 소리가 불린 이후 〈사철가〉는 가장 인기 있고 많이 불리는 단가로 자리매김하게 되었다.

판소리를 주제로 한 영화인 만큼 〈서편제〉에는 여러 번에 걸쳐 소리하는 장면이 등장한다. 〈춘향가〉 중 '갈까부다', '사랑가', '이별가', '옥중가', '암행어사 출두', 〈흥보가〉 중 '돈타령', 〈심청가〉 중 '심청 밥 빌러 나가는 대목', '심청 인당수 빠지는 대목', '심봉사 눈뜨는 대목' 등 이른바 '눈대목'에 해당하는 소리 대목이 영화의 묘미를 더해 주고 있다.

영화 〈서편제〉에서 가장 이해하기 어려운 상황 설정은, 한을 심어 주기 위한다는 명분으로 아버지 유봉이 의붓딸 송화의 눈을 멀게 한다는 내용일 것이다. 이러한 상황 설정은 그 비현실성만 문제 되는 것이 아니라, 궁극적으로 이 영화는 '판소리는 한의 소리'라는 주제의식을 구현한 작품이라는 인식으로 귀결될 수 있다는 점에 대해 생각해 볼 필요가 있다. 영화 제목을 〈서편제〉라고 한 일차적 이유는 물론 이청준의 원작 소설에 기반한 데 있다. 소설 〈서편제〉는 떠돌이 생활을 하던 소리꾼과 그의 딸에 관한 이야기를 액자구성 방식으로 풀어내고 있는데, 송화가 앞을 보지 못하게 된 이유는 선천적인 장애 때문이 아니라 아버지가 그렇게 만든 것이라고 묘사하고 있다.

> "목청도 목청이지만, 좋은 소리를 가꾸자면 소리를 지니는 사람 가슴에다 말 못할 한을 심어 줘야 한다던가요?"
>
> "그래서 그 한을 심어 주려고 아비가 자식 눈을 빼앗았단 말인가?"
>
> "사람들 얘기들이 그랬었다오."
>
> "아니지…. 아닐걸세."
>
> 사내가 다시 천천히 고개를 가로 저었다.
>
> "사람의 한이라는 것이 그렇게 심어주려 해서 심어 줄 수 있는 것은 아닌걸세. 사람의 한이라는 건 그런 식으로 누구한테 받아 지닐 수 있는 것이 아니라, 인생살이 한평생을 살아가면서 긴긴 세월동안 먼지처럼 쌓여 생기는 것이라네. 어떤 사람들한텐 사는 것이 한을 쌓는 일이고 한을 쌓는 것이 사는 것이 되듯이 말이네…. 그 보다도 고인한테 좀 미안한 말이지만, 노인은 아마 그 여자의 소리보다 자식년이 당신 곁을 떠나지 못하게 해두고 싶은 생각이 앞섰을지도 모르는 일일 거네."

소설에서는 전언傳의 방식으로 아버지가 한을 심어 주기 위해 딸의 눈을 멀게 했다고 하면서도, 어쩌면 딸을 곁에 두고 싶은 욕망 때문일지도 모른다는 추론을 덧붙이고 있다. 아버지가 딸의 눈을 멀게 했다는 설정은 다분히 소설적 상상력의 산물로 보는 편이 온당하다. 그리고 영화 〈서편제〉는 이러한 소설적 상상력에 기반하여 서사를 전개하며 한恨을 한국의 보편적인 미학으로 설정하고, 이를 그림같이 아름다우면서도 처연한 영상으로 표현하고 있다. 유봉이 송화에게 서편제에 대해 설명하는 장면에서 이 점이 잘 드러난다.

> "서편소리는 말이다. 사람의 가슴을 칼로 저미는 것처럼 한이 사무쳐야 되는데 네 소리는
> 이쁘기만 하지 한이 없어. 사람의 한이라는 것은 한평생 살아가면서 이 가슴속에 첩첩이 쌓
> 여서 응어리지는 것이다. 살아가는 일이 한을 쌓는 일이고 한을 쌓는 일이 살아가는 일이
> 된단 말여."

선행 연구에서, 영화 〈서편제〉가 한을 절대미학으로 규정하고 판소리를 한의 예술로 그려낸 점에 대해 비판적 시각으로 지적한 것은 일면 타당하다. 우리에게는 신명도 있기 때문이다. 그러니까 한과 더불어 신명이 한국적인 미학의 본령을 이루는 두 축이라고 할 수 있는 것이다.

그런데 유봉이 건강이 쇠약해지면서 송화에게 "이제부터는 니 속에 응어리진 한에 파묻히지 말고 그 한을 넘어서는 소리를 혀라."고 하면서, "동편제는 무겁고 맺음새가 분명하다면 서편제는 애절하고 정한이 많다고 허지. 하지만 한을 넘어서게 되면 동편제도 서편제도 없고 득음의 경지만 있을 뿐이다."라고 말한 점에 주목할 필요가 있다. 명창이 갖추어야 할 조건이 여러 가지 있지만, 그 가운데 가장 으뜸은 득음得音일 것이다. 득음이란 상, 중, 하청을 자유자재로 구사하면서 인간의 희로애락 나아가 자연의 소리 혹은 귀신의 소리까지도 근사하게 표현할 수 있는 능력을 말한다.[3] 영화 〈서

---

3 영화가 거의 끝나갈 무렵 송화가 동호를 만나 부른 〈심청가〉 중 '심청 인당수 빠지는 대목'과 '심봉사 눈뜨는 대목'은 안숙선 명창의 소리이며, 마지막 장면에 나오는 구음은 김소희 명창의 소리이다. 송화가 한을 넘어선 소리, 즉 득음의 경지에까지 이르렀음을 보여주기 위해 안숙선 명창과 김소희 명창의 소리를 보여준 것이다.

정응민 명창

편제〉에서 궁극적으로 강조한 것은 득음이며, 이는 '한을 넘어선 소리'와 상통하는 말이기도 하다.

보성을 배경으로 한 소설 〈서편제〉를 읽고 다시 보성을 찾았을 때, 예전의 주막은 아니어도 좋으나 '미원이나 깨소금 같은 맛은 없어도 통이 크고 시원한 보성소리'를 접할 수 있으면 좋겠다는 생각을 가졌던 것이 사실이다. 그렇지만 아쉽게도 일상과 소리가 어우러지는 공간, 현실의 삶 속에서 겪는 다기한 감정들을 담은 소리를 접할 기회를 갖지 못했다.

도강 마을은 정응민(1896~1964) 명창 생존 당시에는 대략 80세대 정도 되었는데 현재는 35세대 정도밖에 남아 있지 않다고 한다. 보성이 서편제의 본향으로 자리잡게 된 것이 물론 박유전 명창 덕분이지만, 실은 정응민 명창이 오랫동안 이 곳에서 터를 잡고 제자들을 양성했기에 보성이 소리의 고장으로 명성을 얻을 수 있게 되었단다.

정응민 명창은 전라남도 보성寶城 출생으로, '박유전-정재근'으로 이어지는 〈심청가〉와 〈수궁가〉 그리고 〈적벽가〉를 전승했으며, 김찬업을 통해 동편제에 속하는 김세종제 〈춘향가〉를 전수받았다. 전국을 다니며 공연하는 협률사에 잠시 몸담기도 했지만 평생 고향에서 농사를 지으며 제자 양성에만 전념한 그는, 서편제를 계승하면서도 동편제의 법제를 이은 〈춘향가〉까지 연마하여 득음과 전아한 표현을 중시하는 이른바 '보성소리'라는 정제된 소리 스타일을 정립해 낸, 판소리사에서 매우 중요한 인

정응민 명창 예적비

물이다. 오늘날 보성소리가 동초제와 더불어 판소리의 주류를 이룰 수 있는 것은 정응민이 길러낸 뛰어난 명창이 다수 배출 되었기에 가능해진 것이다. 정응민은 이곳 회천면 도강마을에 터를 잡고 거주하면서 많은 후학들을 길러내었는데, 가문의 소리를 이은 정권진을 비롯하여, 동초 김연수, 정광수 그리고 오늘날 보성소리의 중심에서 맹활약한 조상현, 성창순, 성우향 등이 그 대표적인 제자들이다. 성창순은 그녀가 쓴 자전적인 책 "넌 소리도둑년이여(언어문화, 1995)"에서 정응민에게서 소리를 배우던 당시의 풍경을 눈에 보일 듯 잘 그려 놓고 있다. 그런데 어쩐 일인지 성창순의 책에는 '소릿재'는 보이지 않고 대신 '도강재'니 '여우재'니 하는 지명만이 나온다.

  정응민의 공을 기려 1989년 5월 도강면 정응민 집터에 기념관을 짓고 정응민 예적비藝蹟碑를 세웠는데, 비에는 다음과 같은 글이 새겨져 있다.

정응민 예적비藝蹟碑

이 비는 서편제 판소리 계면조와 다르면서 강산제 판소리 예맥을 이어 더욱 기품 있고 성음이 분명하고 가슴 한복판 힘있는 소리로 영혼을 흔들어 주고 옛스러움 넘치는 소리 기둥 인 옛 더늠까지 한꺼번에 돌려 토해내는 천변만화 무궁조화의 보성소리 창법 진원지에 세우 고 선생의 해타咳唾에 접하고자 한다. 특히 제자를 사랑한 송계 선생은 국악예술의 중흥 뿐 아니라

사회 생활에서도 대쪽같은 기개로 조백이 엄격해 만인의 숭앙을 받은 선생의 인격을 오래 사표師表로서 기리고 그 스승의 뜻을 귀감으로 오늘에 이른 국창 조상현 등 많은 제자를 이곳 에서 가르치고 키운 보성소리 전통 예적을 기념하여 세우다

강산마을

정응민 명창 기념관에서 다시 소릿재 방향으로 오다가 큰 저수지가 있는 곳에서 옆쪽으로 난 산길로 한참을 올라가다 보면 득음정이 있다. 목청을 얻기 위해 폭포수 밑에서 수련을 했다는 것인데, 이를 기념해서 지은 정자가 득음정이다. 근래에 정자를 지어놓은 것이기 때문에 이 곳에서 어떤 역사의 숨결을 느끼는 것은 불가능했다.

저수지에서 소릿재 방면으로 가다보면 영천이라는 마을이 하나 있다. 예전에 이 곳에 주막이 있었다고 하나, 지금은 그 흔적조차 찾을 수 없다. 각지에서 모여 든 사람들이 세상 사는 이야기를 나누고 정보를 공유하기도 했던 주막은 우리에게 묘한 향수 같은 것을 불러일으킨다. 소설 〈서편제〉에 등장하는 소릿재가 지금의 봇재가 맞다면 혹시 작품에 등장하는 주막도 허구가 아닌 실재한 것이었는지도 모르겠다. 설령 허구라 하더라도 아무 문제될 것은 없다. 다만 마음을 풀어 헤치고 소리 한자락 들을 수 있는 주막이 지금도 남아있다면 무척 좋

왔을 것이라는 아쉬움이 남을 뿐이다.

도강 마을에서 그리 멀지 않은 곳에 박유전이 살았던 강산 마을이 있다. 서편제의 비조 박유전은 본래 전북 순창 사람으로, 열대여섯살 무렵에 보성 강산면으로 거주처를 옮겼다. 서편제의 법제를 마련한 그는 애꾸눈에 얼굴이 얽었다고 전해지는데, 워낙 소리 실력이 출중하여 왕실에 나아가 소리를 한 이른바 어전광대로서 특히 대원군의 총애를 많이 받았다고 한다. 그의 소리를 강산제라고도 하는 이유로 두 가지 설이 전해진다. 그가 대원군 앞에서

박유전 명창 예적비

소리를 했는데, 이를 듣던 대원군이 감탄을 한 나머지 "네 소리가 제일 강산이다"라고 한 데서 비롯되었다는 설과, 그가 거주한 지역이 강산 마을이었기 때문에 지명을 따서 그렇게 부르게 되었다는 설이 그것이다.

그런데 보성에는 강산이라는 지명이 웅치면 강산리와 대야리 강산 마을 두 곳에 있다. 웅치면에 속해 있는 강산마을을 '웃강산'이라 하고 대야리에 속해 있는 강산마을을 '아랫강산'이라고 부르는데, 두 곳 모두 자기 마을이 박유전이 살았던 지역이라고 주장하고 있는 상황이다. 현재 박유전 예적비는 대야리 강산마을 끝자락 소나무 숲이 있는 곳에 초라하게 세워져 있다.

보성은 녹차만큼이나 은은하고 소리만큼이나 정겨운 곳임에 틀림없다는 것을 갈 때마다 느끼곤 한다. 한 때 천한 신분으로 인해 무덤조차 전해지지 않고 있는 소리꾼들의 삶을 기려 비를 세우고 생가를 복원하는 등의 작업은 판소리 문화에 대한 보성 사람들의 애정을 잘 보여주고 있다. 현대 판소리에서 '보성소리'가 큰 줄기를 형성하고 있는 상황에서, 보성이 판소리의 메카로 자리 잡을 수 있기를 기대해 본다.

참고
문헌

◆ 자료

강한영 역주, 『신재효 판소리 사설집 全』, 민중서관, 1972.
김기형 역주, 『강도근 오가전집』, 박이정, 2000.
김동욱 외, 『춘향전 비교연구』, 삼영사, 1979.
김명환 구술, 『내 북에 앵길 소리가 없어요』, 뿌리 깊은 나무, 1991.
김진영 외, 『토끼전 전집』, 박이정, 1997~2003.
_____, 『흥부전 전집』, 박이정, 1997~2003.
_____, 『심청전 전집』, 박이정, 1997~2004.
_____, 『춘향전 전집』, 박이정, 1997~2004.
_____, 『적벽가 전집』, 박이정, 1998~2003.
_____, 『실창 판소리 사설집』, 박이정, 2004.
박헌봉, 『창악대강』, 국악예술학교 출판부, 1967.
이창배, 『한국가창대계』, 홍인문화사, 1976.
이선유, 『오가전집』, 한국국악학회, 1933.
정광수, 『전통문화오가사전집』, 문원사, 1986.
최동현, 『김연수 완창 판소리 다섯 바탕 사설집』, 민속원, 2008.

◆ 논저

권은영, 「막창극의 공연특성에 관한 연구 - 김일구·김영자의 〈어사와 나무꾼〉을 중심으로」, 『공연문화연구』 14, 한국공연문화학회, 2007.
고우회 편, 『성우향이 전하는 김세종제 판소리 춘향가』, 희성출판사, 1987.
국립중앙극장 엮음, 『세계화 시대의 창극, 연극과 인간』, 국립극장, 2002.
국립극장, 『국립극장 이야기』, 국립극장, 2003.
김 연, 「창작판소리 발전과정 연구」, 『판소리연구』 2, 판소리학회, 2007.
김 향, 「창작판소리의 문화콘텐츠로서의 현대적 의미-이자람의 〈사천가〉와 〈억척가〉를 중심으로」, 『판소리연구』 39, 판소리학회, 2015.
김기형, 「신재효 作 가사체 작품의 장르 귀속문제와 작가의식」, 정재호 편, 『한국가사문학연구』, 태학사, 1995.
_____, 『적벽가 연구』, 민속원, 2000.
김대행, 『우리 시대의 판소리문화』, 역락, 2001.

김동욱, 『한국가요의 연구』, 을유문화사, 1961.

_____, 『증보 춘향전 연구』, 연세대학교 출판부, 1985.

김미도, 『한국 현대극의 전통 수용』, 연극과 인간, 2006.

김석배, 『춘향전 이본의 생성과 변모양상 연구』, 경북대 박사학위논문, 1992.

김석배 · 서종문 · 장석규, 「판소리 더늠의 역사적 이해」, 『국어교육연구』 28, 국어교육연구회, 1996.

_____, 「박록주 〈흥보가〉의 정립과 사설의 특징」, 『판소리 연구』 21, 판소리학회, 2006.

김영수, 『필사본 심청전 연구』, 민속원, 2001.

김영주, 『19세기말~20세기 판소리 변모양상 연구』, 경북대 박사학위논문, 2010.

김종철, 『판소리사 연구』, 역사비평사, 1996.

김창진, 『흥부전의 이본과 구성 연구』, 경희대 박사학위논문, 1991.

김청만 외, 『한국의 장단 2』, (사)새울 전통 타악 진흥회, 2009.

김학성, 『한국 고전시가의 연구』, 원광대 출판부, 1980.

김헌선, 「중타령 연구」, 『판소리 연구』 1, 판소리학회, 1989.

김현주, 『판소리와 풍속화 그 닮은 예술세계』, 효형 출판, 2000.

_____, 『연행으로서의 판소리』, 보고사, 2011.

김혜정, 「판소리 장단의 형성과 오성삼의 고법 이론」, 『판소리연구』 17, 판소리학회, 2004.

김흥규, 「신재효 개작 춘향가의 판소리사적 위치」, 『한국학보』 10, 일지사, 1978.

_____, 「19세기 전기 판소리의 연행환경과 사회적 기반」, 『어문논집』 30, 민족어문학회, 1991.

류경호, 「창극 연출의 역사적 전개와 유형에 관한 연구」, 전북대 박사학위논문, 2011.

박 황, 『창극사연구』, 백록출판사, 1976.

_____, 『판소리 이백년사』, 사사연, 1994.

박현령 엮음, 『허규의 놀이마당』, 인문당, 2004.

배연형, 「판소리 중고제론」, 『판소리연구』 5, 판소리학회, 1994.

_____, 『판소리 소리책 연구』, 동국대학교 출판부, 2008.

백대웅, 『다시 보는 판소리』, 어울림, 1996.

_____, 『전통음악의 이면과 공감』. 지식산업사, 2004.

_____, 『전통음악사의 재인식』. 보고사, 2007.

백현미, 『한국창극사 연구』, 태학사, 1997.

_____, 「국립창극단 공연을 통해 본 창극 공연 대본의 양상」, 『한국극예술연구』 3, 한국극예술학회, 1993.

서대석, 「판소리 기원론의 재검토」, 『고전문학연구』 16, 한국고전문학회, 1999.

서연호, 「창극 발전의 새로운 방향과 방법재고」, 『판소리연구』 2, 판소리학회, 1991.

_____, 「창극의 현단계와 독자적인 음악극으로서의 거듭나기」, 『판소리연구』 3, 판소리학회, 1994.

_____, 『한국연극사』, 연극과 인간, 2003.

서종문, 『판소리사설 연구』, 형설출판사, 1984.

_____, 『판소리의 역사적 이해』, 태학사, 2006.

_____, 『판소리와 신재효 연구』, 제이앤씨, 2008.

성경린, 「현대창극사」, 『국립극장 30년』, 국립극장, 1980.

성기련, 「1940~50년대의 판소리 음악문화 연구」, 『판소리 연구』 22, 판소리학회, 2006.

성현경, 「이고본 춘향전 연구 - 그 축제적 구조와 의미, 문체와 작자」, 『판소리연구』 3, 판소리학회, 1992.

_____, 「판소리의 갈래 연구」, 『동아연구』 20, 서강대 동아연구소, 1990.

손태도, 『광대의 가창문화』, 집문당, 2003.

신동흔, 「창작판소리의 길과 〈바리데기 바리공주〉」, 『판소리연구』 30, 판소리학회, 2010.

신은주, 『판소리 중고제 심정순가의 소리』. 민속원, 2009.

유광수 엮음, 『쟁점으로 본 판소리문학』, 민속원, 2011.

유영대, 『심청전 연구』, 문학아카데미사, 1991.

_____, 「창극의 전통과 새로운 무대-국립창극당 창극 〈청〉을 중심으로」, 『판소리연구』 27, 판소리학회, 2009.

_____, 「창극의 전통과 국립창극단의 역사」, 『한국학연구』, 고려대 한국학연구소, 2010.

이경엽, 「판소리 명창 김연수론」, 『판소리연구』 17, 판소리학회, 2004.

이동백, 한성준 대담, 「가무의 제문제」, 『춘추』 2호, 1941, 3.

이명진, 「연행 공간에 따른 판소리의 변화양상 연구」, 『민속연구』 29, 안동대 민속학연구소, 2014.

이보형, 「호남지방 토속예능조사 판소리고법(鼓法)(Ⅰ)」, 『문화재』 10, 국립문화재연구소, 1976.

_____, 「호남지방 토속예능조사 판소리고법(鼓法)(Ⅱ)」, 『문화재』 11, 국립문화재연구소, 1977.

_____, 「호남지방 토속예능조사 판소리기법(鼓法)(Ⅲ)」, 『문화재』 12, 국립문화재연구소, 1979.

_____, 「판소리 공연문화의 변동이 판소리에 끼친 영향」, 『한국학연구』 7, 고려대학교 한국학연구소, 1995.

_____, 「판소리 내드름이 지시하는 장단 리듬 통사 의미론」, 『한국음악연구』 29, 한국국악학회, 2001.

이유진, 「창작판소리 〈예수전〉 연구」, 『판소리연구』 27, 판소리학회, 2009.

이정원, 「창작판소리 〈스타대전〉의 예술적 특징」, 『판소리연구』 36, 판소리학회, 2013.

이혜구, 『한국음악서설』, 서울대학교 출판부, 1982.

인권환, 『판소리 소리꾼과 실전 사설 연구』, 집문당, 2002.

인권환 편, 『흥부전 연구』, 집문당, 1991.

일산회, 『김명환 판소리 고법』, 국립문화재연구소, 2001.

임진택, 『민중연희의 창조』, 창작과비평사, 1990.

전경욱, 『한국의 전통연희』, 학고재, 2004.

전통예술원 편, 『판소리 음악의 연구』, 민속원, 2001.

정노식, 『조선창극사』, 조선일보사, 1940.

정병욱, 『한국의 판소리』, 집문당, 1981.

정병헌, 『판소리문학론』, 새문사, 1998.

정양·최동현 편, 『판소리의 바탕과 아름다움』, 도서출판 인동, 1986.

정충권, 『판소리 사설의 연원과 변모』, 도서출판 다운샘, 2001.

정하영, 『춘향전의 탐구』, 집문당, 2003.

정화영, 『판소리 북 연주법(鼓法)』, 국립중앙극장, 1996.

조동일·김흥규 편, 『판소리의 이해』, 창작과비평사, 1978.

채수정, 『판소리 다섯 바탕의 중모리 대목 연구』, 이화여대 박사논문, 2008.

천이두, 『한의 구조 연구』, 문학과 지성사, 1993.

최기숙, 「'전승'과 '창작'의 관점에서 본 판소리 정체성의 재규정과 제언」, 『판소리연구』 34, 판소리학회, 2012.

최동현, 『판소리명창과 고수연구』, 문예연구사, 1997.

최동현, 「판소리 문화 콘텐츠에 관한 연구」, 『판소리연구』 22, 판소리학회, 2006.

_____, 「문화변동과 판소리」, 『판소리연구』 31, 판소리학회, 2011.

최동현·유영대 편, 『판소리 동편제 연구』, 태학사, 1998.

허 규, 『민족극과 전통예술』, 문학세계사, 1991.

가

사

판소리에 반하다
현대 판소리의 초상

초판1쇄 발행 2019년 4월 30일

지은이 김기형
펴낸이 홍종화

편집·디자인 오경희·조정화·오성현·신나래
　　　　　　 김윤희·박선주·조윤주·최지혜
관리 박정대·최현수

펴낸곳 민속원
창업 홍기원 　**편집주간** 박호원
출판등록 제1990-000045호
주소 서울 마포구 토정로 25길 41(대흥동 337-25)
전화 02) 804-3320, 805-3320, 806-3320(代)
팩스 02) 802-3346
이메일 minsok1@chollian.net, minsokwon@naver.com
홈페이지 www.minsokwon.com

ISBN　978-89-285-1301-7
S E T　978-89-285-0359-9　94380

ⓒ 김기형, 2019
ⓒ 민속원, 2019, Printed in Seoul, Korea

※ 책 값은 뒤표지에 있습니다.
※ 잘못된 책은 바꾸어 드립니다.